Fritz August Hoenig

Der Volkskrieg an der Loire in Herbst 1870

Fritz August Hoenig

Der Volkskrieg an der Loire in Herbst 1870

ISBN/EAN: 9783743301962

Hergestellt in Europa, USA, Kanada, Australien, Japan

Cover: Foto ©ninafisch / pixelio.de

Manufactured and distributed by brebook publishing software
(www.brebook.com)

Fritz August Hoenig

Der Volkskrieg an der Loire in Herbst 1870

Der

Volkskrieg an der Loire

im Herbst 1870.

Nach amtlichen Quellen

und

handschriftlichen Aufzeichnungen von Mitkämpfern

dargestellt

von

Fritz Hoenig.

Zweiter Band.

Zweite Auflage.

Mit einem Plan und fünf Skizzen in Steindruck.

Berlin 1896.

Ernst Siegfried Mittler und Sohn
Königliche Hofbuchhandlung
Kochstraße 68—71.

Vorwort zur zweiten Auflage.

Bald nach dem Erscheinen des 1. Bandes ergab sich die Noth= wendigkeit, eine neue Auflage zu veranstalten, um den Band nicht fehlen zu lassen. Ihr folgt nunmehr schon eine neue Auflage des 2. Bandes, wiewohl die erste erheblich stärker war als die des 1. Bandes.

Als diese Aufgabe an mich herantrat, lag der 3. Band schon nahezu im Druck fertig vor, und da ich mich darin vielfach auf die vorhergehenden Bände beziehen mußte, so war es um so angenehmer, daß die ursprüngliche Form des 2. Bandes wesentliche Verschiebungen nicht erleiden brauchte, obwohl sich gerade an diesen 2. Band weit= läufige Auseinandersetzungen geknüpft haben.

Diese Darlegungen haben für den Kriegshistoriker immerhin In= teresse und Werth. Ich führe sie deshalb hier an. Den Anfang machte Herr v. Lettow=Vorbeck in den Nummern 1 und 2 des Militär= Wochenblattes 1894; diesen folgten Aufsätze in den Nummern 8, 12, 17, 18, 19, 20, 26 und 96 derselben Zeitschrift, endlich in der Deutschen Heereszeitung vom 4. April 1894. Sodann erschien Herrn v. Natzmers Schrift: „Bei der Landwehr, vor Metz und die Schlacht von Beaune la Rolande", auf die ich durch die Schrift „Zur Geschichte der Vertheidigung des Kirchhofes von Beaune la Rolande" antwortete. Die Schrift des Herrn v. Natzmer zeitigte das ebenso erfreuliche wie unerhoffte Ergebniß, daß sich die Kirchhofsbesetzung in den verschiedenen Phasen der Schlacht genau feststellen ließ. Von großem historischen Werth waren die Aus= führungen des Herrn v. Alvensleben in Nummer 12 des Militär=Wochen= blatts 1894. Sie sind ein wirklicher Gewinn für die Geschichte.

Das Versprechen, welches ich gegeben habe, den Generalen v. Cranach und v. Sannow ein kleines biographisches Denkmal zu setzen, ließ sich diesmal, ohne die Komposition zu ändern, nicht durchführen. Ich hoffe, daß es mir beschieden sein möge, es später einzulösen.

Ich schreibe Kriegsgeschichte um der Wahrheit und der Belehrung willen. Die reiche Zahl vielfach sehr werthvoller Mittheilungen, die mir aus allen Kreisen der Armee zugegangen sind und noch zugehen, erfreut mich; sie zeugt von dem Interesse, das meinen Darstellungen zu Theil wird, und verpflichtet mich zu großem Danke gegen die Einsender.

Von jeher war es mein Wunsch, daß die Kriegsgeschichte in unserm „Volke in Waffen" auch über die Kreise der Armee hinaus Freunde fände, und so gelten mir die zahlreichen Zuschriften von Gelehrten, Schulmännern und Privaten als erfreuliches Zeichen, daß auch weitere Kreise ein warmes Interesse dafür zeigen. Zwei namhafte Maler haben auf Grund des „Volkskrieges" Studien an Ort und Stelle gemacht und den Kampf um Beaune dargestellt.

Den wackeren 57ern habe ich für ihr über alles Lob erhabenes Verhalten schon in der ersten Auflage dieses Bandes ein Denkmal gesetzt. Es freut mich, wenn ich dazu beigetragen habe, das Gedächtniß an ihre Thaten wieder aufzufrischen, und es dürfte den Leser mit Genugthuung erfüllen, daß die Veteranen ihrem alten Regiment am Tage der 25. Wiederkehr der Schlacht von Beaune la Rolande den namhaften Betrag von 10 000 Mark übergeben haben, damit den Gefallenen auf französischer Erde ein würdiges Denkmal gesetzt werde.

Ich erwähne dies als Beweis der vortrefflichen Gesinnung, welche die alten Krieger beseelt. Diese Gesinnung zu erhalten und zu fördern, ist eine der vielen Aufgaben der Geschichtschreibung. Wir brauchen hierbei die Oeffentlichkeit in keinem Punkte zu scheuen, und das erleichtert die Arbeit sehr. Wenn kriegsgeschichtliche Darstellungen das Interesse zu erwecken und wachzuhalten wissen, den Verstand befriedigen, das Herz erheben, so wird es möglich sein, auch außerhalb der rein fachmännischen Kreise ihnen eine Stätte zu sichern — ein Ziel, das gerade in heutiger Zeit aufs höchste erstrebenswerth ist. Wendet sich jedoch die Kriegswissenschaft nur an sogenannte Fachkreise, so muß sie dem Volksleben fremd bleiben. In neuester Zeit ist darin glücklicherweise eine erfreuliche Wandlung eingetreten. Möge auf diesem Wege fortgefahren werden.

Berlin, den 2. Februar 1896.

Fritz Hoenig.

Vorbemerkung.

Die Eigenartigkeit des Stoffes dieses Bandes veranlaßt mich, ihm einige Worte vorauszuschicken.

Die Schlacht von Beaune wird zunächst die taktischen Nachtheile zu großer Ausdehnung einer Armee und zu breiter Frontentwickelung eines Armeekorps erkennen lassen, alsdann zeigen, welch üble Folgen es hat, wenn die Armeeleitung zu weit vom Punkte der Handlung entfernt ist und zu spät zum Schlachtfelde aufbricht. Infolge dieser Verhältnisse bestand eine eigentliche Schlachtleitung bei den Deutschen überhaupt nicht, die Lage nach der Schlacht blieb in hohem Grade ungeklärt, sie erkannten die Größe des errungenen Sieges nicht, und so unterließen sie eine Verfolgung gänzlich, trotzdem die Verhältnisse dafür sehr günstig waren.

Die Franzosen, das muß der Leser sich vor Augen halten, hatten sich durch ein weitverzweigtes Kundschaftersystem die genaueste Kenntniß von den örtlichen und taktischen Verhältnissen bei den Deutschen zu verschaffen gewußt. Die deutsche Kavallerie hatte diese ihr bekannte Erscheinung des Volkskrieges trotz ihrer Stärke nicht zu unterdrücken vermocht. Als dann aber die Franzosen angriffen, hatten sich die Verhältnisse bei den Deutschen sehr verschoben, so daß die für die Schlacht zwischen General Crouzat und Oberst Billot getroffenen Verabredungen in wesentlichen Punkten nicht mehr zutrafen.

Auf deutscher Seite gestaltete sich die Schlacht zu einer Reihe hochgespannter, geradezu dramatischer Vorgänge, und es dürfte vielleicht kein zweites Beispiel in jenem Kriege vorhanden sein, in dem die Feuerdisziplin unter den verschiedensten Umständen bei Tag und Nacht dauernd in solchem Grade allen Anforderungen entsprochen hat. Man hat seit dem Kriege viel über Selbstthätigkeit und Selbständigkeit der Führer geschrieben, und doch sind derartige Fälle nur in verhältnißmäßig geringer Zahl nachweisbar. Die Schlacht von Beaune macht auch darin eine Ausnahme.

Die gesammten Verhältnisse lagen so eigenthümlich, daß es der niederen Führung vorbehalten war, eine einflußreichere Rolle zu spielen, als es in der Regel in der Schlacht vorkommt, und zahlreiche Offiziere schraken nicht vor verantwortungsvollen Entschlüssen zurück. Jeden dieser Entschlüsse bis auf den Grund klarzulegen, betrachtete ich als besonders werthvoll. Der Entschluß kann sich aus einem Gedanken, einem Augenblick heraus entwickeln, er kann sich aber auch als die Summe vieler Erwägungen bis zu dem Augenblick, da er gefaßt wird, herausstellen; diese werden allerdings nur selten vollständig aufgedeckt werden können. So handelt Hauptmann Feige gegen einen wiederholt empfangenen Befehl und trägt dadurch wesentlich zum Siege bei. Der unermüdlichen Umsicht und Thätigkeit des Hauptmanns v. Natzmer ist es zu danken, daß noch rechtzeitig Südwest-Beaune hinreichend besetzt werden konnte. Hauptmann Ohlp, die Premierlieutenants v. Nerée und Pancelle verzagten nicht, trotzdem sie sich so gut wie abgeschnitten wußten. Der General, der im Frieden dieselbe Aufgabe auf sich nähme wie die Vertheidiger von Beaune, würde nicht als Sieger aus dem Streite hervorgehen. Hauptmann v. Tapsen faßt auf eigene Verantwortung den Entschluß, Juranville anzugreifen, und verzögert dadurch den Marsch des 18. Armeekorps nach Beaune um mehrere Stunden. Im Verhalten des Hauptmanns Soest sehen wir den Typus der ebenso beherzten wie überlegten Offensive. Ihm glückt Alles. Schwache Züge harren in brennenden Trümmerhaufen den Tag über aus und schlagen wüthende übermächtige Angriffe ab. Wir sehen, wie eine Position während des Gefechts nothdürftig eingerichtet wird, wie eine beabsichtigte Ueberrumpelung bei Juranville beim Schlachtbeginn glückt, eine andere bei Beaune bei Tage mißlingt, zwei andere beinahe in der Dunkelheit gelingen. Wir haben hier das Beispiel dreier irrthümlicher Meldungen, erst die wichtige über den Verlust von Beaune, dann zwei über den Verlust der Barrikade auf der Straße nach Orme. Wir sehen die Artillerie überall von Erfolg gekrönt, sobald sie in Masse auftritt; wir sehen sie sofort unterliegen, wenn einzelne Geschütze sich im Infanterie= feuer zeigen. Zwei Geschütze fallen vorübergehend in Feindeshand, eines davon wird wieder zurückerobert.

Wir sehen aber auch die Generalstabsoffiziere: Oberstlieutenant v. Caprivi, Hauptmann Seebeck, Major v. Scherff eine außerordentliche Thätigkeit entfalten. Der Letztere wird im Zeitpunkt der höchsten Spannung durch den Verlust seines Pferdes vom Divisionsführer getrennt.

Das Eintreffen der 5. Division verzögerte sich um volle zwei Stunden; die gegenseitige Verständigung wurde durch die großen Ent= fernungen und schließlich wegen der durchbrochenen Verbindung und durch die Dunkelheit erschwert. Da greift der dem Prinzen Friedrich Karl zugetheilte Oberstlieutenant Graf Waldersee freiwillig ein, führt eine Verständigung, soweit sie möglich, herbei und sichert dadurch das Zusammenwirken auf dem Schlachtfelde. An einem anderen Punkte sucht Major Kretschman den General v. Hartmann vergeblich zum Attackiren auf die feindlichen Trümmer zu bewegen; Infanterie und Artillerie fochten treu Schulter an Schulter, doch der große Augenblick fand für die Kavallerie nicht den großen Mann.

Eine Schlacht naturgetreu darzustellen, ist schier unmöglich. Vor allen Dingen gelingt es selten, die Ursache der Erscheinungen auf= zudecken, — der Zusammenhang der Ereignisse ist daher meistens nicht klar genug erkennbar. Eine Schlacht besteht ebenso wenig aus lauter Zufälligkeiten wie aus lauter Anordnungen, und man muß schon zufrieden sein, wenn es glückt, den allgemeinen Verlauf festzulegen. Für das volle Verständniß reicht das jedoch nicht aus. Ich habe daher den Versuch gemacht, die Erscheinungen von Stufe zu Stufe aus den eingegangenen Meldungen und ertheilten Befehlen zu erklären, das Band zwischen Führung und Truppe dauernd festzuhalten. Nicht alle er= lassenen Befehle und erstatteten Meldungen sind hierbei trotz sorgfältiger Nachforschungen dem Wortlaut gemäß festzustellen gewesen, andere vielleicht gänzlich in Vergessenheit gerathen oder verloren gegangen. Wenn somit das Gesammtbild nicht auf Vollkommenheit Anspruch erheben kann, so bietet es doch in manchen Beziehungen einen tieferen Einblick in den Verlauf einer Schlacht, und es giebt vielleicht keine zweite Schlacht, bei der sich so viele Meldungen und Befehle nachweisen lassen wie hier. Es kommt aber nicht darauf an, daß der Leser möglichst viele Schlachten studirt, sondern daß das, was dargeboten wird, derart ist, daß es den Geschichtsforscher befriedigt und auch der Taktiker jeden Hergang selbst prüfen und bis zum Auslaufen aller Maß= nahmen verfolgen kann, wobei dann die Wirkung der Einzelthat auf das Ganze und die Rückwirkung des Ganzen auf das Einzelne erkennbar sein muß. Ich verspreche mir nur von einer in diesem Sinne gepflegten Kriegsgeschichte wirklichen Nutzen. Das Verfahren hat allerdings einen Nachtheil. Es zwingt den Autor zu zeitraubenden Nachforschungen und Untersuchungen, welche die volle Hingabe des Lesers an den Stoff verlangen. Die Kunst besteht darin, den Leser, auch den Laien, so zu beschäftigen, daß er, ohne zu ermüden, mit Lust folgt. Denn erst dann ist er für die Sache gewonnen. Daß es aber nicht ganz einfach ist, den historischen Verlauf einer Schlacht aufzudecken, mag vielleicht die eine Thatsache erhärten, daß trotz des amtlichen und sonstigen Materials mehr als 2000 Briefe geschrieben werden mußten, um die bestehenden Widersprüche und Unklarheiten zu beseitigen.

Von einer Seite ist mir der Vorwurf der Breite gemacht worden: aber ich huldige der Ansicht, daß der Geschichtsschreiber dem Leser nicht nur das fertige Produkt seines eigenen Denkens bieten und diesem seine Meinung aufzwingen darf. Er soll — vor allen Dingen in der Kriegsgeschichte — den Leser in den Stand setzen, jede Erscheinung ursächlich zu erkennen, und dazu ist zunächst nothwendig, daß der Geschichtsschreiber ihm das gesammte erhältliche Material vorlegt. Nur bei anerkannt tüchtigen Armeen, deren Thaten die Oeffentlichkeit nicht zu scheuen brauchen, wird man schlechthin Alles aufdecken können, und so ist es hier geschehen. Man lernt dann auch wahres Heldenthum von falschem, tüchtige Führer von untauglichen und gute Armeen von schlechten unterscheiden. Allerdings habe ich bei jedem mir wichtig scheinenden Punkte meine Ansicht entwickelt, aber nicht, damit sie nun auch als die einzig richtige gelte. Vielmehr will ich den Leser in den Stand setzen, jedem meiner Schritte zu folgen und mein Urtheil zu prüfen; nur dann kann er sich eine eigene Meinung bilden. Kriegs- geschichte, die sich nicht dauernd an die Urtheilskraft wendet, erfüllt ihren Beruf nicht, und der Geschichtsschreiber muß es vertragen können, daß ein Leser zu einer anderen Auffassung der Kunst gelangt als er selber.

Sehr wichtige Lehren für Fachmänner scheinen mir auf den Gebieten des Vorpostendienstes, der Wahl und Einrichtung der Stellung sowie der Feuerleitung zu liegen, und zwar Lehren, die der Lieutenant so gut beherrschen muß wie der General. Ich habe daher auf diese Gebiete eine besondere Sorgfalt verwandt und mich keine Mühe ver- drießen lassen, durch die Wirklichkeit zu lehren. Damit aber Jemand, der nicht Fachmann ist, durch diese Darlegungen nicht gestört werde, habe ich sie so in Kapitel zusammengefaßt, daß er sie überschlagen kann, und doch dabei berücksichtigt, daß ihm nichts entgehe, was den Zusammenhang der großen Begebenheiten beeinträchtigen könnte.

Inhalts-Verzeichniß.

Kartenbeigaben.

Abkürzungen.

Kr. A. = Kriegsarchiv des Großen Generalstabes.

I./56. ꝛc. = I. Bataillon 56. Regiments ꝛc.

9./56. ꝛc. = 9. Kompagnie 56. Regiments ꝛc.

I.

Die Vorposten des 10. Armeekorps

am 28. November früh.

Nachdem die drei Brigaden des 10. Korps nebst der Korpsartillerie und sechs hessischen Schwadronen (seit dem 24. abends) in und um Beaune und Gondreville versammelt waren, sicherte sich das Armeekorps durch Vorposten und Entsendungen am 24. gegen Westen, Süden und Osten. Obgleich hierbei im Allgemeinen an der Linie Batilly—Orme—Foucerive—Juranville—Lorcy—Corbeilles festgehalten wurde, so kamen doch Wechsel vor, die es nützlich erscheint zu verzeichnen.

Ueber den 23. sagt die Geschichte der 57er:[*] „Das 1. und 2. Bataillon bezogen Alarmquartiere, die Füsiliere kamen auf Vorposten." Das scheint indessen nicht ganz der Wirklichkeit zu entsprechen, denn nach der Geschichte der 16er gab dieses Regiment vom 23. bis zum 26. mittags die Vorposten.[**] Am letzteren Tage wurde es vom 57. Infanterie-Regiment abgelöst, das bis dahin die Besatzung von Beaune gebildet hatte, und die 16er belegten nun das Städtchen. Am 23. abends standen die Vorposten, wie folgt: I./16.: Orme, Maizerie, Batilly, St. Michel, Galveau, Quescheville; II./16.: Foucerive, L'Orminette, Vergouville; F./16.: 23. und 24. November Marcilly, 25. November: Orme, Maizerie, L'Orminette, Batilly.

Bis zum 24. abends blieb diese Vorpostenstellung unverändert, sie wurde nur abends gegen Osten durch die 39. Infanterie-Brigade auf der Linie Vergouville—Lorcy[***] erweitert; jede der Brigaden (38. und 39.)

---

[*] Geschichte der 57er, S. 125. — [**] Geschichte der 16er, S. 293/294. —
[***] G. St. W. III, S. 462.

verfügte über zwei Schwadronen. Von der 39. Infanterie-Brigade
soll das 56. Infanterie-Regiment am 24. abends Quartiere bei Beaune
bezogen haben,*) das 79. Infanterie-Regiment zwischen Corbeilles und
Les Côtelles mit Ausnahme der 7. und 8. Kompagnie verblieben sein!**)
Die Vorpostenstellung der 16er am 23. und 24. entsprach den Verhältnissen und dem Gelände, und man hätte wohl gethan, daran auch
nach dem Eintreffen des Haupttheils des 10. Armeekorps festzuhalten.
Die Räumung von Marcilly am 25. durch F./16. erklärt sich durch die
Vorpostenstellung der 39. Infanterie-Brigade. Da diese indessen die Linie
Juranville—Lorcy—Corbeilles belegte, bevor der Befehl der II. Armee
vom 25. eingetroffen war, so ist derselbe in dieser Hinsicht ohne Einfluß
auf die Auffassungen und Entschließungen des 10. Korps gewesen.
Welche Gründe dafür bestimmend waren, daß F./16. am 25. mit (wahrscheinlich) drei Kompagnien in den Abschnitt vom I./16. bei Orme,
Maizerie und Batilly und mit einer Kompagnie in den von II./16.
nach L'Orminette verlegt wurde, läßt sich nicht deutlich erkennen. Muth-
maßlich hatten die Ergebnisse des 24. November Besorgnisse hinsichtlich
der Verbindung mit der II. Armee hervorgerufen, was verständlich sein
würde, und deshalb zu der erheblichen Verstärkung mit drei Kompagnien
in der strategisch als bedroht angenommenen Richtung geführt. Da
die 7. Kompagnie der 16er nicht anwesend war, so standen mit der
Front gegen Süden vier Kompagnien, gegen Südwesten und Westen sieben.

Bei der 39. Infanterie-Brigade waren am 25. abends folgende Ver-
änderungen eingetreten: F./56. besetzte die Linie Les Côtelles—Corbeilles,
I./56. belegte Gondreville, die 7. und 8. Kompagnie wurden von Beaumont nach Montatlon verlegt;***) wo die 5. und 6. Kompagnie sich an
jenem Tage befanden, ist nicht ersichtlich.

Die Vorposten
der
39. Infanterie-
Brigade. Am 26. mittags löste das 57. Infanterie-Regiment die Vorposten
des 16. ab, das nach Beaune verlegt wurde. L./57. erhielt den Abschnitt
Batilly—Quescheville, II./57. von Orme bis Jarrisoy, F./57. dehnte
sich von Foucerive bis La Jarry Basse aus. Eine wesentliche Ver-
änderung beim Feinde war nicht bemerkt worden, freilich standen in der
Richtung St. Loup die französischen Vorposten nur etwa 500 m von

---

*) Geschichte der 56er, S. 57. — **) Geschichte der 79er, S. 25. —
***) Geschichte der 56er, S. 58.

den deutschen entfernt. Kommt nun zwar deutlich der Gedanke zum Ausdruck, daß I./57. die Straße nach Batilly, II./57. nach Boiscommun (St. Loup), F./57. nach Maizières decken sollten, so will es doch scheinen, daß mit Rücksicht auf die Lage von Beaune zu Pithiviers und auf ein etwaiges Gefecht das 57. Infanterie-Regiment besser gethan hätte, an der Kräftevertheilung der 16er möglichst festzuhalten. Offenbar lag die Hauptgefahr im Südwesten und Westen, dort mußten daher auch die Vorposten am stärksten gemacht und die taktischen Verbände aufrecht erhalten werden, um so mehr, als die Westfront von Beaune zum großen Theil offen, die Südfront künstlich verstärkt war, als die Südfront schnell bei einer Gefahr frei gemacht werden mußte und von den Höhen westlich und östlich von Beaune wirksam flankirt werden konnte. Griff der Feind die 7½ km messende Vorpostenstellung ernstlich an, so mußte es den Vorposten vor der Südfront besonders schwer werden, die für sie nordöstlich der Stadt bestimmte Sammelstelle bei Les Roches zu erreichen. Diese Kräftevertheilung des 57. Regiments mußte aber auch von vornherein zu einer Spaltung des II./57. führen, und es war zweifelhaft, ob seine Kompagnien im weiteren Verlaufe des Gefechtes jemals wieder vereinigt werden würden. (Das Bataillon blieb denn auch am 28. vollständig zerrissen.)

Die nunmehrige Vorpostenstellung zog I./57. auf 3½ km auseinander, II./57. auf nicht ganz 2 km, F./57. auf stark 2 km. Hierzu kommt noch, daß I./57. etwa 5 km bis zum Sammelplatz des Regiments zurück-zulegen hatte, II./57. und F./57. dagegen etwa 3 km, und es war wohl vorauszusehen, daß ein Angriff mit starken Kräften, auf den man doch gefaßt war, I./57. in eine höchst bedenkliche Lage bringen würde.

Aus diesen Gründen hätte man I./57. den Raum Batilly—Galveau, II./57. Queschevelle—L'Orminette und F./57. Les Saules—Bergouville anweisen sollen. Man würde alsdann von selbst auf eine abschnitts-weise Vorpostenstellung gekommen sein, und dies ist in derartigen schwierigen Lagen nicht nur für den eigentlichen Vorpostendienst, sondern auch für den Uebergang aus demselben zum Gefecht um so mehr geboten, je schwächer man an Streitkräften ist. Es wird später gezeigt werden, in welche ungünstigen taktischen Lagen das Regiment Nr. 57 schon zu Anfang des Gefechtes gerieth. Beaune mit unmittelbarer Umgebung mußte nothgedrungen zum Centralpunkte der Vertheidigung werden, ein

Zusammenhalten der Bataillone der 57er in Abschnitten konnte alsdann die beste Gewähr für die äußere Vertheidigung in festen taktischen Ver­bänden bieten. Dies sollte sich auf dem strategischen Flügel (westlich von Beaune) nicht in dem erforderlichen Grade erzielen lassen, während F./57. infolge günstiger Verhältnisse zusammen blieb.

Major v. Schoeler (I./57.) ging mit zwei Kompagnien (1. und 3.) nach Batilly, woselbst eine Kompagnie als Rückhalt zusammen blieb, während die andere nach St. Michel vorgeschoben wurde. In der Nacht vom 27. zum 28. befanden sich in St. Michel die 1. Kompagnie, in Batilly die 3., in Galveau die 4., in Quescheuelle die 2., Letztere nach Osten in Fühlung mit II./57. Auf der Straße nach Nancray war eine Feldwache der hessischen Reiter vorgeschoben, welche Verbindung mit der 1. Kavallerie-Division bei Mousseau unterhielt.

Auf diese Weise konnte Major v. Schoeler zwar mit einiger Be­stimmtheit darauf rechnen, daß die 1., 3. und 4. Kompagnie in seiner Hand vereinigt bleiben würden, fraglich wurde das in Bezug auf die 2. in Quescheuelle, besonders falls der Feind nach Norden über Batilly hinaus ausholen sollte; alsdann mußten naturgemäß die Deutschen ihre Aufmerksamkeit hauptsächlich dorthin richten, und eine Schiebung der Kompagnien weiter nach Norden wurde unvermeidlich.

Vom II./57. hielt Major v. Wehren je zwei Kompagnien in Orme und Maizerie (vom 27. zum 28. die 5. und 7.) und in Jarrisoy (6. und 8.) zusammen. In Orme verblieb abwechselnd von diesen Kompagnien eine geschlossen, die andere hatte eine Feldwache an der Straße Orme—Boiscommun und bei Villiers vorgeschoben, während der 3. Zug in Maizerie stand. Von Jarrisoy aus waren von der 6. Kompagnie zwei Feldwachen nach Le Martroy und westlich davon vorgeschoben (an dem dortigen Thalgrund). Die 8. hatte einen Zug nach La Grange gesandt, einen zweiten in L'Ormette und den dritten in Jarrisoy, wo auch der letzte Zug der 6. Kompagnie sich befand. Die Maßnahmen der 5. und 7. Kompagnie kann man gutheißen, sie bewährten sich auch später, nicht aber die der 6. und 8. Beide Kom­pagnien waren bereits in den Vorposten ohne Grund untereinander­gemischt, dazu noch die Feldwache der 8. viel zu weit vorgeschoben, 1500 m bis La Grange, wo sie auf Rufweite am Feinde stand. Bei der besonders großen Unübersichtlichkeit des dortigen Geländes befand sich die Aufnahmeabtheilung in L'Ormette viel zu weit entfernt, und der Zug in La Grange konnte eigentlich nur durch ein Wunder einem Verhängniß entgehen, wenn er angegriffen wurde. Man erkennt auch an diesen kleinen Dingen, wie viel man damals wagte. In der That wurde dieser Zug beim Beginn des Angriffes am 28. überfallen und nach allen Richtungen auseinandergetrieben, so daß er zurückfluthete und in L'Ormette den dortigen Zug mit sich riß, was einen sehr übelen Eindruck machte. Man hätte besser gethan, eine Kompagnie geschlossen in Jarrisoy zu lassen, die andere in der Höhe von L'Ormette drei Feldwachen, eine in L'Ormette, eine im Grunde westlich und eine östlich auf Höhe 120, aussetzen zu lassen. Alsdann wäre es wenigstens möglich gewesen, den Abzug um Beaune herum mit Aussicht auf Gelingen einzuleiten und durchzuführen. Muß man derartig schwierige Aufgaben erfüllen und steht der Feind auf Rufweite gegenüber, so empfiehlt es sich, die Truppen in taktischen Verbänden zusammenzuhalten und die Feldwachen nur auf kurze Entfernungen vorzuschieben. Dazu kam hier noch, daß das Gelände um Jarrisoy eine gute Vertheidigungsstellung bot, in der ein paar Kompagnien in der Hand der Führer den Gegner in große Verlegenheiten bringen konnten. Das Auseinanderreißen der Verbände, die wenig zweckmäßige Vertheilung der Kräfte ohne genügende Berücksichtigung der taktischen Konsequenzen und das Auseinanderziehen von Kompagnien und Zügen bis auf 1500 m sind schlechte Gefechtsbedingungen, die sich immer strafen. Jede Vorpostenstellung, welche nicht mit den Konsequenzen rechnet, die daraus für das Gefecht entstehen können, ist unzweckmäßig, und die bei der Vorpostenstellung begangenen Fehler wurden später die Ursache, daß der Truppe (57ern) Aufgaben zugemuthet wurden, die von vornherein unlösbar erscheinen müssen.

Vom F./57. blieben zwei Kompagnien in Joucerive (vom 27. zum 28. die 10. und 11.), je eine war westlich nach M^{in.} Lambart, östlich nach Vergouville vorgeschoben (vom 27. zum 28. die 9. und 12.). Die Kompagnie in M^{in.} Lambart hatte eine Feldwache in Arquemont, die beiden Kompagnien in Joucerive gaben abwechselnd eine Feldwache in Höhe von Tantémont an der Straße nach Ladon (die 11. am 28.), die 12. hatte eine Feldwache in La Jarry Vasse. Auch diese Feldwachen waren zu weit vorgeschoben; das Zusammenhalten der Kompagnien in den genannten Ortschaften erscheint jedoch zweckmäßig. Auch war der Abschnitt Vergouville—Foncerive für die Vertheidigung geeignet, und der Abzug nach der Sammelstelle des Regiments lag auf der natürlichen Rückzugslinie, denn keine Kompagnie vom F./57. brauchte um Beaune herum zu gehen. Nimmt man hierzu noch den Umstand, daß F./57. viel später als die Nachbarbataillone angegriffen wurde, so befand sich dieses Bataillon im Vergleich zu den anderen in günstigen Verhältnissen. Diesen ist es denn auch hauptsächlich zuzuschreiben, daß sein Kommandeur sämmtliche Theile bis auf den Schlußakt der Schlacht in der Hand behielt.

Ist das Bestreben unverkennbar, an den taktischen Punkten in der Vorpostenlinie die Mehrheit in rückwärtiger Stellung zusammenzuhalten und von diesen aus wieder die Front und Flügel mit ganzen Einheiten zu besetzen, so zeigt die Vorpostenlinie doch eine Mannigfaltigkeit, welche durch taktische und örtliche Verhältnisse nicht geboten war und daher von höherer Hand hätte beseitigt werden müssen, um so mehr, als dafür ausreichend Zeit zur Verfügung stand. Besetzung der Hauptstraßen und abschnittsweise Vorposten hätten sich hier eigentlich als Universalform ergeben müssen. Orme, L'Orminette, Les Saules, Jarrisoy, Foncerive, vielleicht sogar Vergouville, konnten sehr wohl gegen die feindliche Seite abgesperrt werden, auf den Straßen mußte es geschehen, nicht um sich hartnäckig zu vertheidigen, sondern um das Sammeln zu erleichtern und die Entwickelung des Gegners zu erschweren. Denn hierin lagen die Vorbedingungen für einen geordneten Abzug aus der Vorpostenstellung in die weit entfernte Sammelstelle.

Auf die 7½ km lange Front der Vorposten waren zwei Schwadronen hessischer Reiter vertheilt, eine für jeden Dienst vollständig ausreichende Stärke. Denn an weitgehende Ritte war seit dem 24. nicht mehr zu denken, Kavallerie konnte nirgends mehr in der Front von Batilly bis Vergouville durch, sie war nur auf den Flügeln (bei Batilly und Vergouville) zu Patrouillenritten zu gebrauchen, sonst überall nur zum Melden verwendbar. Da die Vorposten sich am 28. November beim Angriff in dieser Aufstellung befanden, so ergiebt sich von selbst, daß sie, auf 7½ km auseinandergezogen, von einer Stelle überhaupt nicht zu befehligen waren, daß im Falle eines Angriffs der Abzug nicht von einer Stelle geleitet werden konnte und der

Abzug daher je nach den vorher erlassenen Anordnungen und der Geschicklichkeit der Führer verlaufen mußte.

Nunmehr wird zu den Vorposten der 39. Infanterie-Brigade **Die Vorposten**
übergegangen. Der Raum von Bergouville über Juranville, Lorcy **der**
bis Corbeilles überstieg noch um etwas den der 38. Infanterie-Brigade. **39. Infanterie-Brigade.**
Infolge dessen wählte man hier, wie es scheint, von Anfang an ab-
schnittsweise Vorposten. In der Nacht vom 25. zum 26. November
standen von Juranville bis Lorcy die 11. und 12. Kompagnie der
56er, von Lorcy bis Corbeilles die 9. und 10. Je zwei dieser Kompagnien hatten ein Bataillon in Juranville und Corbeilles hinter, bezüglich neben sich; der Sammelplatz der Brigade war nördlich von
Les Côtelles.

Am 26. abends wurde F./56. von den Vorposten abgelöst und
nach Les Côtelles (?) verlegt, an seine Stelle trat I./79., welches die
Vorposten bis zum Beginn der Schlacht hatte.

Von diesem stand die 1. Kompagnie mit vier Feldwachen westlich
in Berührung mit 12./57. bei La Jarry Basse, quer über der großen
Straße Bellegarde-Beaumont, etwa 1200 m südlich von Les Côtelles
in einem Bogen. Hinter ihr in Les Côtelles befand sich F./79. Südlich Juranville, in gleicher Höhe mit der 1. Kompagnie und in der
Richtung auf Maizières—Ladou, war 2./79. mit I./56. seit dem 27.
hinter sich in Juranville, 4./56. nach Les Charriers vorgeschoben; *)
2./79. dehnte sich östlich etwa bis La Marchaise aus. Ueber den Abschnitt der 1. und 2. Kompagnie führte Major v. Schmidt (I./79.)
den Befehl.

Der Abschnitt von Lorcy bis Corbeilles war mit 3. und 4./79.
besetzt, und zwar hatte die 3. Kompagnie in einem Bogen südlich von
Lorcy, die 4. ebenfalls in einem Bogen südlich von Corbeilles ihre Feldwachen ausgestellt.**) In Lorcy befand sich als Rückhalt 3./Jäger 10.,
in Corbeilles waren zu dem gleichen Zweck die drei anderen Kompagnien der Jäger vereint. Den Befehl in dem Abschnitt Lorcy—Corbeilles führte der Kommandeur des Jäger-Bataillons. Auch diesen
Vorposten waren zwei Schwadronen (Dragoner-Regiments Nr. 16)
zugeteilt, so daß am 28. früh im Vorpostendienst standen: I./79.,

---

*) Geschichte der 56er, S. 59,60. — **) Geschichte der 79er, S. 27/28.

1./56., F./79., Jäger Nr. 10, im Ganzen vier Bataillone und zwei Schwadronen. Wäre es im Bereiche der 38. Jufanterie-Brigade mißlich gewesen, den Vorposten Artillerie zuzutheilen, so würde man heute im Bereiche der 39. Infanterie-Brigade gewiß bei Les Côtelles—Juranville den dortigen beiden Bataillonen etwa zwei Batterien zuweisen. Allein so kühn wagte man damals nicht zu verfahren. Werden aber abschnitts= weise Vorposten bezogen, so gehört in ähnlichen Lagen wie diese zu den Vorpostenreserven Artillerie, falls so große Räume zwischen den ein= zelnen Postirungen sich befinden wie bei Les Côtelles—Juranville und Juranville—Porcy. Die Idee der abschnittsweisen Vorposten, welche man hier verwirklichen wollte, scheint nicht überall glücklich durchgeführt worden zu sein, wenigstens hätte man dann von vornherein vier Ab= schnitte statt zwei wählen müssen, ohne daß es nöthig gewesen wäre, eine Kompagnie mehr zu verwenden; allerdings durfte man dann nicht ein Bataillon (I./79.) über den ganzen Raum vertheilen. Auf diese Weise würde man schmälere Fronten erzielt haben, und die einzelnen Bataillone hätten sich mit dem Gelände vollständig vertraut machen können. Wie man dagegen die Abschnitte wählte, waren sie viel zu breit — jeder 4 km —, um innerhalb derselben eine Leitung durch einen Mann zu ermöglichen, und die Replis standen zu sehr zurück. Ein Bataillon, welches auf 8 km vertheilt wird, ist unter allen Umständen aus der Hand gegeben und sein weiteres Schicksal mehr von Zufällig= keiten als vom Willen der Leitung abhängig. Abschnittsweise Vor= posten erfüllen in der Regel nur ihren Zweck, wenn innerhalb der Abschnitte eine Leitung möglich ist, wenn die Truppen der Abschnitte sich gegenseitig helfen und unterstützen können und die Befehlsführung genau geregelt ist. Alles das war nicht der Fall, man hatte für die Idee eben noch nicht die geeigneten Mittel und Formen gefunden. Auch über die Rückzugsrichtungen scheinen in den beiden Abschnitten keine genügenden Vorschriften erlassen worden zu sein. Man wird später sehen, wie sich 1. und 2./79. nach Les Côtelles zurückzogen — ob auf Grund vorher gegebener Befehle oder aus eigenem Ermessen, ist nicht ersichtlich —, während 3. und 4./79. sich nach Corbeilles wandten, was doch gewiß nicht in der Absicht der 39. Infanterie-Brigade liegen konnte. Die geeignetsten Maßregeln für die Vorposten im Bereiche der 39. Infanterie-Brigade, wenn man sich bei Les Côtelles (Poug-Cour) schlagen wollte, würden etwa folgende gewesen sein: Besetzung von Les Côtelles und Juranville mit je einem Bataillon verschiedener Regimenter (I./79. Les Côtelles, 1./56. Juranville), jedes eine Kompagnie 1000 m vorgeschoben (gegen Maizières—Ladon), bei M^{in.} des Hommes libres zwei Batterien. Die Bataillonskommandeure wären die Abschnittskommandeure geworden, Befestigung von Juranville und Les Côtelles nach der feindlichen Seite, gute Verbindung zwischen beiden. Zwischen I./79. und I./56. F./79., bei den beiden Batterien F./56; Corbeilles drei Kompagnien Jäger, Porcy eine, welche sich nur durch Ortswachen zu sichern hatten. Rückzug gegen den Rolande-Bach in der Richtung La Champagne; eine Schwadron Dragoner-Regiments Nr. 16 für die Linie Les Côtelles—Corbeilles zum Melden, vier Schwadronen Dragoner-Regiments Nr. 9, zwei Schwadronen hessischer Reiter in den Raum südlich Porcy—Corbeilles mit einer Batterie, eine Schwadron Dragoner-Regiments Nr. 16 beim General-kommando. Auf dem linken Flügel waren geeignete Attackenfelder, und man konnte dort mehrere gedeckte Aufstellungen nehmen, sogar Bewegungen vollziehen, ohne daß der Feind sie wahrnahm, wenn sie schnell ausgeführt wurden. Auf diese Weise hätte keiner Postirung etwas Unerwartetes begegnen können; die abschnittsweisen Vorposten wären leitbar gewesen, und man hätte immer klare Befehls-grenzen erzielt.

Wie man die Abschnitte besetzte, verfehlte man den Zweck; Idee, Absicht und Ausführung standen unter sich nicht im Einklang, und da-her erzielte man hier schließlich keine besseren Verhältnisse zur Beob-achtung, zum Abzuge und Gefecht als bei der 39. Infanterie-Brigade. Man wird vielmehr auch hier die Vorposten und ihre Replis genau so durcheinanderkommen sehen wie bei der 38. Infanterie-Brigade, besonders 2./79. gerieth in eine bedenkliche Lage, denn hier wurde es kaum möglich, die einzelnen Züge zu leiten.

Abschnittsweise Vorposten beanspruchen zwar die Heranziehung stärkerer Verbände, falls man so Vieles decken will, wie es hier der Fall war. Allein lediglich durch einen ganzen Schritt kann man als-dann günstigere Gefechtsbedingungen schaffen, wobei den Alles beherr-schenden Gesichtspunkt die Leitung und Befehlsregelung bilden. Die reichlichere Heranziehung von Kräften beansprucht nur scheinbar größeren Kräfteverbrauch und Ermüdung durch die eigentlichen Vorposten; in Wirklichkeit gestaltet sich die Sache umgekehrt, sobald die Postirungen am Feinde zweckmäßig gewählt und besetzt sind. Besondere Unternehmungslust brauchte man zudem beim Gegner nicht zu befürchten.

Hatte dieser sechs Schwadronen mit Artillerie vor seinem rechten Flügel, so würde er hier kaum gewagt haben, mit seiner Infanterie das freie Gelände zu betreten. Fehlt einer Vorpostenstellung eine Flügelanlehnung und ist das Gelände übersichtlich und günstig für Bewegungen, so gehört dahin ohne Weiteres die Masse der Kavallerie, und wenn der General v. Voigts-Rhetz dafür seine Divisionskavallerie nicht ausgeben wollte, so mußte er dafür die 1. Kavallerie-Division ganz oder zum Theil von dem Augenblick an beanspruchen, da ihm die „Deckung gegen Montargis—Château Landon" aufgetragen worden war.

Im Ganzen nahm daher die 39. Infanterie-Brigade trotz der „abschnittsweisen" Vorposten die Schlacht keineswegs unter günstigeren Verhältnissen und Bedingungen an als die 38.

Nachrichten und Meldungen der Vorposten-Infanterie

Wohl selten ist an einem Tage ein so genauer Einblick in die Verhältnisse beim Feinde erzielt worden wie vom 10. Armeekorps am 24. November. Um so auffallender erscheint die dauernde Ebbe, die sich seitdem in dem Nachrichten- und Meldewesen im Bereiche der Vorposten jenes Armeekorps zeigt. Die Akten enthalten zwar viele Meldungen und einzelne, jedoch werthlose Nachrichten der Truppen, allein es war unmöglich, abgesehen von den in Band I, S. 390.392 angeführten Urkunden, aus dem gesammten Stoff neue und über die Geschehnisse des 24. November hinausgehende Gesichtspunkte zu gewinnen, welche für die höhere Führung damals von Bedeutung gewesen wären. Auch kriegshistorisch erscheinen die Meldungen der Vorposten-Infanterie von drei vollen Tagen keiner Aufführung werth; aus diesem Grunde wurden sie bei der Darstellung des 25., 26. und 27. November übergangen, und auch hier sollen sie keine Erwähnung finden. Es konnte um so eher darauf verzichtet werden, als der Inhalt der Meldungen aus den angeführten Berichten des Generalkommandos jener Tage an die II. Armee ziemlich genau erkenntlich wird, außerdem aber würde die Wiedergabe dieses Materials einen recht erheblichen Raum beanspruchen und wahrscheinlich sogar den Fachmann ermüden. Da es indessen aus anderen

Gründen lehrreich erscheint, auf diese Vorgänge näher einzugehen, so
gedenke ich später mit einer besonderen Arbeit darüber hervorzutreten.
Auf einen Umstand muß aber zur Entschuldigung der Truppen nachdrücklich hingewiesen werden, nämlich auf die Hindernisse, welche die
Volksbewaffnung richtigen Meldungen in den Weg legte. Die Front
des 10. Armeekorps war in jenen Tagen im wahren Sinne des Wortes
durch das Zusammenwirken der feindlichen Bewohner und Truppen
vollständig eingeschnürt, so daß selbst ein Durchschleichen unausführbar
wurde, und daher mußte das Melde= und Nachrichtenwesen in der Front
versagen. Wieder ein Beispiel, wie die Theilnahme des Volkes am
Kriege die Führung auf deutscher Seite erschwerte, und wieder eine
Lehre, daß man von den Vorposten weniger Meldungen (und Nachrichten)
erwarten darf als Sicherheit und Schutz. Die Aufklärungen müssen
unabhängig vom Vorpostendienst auf anderen Wegen erzielt werden.
Wie wir sogleich erkennen werden, wurden deshalb besondere Maßnahmen für die Kavallerie getroffen; doch vermochte auch die Kavallerie
die Schwierigkeiten des Volkskrieges nicht hinreichend zu überwinden.
Thatsächlich dehnte sich das feindliche 20. Armeekorps vom 24. bis
26. abends über den Raum von Boiscommun bis Ladon aus, am
26. nachmittags wurden Montargis und St. Maurice vom 18. Armeekorps besetzt, am 27. nachmittags stand das 18. Armeekorps mit seiner
Masse bei Ladon, mit einer Brigade in Montargis und mit Vorposten nördlich von Montargis. Ueber diese Vorgänge liefen aus dem
Bereiche des 10. Armeekorps (nämlich von Château Landon und aus
Benouille) zwar aus eigener Anschauung gewonnene, der Wirklichkeit ent-
sprechende, aber nicht erschöpfende Meldungen ein. Man wird jedoch
nur unter besonders günstigen Umständen in einem Volkskriege durch
eigene Anschauung mehr in Erfahrung bringen können. Auch das
Gefecht von Lorcy (am 26.) lieferte dem 10. Armeekorps keine neuen
Anhaltspunkte. Die einzigen Meldungen von Werth wurden am 27.
aus Château Landon, also von einer entsandten Abtheilung, nicht von
den Vorposten, dann zwei von den Vorposten des Obersten v. Valentini
(I, S. 391/392) und eine vom Hauptmann Seebeck vom Generalkommando am 25.*) erstattet. Die Meldung über die Besetzung von

---

*) I, S. 320.

Mignerette am 27. war unrichtig, denn thatsächlich wurde der Punkt nur von einer Flankendeckung berührt, während das 18. Armeekorps die südlichere Straße nach Ladon benutzte. In der Front von Bois= commun über St. Loup bis Maizières konnten einzelne Reiter seit dem 25. abends kaum durchkommen, um so mehr will es scheinen, daß das Generalkommando seitdem hätte versuchen müssen, um die Front herumreiten zu lassen, und dies wäre in dem sehr bedeckten Gelände zwischen Rancray und Boiscommun von einzelnen Reitern bis in den Rücken des Gegners wohl ausführbar gewesen. Gelang es doch ein= zelnen kühnen Reitern, über Mignerette und, nördlich ausholend, jeden Tag auf Montargis vorzufühlen. Dies war aber auf keinem der beiden Flügel Sache der Vorpostenkavallerie und wurde von dem Augenblick an vom Generalkommando in die Hand genommen, da ihm die Deckung gegen Montargis (25. November) übertragen worden war. Daher erhielt es wenigstens in der Richtung auf Montargis noch rechtzeitig Einblick in die feindlichen Hergänge.

Nur ein eigenthümlicher Vorfall aus dem Bereiche der Vorposten mag Erwähnung finden: Am 27. früh meldete plötzlich die Feldwache von Tantémont den Anmarsch starker feindlicher Kräfte von Maizières auf Beaune. Der Meldereiter überbrachte die Meldung auf schaum= bedecktem Rosse dem Kommandeur vom F./57., Major v. Gerhardt, der in Anbetracht der Bedeutung des Vorganges und des nebeligen Vormittags sogleich alarmiren ließ; der Alarm wurde nach rechts und links aufgenommen, und in einem Augenblicke stand die 38. Infanterie= Brigade gefechtsbereit in ihren Stellungen. Die feindlichen Kolonnen waren inzwischen am Straßenkreuz bei Maizières auf der dort scharf nach Westen abbiegenden Straße nach St. Loup marschirt (da die Spitzen des 18. Armeekorps sich Ladon näherten, zog General Crouzat sein Armeekorps gegen den linken Flügel zusammen) und waren, als der General v. Wedell beim F., 57 in Foucerive eintraf, natürlich aus dem Gesichtskreise verschwunden. Dort entstand dann große Entrüstung über den falschen Alarm. Der General ordnete Untersuchung und Berichterstattung sowie die Bestrafung des Vizefeldwebels v. d. Lancken, des Feldwachhabers in Tantémont, an. In Wirklichkeit hatten sich die Verhältnisse beim Feinde genau so verhalten, wie die Feldwache es gemeldet hatte, und so endete die einzig richtige und bemerkenswerthe

Thätigkeit aus dem Bereiche der Vorposten der 38. Infanterie-Brigade innerhalb dreier Tage mit ihrem Antrage an das Generalkommando: „die hessischen Reiter abzulösen und durch zwei Eskadrons Dragoner zu ersetzen, weil sich die Ersteren zum Vorpostendienst nicht geschickt zeigten."*) Der Antrag fand keine Berücksichtigung.

In der That ließ wohl der Vorpostendienst vom 25. bis 27. abends auf der Front des 10. Armeekorps zu wünschen übrig. In einem künftigen Kriege kann dies noch mehr der Fall werden; um so größerer Werth muß auf die Organisation dieses wichtigen Zweiges gelegt werden. Vor allen Dingen dürfen hierbei Verluste nicht gescheut werden. Wenn z. B. die Hälfte der Kavallerie in jenen Tagen zu Grunde gegangen wäre, so würde das Opfer nicht zu groß gewesen sein, falls das Generalkommando rechtzeitige und bessere Meldungen erhalten hätte.

Es bleibt noch übrig, einen kurzen Blick auf die Vorpostenkavallerie zu werfen. Von den sechs Schwadronen der Brigade v. Rantzau hatten am 23. abends drei Schwadronen des 2. und die 3. des 1. Reiter-Regiments mit F./16. in Marcilly enge Quartiere bezogen, die 2. und 4. Schwadron 1. Reiter-Regiments waren den beiden Vorposten-bataillonen der 16er zugetheilt worden (Vorpostenkommandeur war der Oberstlieutenant Sannow) und zwar die 2. Schwadron dem Abschnitt Batilly—Galvean—Orme, Stab in Orme, die 4. Jarrisoy—Foucerive, Stab in Foucerive. 20 Pferde waren zu je vier den Feldwachen überwiesen; von den übrigen Theilen der Schwadronen gingen unauf-hörlich Patrouillen in der Richtung Bellegarde, Maizières, Boiscommun, Nancray. Eine dieser Patrouillen unter Sergeant Herbst von der 4. Schwadron hieb schon in der Nacht vom 23. zum 24. einen Mann vom 2. Lancier-Regiment vom Pferde und nahm ihn nebst Pferd gefangen. Dies war der erste Gefangene, der von der neuen Armee von dieser Seite gemacht wurde.

Die Feldwachen waren also zuerst nur mit Meldereitern bedacht, die eigentliche Vorpostenthätigkeit ging von den Vorposten-Eskadrons aus und war sogleich rege. Denn außer dem Sergeanten Herbst hatten noch am 23. nachmittags und am 24. früh die Lieutenants v. Grolman und v. Persner mit je einem Zuge weitergehende Streifereien unter-

Die Meldungen der Vorposten-kavallerie.

---

*) Kr. A. 8, III, 1. VI.

nommen. Ersterer (am 24. früh) gelangte bis in die Gegend von Bellegarde und meldete, daß sich dort bedeutende Kräfte sammelten. Lieutenant v. Lersner ritt am 23. um 4½ Uhr durch St. Loup nach Boiscommun, drang bis auf den Marktplatz vor und „fand den Ort nur von Freischärlern besetzt, die ihm Schüsse nachsandten". Diese Meldung entsprach nicht ganz den Verhältnissen: aus der Geschichte der 2. Lanciers geht nämlich unzweifelhaft hervor, daß zur Zeit des Eintreffens des Lieutenants v. Lersner in Boiscommun sich daselbst die halbe 3. Schwadron der 2. Lanciers unter Kapitän Hubert befand,[*]) von der eine Feldwache sogar bis Les Rues[**]) vorgeschoben war, also 2 km nördlich und nur 1¾ km von Orme, wo bekanntlich der Stab der 2. Schwadron lag. Es muß befremden, daß dies nicht durch die Vorpostenschwadron von Orme festgestellt wurde. Lieutenant v. Lersner hat in der Dunkelheit vielleicht Lanciers für Freischärler gehalten.

Der Oberstlieutenant Sannow befahl nun dem Lieutenant v. Lersner, am 24. früh so weit vorzugehen, bis er auf den Feind stoße. Um 5 Uhr früh brach der Offizier über St. Loup auf, erreichte die Straße Bellegarde—Boiscommun, wandte sich auf dieser gegen Bellegarde und entdeckte ein feindliches Lager von Infanterie und Artillerie bei dieser Stadt. Von einer halben Schwadron Chasseurs verfolgt, kehrte der Offizier heim und meldete sogleich über seine Wahrnehmungen. Unterwegs begegnete dem Lieutenant v. Lersner der Lieutenant v. Schenk vom 2. Reiter-Regiment, der bei St. Loup eine beobachtende Stellung ein= nahm.[***]) Von der 2. Schwadron 1. Reiter-Regiments stellte Lieutenant v. Bouchenroeder im Laufe des Vormittags des 24. in der Richtung von Rougemont die Verbindung mit den Vorposten des 3. Armeekorps her. Auf seinem Rückzuge soll er in einem Dorfe (Barville) einen Haufen Blusenmänner zersprengt haben.

Infolge der Gefechte von Boiscommun und Ladon waren die Truppen in und um Beaune um 11 Uhr alarmirt worden; der kom= mandirende General begab sich auf den Windmühlenberg südöstlich von Beaune und sandte von hier aus um 12 Uhr mittags die bekannte Meldung[†]) an das Oberkommando in Pithiviers. Der Ueberbringer, Major v. Sanders, legte den Weg von 21 km in 40 Minuten zurück.

---

[*]) Grenest, L'armée de la Loire, S. 291. — [**]) Geschichte des 23. Dra= goner-Regiments, II, S. 136. — [***]) Von der Erkundungsabtheilung v. Wehren, I, S. 276. — [†]) I, S. 260.

Um Mittag erkundete die 4. Schwadron 1. Reiter-Regiments in der Richtung auf Maizières, wo um diese Zeit das bekannte Gefecht war.*) Sie schloß sich der Brigade Valentini an und traf mit ihr am Abend wieder bei Beaune ein.

Um 6 Uhr abends löste die am Vormittag bei Boiscommun im Gesecht gewesene, nur drei Züge starke Schwadron v. Schweitzer (3./1. Reiter-Regiments) die 4./1. Reiter-Regiments in Joucerive—Jarrisoy ab. Die 2. und 4. Schwadron 1. und zwei Schwabronen 2. Reiter-Regiments bezogen am Abend Quartier in Marcilly.

Am 25. November wurden das 2. Reiter-Regiment und die 3./1. Reiter-Regiments der 19. Division zugetheilt, 2. und 4./1. Reiter-Regiments unter Major v. Sanders der 39. Infanterie-Brigade überwiesen. General v. Rantzau und Oberstlieutenant v. Grolman verblieben zur Verfügung des Generalkommandos. Major v. San-ders trat in Juranville unter Befehl des Oberstlieutenants v. Walbow (16. Dragoner), der die 4. Schwadron den 10. Jägern in Corbeilles zutheilte, die 2. nach Juranville legte. Die Kavallerie stellte bis zum 26. mittags nichts von Bedeutung fest und marschirte gegen 2 Uhr von Juranville (bezw. Corbeilles) mit dem Detachement v. Bolten-stern nach Château Landon ab.**) 2./1. Reiter-Regiments hatte die Avantgarde. Das sich bei Lorcy entspinnende Gefecht ist kurz skizzirt worden;***) es bleibt jedoch dazu berichtigend zu bemerken, daß der Chasseuroberst Girard nicht gefangen eingebracht wurde, sondern von einem Jäger erschossen wurde. Major v. Sanders nahm seine Papiere an sich und sandte sie an das Generalkommando. Aufschlüsse von Be-deutung enthielten sie nicht; nur ersah man daraus, daß der Chasseur-oberst die 2. Brigade der 3. Division 20. Armeekorps kommandirt hatte, und in seinem Notizbuch befanden sich ziemlich zuverlässige Auf-zeichnungen über die Stellung und Stärke des 10. Armeekorps.†) Der gleichfalls an der Spitze der Chasseurs vom Unteroffizier v. Block (56er) erschossene Offizier war nicht der Kommandeur der 7. Chasseurs, sondern der Kapitän Gandon der 3. Schwadron der 7. Chasseurs.††) Die Unternehmungen dieser Kavallerie von Château Landon aus und die von ihr erstatteten Meldungen gehören nicht in den Bereich des Vor-

---

*) I, S. 379/382. — **) I, S. 374/375. — ***) I, S. 377/379. — †) Ge-schichte der 10. Jäger, S. 48/49. — ††) Greneft, S. 306.

postendienstes, sie bleiben daher außer Betracht, werden mir vielleicht aber Gelegenheit zu einer selbständigen Arbeit bieten.

Begeben wir uns daher wieder nach Beaune zurück.

Seit dem 26. hatte insofern eine allgemeine Aenderung im Vor= postendienst Platz gegriffen, als verschiedene Kavalleriefeldwachen vor und zwischen den sonstigen Feldwachen bei der 38. und 39. Infanterie= Brigade zugweise auftraten, doch ereignete sich seitdem nichts mehr von Bedeutung bis zur Schlacht. Eine vom Hauptmann v. Tiedemann (8./57.) in der Frühe des 27. geführte Erkundung gegen St. Loup wurde vom Zuge des Lieutenants v. Gemmingen begleitet; man stellte die Besetzung von St. Loup mit starken Kräften aller Waffen fest. Von Foucerive aus zerstörte an diesem Tage Lieutenant v. Willich mehrere nordwestlich von Maizières gelegene Häuser, aus denen wieder= holt durch einige Landeseinwohner auf unsere Patrouillen geschossen worden war, durch Brand, jedoch wurde die von diesem Offizier gleich= zeitig beabsichtigte Fouragirung in Maizières durch eine feindliche Chasseur=Schwadron verhindert.

Im Bereiche der 39. Infanterie=Brigade waren seit dem Abmarsch der beiden hessischen Schwadronen nach Château Landon den Vorposten zwei Schwadronen Dragoner Nr. 16 zugetheilt worden. Von diesen versah eine Schwadron den Dienst von Juranville bis Lorcy, die andere von Lorcy bis Corbeilles. Meldungen von Bedeutung gingen von dieser Kavallerie nicht ein.

Somit waren auch die Ergebnisse der Vorpostenkavallerie verhält= nißmäßig recht gering, die Gefechte von Boiscommun, Ladon, Maizières und Lorcy (deren Tragweite im I. Bande skizzirt wurde) müssen hier außer Betracht bleiben, weil sie mit dem Vorpostendienst nichts oder nur wenig (Lorcy) zu thun hatten. Von den eigentlichen Vorposten wurden in vier Tagen nur zwei Gefangene gemacht, trotzdem man dauernd in Berührung mit dem Feinde stand, nämlich ein Lancier vom Sergeanten Herbst in der Nacht vom 23. zum 24. November und ein Mobilgardist von den 16ern (am 26. vormittags), der ein Ueberläufer war. Nähere Bemerkungen würden viel zu weit führen; das Gesammt= ergebniß genügt, und der Leser wird selbst daraus viele Lehren ge= winnen können; er muß jedoch immer im Auge behalten, daß der deutschen Armee Volksbewaffnung und Gelände außerordentliche Schwie= rigkeiten boten.

Während der vier Tage, vom 24. bis zum 28. November, war von den deutschen Vorposten nur hier und da ein Schuß gefallen, desto mehr von französischer Seite, und dabei war die Bevölkerung nicht unthätig. So wurden einzelne Doppelposten der Feldwachen wiederholt von bewaffneten Bauern beschossen, allein es wollte nicht glücken, eines Bewaffneten habhaft zu werden. Am 25. November morgens erhielt ein Doppelposten der 16er aus großer Nähe Feuer. Die Schüsse fielen aus einem nahe gelegenen Hause. Die Mann= schaften des Doppelpostens verabredeten sich nun dahin, daß, sobald wieder ein Schuß fiele, Einer davon laufen, der Andere sich todt stellen sollte. Als nun aus derselben Richtung wieder eine Kugel vorbeipfiff, lief ein 16er einige Schritte davon, während der Andere, scheinbar getroffen, niederfiel. Es währte nicht lange, da näherte sich vorsichtig ein Blaukittel, schaute sich um und kniete dann neben dem vermeint= lichen Todten nieder. Schnell faßte der kräftige Westfale zu, und in= zwischen kehrte der andere Mann zurück. Der Blaukittel wurde nach Beaune abgeliefert, wo er vor dem sogleich anberaumten Kriegsgericht frech und trotzig seine That gestand und angab, er sei Waldhüter. Das Urtheil lautete: Tod durch die Kugel und wurde auf dem Kirchhofe von einer Abtheilung 16er vollstreckt. Der Fanatiker starb mit der Resignation, welche solchen Leuten eigen zu sein pflegt, hatte aber vorher ein umfassendes Geständniß abgelegt, in der Hoffnung, daß ihm des= wegen das Leben geschenkt würde. Er gab nämlich nicht allein die Lager= plätze seiner Landsleute an, sondern erbot sich auch, den Deutschen als Führer auf geheimen Wegen zu dienen, um die französischen Lager zu überfallen. Die Angaben stimmten mit anderweitigen überein.

Ueber dieses Geschehniß findet sich in den Akten folgende „Notiz" des Majors v. Scherff an den Hauptmann v. Huene vom 25. abends: „Ein hier in Haft befindlicher Bauer, welcher auf diesseitige Patrouillen geschossen haben soll, hat, wohl um sich zu retten, Angaben gemacht, die im Allgemeinen die sonst gemachten bestätigen. Längs der Straße Belle= garde—Montliard—Boiscommun sind starke Truppen, auch viel Artillerie. Schleichwege dahin wollte er uns zeigen, unter obwaltenden Umständen ist aber kein Gebrauch davon zu machen."*) Der Vorfall ist nebenbei ein klassisches Zeugniß für die Milde der deutschen Kriegführung. Statt daß

*) Kr. A. 8, III, 1, VI.

die beiden 16er den Waldhüter, wie es das Kriegsrecht gestattete, sofort erschoffen hätten, nahmen sie ihn gefangen und lieferten ihn an das Generalkommando ab, das über ihn zum Ueberfluß noch eine weitläufige kriegsgerichtliche Untersuchung anstellen ließ. Dies war unter den obwaltenden Umständen keine Milde mehr, sondern Schwäche!

Allerdings wären uns alsdann die Aussagen des Mannes vorenthalten geblieben; das fällt indessen auf ein anderes Gebiet. Daran haben die 16er auch wohl nicht gedacht, sondern sich lediglich von ihrer Gutmüthigkeit leiten lassen.

Außerdem — und das war die Hauptsache — verrieth der Mann das vom General Crouzat gehandhabte Kundschaftersystem. Wie dargestellt werden wird, waren die Franzosen stets über alle Vorgänge beim 10. Armeekorps bis zum 27. abends aufs Genaueste unterrichtet, nicht nur über die Schwäche des Korps an Infanterie, sondern auch über die Truppenvertheilung, die Vertheidigungseinrichtungen, die Besetzung von Beaune und Juranville, den Staudpunkt der Reserve 2c., so daß der General Crouzat daraufhin mit General Billot seine Verabredungen treffen konnte. Die Kundschafter waren meistentheils Förster, Wald- und Feldhüter, welche die Wege und Stege am besten zu kennen pflegen. Sie besorgten jedoch den Kundschafterdienst nicht selbst, sie dienten vielmehr verkleideten Offizieren als Führer. Diese schlichen sich regelmäßig am Abend beim Dunkelwerden nach Beaune hinein und kehrten am Morgen vor Tageslicht wieder zurück. Daß etwas Derartiges vorging, war deutscherseits zwar schon geargwöhnt worden, allein es gelang auch seit diesem Geständniß nicht, den Kundschafterdienst zu verhindern. Wie wir bei der Darstellung der Schlacht übrigens sehen werden, fielen den Deutschen im Laufe der drei Tage etwa 40 verdächtige Personen aller Stände in die Hände.

Während dieserart die Deutschen nur durch besondere Glücksumstände etwas Näheres erfuhren, entging den Franzosen vermöge ihres Kundschafterdienstes kein Vorkommniß auf deutscher Seite, und doch sollte der Befehl des 10. Armeekorps vom 27. abends alle Hoffnungen und Anstrengungen der Franzosen in dieser Beziehung zerstören.

II.

Die Stellung des 10. Armeekorps in Rückficht auf seinen Auftrag und das Gelände.

Gemäß dem Befehle der II. Armee vom 25. November*) follte das 10. Armeekorps den linken Flügel derselben unter Aufrecht-haltung der Verbindung mit ihr decken, und der General v. Voigts-Rhetz hatte bereits unter dem 25. November**) gemeldet, daß er ent-schloffen fei, sich im Falle eines Angriffs in der Stellung bei Beaune zu schlagen. Inzwischen war, am 26. November,***) die Entsendung des Detachements v. Voltenstern nach Château Landon erfolgt, und auf das Eintreffen des Generals v. Kraat konnte fürs Erfte nicht gerechnet werden. Das 10. Armeekorps entbehrte mithin ganz bedeutender Theile feiner Kräfte und war nicht nur ftark exponirt, sondern auch außer-ordentlich schwach für die Löfung der ihm übertragenen Aufgaben. Dies wurde bereits am Abend des 24. deutlich aus der Zahl der feindlichen Streitkräfte erkannt, die an jenem Tage ihm gegenüber aufgetreten waren; man hätte fomit eine geeignete Stellung ausfuchen und fystematisch künftlich verstärken müffen, soweit es Zeit und Umstände nur irgend erlaubten, um sich mit Ausficht auf Erfolg behaupten zu können.

Bedauerlicherweise ift nicht mit Beftimmtheit zu erfehen, was der General v. Voigts-Rhetz unter „der Stellung von Beaune" verftand. Betrachtet man die Karte, so konnten damit wohl nur die von Aury über Beaune nach Batilly ftreichenden leichten Höhen gemeint sein mit dem Städtchen Beaune als Mittelpunkt, es blieb jedoch offen, inwieweit das Armeekorps sich auf denfelben nach Nordoften und Weften auszudehnen

Wahl der Stellung.

---

*) I, S. 320.321. — **) I, S. 319. — ***) I, S. 377.379.

2*

beabsichtigte. Diesem Gedanken entspricht auch etwa die Vertheilung der Truppen bis zur Frühe des 28. November. Der General v. Voigts-Rhetz hatte zwei Aufgaben: die Deckung des linken Flügels der II. Armee und die Aufrechthaltung der Verbindung mit ihr, woraus dann logisch die dritte folgte, sich so lange in der zur Erfüllung der ersten beiden gewählten Stellung zu behaupten, bis von der II. Armee Unterstützung anlangen konnte. Diese drei Gesichtspunkte blieben für das 10. Armeecorps immer maßgebend und konnten lediglich insofern im Laufe der Zeit eine Abänderung erfahren, als dadurch das Gelingen der Gesammtaufgabe nicht beeinträchtigt wurde. Die Schwäche des 10. Armeecorps wies es auf das Zusammenhalten aller seiner Streitkräfte hin. Wo und wie das zu geschehen hatte, hing davon ab, wo die Aufgaben des 10. Armeecorps vom Gelände am besten unterstützt wurden. Mochte nun aber eintreten, was wollte, immer hatten sich dem strategischen Gesichtspunkte bei den verschiedenen Aufgaben alle anderen dauernd unterzuordnen, d. h. es mußte die Verbindung mit der II. Armee unter allen Umständen aufrecht erhalten werden, und zwar um so mehr, als das 10. Armeecorps seit dem 24. auf der Straße von Boiscommun den Feind festgestellt hatte und dessen Richtung auf eine Bedrohung der Verbindung des 10. Armeecorps mit der II. Armee deutete. Seit diesem Tage hätte das 10. Armeecorps daher über die zu wählende Stellung schlüssig sein müssen; an dem gefaßten Entschluß mußte es festhalten und Alles zu seiner Durchführung aufbieten, d. h. die Stellung genau wählen, räumlich begrenzen, künstlich verstärken, die Truppenvertheilung regeln, für schnelle Verbindung mit der II. Armee sorgen und möglichst weitreichende Aufklärungen veranlassen. In Wirklichkeit wurde nur den letzten beiden Erfordernissen dauernd ganz genügt, allen anderen nicht, mindestens in nicht hinreichendem Grade. Die strategische Seite der Aufgabe sprach dafür, da man entschlossen war, sich vertheidigend zu schlagen, den Schwerpunkt in der Stellung so zu bestimmen, daß der rechte Flügel rechtzeitig unterstützt werden konnte, und die Stellung selbst derart, daß man nicht von der II. Armee abgetrennt werden konnte und den natürlichen Rückzug möglichst hinter die Mitte brachte. Mochten dann von Süden und Südosten weitere feindliche Kräfte sich entwickeln, so hätte das 10. Armeecorps dadurch nur auf die II. Armee zurückgedrängt werden können.

Allen diesen Gesichtspunkten entsprachen etwa nur zwei Stellungen: die genannte von Beaune und die von La Bretonnière an der Fosse des Prés. Beide Stellungen waren an sich taktisch schwach, die erstere war weniger übersichtlich, der Feind konnte an sie in Massen gedeckt nahe heran, beide hatten ein Fronthinderniß im Rolande=Bach und in der Fosse des Prés, beide konnten aber von Westen wirksam flankirt werden. Immerhin bot die zweite Stellung für die deutsche Artillerie (und Kavallerie) ein weit geeigneteres Verwendungsfeld, und man würde in ihr den rückwärtigen Unterstützungen näher gewesen sein. Unter diesen Umständen und trotz des Befehls, Beaune besetzt zu halten, hätte man in Zweifel gerathen können, für welche Stellung man sich am besten entschied. Denn augenscheinlich handelte es sich bei so geringen räumlichen Unter=schieden nicht um die Lokalität, sondern um die Frage, wo man des Sieges am sichersten sein würde. Die eigentliche rückwärtige Verbindung der II. Armee war am 26. durch die Besetzung von Montargis doch unterbrochen; ob der Feind außerdem noch Ladon und Beaune besetzte, blieb ziemlich belanglos, wenn man ihn nur schlug, denn alsdann öffneten sich die Deutschen auch wieder die verlorene rückwärtige Ver=bindung. Es kam also Alles darauf an, unter günstigen Verhältnissen zu schlagen.

Das 10. Armeekorps entschied sich nun für die „Stellung von Beaune", dehnte sich jedoch — jedenfalls verleitet durch die Rücksicht auf Deckung gegen Montargis — seit dem 25. mit den Vorposten bis Corbeilles aus und bestimmte als Sammelplatz für den linken Flügel die Gegend von Les Côtelles, für den rechten die Höhen von Les Roches, während es die 37. Infanterie=Brigade nebst Korpsartillerie bis zur Frühe des 28. November hinter dem rechten (strategischen) Flügel zu=rückhielt. Bevor es Kenntniß von der Bereitstellung der 5. Division am 28. bei Dadonville erhielt,*) verlegte es seine Reserve mehr hinter die Mitte und verwendete sie schließlich auf dem linken Flügel gegen Mont=argis. Auf diese Weise gelangte das 10. Armeekorps schließlich in eine andere Stellung, als bis zum 27. November beabsichtigt gewesen sein mag, nämlich in die „Stellung Beaune—Long Cour"; es beging mithin taktisch denselben Fehler in den strategisch die II. Armee sich verstrickt

---

*) I, S. 395 und 411/412.

hatte, es gerieth in eine Breite- (Kordon-) Stellung, mit weit voneinander getrennten Flügeln, ohne Tiefe, ohne Verbindung unter sich, ja ohne Centrum. Es wird daher nun nothwendig, die Stellung von Beaune—Long Cour näher ins Auge zu fassen.

Die Stellung von Beaune—Long Cour.

Die Stellung Beaune—Long Cour litt zunächst an einer viel zu großen Ausdehnung (5000 m), ferner war sie nach Süden ganz unübersichtlich, so daß hier feindliche Massen, wenn sie geschickt geführt wurden, vollständig der Sicht und dem Schuß entzogen, auf 500 bis 600 m herangelangen konnten, besonders an Beaune selbst. Dieses Städtchen konnte aber auch hinter einem zusammenhängenden Schirme von Dörfern, Gehöften, Weinbergen, Waldstücken und Baumgruppen in einer Entfernung von 3500 m von Westen mit Massen, von Boiscommun aus bis in die Höhe von Arconville, umgangen werden, ohne daß dies von Beaune aus hätte bemerkt werden können. War diese Umgehung ausgeführt, so konnte man von Gehöft zu Dorf und von einer Waldparzelle zur anderen von Westen nach Osten auf Beaune bis auf 1200 bis 1000 m herangelangen, ohne daß es möglich gewesen wäre, dieses Vorgehen durch Artilleriefeuer empfindlich zu belästigen oder gar zu verhindern. Am unübersichtlichsten war das Vorfeld von Beaune nach Süden, wo unzählige Ortschaften, Gehöfte, die zum großen Theil durch Hecken miteinander verbunden waren, und Waldparzellen abwechselten und die Verwendung unserer Artillerie erst auf Entfernungen von etwa 1000 m zuließen, die Verwendung der Kavallerie in größeren Abtheilungen, auch bei besseren Witterungsverhältnissen, fast ausgeschlossen hätten. Nur im Südosten, in der Gegend von Lorcy—Corbeilles, wurde das Gelände offener, so daß es vom Bahnhofe Beaune, wo das Generalkommando während der Schlacht Aufstellung nahm, zum Theil wenigstens eingesehen werden konnte. Zwischen der Cäsar-Straße und der großen Straße nach Beaumont (über Long Cour) war das Vizinalwegenetz derartig entwickelt, daß die Franzosen fast alle 100 m ihre Richtung verändern konnten, und da die Vizinalstraßen zum großen Theil auf Beaune und Long Cour mündeten oder doch in diese Hauptrichtungen ausliefen, so vermochten die Gegner von vornherein in breiter Front und mit aller Bequemlichkeit sich derartig im Anmarsche weiter zu entwickeln, daß sie aus den Anmarschrichtungen ohne jeden Umschweif direkt in die umfassenden Angriffsrichtungen übergehen und unter den einzelnen Kolonnen Verbindung und Gefechtsrichtung bewahren konnten, ohne daß die Deutschen dies hätten stören oder früher einsehen können, als bis die Franzosen auf mittlere Schußweiten herangelangt waren. Wurde das Wetter, was im November wahrscheinlich war, trübe, so verfügten die Franzosen über die denkbar günstigsten Bedingungen nicht nur zu einem Angriff, sondern zu einem überraschenden Angriff, sogar zu einem Ueberfall. Denn in diesem Falle konnten sie ihre von Anfang an umfassend angesetzten, an Zahl weit überlegenen Massen bei frühzeitigem Aufbruch und zweck= mäßigen Marschanordnungen auf nächste Entfernung unbemerkt an die deutsche Stellung hinanschieben und diese durch einen Anlauf überrennen. Dazu gehörte freilich ein Grad der Manövrirfähigkeit, den die Franzosen nicht hatten; immerhin blieben aber auch für ihre taktische Leistungs= fähigkeit die Verhältnisse ausnehmend günstig, um eine Umfassung mit Ueberlegenheit durchzuführen und das gegnerische Häufchen zu erdrücken. Und wie sich ergeben wird, glückte der geplante Ueberfall beinahe. Freilich soll nicht ungesagt bleiben, daß der Boden der Beauce bei nassem Wetter ein großes Bewegungshinderniß bildet, und das Wetter war am 28. November dunstig, trübe, feucht, der Boden aufgeweicht. Dies gereichte den Deutschen insofern zum Vortheil, als die wenig kriegs= geübten gegnerischen Truppen dieses Hinderniß nur schwer überwanden, während es den Deutschen keine sonderlichen Schwierigkeiten verursachte. Wir werden das im Verlaufe der Schlacht sehen.

Die Höhenverhältnisse schwankten zwischen 90 bei Long Cour und 138, 137 bei St. Loup und Boiscommun, also auf einem Raum im Viereck von etwa 5000 m ein kaum nennenswerther Unterschied; jedoch lag auch in dieser Beziehung der Vortheil insofern auf französischer Seite, als zwei Wellen von Westen über Süden nach Osten streichen, wie man bei genauem Studium der Karte sieht, von denen die nördlichste auf wirksame Artillerieschuß-Entfernung die deutsche Stellung überhöhte (Gal= veau 121, Queschevelle 121, Orme 109, Jarrison 120); die zweite Welle verlief ungefähr parallel mit der ersten (Les Plessis 133, Boiscommun 137, St. Loup les Vignes 138, Fonjuif 115). Aehnlich lagen die Höhen= verhältnisse von Westen und Süden um Juranville: La Jarry Basse 103, La Haute=Jarry 116, La Motte Bastille 106, Schnittpunkt der großen Straßen westlich Maizières 102, von wo eine allmähliche Senkung bis auf 92 südlich Lorcy erfolgt. In der Gegend von Juranville betrugen die Höhen auf unserer Seite dagegen nur 90 bis 94, nämlich zwischen Long Cour und Les Côtelles. Der Bahnhof Beaune selbst lag zwar in der Ebene, unmittelbar westlich desselben betrug die Höhe indessen *104. Unregelmäßig waren diese leichten Höhenzüge durch mehrere von Süd= westen nach Nordwesten ziehende Querwellen und einzelne kleine Kegel durchsetzt, so daß das ganze feindliche Angriffsgelände wie zur gedeckten Heranführung von Massen eigens geschaffen schien.

In der Gegend von Beaune nehmen die Höhenzüge zwischen der Fosse des Prés und dem Rolande-Bach eine nordöstliche Richtung an. Mochte der Gegner westlich oder östlich an Beaune vorbei zu operiren gesonnen sein, mochte er das 10. Korps von der II. Armee trennen oder es auf sie zurückwerfen wollen, oder mochte er das 10. Korps konzentrisch von Boiscommun und Ladon aus zusammenquetschen oder endlich es zu durchschneiden und zwischen den getrennten Theilen durch= zustoßen beabsichtigen, welche Möglichkeiten das 10. Korps unter den obwaltenden Verhältnissen in Erwägung ziehen mußte — die Stellung von Beaune und Long Cour mußte sich in allen diesen Fällen als ungeeignet zur Vertheidigung erweisen. Eine gute Centralstellung fand sich bei Beaune nirgends, um die Aufgabe in Richtung Pithiviers und Montargis durch eine enge Versammlung zu lösen. Der General v. Voigts=Rhetz ließ sich, um die Straßen=Knotenpunkte von Beaune und Les Côtelles (Long Cour) zu besetzen und nach Kräften zu halten, verleiten, sein Korps in zwei Gruppen auseinanderzuziehen. Erschien diese Auf= stellung schon für die Bereitstellung der Korpsreserven sehr ungünstig, so litten auch sowohl die Position von Beaune als die von Les Côtelles (Long Cour) an schweren taktischen Mängeln.

Die Flügel=
stellung
von Beaune.
Wir wissen, daß das Gelände selbst einen Massenangriff des Gegners unterstützte, daß jedoch der General von Voigts=Rhetz seiner Aufgabe gemäß, „zu decken", auf eine Centralstellung seines Korps verzichtete. Nun liegen sowohl Beaune wie Long Cour selbst für eine Vertheidigung ungünstig. Zwar streicht vom Bois de la Leu, hart nördlich an Beaune vorbei und dann dem Rolande=Bach nach Osten folgend, ein leichter Höhenzug bis nach Long Cour; derselbe hatte jedoch am Kirchhofe von Beaune die Höhe von 102 m, auf feindlicher Seite gegenüber 121 und 109, stieg hart nördlich Beaune bis über den Schnittpunkt der Cäsar=Straße mit der großen Straße nach Pithiviers zu einer Fläche bis auf Höhe 119 an und senkte sich

nach Long Cour auf 97, bei Marcilly befand man sich auf 100. Im Süd-
often reichte die Höhe von M^{ins.} de la Montagne, 113, bis auf 300 m an
Beaune heran und überhöhte die Südfront des Städtchens. Sonach lag
die südliche (Vertheidigungs-) Front von Beaune in der Tiefe mit dem
Rücken gegen Norden etwas höher, die Stellung von Beaune befand
sich mithin eigentlich nördlich der Stadt, aus der das Städtchen selbst
gewissermaßen nach Süden einen vorspringenden Halbkreis bildete. Dieser
Kreis wurde von gegnerischer Seite von Westen, Südwesten, Süden
und Südosten nicht nur eingesehen, sondern man konnte ihn von diesen
Seiten zugleich unter wirksames Artillerie- und Infanteriefeuer nehmen.
Besonders für Beaune bedrohend waren die Höhen 109 und 113, welche
die Südwest- und Südostseite vollständig beherrschten und daher, falls
sie nicht besetzt und behauptet wurden, Beaune eigentlich nach dieser Seite
unhaltbar hätten machen müssen — nach den Regeln und Grundsätzen! —
Gegen Süden und Westen, zwischen den Straßen von Les Saules und
der Cäsar-Straße, hatte der Vertheidiger zwar ein im Allgemeinen
gutes Schußfeld, allein besonders von Orme aus konnte der Angreifer
gedeckt M^{in.} de la Fontaine erreichen, also sich auf 450 m heranarbeiten,
während von Galveau, Quescheuelle, Maizerie aus Beaune dauernd
unter wirksamem Artilleriefeuer zu halten war.

Diese Ungunst des Geländes konnte zwar gegen Höhe 113 von
Les Roches aus gemildert werden, ebenfalls war der 300 m direkt
westlich von Beaune gelegene Kirchhof, mit mehreren massiven Häusern
bis nach Beaune hin, ein geeigneter Stützpunkt gegen Westen und Süden;
allein im Ganzen war und blieb die Stellung am Städtchen Beaune
schwach, denn es konnte von drei Seiten eingesehen und unter wirksames
Feuer genommen werden. Allerdings zog sich im Bereiche des Nah-
kampfes zwischen 200 und 80 m an der Südwest-, Süd- und Südostfront der Rolande-Bach entlang, der an vielen Stellen mit Sträuchern
eingefaßt war; allein war der Gegner bis dahin umfassend heran,
so standen die Aussichten des Vertheidigers — nach der Theorie —
nicht mehr sonderlich gut, weil die feindliche Infanterie in der günstigen
Lage war, bis kurz vor der Vermengung mit dem Gegner von der
eigenen, sie überhöhenden Artillerieposition dauernd mit Feuer unterstützt zu werden, und selbst gründlich durch ihr eigenes Feuer nach-
zuhelfen vermochte. Der Rolande-Bach konnte im Uebrigen an vielen

Stellen übersprungen und durchwatet werden. Derselbe behinderte indessen eher das Schußfeld des Vertheidigers, als er es begünstigte, wenn man das Strauchwerk nicht beseitigte. Außerdem hatte das Städtchen Beaune eine wohlerhaltene, massive Stadtmauer bis zu 10 Fuß Höhe auf der ganzen Südfront; nördlich der Straße nach Orme war das Städtchen aber offen, ebenso von der Straße von Foucerive aus nach Norden, dort befanden sich dagegen unregelmäßige Häusergruppen. Im Ganzen muß hiernach das Städtchen Beaune — theoretisch — als ungeeignet für eine hartnäckige Vertheidigung betrachtet werden, und es konnte wegen seiner von drei Seiten vom Feinde überhöhten Lage als Flügel=Stützpunkt nicht gelten.

Der Kirchhof und
die Kalköfen.

Von besonderer Bedeutung wurden der Kirchhof westlich und die Höhe der „Kalköfen" (Les Roches) östlich des Städtchens. Vom Kirch= hofe aus, der das Vorfeld nach Süden, Südwesten und Westen über= höhte, hatte man einen ziemlich weiten Blick in das Vorfeld, bis auf etwa 1000 m, nur nicht gegen Süden, wo die $M^{in.}$ de la Fontaine nebst mehreren Gehöften sich befanden. Der Kirchhof hatte die Form eines Rechtecks, die kurze Seite war nach Süden, die lange von etwa 60 m Front nach Westen gerichtet. An die kürzere (Südseite) schlossen sich nach Osten einzelne massive Häuser; der Kirchhof war mit einer 4 Fuß hohen massiven Steinmauer eingefaßt, die bequemes Schießen im Stehen darüber weg gestattete, der Eingang lag auf der Ostseite. Die West= front von Beaune stand gänzlich offen, nicht einmal die Straße nach Batilly war durch eine Sperre abgeschlossen. Von der Südfront des Kirchhofes und den dortigen massiven Häusern belief sich die Ent= fernung bis zum Rolande=Bach, der hier von keinem Strauchwerk um= säumt war, auf etwa 200 m, also damalige Kernschußweite. Auf der Fortsetzung des Höhenzuges lag gegen Osten das Städtchen Beaune mit dem nördlichen Theile gegen den Höhenzug, mit dem südlichen im Thale, so daß der nördliche Theil den südlichen überragte, wie das in jener Gegend vielfach vorkommt. In weiterer Fortsetzung nach Osten über das Städtchen hinaus trat die Höhe schärfer hervor, und auf dem höchsten Punkte derselben waren Kalköfen, die eine ähnliche Rolle wie der Kirchhof spielen sollten. Die Ostfront von Beaune war ebenfalls ganz offen wie die nördliche Westfront.

Betrug der Durchmesser bei Beaune vom Kirchhofe bis zu den Kalköfen genau 1200 m, so bildeten die Ortschaften Juranville, Les Côtelles, Benouille eine unregelmäßige, gegen Südwesten gewandte Front von etwa 2500 m, an die der Gegner überall bis auf nahe, ja nächste Entfernung (Juranville) gedeckt herankommen konnte. Die Entfernung von Benouille bis zu den Kalköfen maß gleichfalls 2500 m, so daß ein feindlicher Durchstoß unter dem Schutze von Bergouville auf Marcilly in Erwägung gezogen werden mußte, denn derselbe konnte weder von Long Cour noch von Beaune aus ernstlich durch Feuer behindert werden. Zwischen Juranville und Les Côtelles war ein offener Raum von 500 m, es hätten also beträchtliche Streitkräfte zur Vertheidigung dieser Dörfergruppe gehört. Wegen der einer Vertheidigung ungünstigen Gesammtverhältnisse lag es jedoch nicht in der Absicht der Deutschen, sich hier ernstlich zu schlagen, sondern auf der freieren Höhenfläche zwischen Les Côtelles und Long Cour, und zwar in Höhe M^{in} des Hommes libres. Man hatte dann also den Rolande-Bach hinter sich, der von Artillerie und Kavallerie nur auf der Brücke der Straße nach Beaumont überschritten werden konnte; bei der bedrohlichen Nähe der genannten Dörfergruppe mit einem freien Schußfelde für Infanterie auf etwa 1000 m bis zu unserer Artillerie war dies indeß ebenfalls keine günstige Vertheidigungsstellung.

Hatte man bei Beaune wenigstens die Südfront künstlich verstärkt, so war bei Long Cour nicht das Geringste geschehen. Man schlug sich dort, wie man das Gelände vorgefunden hatte, und hätte der Gegner die Stellung von Long Cour überhaupt mit solcher Thatkraft umfassend angegriffen wie diejenige von Beaune, so würde sie voraussichtlich geräumt worden sein, denn sie hatte noch größere Mängel als erstere, sie war noch weniger zu einer Vertheidigung geeignet. Zum Glück blieb uns Deutschen die Probe erspart.

Die beiden Stellungen von Beaune und Long Cour sind skizzirt worden, damit die taktisch-örtlichen Mängel deutlich hervorträten, die sich bei einem Gefecht zeigen konnten, und es werden nun einige Worte über die Gesammtstellung nothwendig. Eine Stellung, deren Hauptstützpunkte auf den Flügeln liegen und sich nicht besonders zur Vertheidigung eignen, ist niemals rathsam zu wählen, es sei denn, daß man die natürlichen Mängel künstlich zu mildern oder gänzlich zu be-

Die Flügelstellung von Long Cour.

Beurtheilung der Gesammtstellung.

seitigen vermöchte. Ersteres wäre möglich gewesen, Letzteres niemals. Die Front der Gesammtstellung zeigte genau nach Süden, der Gegner konnte fast überall gedeckt heran, sogar auf nahe und nächste Entfernung uns umfassen, falls er an Zahl überlegen war. Ohne Flankenanlehnung hatte das 10. Korps die Rückzugslinie nicht hinter seiner Mitte, sondern hinter seinem rechten Flügel fast in seiner Verlängerung, ein Umstand, der besonders in Anbetracht der Schwäche der Flügel, der Stellung und der langen Front, bei den geringen zu ihrer Vertheidigung verfüg= baren Truppen schwer ins Gewicht fällt. Denn da die Entfernung der Stellung von Long Cour bis zu der von Beaune, von Mitte zu Mitte gemessen, 4500 m betrug, so konnte die Gesammtstellung über Marcilly durchstoßen werden, und dann gelangten die Vertheidiger von Long Cour gewiß nicht nach Barville. Jedenfalls lagen beide Flügel= stellungen viel zu weit auseinander, wie sich denn auch später zeigen wird, daß man kein Bataillon mehr in der Hand hatte, um recht= zeitig entweder einem Durchbruch bei Marcilly zu begegnen oder die Kampfgruppe bei Beaune zu unterstützen. Man schlug also am 28. November mit zwei 4500 m voneinander stehenden Flügeln, ohne einen Mann auf der die Flügel verbindenden Front zu haben — also ohne Front überhaupt —, gewiß ein eigenthümlicher Fall, und man siegte, was noch eigenthümlicher ist; allein der Krieg spricht nun einmal vielfach den schönsten Grundsätzen Hohn. Es entstanden daher zwei Schlachten, die von Beaune und die von Juranville. Die Entfernung zwischen den beiden Flügeln war so groß, daß man Infanterie von dem einen nach dem anderen Flügel nicht rechtzeitig eingreifen lassen konnte; jedoch hätte sich das mit Artillerie und Kavallerie erzielen lassen (die Artillerie hat auch thatsächlich eingegriffen).

Der große Raum zwischen den beiden Stellungen erschwerte daher eine einheitliche Schlachtleitung und schloß beinahe eine gegenseitige Unterstützung durch die Truppen aus. Die Franzosen haben nachweisbar keinen Durchstoß in der Richtung auf Marcilly beabsichtigt, sie wollten vielmehr die deutsche Gesammtstellung von Westen und Osten umfassen und die Deutschen gegen Beaune zusammentreiben, wozu ihre Streit= kräfte vollständig ausgereicht hätten. Da die Gegner später aber die deutsche Front vollständig offen fanden, so konnte das 20. Korps — was auch geschah — mit den Theilen, welche für die Südfront von

Beaune bestimmt waren, gegen Westen auf Beaune einschwenken und, da dasselbe Korps frühzeitig auch die Umfassung von Westen angesetzt hatte, von dieser Seite unter Einschwenken gegen Osten Beaune bis auf die Straße nach Egry einschließen. In Wirklichkeit gelangten im Osten die Franzosen bei Beaune mit westwärts gekehrter Front bis nördlich der Straße Les Côtelles—Beaune; im Westen, mit ostwärts gekehrter Front, gewannen sie durch die Einnahme von Romainville die Straße nach Egry. Unsere offensive Gefechtsführung bei Juranville und die geringe Geschicklichkeit im Zusammenwirken beim 18. Korps sind wohl die Hauptursachen, daß es überhaupt nicht zu einem umfassenden Angriff gegen die Stellung von Long Cour kam, und daher führt die Schlacht auch mit Recht den Namen Beaune.

Die Schlacht gestaltete sich wesentlich anders, als der General Crouzat es beabsichtigt hatte. Er selbst führte mit dem linken Flügel — dem 20. Korps — die Umfassung bis zur Umstellung durch, und als er die offene Front der Deutschen zwischen Beaune und Long Cour bemerkte, ließ er auch den rechten Flügel des 20. Korps umfassend gegen Westen vorgehen. General Billot kam mit dem linken Flügel seines (18.) Korps nur in den Besitz von Les Côtelles und Venouille, mit dem rechten über Lorcy und Le Journil bis an den Rolande-Bach nordwestlich Le Journil. Allerdings gelangte das 18. Korps über diese Linie nicht hinaus, immerhin trat der merkwürdige Fall für den Angreifer ein, daß die inneren Flügel des 20. und 18. Korps sich fast den Rücken zukehrten, der vollständigste Beweis für die zu große Ausdehnung der deutschen Stellung.

Hiernach hätte die von General v. Voigts-Rhetz gewählte Stellung von Beaune—Long Cour theoretisch niemals in Frage kommen dürfen. Wir müssen nun sehen, ob sich in der Linie Beaune—Gondreville etwas Besseres hätte finden lassen.

Wenn man mit an Zahl unterlegenen Truppen in einer schwachen Stellung hartnäckigen und voraussichtlich langen Widerstand leisten soll, so ist das erste Gesetz, neben richtiger Basirung, möglichste Versammlung und möglichstes Zusammenhalten auf einem Raume, der in annähernd richtigem Verhältniß, was nicht außer Acht gelassen werden darf, zur Zahl und Tüchtigkeit der Truppe steht. Mochte nun die Tüchtigkeit der deutschen Truppen gestatten, ohne kleinliche Bedenken den Raum

Welche Stellung mußte das 10. Korps mit Bezug auf seinen Auftrag beziehen?

über das Normale auszudehnen, so mußte aber immer an der Versammlung auf diesem Raume festgehalten werden. Die Ueberlegenheit
an Zahl beim Gegner, die bekannt war, zwang zum Zusammenhalten,
die lange Zeit, welche zur Verfügung stand, vier volle Tage, erlaubte
künstliche Verbesserungen der Stellung im weitesten Grade, und über
die allgemeine Richtung derselben hätte ein Zweifel nicht bestehen dürfen.
Sie ergab sich aus dem Verhältniß des 10. Korps zur 11. Armee.
Hatte man sich für die Linie Beaune—Long Cour entschlossen, so durfte
man von ihr nur einen Theil nehmen, entweder Beaune oder Long Cour,
denn die ganze Stellung hätte für zwei normale Armeekorps eben ausgereicht; man hatte aber nicht einmal drei schwache Brigaden. Bei der
Wahl zwischen Beaune und Long Cour würde nun freilich Beaune,
trotzdem es keineswegs ein Ideal für die Vertheidigung war, bei Weitem
den Vorzug verdient haben, wenn man das Gelände ausgenutzt, verstärkt
und sich auf den Raum zu beiden Seiten von Beaune bis zur Cäsar-
Straße beschränkt hätte. Dies führt uns zu der Stellung, die das
10. Korps einnehmen mußte, wenn es Beaune selbst behaupten wollte.

Zwischen der Josse des Prés und dem Rolande-Bach erstreckt sich
von Südwesten nach Nordosten eine Hochfläche von mäßiger Erhebung,
mit vielen Dörfern, Ortschaften, Gehöften, Weinbergen und Waldstücken
bedeckt und von einem reichen Wegenetz durchzogen. Die Abhänge der
Fläche gegen Westen (Josse des Prés) sind sanft und verlaufen in annähernd geradliniger Flucht mit kaum bemerkbaren Winkeln. Die Abhänge gegen Osten bilden dagegen nicht nur zahlreiche zum Theil tief
eingreifende Winkelungen, sondern sie haben überhaupt einen unregelmäßigen Charakter, schärfere Formen und stärkere Böschungen; freilich
waren Letztere bis auf weite Entfernungen überall von Artillerie- und
Infanteriefeuer wirksam bestreichbar, auch zum Theil übersichtlich —
denn ihre Weinpflanzungen behinderten Ende November die Sicht
nicht mehr —, beschränkten dagegen die Freiheit der Bewegung,
was naturgemäß hauptsächlich dem Angreifer zum Nachtheil gereichen
mußte. Die unregelmäßig gewinkelten östlichen Abhänge ermöglichten
an manchen Stellen dem Vertheidiger ein Kreuzfeuer, so daß die
Ostfront im Allgemeinen nicht ungünstig für die Vertheidigung genannt
werden konnte. Im Süden verläuft der Abhang der Hochfläche von
Beaune genau von Osten nach Westen über das Bois de la Leu nach

Batilly, dort den Westabhang treffend, so daß das Ganze die Form eines Rechtecks bildet. Der Südhang überragte nur den westlichen Theil des dort vorgelagerten offenen Feldes, immerhin aber hinreichend, um hier das Artillerie- und Infanteriefeuer vollständig auszunutzen. In dem Winkel von etwa 130 Grad des Süd- und Ostabhanges lag auf halber Höhe des Südabhanges das Städtchen Beaune. So große Mängel diese mit einem Schenkel nach Nordosten, mit dem anderen nach Westen zeigende Stellung auch hatte, so war sie doch unter den genannten die einzige, welche ernstlich bei den ins Auge gefaßten strategischen Gesichtspunkten in Frage kommen konnte, denn nur in ihr ließen sich diese Anforderungen taktisch wenigstens annähernd erfüllen.

Wie bedroht übrigens das Städtchen Beaune von der Westseite war, läßt sich aus Plan 22 des Generalstabswerkes nicht vollständig erkennen. Zwischen 500 und 600 m westlich vom Kirchhof lagen zwei, unter sich etwa 400 m entfernte Wäldchen, welche später die Ausgangspunkte der Angriffe der Brigade Brisac bildeten. Von diesen hätte das südliche niedergelegt, das nördliche mit dem Bois de la Leu in die diesseitige Stellung einbezogen werden müssen. Uebrigens fehlt auf jenem Plan auch das nördlich der Straße von Lorcy nach Corbeilles befindliche Wäldchen, welches im Gefechte von Corbeilles eine Rolle spielte, desgleichen der Busch zu beiden Seiten des Weges, der zwischen Lorcy und Juranville von La Marchaise her auf die Straße Juranville—Lorcy einmündet.

Dadurch würde man richtig basirt gestanden haben, man hätte den Raum um mehr als die Hälfte verkürzt, man hatte Flügelanlehnungen oder konnte sie wenigstens bis zu einem bestimmten Grade schaffen, man hätte auf der Höhenfläche von Beaune eine leidliche Stellung für die Feuerausnutzung gehabt. Man hätte auf diese Art weder ganz noch mit Theilen von der 11. Armee abgedrängt werden können, man hätte den natürlichen Rückzug offen gehabt und wäre in der Lage gewesen, die Truppen nach Westen zu werfen, was die strategische Richtung war, während wir sehen werden, daß man die Hauptkraft nach Osten sandte. Man hätte auch den Rolande-Bach auf der ganzen Stellung vor Front und Flügel gebracht, während man sich in Wirklichkeit mit der Masse des Korps, den Bach im Rücken, aufstellte, also neben allen anderen Fehlgriffen noch ein Defilee unmittelbar hinter der

Gefechtslinie schuf. In solcher Centralstellung das Korps vereinigt, „deckte" man die 11. Armee am nachhaltigsten gegen Ladon und Mont= argis, denn an dieser Centralstellung konnte der Feind nicht vorbeigehen. Man hätte auf diese Weise Alles für einen Zweck — den Sieg — zur Hand gehabt, und erfüllte man den einen, so erfüllte man alle.

Die Höhenfläche von Beaune streicht, wie gesagt, von Nordosten nach Südwesten. Ihre Abhänge liegen bei Marcilly auf 100 m, sie wenden sich am Rolande=Bache nach Westen, steigen nördlich Beaune auf 119 und fallen über dem Schnittpunkt der Cäsar=Straße mit der von Beaune nach Pithiviers (119) führenden bis auf 110 m bei La Bretonnière. Damit war die einzig richtige Vertheidigungslinie gegeben. Wie man heute die damalige Lage überblickt, würde es bei solchen Maßnahmen nur bei Beaune zu einem Kampfe gekommen sein, denn das 18. Korps sollte Beaune ausdrücklich über Juranville erreichen. Da die Höhen= fläche von Ormetrou über Beaune und den Kirchhof (102) in genau westlicher Richtung verläuft, so hätte die deutsche Front mit dem einen Schenkel (Marcilly*)—Les Roches) nach Südosten und Süden, mit dem anderen (Beaune—Kirchhof Beaune und weiter westlich) nach Süden gezeigt, also genau auf die feindlichen Angriffsrichtungen. Stellte sich später eine Umfassung über Batilly heraus, so konnte man sich dorthin verstärken und die Gefechtslinie gegen Nordwesten verlängern. Es durfte ·nichts — kein Mann vom Korps — „detachirt" werden: nur ein Posten war mit allen drei Waffen frühzeitig zu besetzen, nämlich La Bretonnière (1 Batterie, 1 Bataillon, 1 Schwadron), und gerade dies wurde vom 10. Armeekorps außer Acht gelassen.

Diese theoretischen Reflexionen werden dadurch nicht hinfällig, daß die gewählte Stellung doch behauptet wurde. Allerdings würde nichts fehlerhafter sein, als sich ängstlich an Grundsätze zu klammern und darüber die lebendige Wirklichkeit zu übersehen. Man darf von Grund= sätzen abweichen, sie modifiziren je nach der Zahl und Tüchtigkeit des Gegners u. s. w., aber man soll sie niemals gänzlich unbeachtet lassen. Das 10. Armeekorps glaubte, wegen der taktischen Unterlegenheit des Gegners sich über das Normale ausdehnen zu dürfen, und wenn der Erfolg der einzige Richter wäre, so hätte es richtig gehandelt.

*) Es ist nicht das Dorf Marcilly gemeint, sondern der dasselbe beherrschende Höhenrand. Marcilly durfte in die Stellung nicht einbezogen werden.

III.

Die Vertheidigungsanlagen und die Besetzung des Städtchens Beaune la Rolande.

Mußte man in und um Beaune bleiben, so würde man einem feindlichen Angriff in der skizzirten Stellung am wirksamsten begegnet sein. Im Besonderen wäre Folgendes zu veranlassen gewesen: Abbrennen oder Zerstörung von M^{in.} de la Fontaine, M^{ins.} de la Montagne und Ormetrou, Zerstörung aller Uebergänge über den Rolande = Bach (Long Cour, Ormetrou, Vergouville, Jarrisoy, Orminette, Orme), Beseitigung der Sträucher am Bache, Befestigung der Ost=, Nord= und Südseite von Marcilly, der Ost=, Süd= und Westfront von Beaune, Schützengräben von Marcilly bis Beaune, von Beaune bis Kirchhof Beaune, von Kirchhof Beaune auf die Cäsar=Straße zu nach dem Bois de la Leu. Man hätte dann zwar im ungünstigsten Falle einen Bogen von fast 4000 m (bei einem Durchmesser von etwa 2500 m) erhalten, allein das Korps wäre versammelt gewesen. Artilleriestellungen zur Bestreichung der Straßen und Richtungen nach Osten und Südosten sowie besonders nach Westen, Südwesten und Süden, erstere in der Gegend von Les Roches und nördlich zur Bestreichung der von Osten nach Westen in die Hochfläche einspringenden Thäler sowie des Dorfes Marcilly für den Fall seiner Räumung, letztere bei Kirchhof Beaune mit Schußrichtungen nach Süden, Südosten und Westen und eine dritte westlich des Kirchhofes zur Bestreichung der Straße von Batilly. Auf diese Weise hätte man gegen die voraussichtlichen Hauptrichtungen des Angreifers eine vernichtende Artilleriewirkung erzielen können, welche, nach ihrer Tragweite bei Beaune und Long Cour zu schließen, die wir später kennen lernen, wahrscheinlich ausgereicht haben würde, die Fran-

Gesichtspunkte für Verstärkungen der Stellung.

zogen nicht weit über das Stadium der Entwickelung kommen zu lassen. Alle West=, Süd= und Osteingänge von Beaune waren kräftig ab= zuschließen, im Norden Ausgänge offen zu halten, vielleicht zu vermehren. Vor allen Dingen mußte der Kirchhof Beanne in ein kleines Fort umgewandelt werden, denn auf seiner Behauptung beruhte überhaupt die Möglichkeit der Behauptung von Beaune.

Gesichtspunkte
für die Besetzung
der Stellung. Wenn man gegen diese Centralstellung anführen sollte, daß sie von zwei Korps umfaßt worden wäre und ihre Haltbarkeit deshalb wenig Wahrscheinlichkeit für sich gehabt hätte, so muß man dagegen anführen, daß später auf einem Durchmesser von etwa 1000 m ein Häuflein mit schwacher Artillerie sich behauptete, trotzdem es kreisförmig eingeschlossen war und zwar gegen ein entwickeltes Armeekorps von fast drei Divisionen, unterstützt durch erhebliche Theile des 18. Armeekorps. Nach diesem Vorschlage hätte sich ferner eine abschnittsweise Ver= theidigung planmäßig vorbereiten lassen, was immer das Beste ist. Je eine Brigade für die Ost= und Südwestfront hätte vollständig ausgereicht; waren die Reserven auf den äußeren Flügeln, auf jeder dieser Seiten vier Batterien, so wäre noch beträchtliche Artillerie für nicht vorherzusehende Fälle übrig geblieben und eine volle Infanterie= Brigade als Reserve des kommandirenden Generals. Vor allen Dingen würde man dadurch die Vorpostenstellung auf ein Drittel der an= genommenen Linie von 15 km Frontlänge vermindert und sich dadurch die Möglichkeit einer einheitlichen Leitung gewahrt haben, während diese allein durch die große Ausdehnung der Vorposten von vornherein in Frage gestellt, ja unmöglich wurde. Und zuletzt hätten die Vorposten kürzere Wege zur Hauptstellung gehabt, infolge dessen schneller und besser ordnungsgemäß gesammelt, zurückgeführt und unter günstigen Verhält= nissen taktisch verwendet werden können. Man würde alsdann auch dem taktischen Fehler der Ausdehnung je eines Vorpostenregiments auf 7½ km Front vorgebeugt haben und auf einer Vorpostenlinie von etwa 6 km mit zwei Regimentern abschnittsweise nach der Tiefe voll= ständig ausgekommen sein, die eine beträchtliche Reserve ausscheiden konnten. Beaune selbst mußte einen besonderen Abschnitt bilden, es hatte sich daher auch aus eigenen Truppen mit Vorposten zu sichern. Auf diese Weise wäre dem einen Vorpostenregiment die Front vor Marcilly—Beaune, dem anderen vor Beaune bis zum Bois de la Rou zugefallen, wodurch nicht nur eine Zerreißung der Truppenverbände verhütet worden wäre, sondern auch der weitere Vortheil sich ergeben hätte, im taktischen Verbande der Brigaden aus der Tiefe fechten zu können. Auf der Front Beaune—Bois de la Leu hätte man alsdann voraussichtlich mit den Regimentern flügelweise, auf der Front Beaune—Marcilly treffenweise den Kampf annehmen und durchführen können. Bei jeder Vorpostenaufstellung muß das Augenmerk darauf gerichtet sein, wie man am besten aus ihr in eine zweckmäßige Gefechts= führung nach taktischen Verbänden und Grundsätzen für die Leitung übergehen kann, und wenn eine Vorpostenaufstellung dieser Rücksicht nicht entspricht, so bringt sie die Leitung in Verlegenheit, stellt die untereinander gemischten Truppenverbände auf sich selbst und überläßt Vieles dem Zufall und Glück, was bei sachgemäßer Vorbereitung wenigstens bis zu einem gewissen Grade dem Zufall entzogen werden kann.

Mochte man indessen die skizzirte Stellung zu vertheidigen ent= schlossen sein oder die, in der man sich am 28. wirklich schlug, so war es in beiden Fällen nothwendig, daß mit dem Tage des Befehles zur künstlichen Verstärkung von Beaune (24.) vom Generalkommando ein einheitlicher Plan entworfen, berathen und ausgeführt wurde. Dazu ist es nicht gekommen. Da, wo man sich schlug, konnte man an die Herrichtung einer zusammenhängenden Vertheidigungsstellung wegen der zu großen Ausdehnung, die man ihr hätte geben müssen, kaum denken; allein es wäre doch Aufgabe des Generalkommandos gewesen, wenigstens für die Stützpunkte bestimmte Anordnungen zu treffen, die man ver= theidigen wollte. Als Stützpunkte betrachtete das 10. Armeekorps Beaune und die Höhen von Long Cour.

In solchen Fällen muß der Generalstabschef oder der kommandirende General selbst frühzeitig darüber schlüssig werden, was zu thun ist, sodann muß er die gewählte Stellung selbst besichtigen, wenn Zeit dazu ist, und im Verein mit dem ältesten Ingenieur= und Artillerie= offizier die Maßregeln zur künstlichen Verstärkung berathen, die Flucht= linien abstecken lassen und die Pioniere auf die Truppen vertheilen, um die Arbeiten selbst hauptsächlich von den Truppen ausführen zu lassen. Das, was in dieser Richtung in dem ähnlichen Falle an der Lisaine unter viel schwierigeren Verhältnissen und in kürzerer Zeit geschah, ist nicht vorbildlich, allein es ließ doch einen einheitlichen und großen Gesichtspunkt erkennen. Hier hatte man seit dem 24. November drei volle Tage Zeit; es wäre also wohl möglich gewesen, etwas Tüchtiges zu leisten, wenn man eben systematisch gearbeitet und den Werth dieser Verstärkungen gebührend geschätzt hätte. Allein man unterschätzte den Gefechtswerth der feindlichen Massen, dann hatte man in künstlichen Verstärkungen nicht die erforderliche Erfahrung und Fertigkeit, und zuletzt oder zuerst scheint man wegen der großen Ausdehnung von einem einheitlichen Verfahren Abstand genommen zu haben, weil die große Ausdehnung es vielleicht fraglich erscheinen lassen konnte, ob man sich da werde schlagen können, wo man es wollte. Das Generalkommando unterließ die Aufstellung eines bestimmten Planes, die Divisionen über- ließen die Verstärkung den Brigaden, die Brigaden den Regimentern, diese den Bataillonen und diese den Kompagnien, und so kam nichts Ganzes zu Stande, nicht einmal bei den Stützpunkten von Beaune und Long Cour. Wenn wenigstens bei den beiden vorgeschobenen Vor- postenbrigaden (38. und 39.) innerhalb ihrer Räume eine klare An- schauung und plangemäße Absicht bestanden hätten, so würde man zu zwei künstlich hinreichend verstärkten Flügeln bei Beaune und Long Cour gelangt sein, allein auch innerhalb dieser Brigaden mangelte jedes ein- heitliche Verfahren, und man könnte daraus schließen, daß zwischen den verschiedenen Instanzen keine Uebereinstimmung darüber bestanden hätte, was zu geschehen habe. Mußte das schon sehr nachtheilig und hemmend wirken, so trat weiter störend der Umstand hinzu, daß zwischen den sich innerhalb der (Vorposten-) Brigaden ablösenden Regimentern der Faden nicht da mit Verständniß weiter gesponnen wurde, wo er von den vorher thätig gewesenen Truppen abgebrochen worden war, ja im Bereiche der 39. Infanterie-Brigade geschah noch weniger als bei der 38. Dort hatte man am 24. mittags mit der künstlichen Verstärkung der Südfront von Beaune begonnen, allein es war Niemand zur Stelle, der Einheit in die Arbeiten gebracht hätte, jedes Bataillon, ja jede Kompagnie verfuhr auf eigene Faust, und das, was die eine her- gerichtet hatte, wurde von der nachfolgenden entweder nicht weitergeführt oder verändert oder gar umgestoßen. Es fehlte keineswegs an Material und Arbeitskräften, und die 37. Infanterie-Brigade hätte in den drei Tagen vom 25. bis 28. wohl keine bessere Verwendung finden können, als mit je einem Regiment bei Long Cour und Beaune zu schanzen, denn solche Arbeiten dürfen nicht allein den Vorpostenreserven überlassen werden, es muß plangemäße Abwechselung in der Arbeit und Vertheilung der Truppen stattfinden, und während der Arbeiten müssen Truppen zur Hand sein, um in der Noth sofort einer Störung durch den Feind entgegentreten zu können. Auf diese Weise konnte nicht viel zu Stande gebracht werden, um so weniger, als die Truppen bei den Arbeiten auf eigene Faust sich unbehülflich anstellten, so daß die Arbeiten sehr schlecht gefördert wurden. Man wird es unter diesen Umständen verstehen, daß man bis zum 28. nicht mehr erreicht hatte, als die Stadtmauer der Südfront mit künstlichen — zum Theil sehr „wackeligen" — Banketts zu versehen, um darüber hinwegfeuern zu können. Die Ost= und nördliche Westfront von Beaune blieben vollständig offen, die Straßen von Venouille und Batilly wurden nicht einmal gesperrt, die Straße nach Foucerive war mit Fässern, Brettern und Balken so nothdürftig „gesperrt", daß ein halbes Dutzend Leute sie in einer Minute beseitigen konnten; nur an der Straße von Orme hatte man eine etwas bessere Sperre angebracht, die aber auch nach einigen Granatschüssen in sich zusammengestürzt sein würde. Niemand dachte daran, das Vorgelände systematisch freizulegen, das Strauchwerk am Rolande=Bach zu beseitigen, seine Uebergänge zu zerstören, den Kirchhof von Beaune in die Vertheidigung mit einzubegreifen und planmäßig Schützengräben, Verhaue und Artilleriestellungen anzulegen. Den „grausamen" Gedanken, die vorliegenden Häuser abzubrennen oder abzudecken, wagte Niemand zu fassen. Dabei war Ueberfluß an Holzwerk, und die Ostfront von Beaune westlich an Marcilly vorbei bis zur Cäsar= Straße hätte, der Niveaulinie folgend, in einem halben Tage nothdürftig verstärkt und die Verstärkung in den folgenden zu relativer Vollendung gebracht sein können. Bei planmäßigem Vorgehen konnte hier das Eindringen in die mit Weinstöcken bepflanzten Hänge selbst für einzelne Mannschaften leicht unmöglich gemacht werden; allein, wenn man über die Bedingungen unsicher ist, unter denen man sich schlagen will, so fehlt eben die Unterlage, und alles Weitere schwebt in der Luft, ist planlose Arbeit. So war man z. B. in vier Tagen nicht einmal so weit gelangt, die Schußentfernungen allgemein kenntlich zu machen, und zwar nach einem so langen Kriege und nachdem uns derartige Maßnahmen des Feindes so blutige Lehren eingebracht hatten! Man kann also weder von einer plangemäßen Leitung der Vertheidigungsanlagen über= haupt sprechen, noch von einer planmäßigen Auswahl einer Stellung, noch von zweckmäßigen Anlagen auf den Stützpunkten, vielmehr überließ man die „Detachements", weit auseinandergezogen, sich selbst unter strategisch und taktisch recht ungünstigen Verhältnissen. Die ganze Schlacht gestaltete sich als ein Fechten verschiedener Detachements mit außer= ordentlicher Zähigkeit um den Punkt, wo die einzelne Truppe, ja der einzelne Mann sich befanden; in dieser „Gefechtsführung in Detachements" kam freilich unsere taktische Ueberlegenheit uns sehr zu Statten, von Detachementsgefechten kann man jedoch kein Schlachtergebniß erwarten!

Gesichtspunkte für die Befehls= führung. Gruppirung der Streitkräfte, Besetzung der Stellung, Ver= theidigungsanlagen und Absichten der Führung bilden in solchen Fällen ein Ganzes; man kann über das Eine nicht sprechen, ohne das Andere zu berücksichtigen. Glaubte man nun im 10. Korps am 27. abends, den Schwerpunkt auf den linken Flügel (Long Cour) verlegen zu sollen, so wird dem Leser sofort auffallen, daß, falls die 39. und 37. Infanterie= Brigade die Sache zum Austrage gebracht hätten, alsdann eine höchst bedenkliche Durcheinandermischung der Verbände herbeigeführt worden wäre, was in der Vertheidigung und besonders in einer solchen mit unzureichenden Kräften möglichst verhütet werden muß. Hier gilt das Gesetz: reine und scharfe Grenzen. Das 10. Korps mußte daher in dem Augenblick, da es den Sammelplatz der Schlachtreserve bei Bahnhof Beaune bestimmte, auch die etwaigen Folgen in Erwägung ziehen. Es war wahrscheinlich, jedenfalls übereinstimmend mit seinen Ideen, daß die 37. und 39. Infanterie=Brigade vor eine Aufgabe gesetzt werden würden. Wer sollte sie leiten? Die 39. befehligte ein Oberst der 20. Division, deren Kommandeur nicht anwesend war; die 37. gehörte zur 19. Division und wurde ebenfalls von einem Obersten befehligt. Ganz abgesehen von der Autorität, fragt es sich denn doch, ob in solchen Fällen ein Oberst sofort sich als ein tüchtiger Divisionsführer zeigen kann. Darauf darf man nicht immer bauen, am wenigsten in so gespannten Lagen und bei Verbänden verschiedener Divisionen. Es konnte denn auch gar nicht ausbleiben, daß der kommandirende General selbst dahin gelangte, bei Long Cour zu leiten, dann aber wurde ihm der Ueberblick bei Beaune durch die Macht der Ereignisse entrissen. Nach dort mußte er aber, abgesehen von der strategischen Bedeutung dieses Punktes für das 10. Korps und die II. Armee, auch deshalb die Hauptaufmerksamkeit richten, weil das Eintreffen von Verstärkungen in der Regel von gegend- und gefechtskundigen Führern Informationen für den ankommenden Befehlshaber nöthig macht, denn dieser wird nur selten in der Lage sein, sich schnell ein Urtheil über die Gefechtslage zu bilden. Da muß die persönliche Verständigung eintreten, und der Leitende mithin sich auf dem richtigen Punkte befinden: insofern war die Aufstellung des General-kommandos bei Babuhof Beaune fehlerhaft.

General v. Voigts-Rhetz gehörte in die Nähe von Beaune, bis zu dem Zeitpunkt, da die Verstärkung eingetroffen war und er sich mit dem Führer derselben verständigt hatte.

Nach dort hinüberschauend, leitete der Divisionsführer der 19. Division bei Beaune; er hatte aber nur eine Brigade, die doch dem Kommandeur derselben zu befehligen zufiel. Naturgemäß erhielt diese Brigade von beiden Behörden Befehle, die nicht immer im Einklang standen. Man konnte daher später nicht nur gewisses unsicheres Hin- und Herziehen be-merken, Befehle und Gegenbefehle, aus deren Widersprüchen sich schließlich die unteren Grade selbst halfen, sondern man konnte auch Divisions-, Brigade-, Regimentskommandeure oder Führer an der Spitze von einigen Kompagnien beobachten, so daß von einer eigentlichen Leitung der Schlacht von Beaune nicht gesprochen werden darf.

Der Krieg von 1870/71 kennt kein Beispiel einer — trotz fast voll-ständiger taktischer Umstellung — durchgeführten und glücklich verlaufenen Ortsvertheidigung von den Dimensionen wie diese. Zwingt schon diese Ausnahmeerscheinung zu der genauesten Betrachtung aller hier bemerkens-werthen Handlungen und Maßnahmen im Großen und Kleinen, so wird das Beispiel in der Ausführung besonders dadurch geradezu ideal, weil auch das zweite Erforderniß einer Ortsvertheidigung in demselben mit elementarer Ueberzeugungskraft hervortritt, nämlich der Werth der „äußeren Reserven", trotz der anfänglich unglücklichsten Umstände, in die diese äußeren Reserven durch die Macht der Verhältnisse gedrängt wurden. Ja, der Leser wird bald erkennen, daß Beaune nicht gehalten worden wäre, wenn diese äußeren Reserven nicht so geschickt und opfer-willig mit den Vertheidigern von Beaune zusammengewirkt hätten. Das ist der dritte Punkt dieses großen Tages. Die Gesammtvorgänge

Das Regiment
Nr. 16
in Beaune.

können jedoch nur verstanden werden, wenn die Maßnahmen, welche in Beaune getroffen waren, genau wiedergegeben werden, wobei ich den im Ganzen zutreffenden Ausführungen in der Geschichte der 16er*) folge, die ich freilich an verschiedenen Punkten durch mir zugegangene Berichte von vielen Augenzeugen sowie eigene Wahrnehmungen an Ort und Stelle ergänzen und in das richtige taktische Werthverhältniß stellen mußte.

Eintheilung in Abschnitte. Die 16er befanden sich in der Frühe des 28. November in Beaune, die 57er in den beschriebenen Vorpostenstellungen. Oberstlieutenant Sannow hatte noch am 26. jedem Bataillon einen Abschnitt angewiesen, und innerhalb der einzelnen Bataillone waren wiederum die Kompagnien bestimmten Bezirken zugetheilt worden. Als am 28. der Feind angriff, konnten infolge dessen die Bataillone, Kompagnien und Züge schnell und planmäßig in ihre Abschnitte einrücken.

Fehler in den Vertheidigungs-anlagen. Die Südfront. Der Charakter des Städtchens Beaune ist im Allgemeinen früher skizzirt worden, hier wird es jedoch nothwendig, auf seine besonderen Verhältnisse näher einzugehen. Die 6 bis 10 Fuß hohe und mehrere Fuß breite Mauer auf der Südseite hatte an den meisten Stellen ein wallartiges Aussehen; der Wall war aber nicht zusammenhängend, vielmehr an mehreren Punkten durch Häuser und Brücken unterbrochen, wodurch die Uebersicht und naturgemäß die Leitung in der Vertheidigung erschwert werden mußte, falls man die Lücken nicht schloß und die Häuser nicht abtrug und niederlegte. Das Erstere geschah unzureichend, das Letztere gar nicht; es war der erste Fehler in den Maßnahmen, denn jede planmäßige Ortsvertheidigung hat eine geschlossene und zusammen-hängende Front zur Vorbedingung, ein Punkt, auf den nicht genug hingewiesen werden kann.

Die Abschnitte des Rolande-Baches. Der östliche Abschnitt. Vor der ganzen Süd- und Südwestfront des Städtchens zog sich der Rolande-Bach, der damals deutlich zwei gänzlich unter sich ver-schiedene Abschnitte erkennen ließ; der westliche, etwa mit einer Front von 400 m, durchzog das ebene Vorgelände, der östliche von 600 m Länge das unebene. Die Ränder des Baches in dem Ersteren waren damals flach, in dem Letzteren tief eingeschnitten und steil. Nördlich und südlich des Rolande-Baches zeigten beide Abschnitte verschiedene leichte, muldenartige Einsenkungen, die immerhin ausreichten, feindliche

---

*) S. 295—313.

Truppen in aufrechter Haltung vollständig der Sicht aus Beaune zu entziehen, falls der Angreifer sie erreicht hatte, und natürlich auch auf nächste Entfernung gegen Schuß zu decken. In der Leitung glaubte man, der Feind werde hauptsächlich die Südfront, also beide Abschnitte, angreifen, und man richtete danach seine Maßnahmen. Vorgreifend sei bemerkt, daß der dem östlichen Abschnitt vorgelagerte Windmühlenberg dieser Annahme Vorschub leisten konnte, denn nach der Theorie konnte die Behauptung von Beaune nur schwer oder gar nicht mehr möglich werden, falls der Windmühlenberg in feindliche Hände fiel. Hierbei hatte man aber nicht genügend berücksichtigt, daß General Crouzat die Schwäche der Vertheidiger bekannt war, auch hatte man nicht genügend mit dem Gelände und den Absichten des französischen Generals gerechnet. Dieser erblickte in dem südöstlich gelegenen Windmühlenberg keinen Vortheil für einen Angriff, weil hier der Rolande-Bach von stärkeren Abtheilungen nur schwer überschritten werden konnte. Mittel zur Ueberbrückung im Feuer auf nächste Entfernung hatte General Crouzat nicht, seine Truppen waren zur Lösung so schwieriger Angriffsaufgaben überhaupt nicht befähigt; er nahm daher anfangs von einem ernsten Angriff auf die Ostfront aus technischen und örtlich taktischen Ursachen um so mehr Abstand, als er der Verabredung gemäß an dieser Stelle das 18. Armeekorps erwartete. Und daß der Vertheidiger nicht nur die dortige, sondern alle Brücken über den Bach unzerstört lassen würde, konnte der französische General nicht annehmen. Erst als General Crouzat bemerkte, daß das 18. Korps bei Juranville festgehalten wurde, daß es also den deutschen linken, bei Beaune angenommenen Flügel nicht erreichen und ihn in und um Beaune von Osten nicht umfassen konnte, setzte er noch eine Brigade der 3. Division zu beiden Seiten der Straße Ornetrou—Beaune und bis zur Straße nach Foucerive zum Angriff gegen die Ostseite des Städtchens ein. General Crouzat durfte nicht darauf rechnen, auf dem Windmühlenberg südöstlich von Beaune Artillerie in Stellung zu bringen, solange Beaune in deutschen Händen war. Denn jeder derartige Versuch mußte an dem Infanteriefeuer auf 300 m scheitern, wie es auch später geschah. Es ist eine Thorheit, unseren damaligen Gegner von oben herab zu behandeln; es liegt darin sogar eine Beeinträchtigung unseres wohlverdienten Schlachtenruhms. Diese Franzosen waren in der Kunst, mit

Armeen zu operiren, keine Meister, aber sie zeigten dafür häufig eine hohe taktische Geschicklichkeit, hatten richtige taktische Ziele und setzten daran ihre Hauptkraft.

Der westliche Abschnitt. Der westliche Abschnitt des Rolande-Baches konnte im Anlauf von ganzen Schützenschwärmen übersprungen werden, ohne daß der Anlauf erheblichen Verzögerungen, Unterbrechungen oder sonstigen Schwierigkeiten begegnete. Vorgreifend sei bemerkt, daß die französischen Schützen derartig verfuhren und zwar auf dieser ganzen Linie mit einer solchen Uebereinstimmung, daß dies Verfahren unbedingt für diesen besonderen Fall eingeübt gewesen sein muß. Derartiges pflegt sich nämlich nicht improvisiren zu lassen, schon darum nicht, weil solche Leistungen die genaue Kenntniß des Hindernisses zur Vorbedingung haben, was jeder schlachtenkundige Offizier einräumen wird. Diese Kenntniß besaßen die von Kundschaftern wohl bedienten Franzosen vollständig, und es kann daher — besonders in Anbetracht des taktischen Werthes des Kirchhofes — nicht als Zufall betrachtet werden, daß das beste Regiment des 20. Korps ganz gegen diesen Theil der deutschen Stellung eingesetzt wurde. Hätten die Franzosen diesen konkreten Umstand nicht als Leitmotiv bei ihren Angriffen verfolgt und sich darauf nicht vorbereitet gehabt, so würden sie in der gewöhnlichen Angriffsart vorgedrungen sein, während von allen Augenzeugen bestätigt ist, daß man die Schützenlinie so anlaufen sah, wie es nur geschieht, wenn die Kraft für das Ueberspringen eines Hindernisses im Laufe selbst bis zur erforderlichen Schnellkraft anwachsen soll. Der Zeitpunkt des Sprunges über den Graben war naturgemäß für die Vertheidiger der sich von selbst ihnen aufdrängende Augenblick zur Feuerabgabe, besonders vom Kirchhofe. Das brauchte aber nicht vorbereitet und nicht eingeübt zu sein, weil der Soldat am besten schießt, wenn er am besten sieht.

Weitere Fehler in den Ortsvertheidigungsanlagen. Obwohl nun die Vertheidigungsanlagen in Beaune „plangemäß" unter Leitung der Pioniere betrieben worden sein sollen, so muß doch eine plangemäße technische Einrichtung einer Stellung zunächst auf richtigen taktischen Voraussetzungen fußen und die eigenen Absichten scharf zum Ausdruck bringen. Davon beobachtete man wenig. Daher stößt die Untersuchung sofort auf einen zweiten Fehler. Wie ausgeführt, bestand kein Plan für die Vertheidigungseinrichtung des ganzen 10. Armeekorps; es hat aber auch kein solcher für das Städtchen selbst vorgelegen.

und die Pioniere waren, da sie selbst keine Direktiven erhielten und durch andere Aufgaben, wie die bekannten Bahnsprengungen von Cor-beilles und Château Landon, in Anspruch genommen wurden, nicht in der Lage, bei ihren technischen Anordnungen und Rathschlägen taktische Gesichtspunkte zu berücksichtigen. Was hätte aber in vier Tagen nicht Alles geschehen können! Es wäre ein Leichtes gewesen, Beaune und Umgebung durch leicht herzustellende Hindernisse im Vorgelände und Schaffung einer Schußfläche nahezu uneinnehmbar zu machen. Der Gegner hätte einen Tag nöthig gehabt, um die Hindernisse aus dem Wege zu räumen. Lagen diese noch im wirksamen Schußbereich, so konnte er an die Wegräumung erst denken, nachdem er die Feuerkraft der Vertheidiger gebrochen hatte. Ich verweile hierbei, weil es wenig derartige Beispiele in der Kriegsgeschichte giebt und weil die zukünftige Kriegführung darauf hinweist, sich die alten Römer mehr zum Vorbild zu nehmen, welche nicht einmal die Nacht hereinbrechen ließen, ohne ihr Lager mit Schutzwällen umgeben zu haben. Hier hatte man dagegen mehrere Nächte in freiem Felde dicht vor einer erdrückenden Uebermacht gestanden mit der Absicht, sich zu schlagen. Da die Pioniere so wenig wie die Truppen die taktischen Absichten des 10. Armeekorps kannten, so muß man sich nicht wundern, daß die Verstärkungen auf falschen Punkten entstanden, nämlich hauptsächlich auf der oben beschriebenen Front vor dem östlichen Abschnitt des Rolande-Baches, und daß, wo aus taktischen Gründen Vertheidigungsanlagen nothwendig gewesen wären, sie entweder ganz fehlten oder unzureichend waren.

Zwischen Beaune und dem Bache sowie südlich desselben hatte das Gelände nicht nur verschiedene muldenartige Einsenkungen, in denen sich Bataillone verbergen konnten, sondern der hauptsächlich für den feind-lichen Angriff in Frage kommende Abschnitt (Südwesten) war vielfach mit Obstplantagen bedeckt; im Bereiche des Nahfeuers befanden sich mehrere massive Häuser, sogar ganze Gruppen solcher Häuser, mit von Heckenwerk eingefriedigten Gärten, die feindliche Massenansammlungen im nächsten Bereiche des Feuers noch mehr erleichterten.

Ich verweise darauf nicht allein, um den dritten Fehler, die Unter- Das Vorgelände laßung der Freilegung des Vorgeländes, oder die Nothwendigkeit, für und die Feuerdisziplin den Gegner Hindernisse zu schaffen, zu betonen, sondern auch, weil dieser Charakter des nächsten Vorgeländes an die Feuerdisziplin aller Abtheilungen, selbst an den einzelnen Mann, wo er sich führerlos überlassen sein mußte, Anforderungen stellte, die das Durchschnittsmaß des Erreich=baren weit übertrafen, denn der Vertheidiger konnte sein Feuer nicht dauernd unterhalten, sondern er war auf „feindliche Momentbilder" angewiesen — Momentbilder von gewaltig eingreifender Wirkung —, und beide Gegner fochten und verharrten in einer Nähe, daß man zeitweise die gegenseitigen Befehle verstehen konnte. Auf diese „Moment=bilder" mußte die Aufmerksamkeit und moralische Kraft dauernd gerichtet sein, denn sie konnten nur durch ein „Momentfeuer" von der damalig erreichbaren Heftigkeit bekämpft werden. Dieses „Momentfeuer" war nun wieder wegen der Zerrissenheit in der Vertheidigungslinie zum großen Theile gar nicht, an anderen Stellen ungenügend leitbar — durch Kommandos: Los! und Stopfen! —, so daß der einzelne Mann nur durch „Unterweisungen" im Nahkampf durch die unermüdlich thätigen Führer belehrt und insoweit geleitet werden konnte, als er seine Feuer=kraft nur gegen diese „Momentbilder" ausnutzen sollte. Auf welche Probe das Häuflein der 38. Infanterie=Brigade gestellt wurde, vermag der Leser nach diesen Angaben zu beurtheilen. Dadurch aber werden Gefechtsleistungen erst verständlich — ein Schlachtfeld ist kein Exerzirplatz!

Die Ostfront.   Die Ostfront des Städtchens Beaune war künstlich nur in kaum nennenswerther Weise verstärkt, die Straße nach Venouille nicht einmal gesperrt, die nach Joucerive durch eine elende Fässerbarrikade „ge=schlossen". Freilich konnte sie als die weniger bedrohte betrachtet werden, allein Oertlichkeiten, die als Stützpunkte dienen sollen, müssen bis auf die Ausgänge nach der Rückzugsrichtung abgeschlossen werden.

Die Süd- und Südwestfront.   Bedenklicher waren die höchst mangelhaften Maßregeln auf der Südfront vor dem westlichen Abschnitt des Rolande=Baches, sowie auf der Südwest= und Westfront. Im ersteren Theile bestand zwar noch die Stadtmauer, welche „krenelirt" worden war; an der Straße von Orme endete sie jedoch; dort befand sich auf jeder Seite ein massives Haus, und von einer zusammenhängenden Front von hier bis zu den Straßen nach Barville und Egry konnte keine Rede sein.

Zwischen dem Kirchhofe und dem Rolande=Bach lag in südöstlicher Richtung ein massives Haus mit eingefriedigtem Garten. Man ließ selbst dieses Haus stehen, und es wird sich zeigen, daß die 3. Zuaven dort eindrangen und sich darin längere Zeit behaupteten. Von besonderer

Bedeutung sollte weiterhin eine dicht auf der Nordseite der Straße nach Orme befindliche große Scheune werden. Sie stand außerhalb der dortigen Barrikade, hatte den Eingang von dieser Straße aus und lag mit ihrer Langseite flankirend zur Straße und Barrikade. In diese Scheune gelangte gegen Abend Hauptmann Ohly (12./16.) an Stelle eines Zuges von 1./16., der vermuthlich wegen Munitionsmangels zurückgezogen worden war, und hier kam es in der Dunkelheit zu einem zwar kurzen, aber erbitterten Bajonettkampfe. Hier wurden noch am Abend getödtete Franzosen ohne Schußwunde festgestellt.

Die Südwest- und Westfront war aber auch sehr unregelmäßig gestaltet und hatte drei Haupteingänge: von Orme, von Batilly und von Barville. Zwischen dem bis zu 300 m entfernten Kirchhofe lagen nördlich der Straße verschiedene Häuser, ebenso an der Südseite des Kirchhofes. Kirchhof und Häuser machten eine Feuervertheidigung der Westfront nur möglich, wenn man sie selbst stark besetzte und künstlich verstärkte. Davon geschah nichts, das war taktisch-technisch der Hauptfehler in der Ortsvertheidigungs-Anlage. Hauptmann v. Ratzmer ließ zwar noch in der Frühe des 28. den Ausgang nach Orme durch „Hausgeräth und Weinfässer besser verschließen", aber die übrigen Hauptstraßen blieben offen, und in der ausgedehnten Front von der Straße nach Orme bis zu der nach Egry war nirgends eine zusammenhängende Vertheidigungslinie hergestellt worden; die Stadtmauer fand sich hier nur stückweise, die Lücken in ihr waren nur nach Südwesten, zwischen der Straße nach Orme und Batilly, mit Barrikaden gesperrt, selbst die Häuser, welche man besetzen und vertheidigen sollte, richtete man hier, wie auf allen übrigen Punkten, erst während der Schlacht nothdürftig ein. Hätte man wenigstens die Brücke an der Straße nach Orme gründlich zerstört, so würde man es dem Gegner später unmöglich gemacht haben, die dahinter liegende Barrikade zu erreichen. Allein alle Brücken von der Straße nach Foucerive bis zur Straße nach Batilly, die über den Bach führten, blieben unversehrt stehen. Es muß dem Heere im Fleisch und Blut sitzen, daß ihm keine Anstrengungen im Schanzen zu groß sind, wenn man dadurch eine Schlacht nur um eine Stunde länger halten kann. Das, was hier unterlassen wurde, zeigt indessen, wie weit man 1870 selbst noch in der reinen Ortsvertheidigung zurück war, von dem Traciren und Aufwerfen ganzer Stellungen nach höheren strategisch = taktischen Gesichtspunkten völlig zu schweigen.

Wenn die höhere Führung ausreichende Anweisungen für die künstliche Verstärkung zu geben unterließ, so müssen die mangelhaften Leistungen in der reinen Ortsverstärkung den Truppen selbst zur Last gelegt werden. Hielt man es doch nicht einmal für nothwendig, allgemein die Entfernungen für das Feuergefecht kenntlich zu machen. Nur ein Führer, Major v. Zülow, II./16., hatte die Entfernungen bis zu 600 Schritten durch Strohwische abstecken lassen, „was sich in der Folge als sehr zweckmäßig erwiesen" haben soll!?*) Nur in einem Punkte entsprach die Einrichtung der Ortsvertheidigung insofern den Anforderungen, als man im Innern für die nöthigen Ausgänge nach dem Norden und, wenn auch keineswegs überall, für Verbindungen der Abschnitte untereinander sorgte. Major v. Zülow ließ auch das Vorgelände rasiren und die Häuser mit den sie umgebenden Garten= mauern für die Feuervertheidigung herrichten. Dies verdient um so größere Anerkennung, als II./16. eigentlich die äußere Vertheidigung zufiel, denn die innere schloß an der „Barrikade" bei der Straße nach Foucerive ab (F./16.), während II./16. sich von da, jedoch gegen 300 m nach Norden zurückgezogen, in einer Parallelstellung zur Südfront vom Beaune befand. Im Allgemeinen muß noch angeführt werden, daß auf der Südfront des Städtchens, auf dem Raume zwischen der Straße von Orme und der halben Entfernung bis zu der nach Foucerive, zwischen der Stadtmauer und der Stadt selbst, weite Obstgärten sich mit Hintergebäuden befanden. Derartige Obstgärten dehnten sich auf der ganzen Ostfront von Westen nach Osten 140 m und von Norden nach Süden 300 m weit aus. Da nun die Straße nach Foucerive nicht am Südosteingange dieser Gärten, sondern erst am Südosteingange des Städtchens selbst, 180 m westlicher, durch eine Barrikade gesperrt, die Brücke der Straße von Foucerive unversehrt war, so hätte der Gegner in die östlichen Gärten und von dieser Seite in die Stadt selbst eindringen können. Dies um so eher, als die Entfernung vom II./16. auf der Linie Schulhaus –Les Roches bis zur Brücke zwischen 220 und 320 m betrug. Somit war die Ostfront eigentlich offen,

*) Geschichte der 16er, S. 299.

denn in ihr befand sich eine Lücke von 140 m Breite und 200 m Tiefe zwischen F./16. und II./16. Man hätte die Straße von Foucerive daher unbedingt durch Zerstörung der Brücke, anderenfalls durch andere Hindernisse an dieser Stelle gründlich absperren müssen (siehe Skizze 4). Wie man in Wirklichkeit verfuhr, konnten die späteren Angriffe gegen die Südost- und Ostfront nur flankirend unter Feuer genommen werden, dann aber scheiterten alle Angriffe an dem Feuer der „äußeren Reserven", nämlich der 57er.

Noch weniger als in der Stellung von Beaune war in derjenigen von Juranville—Les Côtelles—Lorcy—Corbeilles geschehen, in der man sich hauptsächlich schlug. Daß man sich hier nur auf die noth-wendigsten Ortsverstärkungen beschränkte, war vollständig in der Ordnung, Lorcy und Corbeilles eigneten sich zudem schlecht zu künst-lichen Verstärkungen, und bei Juranville, das in einer Einsenkung liegt, wollte man sich nicht schlagen. In Lorcy und Corbeilles begann man erst nach dem Gefecht von Lorcy (26. November) mit der Herstellung von Schützengräben und Straßensperren.*) Die Arbeiten wurden aber ebenfalls nicht planmäßig ausgeführt, auch fehlen zuverlässige, nähere Angaben darüber. Da man außerdem am 28. mit den Verstärkungen fortfahren wollte, so war also, was man unternommen hatte, nicht zum Abschluß gelangt. Die einzigen nennenswerthen künstlichen Verstärkungen waren bei Les Côtelles ausgeführt worden und erwiesen sich später als sehr nützlich. Die Hauptstellung von Long Cour blieb dagegen ganz unverstärkt, während wieder der Bahnhof von Beaune am Vormittag des 28. in Vertheidigungszustand gesetzt wurde. Diese Erscheinungen erklären sich aus den Verhältnissen. Erst am Morgen kam man zu dem Entschluß, sich auch bei Long Cour zu schlagen, und das Gefecht nahm schnell einen so heftigen Charakter an, daß zur Herstellung einer zweckmäßigen Stellung Zeit und Kräfte mangelten. Immerhin verdient es Aufmerksamkeit, daß die Franzosen in der kurzen Zeit nach der ersten Einnahme von Juranville das große Dorf recht kräftig zu ver-stärken wußten, woraus man auf eine vorbedachte planmäß'ge Anordnung des Generals Billot zum Schutze seiner rechten Flanke bei dem beab-sichtigten Marsche nach Beaune schließen darf.

*) Geschichte der 10. Jäger, S. 50.

Es ist nun zwar richtig, daß man nicht eher an die Verstärkung
einer Stellung denken soll, als bis die feindliche Angriffsrichtung erkennbar ist; allein der Grundsatz darf doch nicht aufs Aeußerste getrieben
werden, außerdem ergaben sich in diesem Falle die Haupt-Angriffs-
richtungen aus dem strategischen Verhältniß des 10. Armeekorps zur
II. Armee. Bedeutende Zweifel konnten darüber jedenfalls nicht bestehen,
um so weniger, als man ja Beaune behaupten wollte. Nach Lage der
Dinge kam es darauf an, Zeit zu gewinnen, bis Unterstützungen von
dieser Armee eintreffen konnten. Erzielte man das, so hatte man
gewonnenes Spiel; alsdann fielen aber auch die beiden Anforderungen, denen
künstliche Verstärkungen dienen sollen, zusammen: Zeitgewinn und Aus-
tragen des Kampfes in der verstärkten Stellung. Hierfür wäre es
nothwendig gewesen, frühzeitig über die Stellung schlüssig zu werden,
in der man Zeit gewinnen wollte, und diese nach einem wohlerwogenen
Plane künstlich zu verstärken. Griff der Feind sie an, so konnte man
ohne jede Besorgniß den Kampf annehmen; marschirte er westlich daran
vorbei, so wäre er zwischen die II. Armee gerathen; umging er sie östlich,
so konnte die II. Armee ihm folgen. Auch in diesem Falle hätte man
nicht vergeblich gearbeitet. Allein man darf bei seinen Erwägungen nie
von der Voraussetzung ausgehen, daß der Gegner einen Fehler begehen
wird. Er wollte auf Paris operiren, und darüber bestand bei dem
10. Armeekorps kein Zweifel. Solange indessen die II. Armee nicht
theilweise oder ganz geschlagen war, durfte der Feind an diese Operation
nicht denken; das lag in der Natur der Dinge und bedarf nicht erst
einer Erklärung. Der Gegner mußte also angreifen, und die Deutschen
hätten es in der Hand gehabt, ihm die Angriffsrichtung vorzuschreiben,
weil das strategische Verhältniß des 10. Armeekorps zur II. Armee
klar und bestimmt war. Dies ist das Entscheidende bei der Anlage
künstlicher Verstärkungen, nicht aber darf man warten, bis der Feind
im Angriff begriffen ist. Thut man das, so wird man, wie das
Beispiel zeigt, weder Mittel noch Zeit mehr finden, seine Absichten
zu verwirklichen, und daran werden keine Umstände viel ändern. Dies
und die zweifellose Kräftigung, welche die taktische Vertheidigung
durch die neuen Waffen erfahren hat, sind die Ursachen, weshalb
bei diesen Erscheinungen länger verweilt worden ist, als es beabsichtigt war.

War so viel über die Ortsvertheidigungs=Maßnahmen zu sagen, so müssen jetzt die einzelnen Abschnitte und die in ihnen zur Vertheidigung bestimmten Truppenstärken betrachtet werden. (Siehe Skizze 1 und 4.) Die 16er, welche an der Vertheidigung theilnahmen, zählten 37 Offiziere, 1530 Mann (abwesend 7./16. bei der ersten Trainstaffel in Beaumont, 1 Zug 12./16. Bagage=, 1 Zug 1./16. Artilleriebedeckung, 1 Zug 4./16. am Treffpunkt der Straßen von Egry und Barville, 1 Zug 8./16. an der Straße nach Gondreville). Davon waren anfangs drei Kompagnien (II./16.) für den Raum Les Roches—Schulhaus bestimmt. Von der Straße nach Foucerive bis zu der Straße nach Orme sollte F./16. die Vertheidigung übernehmen. von der Straße nach Orme bis zu der Straße nach Egry I./16., diesem Bataillon waren jedoch außerdem die Barrikade und die Häuser zu beiden Seiten der Straße nach Orme zugefallen. Diese Vertheilung soll vom Regimentskommandeur gutgeheißen worden sein.*) Obwohl die Vertheidigung sich später wesentlich anders ge= staltete, so genügt ein Blick auf die Karte und nur ein oberflächliches Ueberdenken der strategisch=taktischen Lage, um zu erkennen, daß die Vertheilung der Streitkräfte auf diese Abschnitte nur nach mechanischen Gesichtspunkten erfolgt sein kann; denn man vermag beim besten Willen keinen taktischen, nicht einmal einen technischen durchgehenden Faden darin zu entdecken, nur den einen Gesichtspunkt, daß die große Straße nach Foucerive ausdrücklich F./16., die große Straße nach Orme I./16. übergeben war. Erstere war nun freilich wieder an der unrichtigen Stelle gesperrt. F./16. hatte somit auf 500 m etwa 510 Gewehre (ein Zug war abwesend) auf der technisch stärksten, taktisch weniger be= drohten Front. Der Abschnitt vom I./16. (Hauptmann v. Natzmer) erstreckte sich von der Straße nach Orme über den Kirchhof bis zur Straße nach Egry, bildete also einen Dreiviertelkreis von etwa 1200 m, dazu noch weit vorspringend, ohne einen Stützpunkt in Beaune selbst, und diese Front war zum großen Theil offen und blieb offen, denn ihre Bedeutung lag im Kirchhofe: wer diesen hatte, hatte Beaune. Da ein Zug abwesend war, so verfügte Hauptmann v. Natzmer nur über etwa 510 Gewehre, auf der schwächsten Front, die zugleich strategisch und taktisch die entscheidende war. Wenn Hauptmann v. Natzmer diese

---

*) Geschichte der 16er, S. 300.

Front vertheidigen sollte, so muthete man ihm eine Unmöglichkeit zu, und der Berlauf wird der Behauptung Recht geben. Die Abgrenzung der Abschnitte und die Bertheilung der Truppen auf sie standen somit im Widerspruch mit den erkannten wirklichen oder doch wahrscheinlichen Berhältnissen. Sie war das Gegenstück zu den Borpostenstellungen der 38. und der 39. Infanterie-Brigade, und man muß da denn doch fragen, ob innerhalb vier Tage keine revidirende höhere und kundige Hand thätig gewesen ist. Berseßte die Borpostenstellung diese Truppen in die Unmöglichkeit, zu fechten, benahm die Wahl der Aufstellung der Schlacht= reserve u. f. w. der Leitung die Möglichkeit, einen einheitlichen Gedanken ganz durchzuführen, d. h. zu leiten, so brachten diese für die Orts= vertheidigung in Beaune getroffenen und unterlassenen Anordnungen die Bertheidiger in die Unmöglichkeit, die Stadt zu halten, und es wird sich ergeben, daß sie nur durch geschicktes Eingreifen der äußeren Ber= theidigung im Westen und Osten, womit aber wieder auf der Westfront gegen den Plan der Berwendung dieser Truppen verstoßen wurde, zu behaupten war.

Der Hauptmann v. Naßmer betrachtete seine Aufgabe auch sogleich als unausführbar, und seine Vorstellungen hatten Erfolg: nur erscheint es unerklärlich, weshalb nichts Ganzes zur künstlichen Verstärkung zu Stande gebracht wurde, weshalb vor allen Dingen Kirchhof und Stadt nicht unter sich verbunden, die Häuser von Mⁱⁿ de la Fontaine nicht dem Erdboden gleich gemacht, die Brücken nicht zerstört wurden. Es steht fest, daß man daran erst dachte, als die zurückkommenden Bor= posten an Mᵐ de la Fontaine vorbeizogen und beim Kirchhofe verblieben. Dann aber war es für etwas Ganzes zu spät, dann geschah nur das, was noch zu thun möglich war.

Füsiliere der 16er F./16. verwendete drei Kompagnien zur Besetzung der Stadtfront. nämlich bei der Straße nach Orme die 11., der sich nach Osten zuerst die 10. und dann die 9. anschloß. Bon der 11. Kompagnie befanden sich zwei Züge in vier Häusern und an den davor liegenden Garten= mauern, der 3. Zug war gegen Südosten auf den Windmühlenberg vorgeschoben. Was der Zug da sollte, ist unverständlich. Wollte man die Höhe halten, so gehörte ein Bataillon dahin, dann hätte sie aber vor allen Dingen in die Vertheidigung mit einbezogen werden müssen. Dafür mangelte es an Kräften, folglich mußte man von ihr wegbleiben.

Selbst zum Melden war der Zug überflüssig, denn die Meldungen mußten von den Vorposten kommen. Von der 10. Kompagnie stand ein Zug hinter der krenelirten Mauer, sich an die 11. anschließend, zwei waren östlich davon in verschiedenen Häusern, darunter einem Schul= gebäude mit massivem Thurm. Von der 9. Kompagnie hielt der linke Flügel die „Barrikade" an der Straße auf Joucerive besetzt. Mitte und rechter Flügel scheinen bis zum Anschluß an die 10. nach Westen in Häusern gewesen zu sein. Zwei Züge der 12. Kompagnie sollten die Spezialreserve für die Südfront bilden (der 3. Zug dieser Kompagnie befand sich bekanntlich bei der Bagage).

Vom II./16. hatte die 8. Kompagnie Les Roches und ein Gehöft in der Umgebung besetzt, dort hielt sich auch der Führer des Bataillons, Major v. Zülow, auf. Westlich der 8. Kompagnie befand sich die 5. in einem Schulgebäude mit einem weiten, von einer Mauer eingefriedigten Hofraum, so daß hier an der Mauer, deren südliche Front bedeutend tiefer als der Innenraum lag, Etagenfeuer möglich wurde, wobei man gegen Osten gedeckt war. Die östliche Mauer mußte im Gefecht, da sie 6 Fuß hoch war, mit Banketts versehen werden. Die Postirungen der 8. und 5. Kompagnie hatten einen freien Raum von mehr als 160 m zwischen sich, an dem die Straße nach Ormetrou vorbeilief. Ein nordöstlich von 8./16. liegendes weithin sichtbares Haus blieb nach diesem Plane, wie die Windmühle und die Kalköfen zwischen Les Roches und dem Schulhause, unbesetzt. Es wird erwähnt, weil sich hier später die entscheidenden Kämpfe abspielten. 6./16. sollte vorläufig als Reserve hinter 5./16. dienen. *(Margin: 2. Bataillon der 16er.)*

Vom I./16. hatte 1./16. zu beiden Seiten der Ormer Straße mehrere Häuser besetzt, östlich der Straße mit einem Zuge, westlich mit einem anderen; der letzte Zug war als Artilleriebedeckung abgegeben. Den Ausgang nach Orme erhielt am Morgen des 28. auf Anordnung des Hauptmanns v. Natzmer die 2. Kompagnie überwiesen, die bis dahin in den zur „Vertheidigung eingerichteten Häusern" (sic) zu beiden Seiten der Straße in Höhe M^{in.} de la Fontaine untergebracht gewesen war. Auf der westlichen Seite des Städtchens stand ein Mauerrest, die Lücke zwischen ihm und den östlich liegenden Häusern, bekanntlich durch eine Barrikade geschlossen, sowie dieser Mauerrest bildeten den Abschnitt der 4. Kompagnie, die jedoch nur mit zwei Zügen zur *(Margin: 1. Bataillon der 16er.)*

4*

Stelle war, da der dritte sich nach dem Treffpunkt der Straßen von Barville und Egry begeben hatte. Unter diesen Umständen verblieb dem Hauptmann v. Natzmer für den großen Raum bis zur Barviller Straße, für den Kirchhof sowie die zwischen diesem und dem Städtchen liegenden Häuser nur die 3. Kompagnie. Ein Zug derselben wurde nördlich der 4. in einem Graben ungefähr rechtwinkelig dazu auf= gestellt, ein anderer in die Häuser zwischen Kirchhof und Städtchen gelegt, der letzte besetzte den Kirchhof selbst. Diese Truppenvertheilung war unter den obwaltenden Umständen die denkbar unglücklichste. Der Regimentskommandeur behielt als Regimentsreserve keinen Mann in der Hand, denn er hatte da, wo es am wenigsten nothwendig war, (bei II. und F./16.) jedem Bataillon zwar eine Bataillonsreserve von einer Kompagnie gegeben, aber mit der Absicht ihrer Verwendung in den bezüglichen Abschnitten. An den am meisten bedrohten Punkten (West= und Südwestfront) verblieb nicht einmal eine Bataillonsreserve verfügbar, denn die 2. Kompagnie konnte als solche nicht gelten. Wie der Regimentskommandeur immer verfügen mochte, er mußte eine Reserve in der Hand behalten, vor allen Dingen die Westfront besser bedenken. Dies um so mehr, als die einzige äußere Reserve beim Anfang der Schlacht in 1 Pionier=Kompagnie, 2 Batterien und 2 Schwadronen hessischer Reiter bestand und das Vorposten= regiment (Nr. 57) seinen Sammelplatz nordöstlich von Beaune hatte. Erst nachdem jenes Regiment gesammelt war, durfte er die Regiments= reserve verausgaben, und alsdann trat auch der Augenblick ein, der Südost= und Ostfront neue Kräfte zuzuführen. Diese Regimentsreserve gehörte möglichst nahe an den Ausgang nach Orme und nicht in den Bereich vom II. und F./16. Später wird sich auch ergeben, daß die Bataillonsreserven durch die Macht der Verhältnisse in diese Richtung gerissen wurden.

Im Uebrigen ruhte die Vertheidigung der Stadt auf den Kompagnie= und Zugführern. Auf M^{ins.} de la Montagne hielten vor der Schlacht der Führer der 19. Division, Generalmajor v. Woyna, der Generalmajor v. Wedell (Kommandeur der 38. Infanterie=Brigade) und die Kommandeure der 16er und 57er mit ihren Stäben.

IV.

Die Vorgänge beim Oberkommando der II. Armee im Laufe des Vormittags.

——

Während die Armeetheile im Begriff waren, die ihnen durch Armeebefehl vom 27. abends*) angewiesenen Aufstellungspunkte einzunehmen — wodurch sich eine allgemeine Linksschiebung nach dem 10. Armeekorps zu vollzog —, liefen beim Oberkommando die ersten nicht „beunruhigend lautenden" Meldungen des Generals v. Voigts-Rhetz ein. Wie es aber in Zeitpunkten der nahenden Entscheidung im Kriege zu gehen pflegt, so entwickelte sich beim Oberkommando in diesen Stunden ein außerordentlich reges Treiben: der Krieg ist eben Leben! Berichte und Meldungen gingen und kamen unaufhörlich; und war schon infolge der Geschehnisse vom 27. November die Spannung beim Oberkommando groß, so nahm sie begreiflicherweise nach dem Tagesanbruch zu. Welche Thätigkeit und Umsicht es erfordert, in solchen Stunden der Spannung den Ueberblick über das Ganze, unter den Anordnungen für das Einzelne, nicht zu verlieren, dafür sind diese Stunden ein so vollgültiges Beispiel, wie es nur wenige ähnliche in der Kriegsgeschichte geben mag, das aber auch deßhalb von Allen durchaus studirt werden muß, welche die einer Armeeführung begegnenden Schwierigkeiten bis in die Einzelheiten erkennen wollen. Und wer sie erkennt, wird alsdann in seiner Urtheilsfällung große Zurückhaltung beobachten müssen. Dieses Beispiel bietet außerdem den Vortheil, daß die von Stunde zu Stunde sich geltend machenden wechselnden Eindrücke chronologisch aus den Akten nachweisbar sind, was um so willkommener

Das Oberkommando verbleibt in Bithiviers.

———

*) I, S. 395/396.

ist, als das Oberkommando nicht nur von der eigenen Armee in hohem Grade in Anspruch genommen wurde, sondern auch den Verkehr mit der Armee-Abtheilung und dem großen Hauptquartier aufrecht erhalten mußte.

Allerdings wird man zugestehen müssen, daß, nachdem einmal bis zum 27. November gegen Mitternacht mit dem Abmarsch zum 10. Armee-korps gezögert worden war, nicht viel mehr geschehen konnte, als vom Oberkommando angeordnet worden war; allein darin beruhte eben das Mißliche der Lage der II. Armee. Wenn sie aber, wie es aus ihren Anordnungen vom 27. abends erhellt, glaubte, daß vom Loing her Gefahr drohe, dann hätte das Oberkommando am 28. November zu früher Stunde bereit sein müssen, auf die erste Nachricht von einem feindlichen Vorgehen gegen das 10. Armeekorps Pithiviers zu verlassen, um sich frühzeitig nach dem Platze der Handlung zu begeben. Wollte die Armee-Abtheilung, die am 27. November auf dem Raume von Bonneval bis Châteaudun stand, auch am 28. ruhen, so konnte die Straße Orléans—Etampes von dieser Seite doch als hinreichend gedeckt gelten, denn an einer solchen Truppenmacht in einer Flankenstellung operirt der Feind nicht vorbei, ohne sie zu respektiren, ohne sie aus dem Felde gejagt zu haben.

Mit Rücksicht auf irgend eine operative Aufgabe der Armee-Abtheilung war das Verbleiben des Oberkommandos in Pithiviers nicht nöthig, denn alle Befehle an sie konnten, da man bis Beaune telegraphische Verbindung hatte, von dort aus ebenso gut erlassen werden als von Pithiviers aus. Ebenso stand es in Bezug auf den Dienst-verkehr mit dem großen Hauptquartier in Versailles und mit den Armeekorps.

Wenn das Oberkommando trotzdem beschloß, vorläufig in Pithiviers zu bleiben, und nach v. d. Goltz der Prinz-Feldmarschall um 12½ Uhr in Pithiviers zu Pferde stieg, um sich, nur von einem Theile seines Stabes begleitet, auf das Schlachtfeld zu begeben, so muß darin ein Fehler erkannt werden, besonders in Anbetracht der kurzen November-tage und der Entfernung von Pithiviers nach Beaune, die einen Tage-marsch beträgt. Es erscheint aber außerdem nicht empfehlenswerth, daß sich ein Oberkommando theilt, wenn ein großer taktischer Zusammen-stoß gewiß geworden ist, und das war um 12½ Uhr in Pithiviers der

Fall. Denn alsdann gehören alle Befehlsorgane vom Generalstabschef an bis zum letzten Adjutanten an die Seite des Armeebefehlshabers, weil alle Organe nöthig werden können. Hiervon abgesehen, lagen keinerlei sonstige Rücksichten am 28. früh vor, welche das Verbleiben des Oberkommandos in Pithiviers räthlich erscheinen lassen konnten, und die gesammten Schreiben und Befehle, welche sogleich mitgetheilt werden, hätten recht wohl von jedem anderen Punkte aus entweder mündlich erlassen, oder aus dem Sattel diktirt werden können. Das Oberkommando beging daher zwei Fehler: es verblieb zu lange in Pithiviers, und als es sich endlich zum Aufbruch entschloß, ließ es einen Theil seines Apparates in Pithiviers zurück. Es wird hierauf hingewiesen, weil die richtige Wahl des Platzes für einen Armeebefehlshaber von großer Bedeutung ist, und es wird sich ergeben, daß deshalb der Prinz-Feldmarschall viel zu spät am Punkte der Handlung eintraf, daß er alsdann der Handlung selbst noch zu fern blieb und am 28. nur einen höchst unvollständigen Eindruck von der Bedeutung der Schlacht von Beaune gewinnen konnte. Nichts kann den Feldherrn von der Nothwendigkeit entbinden, durch eigene Wahrnehmungen möglichst frühzeitig die Absichten des Feindes zu erkennen. Nichts regt die Kombinationsgabe des Feldherrn so an, daß er in der Handlung aufgeht, wie die persönliche Wahrnehmung. Er wird alsdann viel sicherer handeln, denn das vollkommenste Meldewesen vermag die eigene Beobachtung nicht zu ersetzen.

Es fragt sich nur, ob die Verhältnisse am 28. früh so lagen, daß der Prinz-Feldmarschall zweifellos die Richtung erkennen konnte, in der seine frühzeitige persönliche Anwesenheit räthlich, ja nöthig werden mußte. Offenbar waren die feindlichen Maßnahmen, deren Folge die Erlasse des Oberkommandos vom 27. abends bildeten, am 27. abends über das operative Stadium hinaus, ein Zusammenstoß mußte erfolgen, gleichgültig, ob man in Pithiviers meinte, bei Beaune angegriffen oder loingabwärts „tournirt" zu werden; denn auch in dem letzteren Falle mußte der Gegner das 10. Armeekorps vorher mindestens von Beaune zurückgedrängt haben, um in der linken Flanke gesichert zu sein. Zudem bezweckten die Maßnahmen des Oberkommandos vom 27. abends eine taktische Unterstützung des 10. Armeekorps. Sollte es sich aber im Laufe des 28. November herausstellen, daß der Feind nur gegen das 10. Armeekorps, zur Verdeckung der eigentlichen Operation über Montargis, demonstrirte, dann wäre es erst recht angezeigt gewesen, daß das Oberkommando sich um $9^1/_2$ Uhr bei Beaune befunden hätte, was sehr wohl ausführbar war. Und wurde es alsdann von der taktischen Handlung in Anspruch genommen, so hätte trotzdem der ganze Geschäfts= verkehr aufrecht erhalten werden können, denn dafür waren sehr reichlich Organe vorhanden. Zu dieser Hinsicht ist das Napoleonische Verhalten nach wie vor maßgebend: der Feldherr muß in derartigen Fällen der Erste auf dem Platze sein, und dieses Vorbild muß in Bezug auf den ungestörten Fortgang des Geschäftsverkehrs weiter ausgebaut werden; das gestattet ein geschulter und wohlorganisirter Generalstab, dessen Napoleon in diesem Sinne entbehrte. Wenn man sich daher in die Lage des Oberkommandos am 27. abends nach Erlaß der bekannten Befehle versetzt, so hätte es sogleich die Konsequenzen aus diesen Erlassen für sich selber ziehen und hinzufügen müssen: „Das Oberkommando ist von 9 Uhr ab in der Gegend von Beaune zu suchen." Dorthin drängte die Entscheidung, dorthin gehörte aber auch frühzeitig der Feldherr.

Es war zudem bereits am 27. von den Bewohnern in Pithiviers viel von der bevorstehenden Entscheidungsschlacht gesprochen worden und dies zur Kenntniß des Oberkommandos gekommen. Alle diese Umstände scheinen dafür zu sprechen, daß der Feldherr sich in der Frühe nach Beaune begeben mußte, ohne selbst irgend eine Meldung abzuwarten und trotzdem er sich vertheidigend schlagen wollte. Daß man übrigens in Pithiviers genügendes Karten= und sonstiges Material besessen hätte, um eine so klare Vorstellung von dem Gelände zu gewinnen, daß da= durch eine persönliche Besichtigung unnöthig gewesen wäre, muß, wie sich später ergiebt, entschieden bestritten werden. Die Position, in der eine Armee sich vertheidigen will, muß der Feldherr aber unter allen Umständen genau kennen, um später sicher disponiren zu können, denn dazu reicht in der Regel selbst die beste Karte nicht aus, und hier hatte man nur eine höchst mangelhafte zur Verfügung.

Vorgänge beim Oberkommando der II. Armee bis 10 Uhr. Für die am Morgen des 28. November beim Oberkommando herrschenden Auffassungen sind die Meinungsäußerungen desselben von entscheidender Tragweite, die von $9^1/_2$ Uhr aus Pithiviers an das 10. Armeekorps, den General Grafen Moltke und den Generallieutenant v. Stosch gerichtet wurden. Obgleich die beiden letzten Schreiben vom General v. Stiehle herrühren, so konnten sie doch nicht abgehen, ohne daß der Prinz-Feldmarschall ihren Inhalt gebilligt hätte. Diese Schreiben werden später der Reihe nach angeführt werden; der Leser muß jedoch berücksichtigen, daß während dieser Zeit mehrere Meldungen von den Armeetheilen einliefen, die außerdem sofort beantwortet werden mußten. Die erste kam telegraphisch vom 10. Armeekorps und lautete:

Beaune, 28. November, 7 Uhr 4 Minuten vormittags.

Ich habe nachts Meldung erhalten, daß der Feind Fontenay, südlich Château Landon, gestern Abend besetzt hat. Der meldende Offizier meint, das Verhalten des Feindes mache dort den Eindruck, wie wenn er Brücken zerstören wollte. Diesseitige Eisenbahnzerstörung bei Château Landon beginnt heute früh.

Die Straße Ferrières—Courtenay soll vom Feinde nicht frei sein. Ich schiebe die Korpsartillerie und die in Reserve befindliche Infanterie-Brigade heute näher an meinen linken Flügel.

gez. v. Voigts-Rhetz.*)

Diese Meldung ging gegen 8½ Uhr in Pithiviers ein, und eine kurz vorher aus der Gegend von Nemours eingetroffene Sanitäts-kolonne hatte die Nachricht mitgebracht, daß die feindliche Avantgarde bereits am 27. abends bei Nemours angelangt sei. Waren beide Angaben richtig, so mußte der Feind noch am 27. loingabwärts operirt haben, und zur Eingangszeit derselben wäre die II. Armee also bereits umgangen gewesen, während ihr linker Flügel von stärkeren Kräften beobachtet wurde. Begreiflich ist daher, daß beide Mittheilungen bei der II. Armee anfangs einen höchst übelen Eindruck machten und es nahe legten, zu erwägen, ob unter diesen Umständen nicht andere Maß-regeln als die getroffenen nothwendig wären. Allerdings mußte es auffallen, daß von Nemours, das bekanntlich vom 3. Armeekorps besetzt war, keinerlei Meldung über ein so wichtiges Ereigniß eingelaufen war, trotzdem zwischen Pithiviers und Nemours telegraphische Verbindung bestand.

Daß der Gegner den Eindruck bei Fontenay machte, als ob er Brücken zerstören wollte, konnte wieder auf eine feindliche Offensive schließen lassen, um in der linken Flanke besser gesichert zu sein. Wenn andererseits der General v. Voigts-Rhetz seine Streitkräfte nach dem

---

*) v. d. Golz, S. 108.

linken Flügel zusammenzog, so konnte man in Pithiviers dafür wohl ein hinreichendes Motiv in der dem 10. Armeekorps damals bekannten Linksschiebung der 5. Division nicht erblicken. Blieb die Lage fürs Erste somit noch ungeklärt, so schenkte man doch der Mittheilung der Sanitäts= kolonne aus Nemours bei reiferem Ueberlegen keinen Glauben, dagegen meinte man in Pithiviers, an der Besetzung des nördlich von Montargis gelegenen Fontenay nicht zweifeln zu dürfen. Thatsächlich befand sich in Fontenay am Abend des 27. Infanterie und Kavallerie, die in Nargis Lebensmittel beigetrieben hatten.*) Allein dies konnte man damals in Pithiviers nicht erkennen, und da (nach v. d. Golz) am 27. November vom 10. Armeekorps Gefangene**) gemacht sein sollten, die weder dem 18. noch dem 20. Armeekorps angehörten, so glaubte man, daß eine Versammlung des Feindes auf dem Raume von Beaune bis östlich des Loing im Vollzuge sei.

Schreiben an das 10. Armeekorps. Infolge der angeführten Meldung des 10. Armeekorps ging um 9½ Uhr vormittags an das Armeekorps folgendes Schreiben des Prinz= Feldmarschalls ab:

Ew. Excellenz Meldung, daß die feindliche Spitze bis Fontenay gelangt ist, und daß die Bahnsprengung stattfindet,***) habe ich erhalten. Die über Montargis anmarschirenden feindlichen Truppen gehören wahrscheinlich zum 18. Armeekorps, und deren Fortschreiten längs des Loing, namentlich auf rechtem Ufer, muß verhindert werden.

Ew. Excellenz wollen deshalb heute eine durch Artillerie und Kavallerie verstärkte Infanterie=Brigade über Château Landon abrücken lassen, welche eine Vertheidigungsstellung für oben bezeichneten Zweck nimmt und in der Richtung auf Joigny Detachements vortreibt. Auf diese Weise wird es möglich sein, dem General v. Kraatz, welcher nach

---

*) Am 28. wurde am Vormittag nur Kavallerie bei Préfontaine, am Abend bei Corquilleroy gemeldet. — **) Ich habe in den Akten über diese Gefangenen nichts ermitteln können, die nach v. d. Golz ausgesagt hätten, sie gehörten dem 16. Armee= korps an, während sie in Wirklichkeit vom 15. Armeekorps gewesen wären. Die letztere Auffassung erscheint mir aber auch sehr unwahrscheinlich. Am 27. standen die Truppen der 1. Division des 15. Armeekorps bekanntlich so weit vom 10. Armee= korps entfernt, daß es dem Letzteren unmöglich war, von diesem Armeekorps Leute gefangen zu nehmen. Nur ein Bataillon des 15. Armeekorps befand sich unter Oberst Cathelineau, von diesem kann jedoch das 10. Armeekorps ebenfalls keine Gefangenen eingebracht haben. — ***) Zu dem Zweck war Hauptmann Neumeister, wie später dargestellt wird, unterwegs.

Nachrichten des Generals v. Tiedemann*) gestern am 27. in Florentin gewesen, also heute am 28. voraussichtlich Joigny erreicht, den Befehl zukommen zu lassen, sich an das 10. Korps heranzuziehen.

Ob Ew. Excellenz hierfür die Richtung über Sens zu wählen nöthig finden, wird der Stand der feindlichen Truppen zwischen Loing und Yonne ergeben. Das 3. Korps hat Befehl erhalten, heute, Boynes und Barville belegend, sich von Pithiviers, rechter Flügel, bis zur engen Verbindung mit Ew. Excellenz Truppen bei Beaune zu dislociren und in ein dort etwa sich heute engagirendes Gefecht nachdrücklich einzugreifen. Armee-Abtheilung hat gestern Bonneval und Châteaudun erreicht, ruht heute und wird morgen mit der Spitze auf Janville dirigirt werden, um so eine Linksschiebung des 9. Korps einzuleiten.

Je nach dem Verlauf des heutigen Tages, worüber ich um häufige telegraphische Meldungen ersuche, werde ich bestimmen, ob das 10. Korps in den Raum zwischen Loing und Yonne zu rücken, das 3. Korps von Beaumont nach Château Landon seine Aufstellung zu nehmen haben wird.

Eben geht die Nachricht von dem sich entwickelnden Gefecht bei Maizières ein, die bereits versammelte 5. Division wird unverzüglich gegen Beaune abrücken.**) Das Telegramm von 9½ Uhr,***) welches über das Vorpostengefecht bei Juranville sagt, daß es erlischt, geht eben ein. Um so mehr rechne ich auf die Ausführung des Marsches einer Brigade des 10. Korps nach dem Loing am heutigen Tage.†)

gez. Friedrich Karl.

Bis das Schreiben von 9½ Uhr nach Bahnhof Beaune gelangte, mußte es mindestens 11 Uhr vormittags werden. Hatte der Feind aber die Absicht, anzugreifen, dann konnten bis dahin Ereignisse eingetreten sein, die seinen Inhalt unausführbar machten. Es dürfte daher wohl nicht bestritten werden, daß, falls der Prinz-Feldmarschall sich zu früher Stunde nach der Gegend von Beaune begeben hätte, der ganze Dienstverkehr sich mündlich schneller vollzogen und der Prinz-Feldmarschall selbst die Unausführbarkeit des Befehls eingesehen und ihn daher anders abgefaßt hätte. Wie viel Zeit und Mühe würden dadurch erspart worden sein!

---

*) Etappenkommandeur in Troyes. — **) Dies geschah aber nicht. — ***) S. später. — †) Kr. A. C, III, 9, V. Theilweise mitgetheilt von v. d. Goly, S. 110/111.

Wie aus dem Befehle ersichtlich, waren vor seinem Abgange zwei weitere telegraphische Meldungen des Generals v. Voigts-Rhetz eingetroffen. Die erste, von 9¼ Uhr, besagte, „daß sich ein Gefecht bei Maizières engagire, wo die Vorposten angegriffen worden seien"; die zweite, die um 9 Uhr 39 Minuten abgegangen und um 10 Uhr in Pithiviers eingetroffen war, lautete: Es ist ein Vorpostengefecht bei Juranville, das im Augenblick, 9¼ Uhr morgens, nachzulassen scheint. Feind hat einige Bataillone gezeigt, aber keine Artillerie. Diesseitige Infanterie und Artillerie haben ihn bis jetzt leicht zurückgehalten.

gez. v. Voigts-Rhetz.

Da die Punkte Maizières und Juranville in einer senkrechten Richtung liegen, so konnte das Oberkommando bis 10 Uhr vormittags an ein leichtes Vorpostengefecht einer Marschkolonne glauben. Nun wird sich später herausstellen, daß bis 10 Uhr das Städtchen Beaune bereits erst langsam, dann stärker mit Artillerie beschossen worden war und daß eine der Granaten das Haus getroffen hatte, in dem der kommandirende General wohnte. Man kann dies wohl nicht als reinen Zufall betrachten, vielmehr spricht die auffallende Erscheinung für die Vermuthung, daß es den Franzosen gelungen war, durch Kundschafter das Quartier des Generalkommandos zu erfahren. Weshalb das Generalkommando unterließ, auch diesen Vorfall zu melden, ist nicht recht erklärlich; vielleicht dachte es, der in Beaune anwesende Führer der 19. Division würde darüber an das Oberkommando berichten. Da dies nun aber unterblieb, so konnte das Oberkommando in Pithiviers bis 10 Uhr vormittags auch an andere Absichten des Gegners als eine Schlacht denken. Wäre dagegen das Geschehniß gemeldet worden, so würde man in Pithiviers bei der großen Entfernung von Juranville bis Beaune gewiß an das Vorgehen mehrerer Marschkolonnen auf mehreren Straßen und dann wahrscheinlich an eine Schlacht geglaubt haben, für die bei der großen Frontausdehnung erhebliche Kräfte bestimmt sein mußten, und demgemäß würde das Oberkommando sicher früher aufgebrochen sein. Freilich hatten die ersten, nach Pithiviers hinüberschallenden Kanonenschüsse in der Bevölkerung eine eigenthümliche Bewegung erzeugt. An den Straßenecken, Thoren und Plätzen bildeten sich lebhaft diskutirende Gruppen. Man sprach es auf Befragen offen aus, daß das Geschützfeuer die Entscheidungsschlacht bedeute, auf die man sich wohl vorbereitet hätte. Man war über den Ausgang voll Zuversicht und verfolgte mit der den Franzosen eigenthümlichen Lebhaftigkeit den Schall des Feuers. Aber auch im Stabe des Oberkommandos gab es Männer, die die Zeit zum Aufbruch für gekommen erachteten. Wie bekannt, befand sich Oberstlieutenant Graf Walderfee beim Oberkommando. Dieser war gerade mit der Abfassung eines Berichtes an den König über die Ergebnisse des 27. November beschäftigt, als er in seinem Zimmer Kanonenschüsse zu vernehmen meinte. Er riß das Fenster auf und konnte das Geschützfeuer nun deutlich hören. Schnell beendigte er seinen Bericht, ließ ihn befördern, stieg zu Pferde und begab sich nach dem Ausgang nach Dadenville, ohne nähere Kenntniß von den bis dahin eingelaufenen Meldungen zu haben. Während er in der Stille des Morgens aufmerksam lauschte, schien ihm das Geschützfeuer an Heftigkeit zuzunehmen, und da er hieraus auf eine ernste Unternehmung schloß und an Se. Majestät täglich zu berichten hatte, so ritt er in der Richtung des Geschützfeuers weiter, so daß er schon gegen 11 Uhr vormittags beim General v. Voigts-Rhetz bei Bahnhof Beaune eintraf, wo wir ihm später wieder begegnen werden.

Der Bericht des Oberstlieutenants Grafen Walderfee enthielt über die am 27. bei Montargis gemeldeten feindlichen Truppen die Bemerkung, „dies sei keineswegs konstatirt, die Aussagen und Meldungen könnten sehr wohl auf einige Tage früher Bezug haben". Von hervorragender Bedeutung war die dem Bericht angefügte Karte, welche die beiderseitigen Vorpostenstellungen vom 27. abends genau erkennen ließ.

Um 9½ Uhr war auch für General v. Alvensleben ein Befehl in Pithiviers niedergeschrieben, doch zurückgehalten worden, wenigstens ist beim 3. Armeekorps die Eingangszeit mit 11½ Uhr angegeben. Darin wurde der General über den eben mitgetheilten Inhalt des Schreibens an den General v. Voigts-Rhetz unterrichtet. Es heißt darin: „Das 3. Armeekorps soll dementsprechend heute sich so weit links schieben und in enge Kantonnements legen, daß sein linker Flügel bei Barville oder darüber hinaus in enge Verbindung mit dem 10. Armeekorps bei Beaune gelangt; der rechte Flügel besetzt Pithiviers und Gegend.

Die Vorposten des Armeekorps behalten die heute eingenommene Linie vorläufig besetzt. Das Armeekorps hat den Auftrag, bei einem feindlichen Angriff auf Beaune dort nachdrücklich einzugreifen.

Befehl an General v. Alvensleben von 9½ Uhr vormittags.

Je nach der Entwickelung des heutigen Tages behalte ich mir vor, morgen das 10. Armeekorps nach dem Raume zwischen Loing und Yonne zu ziehen, während dem 3. Armeekorps die Deckung der Linie Beaumont—Château Landon zufallen würde. Da die Armee-Abtheilung Sr. Königlichen Hoheit des Großherzogs gestern ohne Gefecht Bonneval—Châteaudun erreicht hat, so können ihre Spitzen morgen Janville erreichen und dadurch der Linksabmarsch des 9. Armeekorps nach Pithiviers eingeleitet werden.

Für die Trains und rückwärtigen Verbindungen des 3. Armeekorps bestimme ich vorläufig den Punkt Puiseaux."*)

Auffassung des Oberkommandos um 10 Uhr vormittags. Wie aus diesen Dokumenten erhellt, glaubte das Oberkommando bis 10 Uhr nicht an eine Schlacht in der Gegend von Beaune la Rolande, sondern an eine Operation des Gegners loingabwärts oder in dem Raume zwischen Loing und Yonne. Daß sich in diesem Raume der General v. Kraatz mit 4 Bataillonen, 1 Batterie, 1 Eskadron befand, war dem Oberkommando am Morgen des 28. vor Erlaß der Anordnungen um 9½ Uhr bekannt,**) und wenn bis dahin zwischen Loing und Yonne französische Truppen gewesen wären, so würde bei der Meldung, daß der General v. Kraatz gefunden worden sei, dieser Punkt gewiß berührt worden sein. Da das nicht erfolgt war, so war die Wahrscheinlichkeit einer feindlichen Operation in jenem Raum gering. Daß der Feind nun bis Fontenay eine Avantgarde***) von Montargis vorgeschoben haben sollte, war zwar nicht unmöglich, allein die Meldung bedurfte doch noch einer näheren Bestätigung, falls nicht auf einer bis dahin noch viel zu ungewissen Unterlage ein vielleicht verhängnißvoller Entschluß gefaßt werden sollte.

Allerdings sollte General v. Alvensleben bei einem „etwaigen" feindlichen Angriff auf Beaune dort nachdrücklich eingreifen und deshalb der linke Flügel des 3. Armeekorps sich bis Barville ausdehnen; die Vorposten des Armeekorps hatten aber wieder ihre an diesem Tage eingenommene Linie vorläufig besetzt zu halten. Die Anordnungen rechneten daher mit zwei Möglichkeiten, mit einer Schlacht und mit einer Links-schiebung der Armee. Bestätigte sich im Laufe des Tages die Richtigkeit der feindlichen Operationen loingabwärts, so sollte am 29. das 10. Armeekorps in den Raum zwischen Loing und Yonne rücken, das 3. die

---

*) Schreiben vollständig mitgetheilt bei v. d. Golz, S. 109/110. — **) I, S. 412. — ***) Es war bekanntlich keine Avantgarde, sondern ein Beitreibungskommando.

Linie Beaumont—Château Landon besetzen, das 9. den Abmarsch einleiten und die Armee-Abtheilung nach Janville nachgezogen werden. Für den Fall einer Schlacht am 28. bei Beaune konnte nichts mehr angeordnet werden; hielt man dagegen die Fortsetzung der feindlichen Operationen loingabwärts für wahrscheinlich und wollte man dem begegnen, so erscheinen die Maßnahmen nicht einwandfrei. Stand nämlich eine Avantgarde am 28. bereits in Fontenay, so konnte die Masse kaum noch bis Montargis zurückreichen! In Ausführung der ins Auge gefaßten Marschziele hätte sich daher am 29. das 10. Armeekorps nicht mehr dem Feinde vorlegen, sondern sich ihm nur anhängen können, und das 3. und 9. Armeekorps würden erst recht in dieselbe Lage gekommen sein. Bis 10 Uhr vormittags sieht man also eigentlich nichts mehr als die Absicht, noch (unter den veränderten oder als verändert angenommenen Verhältnissen) an der Kordonstellung festzuhalten, nur mit dem Unterschiede, daß sie bedeutend nach Osten verlegt worden wäre.

Die II. Armee sicherte sich also durch ihre Maßnahmen von 9½ Uhr keine besseren operativen Vorbedingungen, um später einen großen Schlag zu thun, als sie besaß; im Gegentheil hätte daraus zunächst nur weiteres Auseinanderdehnen des Kordons erwachsen müssen und im Kordon eine recht ungünstige Zersplitterung. Denn da die II. Armee am 28., früh 9½ Uhr, noch nicht meinte, die Straße Orléans—Etampes vom 9. Armeekorps entblößen zu können, so wäre am 28. eine Ausdehnung von da bis östlich des Loing entstanden; und falls alsdann ein Angriff auf Beaune erfolgte, so hätte das 10. Armeekorps dort in rechte Bedrängniß gerathen können. Der Grundfehler dieser und der vorhergegangenen Maßnahmen beruhte eben in den Besorgnissen, die das Oberkommando um die Straße Orléans—Etampes hegte. Der Feind konnte zwar, mit dem Zirkel gemessen, von Orléans aus früher bei Janville—Toury stehen als die Armee-Abtheilung von Bonneval—Châteaudun aus, allein er konnte nicht an dieser Flanken=stellung vorbeigehen. Es wird sich jedoch gleich zeigen, daß die 11. Armee nicht nur die Absicht hatte, ihren Kordon zu verlängern, sondern auch die Armee=Abtheilung in diesen Grundfehler hineinzog, auf die günstigen Umstände noch mehr verzichtend, als es bereits geschehen war, die aus der bisherigen Anmarschrichtung der Armee=Abtheilung für spätere Ziele operativ erwachsen konnten.

Thatsächlich war die Kriegslage anders, als vom Oberkommando angenommen wurde. Das 18. und 20. Armeekorps standen seit dem 27. abends von Boiscommun bis Laden zum Angriff bereit, und ihr Angriff war bereits im Gange, als der vorstehende Befehl erlassen wurde, dagegen hatte der Feind andere Armeetheile nicht herangezogen.

Die weiteren Meldungen des 10. Armeekorps.

Bevor die Befehle von 9½ Uhr befördert waren, war es 10 Uhr vormittags geworden, ein Nachlassen des Geschützfeuers wurde aber nicht bemerkt. Um 10 Uhr 10 Minuten telegraphirte General v. Voigts-Rhetz an das Oberkommando: „Bei St. Loup hat der Feind einige Geschütze aufgefahren, die langsam gegen Beaune feuern. Vom linken Flügel nichts Neues."*) (Eingegangen 10 Uhr [?].) Da vom linken Flügel nichts Neues gemeldet wurde, so mußte die Lage dort sich seit dem letzten Telegramm von 9 Uhr 39 Minuten über das Gefecht von Juranville nicht verändert haben, das Gefecht also noch fortwähren. Dazu war nun der Feind bei St. Loup, also an einem anderen Punkte gemeldet. Prüfte man die Richtung beider Gefechte von Juranville und St. Loup, so liefen sie auf Beaune zusammen, und es lag jetzt ziemlich nahe, an eine gemeinsame Angriffsrichtung von beiden Punkten aus gegen Beaune zu denken, um so mehr, als man in Pithiviers das zunehmende Geschützfeuer hörte und seit dem 24. November vor der Front des 10. Armeekorps bedeutende Kräfte wußte, wozu am 27. — freilich, wie angenommen wurde, bei Montargis — weitere 25000 Mann getreten waren. Diese konnten zwar um 10 Uhr von Montargis aus schwerlich bis Juranville gelangt sein, allein die Möglichkeit war doch nicht ausgeschlossen, daß am 27. abends beträchtliche feindliche Kräfte bedeutend westlich von Montargis standen. Versetzte man sich in die Lage des Gegners unter der Annahme seines Angriffs gegen das 10. Armeekorps, so hätte man in Pithiviers folgendermaßen kombiniren können: Der Feind greift das 10. Armeekorps umfassend von St. Loup und Juranville aus an, zur Deckung des Angriffs gegen Osten hat er Montargis besetzt. Wenn man berücksichtigte, daß der Feind im eigenen Lande gut unterrichtet war, also die Schwäche des 10. Armeekorps kannte, und die Entfernung der nächsten Unterstützung (in Pithiviers am 27. abends) in Erwägung zog, so mußte ein Angriff auf dieses Armeekorps viel

*) Kr. A. C, III, 9, IV, b.

Verlockendes für die Franzosen haben. Eine solche Kombination lag also nicht fern, auch sie hätte dem Oberkommando Anlaß gegeben, sofort nach Beaune aufzubrechen. Es geschah nicht!

Um 10 Uhr 47 Minuten telegraphirte General von Voigts-Rhetz (Eingang des Telegrammes in Pithiviers um 11 Uhr): „Das Gefecht auf der Front geht matt weiter, auf meinem linken Flügel dagegen dehnt es sich weiter aus.“*) Hieraus konnte man in Pithiviers erkennen, daß die Anstrengungen des Feindes zunahmen und daß sie hauptsächlich gegen den linken Flügel des 10. Armeekorps gerichtet seien, also gegen Juranville, was um diese Zeit noch der Lage entsprach.

Um 11 Uhr 8 Minuten meldete General v. Voigts-Rhetz telegraphisch (Eingang der Meldung in Pithiviers um 11¼ Uhr): „Feind drängt meine Vorposten bei Corbeilles und Lorcy zurück. Ich ziehe die Korpsartillerie und die disponibele Brigade Lehmann an den Schnittpunkt der Eisenbahn und der Boie de César.“**)

Um 11¼ Uhr wußte man nun in Pithiviers das 10. Armeekorps bei St. Loup, Juranville, Lorcy und Corbeilles in Gefechte verwickelt, auf einem Raum, der entweder auf eine große Schlachtentwickelung schließen ließ oder den die einzelnen Spitzen operirender Armeekorps betreten haben mußten. Beide Fälle erforderten dringend den Aufbruch des Oberkommandos, das indeß noch in Pithiviers blieb.

Neben diesen Meldungen liefen bis dahin andere her, die General v. Lüderitz von der 1. Kavallerie-Division dem General v. Hartmann zukommen ließ und welche dieser dem Oberkommando in Pithiviers übergab. Wenn sie auch allgemein gefaßt waren, so bestätigten sie doch, daß das 10. Armeekorps in Gefechte verwickelt sei.

Bevor die weiteren, aus der Gegend von Beaune eintreffenden Meldungen angeführt werden, ist es nothwendig, auch die anderweitige Thätigkeit des Oberkommandos zu berücksichtigen, damit seine Auffassungen nach Zeit und Umständen genau erkennbar werden.

Um 11 Uhr vormittags berichtete der Generalmajor v. Stiehle in einem längeren Schreiben an den General v. Moltke. Es heißt da:

. . . . . . „Gestern hat der Feind (auch wir halten für wahrscheinlich Theile des 18. Korps) Truppen mit der Eisenbahn nach Montargis

Schreiben an den General v. Moltke.

---

*) Kr. A. C, III, 9, IV, b. — **) Kr. A. C, III, 9, IV, b.

vorgeschoben.*) Seine Spitze reichte gestern Abend bis Fontenay. Es wird dadurch der wahrscheinliche Plan des Feindes enthüllt, unter Vermeidung des offenen Terrains der Beauce, längs des Loing, unseren linken Flügel tournirend, sich Paris zu nähern. Dies bestätigend, geht soeben (?) die Meldung des 10. Korps von Beaune ein, daß der Feind dasselbe bei Maizières angreift. Glücklicherweise ist bereits die 5. Infanterie-Division südöstlich Pithiviers konzentrirt**) und rückt zur Unterstützung nach Beaune ab. Sobald der Verlauf des Gefechtes es gestattet, soll das 10. Korps eine verstärkte Infanterie-Brigade heute über Château Landon, das bereits mit einem gemischten Detachement besetzt ist, abrücken lassen, um am Loing Stellung zu nehmen und nach Osten hin aufzuklären. Se. Königliche Hoheit würden dann weiterhin beabsichtigen, das 10. Korps in dem Raume zwischen Loing und Yonne aufzustellen, dem 3. Korps die Linie Beaumont—Château Landon zuzuweisen und das 9. um Pithiviers zu konzentriren.

Selbstredend müssen bei dieser Sachlage alle Pläne für den Loire-Uebergang unterhalb Orléans vorläufig fallen. Die Armee-Abtheilung hat gestern ohne Gefecht (27.) Bonneval und Châteaudun besetzt und ruht dort .... Seine Königliche Hoheit der Prinz-Feldmarschall beabsichtigt, den Großherzog morgen (29.) gegen Janville—Toury heranzuziehen und ihm weiterhin die Deckung der großen Straße nach Etampes und ihrer nächsten Parallelstraßen zu übertragen. Die II. Armee würde dadurch disponibel werden, um gegen den vielleicht à cheval des Loing vorrückenden Feind zu operiren ... Ew. Excellenz stelle ich anheim, ob seitens der Truppen vor Paris eine starke Besetzung von Fontainebleau und Moret nicht würde eintreten können. Das Gefecht auf dem linken Flügel des 10. Korps geht weiter, wir reiten***) dorthin" ...†)

Die Meldungen des 10. Armeekorps müssen daher um diese Stunde nicht mehr unbedenklich erschienen sein; im Uebrigen erhellt hieraus, daß sich von 9½ bis 11 Uhr zwar eine Abklärung der Auffassung des Oberkommandos vollzogen hatte, allein unter einer unzutreffenden Voraussetzung; und weiterhin gelangt die Absicht, in der Kordonstellung zu verharren, schlagend zum Ausdruck: denn die ganze II. Armee sollte sich von Pithiviers bis zur Yonne schieben und die Armee-Abtheilung

---

*) Es war am 26. geschehen. — **) Nach S. 59 sollte diese Division unverzüglich um 9½ Uhr abrücken. — ***) Dies geschah indeß nicht. — †) Kr. A. A, III, 7, II.

den Raum Toury—Janville einnehmen. Im Weiteren muß das Ober=
kommando um 11 Uhr an die Wahrscheinlichkeit des früher entwickelten
Falles geglaubt haben; nämlich daß der Feind bei Beaune demonstrire,
um seine Operationen längs des Loing in der linken Flanke gegen die
II. Armee zu verschleiern und zu decken.

Um dieselbe Stunde müssen aber auch beim Oberkommando Zweifel
obgewaltet haben, daß es ihm noch gelingen werde, die feindliche
Operation rechtzeitig zum Stehen zu bringen; darauf läßt die Stelle
von der Besetzung von Fontainebleau und Moret durch Truppen der
Armee vor Paris schließen. Und in der That würde das 9. Armee=
korps von Toury aus dazu zu spät eingetroffen sein und mindestens
verspätet das 3. Armeekorps, während das 10. den Feind nur hätte
begleiten können. Rechnete das Oberkommando noch um 11 Uhr mit
einer derartigen Operation, dann erscheinen die für das 10. und
3. Armeekorps erwogenen Absichten erst recht verfehlt, und welchen Zweck
unter dieser Voraussetzung die Entsendung einer Brigade des 10. Armee=
korps ins Loing=Thal dann noch haben sollte, ist nicht recht verständlich.
Hatte der Feind die Operation loingabwärts angetreten, dann mußte
dies mit seiner Hauptmacht geschehen sein, was sollte da aber eine
einzelne Brigade am 28.? Es hätte sich unter dieser Voraussetzung
eher empfohlen, das 10. Armeekorps zusammenzuhalten. Man denke
sich nun, das 10. Armeekorps hätte dem Befehle nachkommen können,
was wäre die Folge gewesen? Es hätte am Abend des 28. November
gestanden: eine Brigade bei Beaune, eine mit Korpsartillerie bei Juran=
ville, eine Brigade bei Château Landon, wo bereits das Detachement
v. Boltenstern war, und eine westlich Joigny, dazwischen Montargis (und
Fontenay) vom Feinde besetzt. Konnte alsdann auch auf die 5. Division
bei Beaune gerechnet werden, so würde der kommandirende General des
10. Armeekorps doch geradezu außer Stande gewesen sein, das derartig
auf vier Tagemärsche auseinandergezogene Korps noch zu leiten. Man
sieht, auf Schritt und Tritt ist die II. Armee durch die Kordonstellung
operativ unfrei, und am Abend des 28. würde, da das 9. Armeekorps
um diese Zeit noch bei Toury gewesen wäre, die Verzettelung aufs
Aeußerste gestiegen sein. Wollte die II. Armee aber nach irgend einem
Flügel operiren, so hätte sie, wie früher ausgeführt, rechtzeitig in eine
Centralstellung übergehen müssen.

5*

Uebrigens verstrichen seit 11 Uhr nach v. d. Goltz noch 1½ Stunden, bis man in der Richtung auf Beaune „aufbrach". Weshalb die Ver= zögerung eintrat, ist nicht ersichtlich, auch erhielt das 10. Armeekorps keinerlei Antwort vom Oberkommando auf seine Meldungen seit 9 Uhr 39 Minuten.

Anordnungen des Oberkommandos von 11½ Uhr vormittags. Obgleich also das Oberkommando bis zu dieser Stunde noch nicht an eine Schlacht glaubte, so erging um 11½ Uhr folgender telegraphischer Befehl an die Armee=Abtheilung: „Armee=Abtheilung soll morgen, am 29., mit möglichst starker Tête des linken Flügels Straße Orléans— Paris bei Toury erreichen und im Uebrigen möglichst aufschließen. Kleiner Marsch für heute anheimgestellt. Schriftlicher Befehl mit Angabe der zwingenden Motive hierzu folgt."*)

Hiernach hatte die Armee=Abtheilung die Hauptaufmerksamkeit darauf zu richten, so schnell wie ausführbar ihre Hauptkräfte in die Gegend von Toury zu schieben. Geschah das, so entfiel immer mehr der bis dahin bestandene operative Vortheil, auf den man wegen der Trennung der beiden Armeen für einen Angriff auf Orléans rechnen durfte, und zwar im Sinne der Auffassung des Oberkommandos vom 26. November, was übrigens auch ein später folgendes Schreiben des Generals Grafen v. Moltke deutlich erkennen läßt.

An das 9. Armeekorps erging um 11½ Uhr folgender telegraphischer Befehl: „Das 9. Armeekorps mit der Kavallerie=Division Stolberg hat möglichst bis heute Abend unter Beibehalt der eigenen Vorposten auch die jetzt vom 3. Armeekorps gegebenen Vorposten zu übernehmen. Hauptsächlich ist die Kavallerie=Division zu verwenden — mit In= fanteriesoutiens. Die Vorposten des 3. Armeekorps stehen über Crottes, Montigny, Courcelles — Anschluß an das 10. Armeekorps bei Batilly."**)

Das 3. Armeekorps erhielt um dieselbe Zeit erst den bekannten Befehl von 9½ Uhr vormittags. (Näheres siehe S. 61.) Zwischen dem 3. und 10. Armeekorps verblieb die 1. Kavallerie=Division.

Uebersicht der Anordnungen des Oberkommandos bis 11½ Uhr. Versuchen wir uns nun die Folgen aller Anordnungen des Ober= kommandos bis 11½ Uhr klar zu machen. Danach hatte vom 10. Armeekorps eine Brigade ins Loing=Thal abzurücken — ein Tage-

*) Kr. A. C, III, 9, IV, b. — **) v. d. Goltz, S. 112.

marſch —, ſeine Stellung bei Beaune—Juranville würde dadurch ſo
dünn geworden ſein, daß an einen ernſtlichen Widerſtand im Falle eines
Angriffs kaum zu denken geweſen wäre; eine rechtzeitige kräftige Unter=
ſtützung vom 3. Armeekorps erſchien nun aber auch nicht mehr geſichert.
Dieſes hatte nach dem Befehle vom 27. abends am 28. in aller Frühe
die 5. Diviſion bei Dadonville zu verſammeln, mit der 6. Diviſion den
Raum der 5. (alſo Pithiviers und Umgegend) zu beſetzen. Hierbei
waren jedoch die Vorpoſten der 5. Diviſion durch die 6. abzulöſen; im
Uebrigen ſollte die bisherige Vorpoſtenlinie aufrecht erhalten bleiben,
während die Vorpoſten der 6. Diviſion durch das 9. Armeekorps zu
übernehmen waren. Die Entſendung ins Loing=Thal kam vom 10. Armee=
korps nicht zur Ausführung, dagegen war die 5. Diviſion beim Eingang
des Befehls von 9¹/₂ Uhr vormittags bei Dadonville verſammelt, und
die Ablöſung ihrer Vorpoſten hatte ſich vollzogen, ebenſo diejenige der
6. Diviſion durch das 9. Armeekorps. Als nun dieſe zeitraubenden
Vorpoſtenveränderungen vorgenommen waren, die von einer Kordon=
ſtellung unzertrennlich ſind, wenn man ſich aus ihr nach einem Flügel
zuſammenziehen und zugleich die bisherige Vorpoſtenlinie nicht aufgeben
will, erhielt das 3. Armeekorps die Weiſungen von 9¹/₂ Uhr, wonach
ſein linker Flügel bei Barville, ſein rechter bei Pithiviers ſtehen und
es bei einem feindlichen Angriff auf Beaune dort nachdrücklich ein=
greifen ſollte.

Kaum hatten die Armeetheile den bisherigen Weiſungen entſprochen,
als die Anordnungen von 11¹/₂ Uhr dem 9. und von 12 Uhr dem
3. Armeekorps neue Aufgaben ſtellten. Danach war letzteres am
28. November in enge Kantonnements um Boynes zu disloziren. Als
öſtliche Grenzen wurden Egry und Beaune la Rolande bezeichnet, ſo daß
nach Beendigung aller Bewegungen das 3. Armeekorps von Beaune
bis Boynes hätte ſtehen müſſen. Infolge des Linksſchiebens der
6. Diviſion bis Boynes mußte dieſe die kaum ausgeſtellten Vorpoſten
wieder an ſich ziehen und das 9. Armeekorps, von dem um 11¹/₂ Uhr
(infolge des Befehls vom 27. abends) die 50. Infanterie= und
4. Kavallerie=Brigade (von der Diviſion Stolberg) bei Bazoches les
Gallerandes zur Uebernahme der Stellung der 6. Diviſion eingetroffen
waren, nunmehr ſeine Vorpoſten von der Straße Orléans—Etampes
bis nach Courcelles ausdehnen, d. h. über zwei volle Tagemärſche.

Hierdurch wurden die eben bei Bazoches les Gallerandes angelangten Truppen, die gerade erst ihre Vorposten ausgesetzt hatten, zu ganz bedeutenden Aenderungen gezwungen, derart, daß sich die Vorposten dieser Abtheilung am Abend des 28. über mehr als einen starken Tagemarsch erstreckten. Das Oberkommando wollte die freie Gefechtsverfügung über das ganze 3. Armeekorps erzielen, allein man durfte in Pithiviers wohl weder darauf rechnen, daß bei der Kürze der Novembertage und der späten Stunde der Befehle (von 11½ und 12 Uhr) das ganze 3. Armeekorps am 28. an einem Punkte des linken Flügels zum Eingreifen gelangen könnte, noch darauf, daß der Wechsel der Vorposten von Bazoches les Gallerandes bis Courcelles anders als sehr unvollständig zu bewirken sein würde. In Wirklichkeit zog sich die Ablösung der Vorposten der 6. Infanterie-Division durch das 9. Armeekorps bis in den Abend hinein, so daß also die Gefechtsverfügung über das ganze 3. Armeekorps am 28. nicht erreicht wurde. Außerdem mußten von Bazoches les Gallerandes bis Courcelles die neuen Vorposten in der Dunkelheit in ein ihnen fremdes Gelände kommen.

Halten wir aber in Bezug auf die Werthschätzung des sogleich mitzutheilenden Schreibens des Generals v. Stiehle an den General v. Stosch fest, daß das Oberkommando derartige, gewiß nicht gefahrlose Anordnungen nur in den Kauf nahm, um am 28. von Mittag ab über das ganze 3. Armeekorps frei verfügen zu können, so erkennt der Leser aus der Summe dieser Anordnungen, in wie hohem Grade eine Kordonstellung nachtheilig wirken kann, wenn man sich nicht zur rechten Stunde von ihr durch einen ganzen Entschluß lossagt. Denn das Oberkommando glaubte am 28. November, vormittags 11½ Uhr, sich noch nicht von der Straße Orléans—Etampes entfernen zu dürfen, so daß dort die Masse des 9. Armeekorps und zwei Drittel der 2. Kavallerie-Division belassen wurden. Da nun aber das Oberkommando, wie gezeigt wird, am 28. abends sich wieder nach Pithiviers zurückbegab, so erscheint es außerdem in einem kaum zu vertheidigenden Grade exponirt.

Zwar hatte es, solange man keinen Telegraphen besaß, seine Berechtigung, daß die oberste Befehlsleitung sich möglichst in der Mitte der Armee aufhielt; aber in diesem Falle hätte das Oberkommando sich mindestens nach Barville begeben müssen, und zwar von dem Augenblick an, da es entweder an eine Operation in der Richtung auf Fontainebleau—Moret oder an eine Schlacht bei Beaune dachte.

Die gesammten bisherigen Anordnungen des Oberkommandos mußten nicht nur für die Armeetheile einen bedenklichen Grad von Unruhe er- zeugen, sie erforderten auch von verschiedenen große Anstrengungen, ohne den nöthigen Grad der Sicherheit gegen etwaige feindliche Unternehmungen — denn die Anordnungen hinsichtlich der Vorposten hätten z. B. vom Feinde gestört und sogar verhindert werden können — und ohne Gewähr, rechtzeitig an irgend einem Punkte eine erhebliche Macht zu versammeln. Sie sind sammt und sonders Akte der Noth, sie enthüllen die ver- hängnißvollen Nachtheile einer Kordonstellung, aus der man unter Auf- wendung großer Anstrengungen, die natürlich den ganzen Befehlsapparat in Anspannung hielten, frei zu kommen suchte.

Es wird sich aber auch zeigen, daß es damals (um 11½ Uhr) noch an zielbewußter Klarheit fehlte, daß man zu viel und vielerlei berücksichtigen wollte. Das hat nur üble Folgen nach jeder Richtung hin.

Unmittelbar nach der Abfertigung des Telegrammes von 11½ Uhr an die Armee-Abtheilung sandte das Oberkommando ihr ein erläuterndes Schreiben nach, das ebenfalls die Zeitangabe 11½ Uhr trägt, jedoch erst zusammen mit einem Briefe des Generals v. Stiehle um 12 Uhr mittags an den General v. Stosch abgesandt wurde. In dem Schreiben an die Armee-Abtheilung heißt es: „Am 26. besetzte der Feind Montargis, wohin er von Gien Truppen per Eisenbahn dirigirt hatte. Anderweitige Nachrichten machen wahrscheinlich, daß jene Truppenabtheilungen dem 18. feindlichen Korps angehören, und heute ist Meldung eingegangen, daß die feindlichen Spitzen Fontenay, auf rechtem Ufer des Loing, erreicht haben. Heute Vormittag 9¼ Uhr meldete General v. Voigts- Rhetz, daß bei Maiziéres, südöstlich von Beaune la Rolande ein Gefecht sich engagire, welches durch weitere Telegramme als Rekognoszirung oder Absicht der Beschäftigung des 10. Korps sich herauszustellen scheint. Hiernach ist nicht unwahrscheinlich, daß seitens des Feindes versucht wird, in der linken Flanke der II. Armee auf Paris zu operiren. Unter diesen Umständen fallen zunächst die Voraussetzungen für einen konzentrischen Angriff auf die Stellung des Feindes vor Orléans fort, und habe ich für heute, den 28. November, angeordnet: (folgen die mitgetheilten Befehle für die II. Armee vom 28.) Der Verlauf des

Schreiben der II. Armee an die Armee- Abtheilung.

heutigen Tages wird darüber bestimmen, ob morgen das 10. Korps zwischen Poing und Yonne, das 3. zwischen Château Landon und Beaumont zu legen sein werden und ob damit in Verbindung für das 9. Korps eine Linksschiebung erforderlich wird. Unter diesen Umständen wird der Armee-Abtheilung Ew. Königlichen Hoheit die direkte Sicherung der Straßen Orléans—Paris, d. h. der über Toury und über Bazoches les Gallerandes führenden Straßen zufallen. Diese Bestimmung und die Nothwendigkeit, daß die Linksschiebung des 9. Armeekorps morgen bereits ausführbar sei, sind für den weiteren Vormarsch der Armee-Abtheilung Ew. Königlichen Hoheit maßgebend." Daher sollte die Armee-Abtheilung mit starker Tete des linken Flügels die Straße Orléans—Paris bei Toury am 29. erreichen und in sich aufschließen. „Die Pontonkolonne 3. Armeekorps, welche im Hinblick auf den zu bewirkenden Loire-Uebergang bei Allaines bereitgestellt war, ist zur Armee-Abtheilung heranzuziehen und demgemäß an die Straße Orléans—Toury—Paris zu bisloziren . . . ."*)

Abschrift dieses Befehls ging um 12 Uhr an General v. Manstein ab, mit dem Zusatz, daß ihm bis zum Eintreffen der Armee-Abtheilung die Sicherung der Straßen von Orléans über Toury und über Bazoches les Gallerandes verbleibe.

Schreiben an den General v. Stosch.

Von 12 Uhr mittags rührt das folgende Schreiben des Generalmajors v. Stiehle an den Generallieutenant v. Stosch: Ew. Excellenz theile ich gehorsamst mit, daß, wie es mir scheint, der Plan des Feindes sich seit gestern Abend dahin enthüllt hat: die II. Armee längs des Loing in der linken Flanke zu tourniren und sich so im koupirten Terrain Paris zu nähern, da er nicht wagt, in Front aus dem Walde von Orléans in das freie Terrain der Beauce gegen uns anzurücken.

Alle schönen Pläne zum Loire-Uebergang bei Beaugency (! V.), die auch wir gehegt und nach Versailles mitgetheilt hatten, fallen damit vorläufig.

Ew. Excellenz werden aus dem beifolgenden Befehl**) des Prinz-Feldmarschalls ersehen, daß unser Plan nunmehr ist: die Armee-Abtheilung Sr. Königlichen Hoheit des Großherzogs möglichst bald auf die Straße Artenay—Etampes bei Toury zu setzen, um den noch

---

*) Kr. A. C, III, 9, IV, b. — **) Befehl vom 28. November, 11½ Uhr vormittags. Siehe vor.

bei Chevilly stehenden linken Flügel in Schach zu halten und die II. Armee frei zu machen, welche ihren rechten Flügel demnächst nach Pithiviers heranziehen wird. Die II. Armee wird dann gegen den feindlichen rechten Flügel (18. und 20. Korps) operiren und ihn möglichst schlagen.*) Gestern hatten unsere Etappentruppen im Ottre(?)-Walde zwischen Yonne und Seine schon Garibaldianer vor sich hergejagt,**) in südwestlicher Richtung, es ist also nicht unwahrscheinlich, daß auch dieser alte Narr in das Konzert eingreift. General v. Moltke habe ich heute über die Sachlage berichtet und gebeten: 1. für Magazine an Brot und Hafer in Etampes und Malesherbes durch die III. Armee zu sorgen; — 2. Fontainebleau und Moret womöglich seitens der Armee vor Paris stark besetzen zu lassen. Ob der Feind nicht, wenn wir seinen Plan richtig vermuthen, seinen linken Flügel bei Gidy u. s. w. geschwächt haben wird, bleibt aufzuklären; vielleicht könnten Sie ihn südlich Artenay in den nächsten Tagen einmal feste anfassen, um dies zu konstatiren. Wenn es nach mir geht, rücken wir dem tournirenden Feind tüchtig auf den Leib. Gott befohlen, in alter, treuer Anhänglich-keit Ew. Excellenz gehorsamer

gez. Stiehle.

In den Stellungen 1. bei Ormes, 2. bei Gidy—Cercottes stand nach unserer Kombination bis gestern wohlverschanzt das 16. feindliche Korps, als Avantgarde davor bei Chevilly und längs der ganzen Lisière des Orléans-Waldes das 15. Korps. Meine ehrfurchtsvollsten Empfehlungen an Se. Königliche Hoheit.***)

Die Zeitangabe dieses Schreibens ist von fundamentalem Werth für die Auffassung und das Verhalten des Oberkommandos, und wenn es schon auffällt, daß, trotzdem General v. Stiehle um 11 Uhr an General v. Moltke geschrieben hatte: „Wir reiten dorthin", das Ober-kommando um 12 Uhr in Pithiviers noch mit umfangreichen Schreibe-reien beschäftigt war, so berührt das um so eigenthümlicher, weil seit 11½ Uhr das Geschützfeuer in höchster Heftigkeit herüberschallte und inzwischen recht beunruhigende weitere Meldungen in Pithiviers ein-

Auffassung des Oberkommandos um 12 Uhr mittags.

*) Dies ständen also mit den Anschauungen, die nach v. d. Golt beim Ober-kommando geherrscht haben sollen, in ausdrücklichem Widerspruch, denn der ganze Gedankengang — von 12 Uhr mittags — deutet auf eine entschiedene Offensive hin. — **) War ein Irrthum. — ***) Kr. A. A, III, 7, II.

gelaufen waren. Bevor die Letzteren angeführt werden, ist es noth=
wendig, die aus diesen beiden Kundgebungen an die Armee=Abtheilung
erkennbare Auffassung des Oberkommandos herauszuschälen. Sofort
springt die Hauptsache in die Augen: um 12 Uhr mittags glaubte
das Oberkommando noch nicht an eine Schlacht beim 10. Armeekorps,
es ist vielmehr vollständig mit dem Gedanken einer „Tournirung" der
II. Armee zwischen Loing und Yonne verwachsen und übersieht unter
dem Eindruck, wie dem durch die Offensive zu begegnen sei, das Nächst=
liegende, die Schlacht, die seit drei Stunden entbrannt war. Da nun
mehrere Tage in peinlicher Ungewißheit verstrichen waren, so sollte
man glauben, man hätte in Pithiviers schon die ersten Meldungen des
10. Armeekorps als die Erlösung aus einer schließlich unerträglich ge=
wordenen Ungewißheit mit heller Freude begrüßen und dem Geschütz=
feuer mit Aufmerksamkeit folgen, aber auch so schnell wie möglich nach
dem Platz der Handlung reiten müssen. Denn dadurch wäre, abgesehen
von allem Anderen, am besten und schnellsten ausreichende Klarheit
erzielt worden, die um 12 Uhr noch keineswegs bestand, und worauf es
doch in erster Linie ankam.

Man muß nun sehen, wie die Absichten des Oberkommandos sich
zu seiner Auffassung verhielten. Die Angaben über das 15. und
16. Armeekorps entsprachen den Thatsachen, der Feind hatte dagegen
gewagt, im freien Terrain der Beauce gegen uns vorzurücken; in dieser
Beziehung befand man sich also um 12 Uhr im Irrthum. Allein,
wenn man „dem tournirenden Feinde tüchtig auf den Leib rücken wollte",
so wird man dafür eine zweckmäßige einleitende Vorbereitung in der
Reihe der Befehle vom 27. abends, vom 28. 9½ und 11½ Uhr vor=
mittags nicht erblicken können. Sollte aber festgestellt werden — worin
doch für diese Operation eine stillschweigende Vorbedingung lag —,
ob der Feind seinen linken Flügel geschwächt hätte, so mußte das nicht
erst in den „nächsten Tagen", sondern sogleich von der Armee=Abtheilung
geschehen. Alsdann würde es sich empfohlen haben, die Armee=Abtheilung
in der Richtung auf Patay zu belassen, statt sie auf Toury heran=
zuziehen, denn man kann eine Straße auch anders decken, als indem
man sich quer darüber aufstellt.

Bedenklicher als dies ist, daß man um diese Stunde offenbar nicht
nur mit einer mehrtägigen Operation rechnete, was doch aus dem

„festen Anfassen in den nächsten Tagen" gefolgert werden muß, sondern daß man auf dem Sprunge stand, die mit Aufwendung von so viel Zeit und Mühe eben im operativen Sinne bewirkte Versammlung der II. Armee und der Armee-Abtheilung wieder aufzugeben. Denn wenn die II. Armee auf Fontainebleau operiren wollte und die Armee-Abtheilung in den nächsten Tagen südlich Artenay „feste anfassen" sollte, so gingen beide Armeen wieder viele Tagemärsche weit auseinander, um getrennt die taktische Entscheidung zu suchen.

Man kann sich das Verhalten des Oberkommandos — besonders in Anbetracht der sogleich anzuführenden Ereignisse — nicht anders erklären, als daß es so fest an einen Fall, nämlich die feindliche Operation loingabwärts, glaubte, daß es im Augenblick näher liegende Möglichkeiten nicht bedachte; nur waren seine Maßnahmen auch dann nicht zweckentsprechend.

Diese Reflexionen machen es nöthig, den Ereignissen einen Tag vorzugreifen, um ihre Richtigkeit zu beweisen.

Die Armee-Abtheilung hatte bekanntlich am 27. an die II. Armee ihr Eintreffen bei Bonneval—Châteaudun gemeldet und ferner, daß für den 28. ein Ruhetag angeordnet sei. Wahrscheinlich im Laufe des Vormittags des 29. lief nun ein Schreiben des Generals Grafen Moltke vom 27. an den General v. Stiehle als Antwort auf sein Schreiben vom 26. November*) ein, dessen Hauptinhalt hier wiedergegeben wird. Es heißt darin:

Eingang
des Schreibens
des Generals
v. Moltke vom
27. November.

„Die Armee-Abtheilung stand gestern (26.) zweckmäßig bei Brou—Courtalain—Droué. General v. Stosch ist dahin als Chef des Stabes geschickt. Morgen kann bei weiterem Vorgehen Berührung mit dem Feinde jenseits des Loir, wo 14000 Mann stehen sollen, stattfinden .... Die 6. Kavallerie-Division wird nunmehr der II. Armee wieder angeschlossen werden können .... Ernstliche Gefahr droht unseren Verbindungen vom Süden her, wo General v. Werder nicht die ganze Linie Montbéliard bis Châtillon decken kann. Daher wird die 13. Division per Bahn nach Troyes befördert, von wo so weit als möglich über Joinville Kräfte vorgeschoben werden; das Vordringen des Feindes über Le Mans wäre uns unangenehm, jedoch nach den bisherigen Be-

---

*) I, S. 358,360.

wegungen des Gegners ist dies nicht wahrscheinlich, eher defensive Maß=
regeln des Gegners bei Le Mans." „Wenn Sie mit dem Großherzog
vereint, wäre es wünschenswerth, der Feind griffe Sie an. Ob er es
thut, ist allerdings fraglich, aber in der Defensive vermag er zur Rettung
von Paris allerdings auch nichts zu thun...." „Von entscheidender
Wichtigkeit ist Ihr Kampf im Süden gegen Frankreichs einzige Armee
im Felde. Werden Sie geschlagen, so wäre mein Vorschlag, die Ein=
schließung von Paris aufzugeben, den Kronprinzen von Sachsen mit
Manteuffel gegen Norden, den Kronprinzen von Preußen mit Ihnen
gegen Süden marschiren zu lassen, nach erfochtenem Siege die Ein=
schließung von Paris wieder aufzunehmen, mit dessen Fall wir unser
Belagerungsgeschütz zurückbekommen."*)

Man ersieht hieraus, wie sehr die Krisis sich zugespitzt hatte,
indem im großen Hauptquartier sogar mit der schlimmsten Eventualität
gerechnet wurde. Als dies Schreiben in die Hände des Generals
v. Stiehle gelangte, hatte der Feind das 10. Armeekorps bei Beaune
angegriffen und damit den Wunsch des Generals Grafen Moltke also
erfüllt.

Zwar hatte der General Graf Moltke durch dieses Schreiben sein
Einverständniß mit der defensiven Haltung der II. Armee erklärt, allein
darauf kommt es hier weniger an als darauf, wie der General
Graf Moltke sich diese Defensive ungefähr dachte. Dies dürfte nun
aus dem einen Satze zu entnehmen sein: „Die Armee=Abtheilung stand
gestern (26.) zweckmäßig bei Brou—Courtalain—Droué." Hiernach
hat der General Graf Moltke wohl vorausgesetzt, beide Armeen würden
sich zur Defensive vereinen und zwar derart, daß sie aus derselben mit
der Aussicht auf einen großen Erfolg zur Offensive im richtigen Zeit=
punkt übergehen würden. Die Aussicht auf einen großen Erfolg hing
offenbar von der Richtung beider Armeen zum Feinde ab, und der
General Graf Moltke erblickte in derjenigen der 11. nach Süden und
derjenigen der Armee=Abtheilung nach Südosten zweifellos dafür die
beste Gewähr. Wir wissen nun aber aus dem Schreiben vom 26. No=
vember,**) daß der General v. Stiehle meinte, die Armee=Abtheilung
erst mit Sicherheit dirigiren zu können, nachdem die enge Verbindung

---

*) Kr. A. A. III, 7, II. — **) I, S. 358/360.

mit der II. Armee hergestellt wäre. Hier ist nun wohl der Punkt, in dem die Auffassungen des Generals Grafen Moltke und des Generals v. Stiehle sich nicht deckten. Die Moltkesche Strategie bestand darin, Armeen bis zur taktischen Entscheidung getrennt zu halten, und ihre rechtzeitige Vereinigung auf dem Schlachtfelde hielt er nach seinen eigenen Worten gelegentlich der Schlacht von Königgräß für den Höhepunkt der Kunst. Man kann darüber streiten, wenn man diese Kunst nicht beherrscht. Beherrscht man sie aber, so muß man Moltke entschieden Recht geben; freilich kann man diesen Grad der Virtuosität nicht jedem Feldherrn aufzwingen. Er muß sich eben darauf verstehen! Wo diese Vereinigung nun sich am besten vollziehen würde, das konnte man in Versailles freilich nicht übersehen; dies zu bestimmen, lag dem Ober- kommando der II. Armee ob; keinesfalls durfte es sich aber der Möglich- keit aussehen, zur Entscheidung die Hauptkräfte beider Armeen nicht vereinigt zu haben. Dies würde aber eingetreten sein, wenn das Ober- kommando das ausgeführt hätte, was es um 11 und 12 Uhr dem General Grafen Moltke und der Armee-Abtheilung als seine Gesichts- punkte entwickelt hatte.

Inzwischen hatten die feindlichen Unternehmungen gegen die rück- wärtigen Verbindungen der II. Armee das große Hauptquartier zu energischen Erwägungen veranlaßt. Am 19. November war Châtillon s. S. überfallen worden, am 23. fand das Scharmützel bei Plaines statt, am 25. November ereigneten sich die Ueberfälle von Auxon und Maraye en Othe. General Graf Moltke traf daher unter dem 27. No- vember Anordnungen, um derartigen Störungen der Etappenlinie zu begegnen, und sehte davon gleichzeitig sowohl die II. Armee als den General v. Werder in Kenntniß. An jenem Tage erging nämlich vom großen Hauptquartier telegraphischer Befehl an General v. Zastrow, das Armeekorps, ausschließlich 14. Division, in Richtung auf Châtillon in Marsch zu setzen. 4 Bataillone, 1 Eskadron und 1 Batterie sollten am 28. und 29. mittels Bahn von Metz über Joinville hinaus so weit wie möglich vorgesandt werden, andere Truppen sollten folgen. Aufgabe des 7. Armeekorps sei, „das bisher schon von der II. Armee durch- zogene Terrain von Neuem zu okkupiren, zu entwaffnen, feindliche Schaaren zu zersprengen, die Etappenlinie der II. Armee zu sichern und die Verbindung zwischen Letzterer (Pithiviers) und dem 14. Korps

Telegramm Moltkes über den Schuß der Etappenlinie der II. Armee.

(Dijon) zu unterhalten". Das Korps blieb bis auf Weiteres dem großen Hauptquartier direkt unterstellt. Spätere Heranziehung der 14. Division war vorbehalten.

Hiernach fühlte sich die II. Armee am 28. von der Sorge um ihre rückwärtigen Verbindungen zwar befreit, allein im Augenblick wurde ihre Aufmerksamkeit naturgemäß von den Ereignissen vor ihrem linken Flügel in Anspruch genommen. Daß sie aber den Feind dort für sehr stark hielt, erhellt aus dem um 11 Uhr vormittags am 28. November dem General Grafen Moltke unterbreiteten Vorschlage, Fontainebleau und Moret von der Armee vor Paris stark besetzen zu lassen. Das Oberkommando wollte dadurch den Feind in der Front gewissermaßen aufgehalten sehen, um Zeit zu gewinnen, ihn mit der ganzen II. Armee anzugreifen.

Weitere Meldungen vom linken Flügel.

Nachdem die Auffassung dargelegt worden ist, die noch um 12 Uhr mittags beim Oberkommando der II. Armee in Pithiviers obwaltete, muß untersucht werden, ob denn inzwischen keine Anzeichen eintraten, die diese Auffassung irrthümlich und unzutreffend erscheinen ließen. Hierbei muß zunächst ein Punkt von großer Bedeutung untersucht werden, nämlich, wann der Prinz-Feldmarschall mit einem Theile seines Stabes Pithiviers verließ. v. d. Goltz giebt an (S. 113), dies sei um 12½ Uhr geschehen; hier muß jedoch ein Irrthum vor-liegen, wenigstens ist mir von verschiedenen Seiten versichert worden, es sei erheblich später gewesen, und wenn die kommenden Geschehnisse ge-prüft werden, so wird die Angabe von v. d. Goltz unhaltbar erscheinen. Um 11¾ Uhr sah sich der Telegraphenbeamte im Städtchen Beaume nämlich veranlaßt, den Dienst einzustellen, weil Beaume von Artillerie heftig beschossen wurde, und das war die letzte, aber auch recht deutliche, telegraphisch beim Oberkommando eingehende Meldung; der Zeitpunkt ihres Eintreffens ist jedoch nicht genau festzustellen. Jedenfalls erhielt das Oberkommando sie noch in Pithiviers, was auch v. d. Goltz zugiebt. Derselbe sagt dann, General v. Woyna, der Führer der 19. Division, hätte um dieselbe (welche?) Zeit schriftlich aus (?) Beaune gemeldet: „Der Frontalangriff auf Beaune von St. Loup her mit bedeutender Umgehung unseres rechten Flügels über Batilly im Gange. Hier nur eine Brigade. Kavallerie-Division avertirt." *)

---

*) Leider sind weder Abgangs- noch Eingangszeit ersichtlich. Kr.A.S, III, 1, VI.

Nun meldete dieselbe Stelle, ausweislich der Akten, wie sich später ergiebt, um 11³/₄ Uhr an den General v. Voigts-Rhetz, „der Feind versuche, jedoch nicht sehr energisch, den rechten Flügel zu umgehen"*) u. f. w., mithin muß die erste Meldung einer erheblich späteren Zeit angehören, denn so plötzlich verwandelt sich eine Situation nicht aus Gefahrlosigkeit in Bedrängniß. Da die Meldung des Generals v. Woyna schriftlich erfolgte und wohl gegen 12 Uhr abging, durch Meldereiter überbracht und in Pithiviers in Empfang genommen wurde, wo sie die Haupt= ursache des Aufbruchs nach Beaune wurde, so kann sie unmöglich vor 1 Uhr in den Händen des Prinz-Feldmarschalls gewesen sein und dieser auch nicht um 12¹/₂ Uhr Pithiviers verlassen haben.

Jedenfalls ritt der Prinz-Feldmarschall in der Gewißheit einer Schlacht ab; er wird darum Alles daran gesetzt haben, recht bald auf dem Schlachtfelde zu sein. Daher glaube ich aus dem später an= zuführenden Zeitpunkt der Befehlsübernahme ebenfalls beweisen zu können, daß die Angabe von v. d. Golz auf einem Irrthum beruhen muß.**)

*) Kr. A. S, III, 1, VI. — **) Major v. Sanders soll am 24. November den Weg von Mns. de la Montagne bis Pithiviers in 40 Minuten zurückgelegt haben. Der Prinz, der auf das Schlachtfeld ritt, eilte, und wenn die Behauptung von v. d. Golz richtig wäre, so hätte der Prinz-Feldmarschall bequem um 1 Uhr bei der Windmühle von Chalmont sein müssen, was jedoch nicht der Fall war!

V.

Die Schlacht von Beaune la Rolande.

— —

Die Kämpfe bei Juranville bis 2 Uhr nachmittags.

Die französische
Angriffsidee.

Der feindliche Oberbefehlshaber, General v. Crouzat, hatte am
Abend des 27. November das 20. Korps auf der etwa 3 km breiten
Front Boiscommun—St. Loup versammelt, das 18., mit Ausnahme
der in Montargis gebliebenen Brigade Perrin, auf der Linie Maizières—
Chevenelle und zurück bis Ladon. Nach den ihm bis zum 27. abends
durch seine Kundschafter zugegangenen Nachrichten befanden sich die
Hauptkräfte des 10. Armeekorps in Beaune und Umgebung, auf dem
großen Raume von Juranville bis Corbeilles dagegen nur Vorposten.
Durch seine Kundschafter hatte General Crouzat auch Kenntniß von der
schwachen Besetzung des Kirchhofes von Beaune. Er hielt ein Vorgehen
hauptsächlich gegen den deutschen rechten Flügel (Beaune) für erfolgreich,
weil er diese Richtung als die strategische erkannte. Diese Absicht,
nämlich das 10. Korps im ersten Stadium des Kampfes von der
Richtung nach Barville und damit von der II. Armee zu trennen, war
die Grundlage des Angriffsgedankens, den die schwache Besetzung des
Kirchhofes von Beaune in hohem Grade begünstigte. Im zweiten
Stadium gedachte General Crouzat über Beaune und Juranville
(Marcilly) mit seinem linken und rechten Flügel (18. Korps) einzu-
schwenken und das 10. Korps von beiden Richtungen aus zu erdrücken.
General Crouzat hatte sich über diese Gesichtspunkte mit dem General
Billot am 27. abends in Bellegarde mündlich verständigt und traf nun
seine Anordnungen derart, daß das 20. Armeekorps sich durch verdeckten
Anmarsch und Ueberraschung des Kirchhofes von Beaune bemächtigen
sollte, während das 18. Armeekorps die ausgedehnten deutschen Postirungen

von Juranville bis Corbeilles überfallen sollte. Dies ergiebt sich deutlich aus der frühen Aufbruchszeit des 18. Armeekorps und dem Anmarsch der 1. Division in entwickelten Brigaden. Alsdann sollten sich beide Armeekorps bei Beaune vor der Mittagsstunde die Hand reichen. Die Abtrennung des 10. Korps von der II. Armee scheint General Crouzat selbst für den Fall nicht für gewagt gehalten zu haben, daß die Deutschen aus der Gegend von Pithiviers—Boynes unterstützt würden, indem er darauf rechnete, diese würden vom Obersten Cathelineau und von Theilen der 1. Division des 15. Korps festgehalten oder doch stark aufgehalten werden.

Da General Crouzat das 10. Korps von der II. Armee trennen und alsdann Beaune — nicht Beaune und Long Cour — umfassend von zwei Seiten angreifen wollte, da er selbst starke Theile des 20. Korps gegen Beaune bereits vor der Schlacht nach Westen zum Umgehen angesetzt hatte, so war es ganz richtig von ihm, die Bewegung auf beiden Flügeln beginnen zu lassen. Folgerichtig brachen die zum Umgehen des deutschen rechten und linken Flügels bestimmten Verbände zuerst auf, nämlich die 1. Division des 20. Korps in der Richtung auf Batilly, das 18. Korps in der Richtung auf Juranville—Lorcy. Erst während aus der so erzielten Umgehung — durch einfaches Einschwenken nach rechts und links — die taktische Umfassung ausgeführt werden sollte, gedachte Crouzat in der Front seine weiteren Streitkräfte (die 2. und 3. Division des 20. Korps) je nach Umständen zu verwenden.

Im Uebrigen hatte Crouzat den Oberbefehl nur für den gemein= samen Angriff selbst; Billot konnte daher bis dahin selbständig über das 18. Armeekorps verfügen, und wie sich nach dem Angriff die Befehlsbefugnisse zu gestalten hätten, scheint nicht geregelt gewesen zu sein.*)

General Crouzat erließ folgende Befehle:

„Am 28. November, 8 Uhr früh, bricht die 1. Division 20. Armee= korps von Boiscommun auf und marschirt über Nancray, Batilly, St. Michel auf Beaune la Rolande; die 2. Division rückt um die= selbe Zeit von Montbarrois und St. Loup ab und wendet sich direkt auf Beaune; die 3. wird als Reserve bei St. Loup Stellung nehmen.

Das 18. Armeekorps marschirt um 7 Uhr von Ladon über Maizières, Juranville auf Beaune und deckt sich gegen Montargis (rechte Flanke)

*Der Angriffs-
befehl Crouzats.*

*) Spectateur militaire, 15. Mai 1892.

durch eine Brigade in Lorcy. Eine zweite Brigade, die von Montargis
eintrifft, sichert den Rücken gegen Ladon."

Da nun die Entfernung von Ladon bis Juranville nur 1½ km
größer ist als die von Boiscommun bis Nancray, so mußte, falls die
Deutschen bei Juranville angetroffen wurden und dort Widerstand
leisteten, die Schlacht hier erheblich früher entbrennen als auf der Seite
von Batilly—Beaune, und so geschah es.

Nach den Anweisungen des Kriegsministers und des Generals
d'Aurelle sollte General des Palliéres eine doppelte Aufgabe am 28.
lösen, nämlich die nordöstlichen Zugänge des Waldes von Orléans
sichern und Crouzat unterstützen, falls er mit erheblichen Kräften an=
gegriffen würde. Es wird darauf später zurückgekommen werden. Die
Vertheidiger von Beaune schätzte Crouzat ziemlich richtig auf 10000 Ge=
wehre, dagegen irrthümlich auf 40 Geschütze, was im Auge behalten
werden muß.

Anordnungen
Billots. Nach den Anordnungen des Generals Billot sollte die 1. Division
des 18. Armeekorps während des Vormittags Juranville und Les Côtelles
den Deutschen entreißen und sie alsdann von Osten umfassen; die eine
ihrer Brigaden (Bonnet) sollte auf Lorcy und Corbeilles, die andere
(Robert) auf Maizières marschiren. Nachdem die beiden Ortschaften
(Lorcy und Corbeilles) genommen, sollte die erste Brigade (Bonnet) sich
gegen Juranville und Les Côtelles wenden, um der zweiten beim
Angriff selbst die Hand zu reichen.*)

Oberst Goury mit vier noch nicht in Brigade eingereihten
Bataillonen,**) das 53. Marsch=Regiment, die Reserveartillerie des
18. Armeekorps, 1 Bataillon leichter afrikanischer Infanterie und „ein
Theil" des 3. Bataillons des Marsch=Regiments algierischer Tirailleurs
(also die 3. Division und 2. Brigade der 2. Division) sollten der
1. Division folgen.***)

Die Kavallerie=Division hatte die Bewegung auf Maizières und
Lorcy zu decken; nachdem das geschehen, sollte sie sich bei Ladon auf=
stellen und, auf verschiedenen Punkten nordöstlich und östlich davon ver=
theilt, Flanke und Rücken des 18. Armeekorps sichern.

---

*) Historique du 42e régiment d'infanterie, S. 433 434. — **) Siehe
Ordre de Bataille. -- ***) Desgl.

Die Brigade Perrin hatte sich zwischen Montargis und Ladon aufzustellen, verblieb jedoch aus unbekannten Gründen am 28. in Montargis.

Aus diesen Anordnungen ist zu entnehmen, daß General Billot 6 Bataillone der 2. Brigade der 1. Division, gefolgt von 4 der 1. Brigade und 3 der 2. Brigade der 3. Division, sowie 2 Bataillonen algierischer Truppen (2. Brigade, 2. Division), also im Ganzen 15 Bataillone gegen die Front einsetzen wollte, während 7 Bataillone von Lorcy—Corbeilles aus den Frontalangriff durch Umfassung der deutschen linken Flanke unterstützen sollten, 7 Bataillone der Brigade Perrin, die sich zwischen Ladon und Montargis aufstellen sollten, fielen aus.

Man wird diese Maßnahme nicht ohne Vorbehalt billigen dürfen. **Bemerkungen** Gegen Juranville mußten voraussichtlich drei Divisionen sich vermischen, wozu kein genügender Grund vorlag; die Ausdehnung von Juranville bis Corbeilles für eine Division (6 km) war zu groß, so daß auf einheitliches Zusammenwirken nach Zeit und Umständen nicht gerechnet werden durfte. Wo die Bataillone zur Unterstützung der Brigade Robert sich befanden, wird in Dunkel gehalten. Die Brigade Perrin zwischen Montargis und Ladon aufzustellen, wenn man Beaune von Osten umfassen wollte, war sinnlos. Von Juranville bis Beaune waren 5 km zurückzulegen, von Juranville bis Ladon 6 km. Wollte man Beaune umfassen, so hätte die Brigade Perrin sich mindestens 11 km vom Punkte der Handlung befunden, falls sie überhaupt herangekommen wäre; sie konnte daher weder zur Unterstützung des Angriffs (als Reserve) noch zur Begegnung eines Rückschlags (als Aufnahme) verwendet werden. Sollte sie gegen Montargis decken, so wäre sie wieder zu nahe herangewesen, kurz hier ist Alles unklar. Die Unklarheit wird durch den Bericht des Generals vom 13. Dezember an Gambetta nur noch vermehrt. Denn darin sagt Billot: „Die Brigade Perrin, die Montargis besetzt hielt, hatte die Aufgabe, die allgemeine Bewegung zu unterstützen." Man wird sich vergebens fragen, wie diese Brigade diese Aufgabe hätte lösen sollen!

Man erfährt weiterhin nichts über die Verwendung der Artillerie, die doch bei einer solchen Aufgabe besonders in Frage kommt; die Kavallerie=Division wird nach Ladon zurückgenommen, nachdem sie auf Lorcy aufgeklärt hat, um dann die Punkte Chapelon, Moulon, Villeroque,

Mondru und Ladon zu besetzen, trotzdem der General Beaune von
Osten angreifen wollte. Wie der General sich dann den Marsch von
Juranville nach Beaune dachte, ist nicht zu ersehen. Ein umsichtiger
General mußte freilich der feindlichen Anmarschlinie (über Montargis)
Aufmerksamkeit schenken,*) allein nur solange und soweit die Umstände
es erheischten. Aus jener Richtung rückte General Kraatz heran, er war
am 27. bei Courtenay, worüber damals (am 27.) der General Billot wohl
besser unterrichtet gewesen sein wird als der kommandirende General
v. Voigts-Rhetz. Die Brigade Perrin hatte also am 27. ihre operative
Aufgabe in Montargis nicht erfüllt, die doch außer der Deckung nach
Osten in einem Drohen (seingabwärts auf Nemours bestand, und mußte
in Montargis bleiben. Uebrigens kostete dieses Drohen den Franzosen
7 Bataillone, den Deutschen nur die Entsendung von 6 Kompagnien,
2 Schwadronen und 2 Geschützen. Als Beobachtung gegen Montargis
hätte alsdann eine Schwadron ausgereicht, alles Andere mußte nordwärts
geleitet werden; vor allen Dingen hätte die Kavallerie-Division zwischen
Lorcy und Corbeilles durchstoßen, die dortigen Deutschen, die keine
Aufnahme oder eine solche viel zu weit zurück (Bordeaux!?) hatten,
niederreiten und die Richtung auf Bahnhof Beaune nehmen müssen.
Hiermit sollen unsere Ausstellungen keineswegs erschöpft sein, sie sind
überhaupt nur erfolgt, um zu zeigen, welchen Werth das Urtheil
Freycinets hat, der später das 18. Armeekorps besonders lobte und das
20. in unerhörter Weise tadelte!

Entwickelung der
Division
Feillet-Pilatrie.
1. Brigade
Bonnet.
Um 4 Uhr früh hatte II./42. nördlich von Chevenelle Stellung
genommen und sich in Schützenlinie entwickelt, dahinter als zweites
Treffen die 9. Marsch-Jäger, westlich davon I., III./42., ebenfalls in Schützen
aufgelöst; hinter ihnen befanden sich als drittes Treffen drei Bataillone
19er in Bataillonskolonnen in zwei Treffen. Für eine Flügel-Brigade muß
die Formation zweckmäßig genannt werden, die Linie stand im ersten
und zweiten Treffen, die Mobilgarden waren im dritten.

Um 6 Uhr früh**) trat die Brigade, dieserart gegliedert, die
Bewegung von Chevenelle auf Lorcy an, das bekanntlich nur von
3., 4./79. und 3./Jäger 10 besetzt war. Die Absicht des Ueberfalls
kommt durch die Formation deutlich zum Ausdruck. Wie vorauszusehen,

---

*) I, S. 415,416. — **) Also eine Stunde früher, als General Crouzat
befohlen hatte.

wurden die schwachen deutschen Vorposten von dieser von Anfang an gefechtsmäßig entwickelten Brigade von sieben Bataillonen an verschiedenen Punkten fast zugleich eingedrückt. Während nun die Deutschen nach Corbeilles auswichen, schwenkte die Brigade Bonnet mit starken Kräften nach dort ab. In Corbeilles befanden sich Jäger Nr. 10, die den aus Lorcy zurückgedrängten Posten von drei Kompagnien aufnahmen und dem Feinde entgegentraten, so daß nunmehr dort sechs Kompagnien zusammen waren.*)

Gleichzeitig mit der Brigade Bonnet hatte die Brigade Robert, ebenfalls gefechtsmäßig gegliedert, den Marsch über Maiziòres auf Juranville angetreten. Bei dieser Brigade befand sich die ganze Divisionsartillerie. In Maiziòres fand sie das bereits vorher vom General Crouzat dorthin entsandte Bataillon vom 78. Marsch-Regiment vor, das dem 18. Armeekorps die Hand reichen sollte. An der Spitze der Brigade Robert marschirte das 44. Marsch-Regiment, in zweiter Linie folgten die Mobilgarden Nr. 73, hinter diesen die drei Batterien der Division. Von Kavallerie wird nichts erwähnt, die Artillerie sollte sich am Ueberfall nicht betheiligen, weil man fürchtete, dadurch den Feind frühzeitig aufmerksam zu machen. Sie gelangte sogar im Verlauf mehrerer Stunden nicht dazu, einen Schuß zu lösen. Die entwickelte Brigade Robert warf die Vorposten von 1., 2./79., die zwar von der bei Les Côtelles aufgefahrenen 3. leichten Batterie Nr. 10 (nur vier Geschütze stark, denn zwei andere feuerten nach Lorcy zu) wirksam unterstützt wurden, über den Haufen und drang nach Ueberwältigung der zu Hülfe geeilten 4./56. mit leichter Mühe in Juranville ein (9 Uhr). Von hier versuchten später die 44er Les Côtelles zu nehmen, während III./73. sich auf Lorcy wandte, um die Brigade Bonnet zu unterstützen, die daselbst I./42. zurückgelassen hatte.

Dies war der Stand der Dinge, als der kommandirende General des 10. Armeekorps das Städtchen Beaune verlassen hatte, um sich nach Bahnhof Beaune zu begeben.

Die Maßnahmen der Franzosen, zusammen betrachtet, lehren, daß sie über die Stärke und Vertheilung der Deutschen am 27. abends gut

marginal note: 2. Brigade Robert.

---

*) In der Geschichte der Jäger Nr. 10 wird S. 50, 54 nur 4./79. genannt, doch scheint hier ein Irrthum vorzuliegen. Beide Kompagnien 79er wichen nach Corbeilles aus.

unterrichtet gewesen sein müssen.   Unter dem Schutze der Dunkelheit
hatten sie sich gefechtsmäßig formirt, um die schwachen deutschen Vor=
posten mit erdrückender Uebermacht zu überrumpeln und, deren Niederlage
ausnutzend, sich auf Beaune zu wenden. Vielleicht hoffte man, sich
hierbei gleich anfangs der deutschen Artillerie zu bemächtigen, von der
die 3. leichte Batterie Nr. 10 in Les Côtelles, die 3. schwere Batterie
sogar in Juranville gelegen hatte. Letztere entkam jedoch ohne wesent=
liche Verluste auf die Windmühlenhöhe nordöstlich von Benouille, wo
sie neben der 3. leichten Batterie Nr. 10 sofort energisch den Kampf
gegen Juranville aufnahm.   General Billot sagt in seinem Bericht vom
13. Dezember: „Die Brigade Robert sollte, unter direktem Befehl des
Generals Pilatrie, den Anordnungen des Generals Crouzat gemäß,
nach der Wegnahme von Juranville auf Beaune marschiren, um dort
dem General Crouzat die Hand zu reichen."

Das Vorgehen der 1. Division des 18. Armeekorps bezweckte also
ausgesprochenermaßen einen Ueberfall, man wollte sich leichter Hand der
schwach besetzten deutschen Stellungen versichern, und da die einzelnen
Kolonnen von ortskundigen Führern begleitet waren, so glückte der
verhältnißmäßig große Marsch in der Dunkelheit in Gefechtsentwickelung.
Es wird sich später zeigen, daß in ähnlicher Weise das 20. Armeekorps
sich durch Ueberraschung des Kirchhofes von Beaune bemächtigen wollte.
Der Ueberfall bei Juranville gelang auch bis zu einem gewissen Grade,
wenigstens sagt darüber Rindfleisch in seinen Feldbriefen: „Am 28. November morgens aber wurden wir — im militärischen Sinne — über-
rumpelt, d. h. unsere Vorposten wurden ganz unerwartet heftig angefallen,
und als wir in unserem Dorfe — Juranville — auf die ersten Schüsse
aus dem Walde her auf die Straße sprangen, zischten die Kugeln schon
ganz handfest auf die Gasse, und einer meiner Leute wurde schon durch
den Fuß geschossen, ehe wir noch unsere Kompagnie rangirt hatten.
Die 4. Kompagnie, über deren Verlust Du Dich einst so gegrämt, war
auf Repli und hielt den ersten Anlauf muthig aus — aber der
Kompagnieführer wurde durch die Brust geschossen und von den beiden
anderen Offizieren der eine sehr schwer, der andere leicht verwundet.
Das ganze Bataillon, und was von Infanterie noch sonst zur Hand
war, zog sich nun schnell aus dem rings vom Walde umgebenen und
vom feindlichen Feuer erreichten Dorfe zurück und sammelte sich zur

Aufnahme der Vorposten-Kompagnien ein Viertelstündchen rückwärts hinter einer flachen Höhe, die, wie hier vielfach, mit Nußbäumen durch das ganze Feld hin besetzt und von Weinbergen durchzogen war."*)

Wie der General Crouzat durch ein Bataillon 78. Marsch= Regiments die Fühlung mit dem 18. Armeekorps aufgenommen hatte, so waren von General Billot die 1. und 2. Kompagnie des 1. Bataillons Zephyrs um 6 Uhr früh unter Hauptmann Brignon von Ladon auf Beaune vorgesandt worden, um dem 20. Armeekorps die Hand zu reichen. Die beiden Kompagnien, die 480 Gewehre zählten,**) nahmen dort, wie sich später ergiebt, hervorragenden Antheil an den Kämpfen an der Südostfront von Beaune und geriethen somit frühzeitig in den Gefechtsbereich der Brigade Aubé des 20. Armeekorps, während das Bataillon 78er vom 20. Armeekorps in die hartnäckigen Kämpfe der Brigade Robert vom 18. Armeekorps um Juranville verwickelt wurde.

Maßnahmen zur Erhaltung der Verbindung zwischen dem 20. und 18. Armee= korps.

Gehen wir jetzt zu den Ereignissen auf deutscher Seite über. Es könnte auffallen, daß der in Beaune befindliche kommandirende General über diese Geschehnisse keinerlei Meldungen erhielt, aber man muß berücksichtigen, daß die deutschen Vorposten überfallen wurden und voll= auf zu thun hatten, um sich des Feindes zu erwehren; zudem betrug die Entfernung bis Beaune 5 km. Als um 8 Uhr früh von St. Loup aus eine feindliche zwölfpfündige Batterie ein langsames Feuer auf Beaune eröffnete und eine ihrer ersten Granaten, wohl nicht zufällig, das Haus traf, worin General v. Voigts=Rhetz sein Quartier hatte,***) begab dieser sich nach Bahnhof Beaune. Die Entfernung der feindlichen Batterie von der Stadt betrug 3500 m, das Zielobjekt, das Städtchen, war aber so groß, daß auch eine schlechte Artillerie es treffen mußte; in erster Linie hatte indessen das Feuer dieser Batterie den Zweck, das Zeichen zum Angriff für die beiden französischen Armeekorps zu geben.†) Allein bereits vorher hatte sich vom 18. Korps die 1. Division gegen die Linie Corbeilles—Lorcy—Juranville entwickelt, vom 20. begannen die Divisionen erst vor 8 Uhr die vorgeschriebenen Bewegungen aus= zuführen. Da jedoch Crouzat erst den Angriff auf Beaune vom Süden

Der Kampf der deutschen Vorposten.

---

*) Feldbriefe von Georg Heinrich Rindfleisch, dritte Auflage, S. 104. Es ist I./56. gemeint. — **) Grenest, S. 325. — ***) v. Scherff, S. 430. — Beiheft zum Militär=Wochenblatt 1872, Nr. 11. — †) Crouzat, S. 21, Spectateur militaire, S. 358, 1. Juni 1892.

zu dem Zeitpunkt beabsichtigte, wo die 1. Division des 20. und das 18. Korps zum Einschwenken von West und Ost gegen Beaune ansetzen sollten, so verblieb es bei Beaune vorläufig bei dem langsamen Feuer der genannten Batterie, und da das 18. Korps bald auf die Vorposten der 39. Infanterie=Brigade bei Juranville u. s. w. stieß, so schallte aus dieser Gegend zuerst ein lebhaftes Infanterie= feuer herüber.

Die Vorposten bei Juranville hatten zwar die feindlichen Be= wegungen kurz vor dem Zusammenstoß bemerkt, und auf ihre Meldungen hin war die 39. Infanterie=Brigade alarmirt worden, deren Sammel= platz zwischen Les Cötelles und Long Cour bei Benouille war;[*]) allein der überlegene Angriff des Feindes erfolgte, durch das unübersichtliche Gelände begünstigt, so schnell und in so entwickelter breiter Front, daß das Gefecht bereits lebhaft entbrannt war, bevor man durch wirksame Unterstützung dem Verluft Juranvilles vorzubeugen vermocht hätte. Die ganze Vorpostenlinie von 1. und 2./79. nahm das Feuergefecht auf, indem sie vor den feindlichen Massen langsam auf 4.,56. in Richtung Juranville zurückwichen. Etwas früher hatte die Brigade Bonnet 3., 4./79. und 3./Jäger Nr. 10 in der Gegend von Lorcy angegriffen und ebenfalls zurückgedrängt. Die drei Kompagnien, deren natürlicher Rück= zug sich wohl gegen Nordwesten hätte richten müssen, schlugen die exzentrische Richtung nach dem Eisenbahndamm bei Corbeilles ein, wo sie mit den Jägern Nr. 10 in Verbindung traten und mit ihnen von da ab gemeinsam das Gefecht durchführten. Auf diese Weise entstanden gleich anfangs auf dem deutschen linken Flügel zwei weit voneinander getrennte Gefechtsgruppen, die eine bei Juranville, die andere bei Corbeilles, die einen theilweise vom Feinde besetzten Raum von stark 4500 m zwischen sich hatten.

Folgen des exzentrischen Ausweichens.

So ungünstig dies theoretisch erscheinen mag, so waren hier doch nicht die Gefahren zu fürchten, die in der Regel aus so weit aus= einandergezogenen, unter sich getrennten Gefechtsgruppen entstehen. Denn die Gruppe von Juranville hatte beträchtliche Reserven hinter sich, und die deutsche Infanterie war der feindlichen bedeutend an innerem Halt und taktischer Geschicklichkeit überlegen. Das exzentrische

---

[*]) Schlachtbericht des 10. Armeekorps. Kr. A. S, III, 1, VI.

Ausweichen von 3., 4./79. und 3./Jäger Nr. 10 nach Corbeilles veranlaßte nun aber den General Bonnet zu einer zeitraubenden, nach
Osten ausholenden Bewegung, die in Anbetracht des aufgeweichten,
schweren Erdreichs gegen dreiviertel Stunden in Anspruch nahm, und
da der Vertheidiger sich bei Juranville zäh behauptete, so konnte
General Billot sein eigentliches Angriffsziel — Beaune — nur erreichen, wenn es ihm gelang, den Gegner bei Juranville entscheidend
zu schlagen. Seine Maßnahmen hatten anfangs auf einen Ueberfall
bei Juranville abgezielt, und erst als sich daraus ein hartnäckiges
Gefecht entwickelte, legte er den Nachdruck auf die Umfassung von
Lorcy—Corbeilles aus. Das, was theoretisch auf Seite der Deutschen
tadelnswerth erscheinen könnte, gereichte ihnen unter diesen Umständen
zum Vortheil; der General Billot büßte mit dem beabsichtigten kom-
binirten Angriff von Maizières und Lorcy—Corbeilles aus etwa zwei
Stunden ein und wurde schließlich, obwohl der Vertheidiger Lorcy—
Corbeilles und auch Juranville aufgab, bei M$^{in.}$ des Hommes libres
von Neuem festgehalten.

1. und 2./79. waren bei ihrem Rückzuge auf Juranville von
4./56. aufgenommen worden; alle drei Kompagnien vertheidigten dann
Juranville selbst und die nächste Umgebung östlich und westlich, bis
dieser Punkt gegen 9¼ Uhr der Brigade Robert überlassen werden
mußte.

Da 1./79., die sich westlich um Juranville herum an die Straße
Bellegarde—Beaumont lehnte, vom Westen her in der Richtung
Les Côtelles umfaßt zu werden Gefahr lief, so schlug sie die Richtung
auf Benouille ein; 4./56. war durch Juranville abgezogen, 2./79. östlich
an dem Dorfe vorbei. Die Brigade Robert folgte zunächst überhaupt
nicht über Juranville hinaus nach Norden, sondern begnügte sich, den
Nordsaum des Dorfes zu besetzen, und unter ihrem Schutze wurde
Juranville selbst künstlich verstärkt. Auf diese Weise gedachte der
General Billot seine rechte Flanke zu sichern, um unter dem Schutze
einer künstlich verstärkten Flanke nach Beaune zu marschiren. Diese
Maßnahmen waren bis dahin nicht nur gelungen, sondern auch zweckmäßig. Allein für den Marsch war das am Straßenkreuz gelegene
Les Côtelles viel wichtiger als Juranville, das nächste Ziel mußte somit
die Wegnahme von Les Côtelles sein. Der französische General be-

schloß daher, sich auch dieses Punktes zu bemächtigen: darüber war es 10 Uhr geworden.

Die 37. Infanterie-Brigade und die Korpsartillerie hatten in der Umgegend von Egry um 8 Uhr ihre Quartiere verlassen und den Marsch auf Marcilly angetreten, als sie heftiges Gewehrfeuer aus der Richtung von Juranville vernahmen. Während die 37. Infanterie-Brigade noch die Richtung auf Marcilly beibehielt, schlug die Korps-artillerie den Weg nach dem Bahnhofe Beaune ein.

Obwohl aus der Gegend von St. Loup zuerst das Artilleriefeuer eröffnet worden war, so liefen von den Vorposten der 38. Infanterie-Brigade doch um diese Zeit noch keine Meldungen ein, die auf einen ernsten Angriff auf Beaune schließen ließen; auch waren aus jener Gegend anfangs nur vereinzelte Infanterieschüsse vernommen worden, wie dies in den letzten Tagen wiederholt vorgekommen war. Dagegen nahm das Gewehrfeuer aus der Richtung von Juranville von Minute zu Minute an Heftigkeit zu, so daß General v. Voigts-Rhetz es um 8½ Uhr für angezeigt hielt, sich über Marcilly nach Bahnhof Beaune zu begeben, wo er gegen 9½ Uhr eintraf.

Hauptmann Seebeck war schon vorher, von einigen Dragonern begleitet, nach Juranville hin abgeritten. Er traf dort ein, als unsere Vorposten den Ort räumten, und meldete dies sofort dem General v. Voigts-Rhetz. Der General schätzte den Hauptmann Seebeck wegen seines treffenden Urtheils, seiner Ruhe und Umsicht hoch; er verwandte ihn mit Vorliebe, um während der Schlacht von den kämpfenden Truppen zuverlässige Nachrichten zu erhalten und nach Umständen selbständig einzugreifen. Nach Empfang der ersten Meldung von „vor Juranville" theilte der General v. Voigts-Rhetz dem Hauptmann Seebeck auch für diesen Tag diese Rolle zu. Dieser Generalstabs-offizier blieb von nun ab die Seele der Leitung auf diesem Flügel bis zum Ende der Schlacht. Er verfuhr hierbei ganz und gar selbständig, versah den kommandirenden General mit Meldungen, vermittelte seine Anordnungen an die Truppen, und er hat vor allen Dingen das Verdienst, den Impuls zur Offensive auf Juranville gegeben zu haben. Nur eine Maßnahme geschah hier auf direkten Befehl des Generalkommandos, nämlich das Zurückgehen zur Versammlung in der Stellung von Loug Cour nach dem Verlust von Corbeilles. Da nun bei Juranville zwei

Brigaden verschiedener Divisionen ohne einen Divisionskommandeur fochten, so erwies sich diese Anwesenheit des Hauptmanns Seebeck hier erst recht nöthig. Erst nach Beendigung der Schlacht kehrte Hauptmann Seebeck — in voller Unkenntniß der Vorgänge auf dem rechten Flügel — zum General v. Voigts-Rhetz zurück und ergänzte seine bis dahin gemachten Meldungen durch mündliche Berichterstattung.

Bei Bahnhof Beaune angekommen, beobachtete General v. Voigts-Rhetz außer der Gefechtsgruppe bei Juranville diejenige bei Corbeilles, und um für jeden Fall die Verbindung mit den in Château Landon und in Corbeilles befindlichen Theilen des Korps zu sichern, schickte er zwei Kompagnien vom F./78. und 4./Dragoner 9. nach Bordeaux; diesen wurden später noch zwei Kompagnien vom F./78. und die 2. leichte Batterie Nr. 10 nachgesandt.

Da man aber um jene Zeit erkannte, daß die Hergänge bei Beaune und Juranville—Corbeilles sich vom Bahnhof Beaune aus nicht ausreichend beobachten ließen, so theilte General v. Voigts-Rhetz nun auch einen Generalstabsoffizier mit einigen Meldereitern der Gruppe von Beaune zur Berichterstattung zu, und zwar den Hauptmann v. Huene.

Dem General v. Voigts-Rhetz erschien es außerdem angezeigt, schon jetzt an eine Unterstützung der 39. Infanterie-Brigade zu denken; er veranlaßte daher die Entsendung eines Bataillons nach Venouille.

Der Befehl des Generals v. Voigts-Rhetz erging um 10 Uhr 50 Minuten und lautete: „II./91. rückt auf das Gefechtsfeld nach Pergouville, zwei Kompagnien 78er und 4. Schwadron Dragoner Nr. 9 nach Bordeaux. Der Rest der Brigade konzentrirt sich am Bahnhof, wo bereits die gesammte Korpsartillerie und ein Sanitätsdetachement eingetroffen sind. Der Oberst Lehmann erwartet weitere Befehle am Bahnhof."*)

Inzwischen hatte sich Hauptmann Seebeck von der 39. Infanterie-Brigade zur 37. Brigade begeben und um 10¾ Uhr an das 10. Armeekorps folgende Meldung abgesandt: „Ich habe soeben Brigade Lehmann (37.) über Gefechtslage persönlich orientirt und reite zu Brigade Valentini (39.) zurück, woselbst das Gefecht bei den vor-

---

*) Kr. A. S, III, 1, VI.

geschobenen Truppen wieder lebhafter wird, aber immer noch ohne
Artillerie. Dem Detachement in Borbeaux, welches noch im Marsch
ist, habe ich Auftrag geben lassen, fleißig zu patrouilliren nach Osten."*)
Zufolge dieser Meldung scheint Hauptmann Seebeck zur 39. Infanterie=
Brigade zurückgeritten zu sein: „Angriff des Feindes von Juranville
mit etwa 900 Mann vom F./79. zurückgewiesen, auf der Straße von
Maizières kommen aber wieder Kolonnen vor."*) Der besagte Angriff
hatte sich nämlich inzwischen (nach 10 Uhr) gegen Les Côtelles ge=
richtet, das F./79. besetzt hatte, und war blutig abgewiesen worden.
II./91. marschirte später aus der Gegend von Bergouville auf
Juranville, wo es unter den Befehl des Obersten v. Valentini trat.
Als das Bataillon bei der Mühle östlich von Venouille eingetroffen
war, schickte es der Oberst nach Mᵐ⁻ des Hommes libres, wo es vor=
läufig als Reserve stehen bleiben sollte. Die übrigen Theile der
37. Infanterie=Brigade langten gegen 11¼ Uhr bei Bahnhof Beaune
an, den die Infanterie zur Vertheidigung einrichtete.**)
    Nach Ausführung der Bewegung verfügte der kommandirende
General also bei Bahnhof Beaune außer über die Korpsartillerie noch
über I., F./91., sowie I., II. und vorübergehend zwei Kompagnien F./78.,
1 Pionier=Kompagnie und 5 Schwadronen Dragoner Nr. 9 und 16.

Eingreifen der
Vorpostenreserve
der
39. Infanterie-
Brigade.
Angriff der
Franzosen auf
Les Côtelles.

    Unmittelbar nach dem Beginn des Infanteriegefechtes hatten sich
die nicht auf Vorposten befindlichen Theile der 39. Infanterie=Brigade
bei den Windmühlen östlich von Venouille gesammelt. Es waren, ohne
F./79. in Les Côtelles, noch 1¾ Bataillone, 10 Geschütze (die vier
Geschütze der 3. leichten Batterie waren inzwischen dorthin zurück=
gegangen, die letzten beiden dieser Batterie hatten unter Lieutenant
Siegener die Front gegen Lorcy), 1 Schwadron Dragoner Nr. 9
und 3 Züge Dragoner Nr. 16 (Erstere war im Marsche in die neuen
Quartiere dorthin weitergeritten). Nachdem der Feind Juranville in
Vertheidigungszustand gesetzt hatte, drang er aus dem Dorfe zunächst
in das nördlich davon gelegene Wäldchen ein (10 Uhr). Inzwischen
waren 1., 2./79. und 4./56. an Oberst v. Valentini in Höhe von
Les Côtelles vorbeigekommen, der auch das Zurückweichen von 3.,
4./79. und 3./Jäger Nr. 10 von Lorcy auf Corbeilles bemerkt

_____
*) Kr. A. S, III, 1, VI. — **) Die Zeiten sind in der Geschichte der 91er
um etwa eine Stunde zu früh angegeben. S. 231.

hatte. Die drei zuerst genannten Kompagnien dehnten sich zugweise über einen Raum von etwa 4 km aus; es war daher nicht möglich,
sie einheitlich zu leiten; die einzelnen Züge, selbst Gruppen, verfuhren
nach eigenem Ermessen, wobei sie sich bemühten, im Zurückgehen Anschluß
an die große Straße Les Côtelles—Bahnhof Beaune zu gewinnen, was
auch gelang. Gegen 9³/₄ Uhr waren alle drei Kompagnien nördlich
Les Côtelles gesammelt. Als nun der Feind aus dem Wäldchen nördlich
von Juranville hervortrat und die Brigade Bonnet gegen Lorcy—
Corbeilles vordrang (10 Uhr), ertheilte Oberst v. Valentini dem Major
v. Lindeiner (I./56.) Befehl zu einem Gegenstoß in Richtung Juranville,
während sieben Züge Dragoner und zwei Geschütze unter Lieutenant
Siegener in der Richtung auf Lorcy eingriffen. Die übrigen 10 Geschütze der 3. schweren und 3. leichten Batterie feuerten von dem
Windmühlenberg östlich von Benouille aus unter Bedeckung durch
F./56. auf Juranville, das Wäldchen und die große Straße. 1., 2./79.
waren unterdessen auf dem linken Flügel der 10 Geschütze gesammelt
und zur Besetzung eines dort gelegenen Gehöftes verwendet worden.

Major v. Lindeiner warf sich sogleich dem Feinde entgegen, brachte
ihn zum Stehen, zwang ihn zum Verlassen des Wäldchens, vermochte
aber mit den vier Kompagnien das inzwischen künstlich verstärkte und mit
weit überlegenen Kräften besetzte Juranville nicht zu nehmen, und zwar um
so weniger, als seit dieser Zeit unsere Artillerie das Feuer in Richtung
Juranville einstellen mußte, um die weiter vorgedrungene Infanterie
nicht zu gefährden. Nachdem 11./91. bei Mᵐ des Hommes libres
eingetroffen war, konnte Oberst v. Valentini noch seine bisherige Reserve,
F./56., einsetzen, an dessen Stelle nunmehr 11./91. rückte.

Major v. Kölichen (F./56.) entwickelte gegen 11¼ Uhr sein Bataillon
von Osten nach Westen in folgender Art: 11., 10., 12. Kompagnie
im ersten Treffen, dahinter die 9. im zweiten geschlossen. In dieser
Gliederung ging F./56. westlich an dem Gehölz vorbei direkt auf die
Nordspitze von Juranville vor. Die 11. Kompagnie, welche das Dorf
östlich umfaßte, sah sich bereits jetzt in ihrer linken Flanke von gegnerischer Infanterie bedroht, erwehrte sich aber durch wohlgezieltes Feuer
vorläufig der feindlichen Schützen. Nicht leichter war der Stand der
10. und 12. Kompagnie. Wiederholt wurden feindliche Schützenschwärme
unter Hurrah zurückgeworfen; allein zunächst gelang es nur der

Die letzteren setzen sich an der Nord-westseite von Juranville fest.

12. Kompagnie, von der Straße von Les Côtelles aus sich in den Besitz dieses Zuganges und der ersten Häuser von Juranville zu setzen. Weiter vermochten die Füsiliere der 56er nicht zu kommen, weil der bedeutend überlegene Feind Haus für Haus hartnäckig vertheidigte.

Gefechtskrisis bei Juranville. II./91. hatte inzwischen das Windmühlengehöft und ein südlich davon gelegenes Haus — Bout des Hayes — zur Vertheidigung hergerichtet und Schützengräben ausgehoben, deren Richtung nicht feststellbar ist.

Der Gegner suchte sich der 8 Kompagnien 56er dadurch zu erwehren, daß er erhebliche Verstärkungen von Osten eingreifen ließ, während hinter der Front frische Truppen als Reserve folgten. Die 56er geriethen nun der östlichen Umfassung gegenüber in eine empfindliche Lage; zwar konnten Theile sich gegen die neue Front wenden, allein die Uebermacht war doch zu erheblich, als daß die 56er sich auf dem wenig vertheidigungsfähigen Raume mit Erfolg hätten behaupten können. Oberst v. Valentini konnte Les Côtelles nicht entblößen, weil um diese Zeit der Gegner auch nach Westen auszugreifen begann. Die beiden Geschütze und sieben Dragonerzüge, die zur Unterstützung der zurückgehenden Vorposten gegen Lorcy thätig gewesen waren, hatten inzwischen weichen müssen; es wurde ein stärkeres Andrängen gegen Corbeilles bemerkt, das Gefecht drohte eine ungünstige Wendung zu nehmen. Oberst v. Valentini meldete daher die Sachlage und seine Absichten nach Besprechung mit dem Hauptmann Seebeck an das Generalkommando — ein Divisionsverband war bekanntlich nicht vorhanden —, das daraufhin zunächst (um 11½ Uhr) ein Bataillon (F./91.) und auf eine weitere Meldung Valentinis ein zweites (I./91., 12¼ Uhr) in der Richtung auf Long Cour zur Verfügung Valentinis abordnete. Somit trat eine Vermischung der Regimenter zweier Brigaden (39. und 37.) und zweier Divisionen (20. und 19.) ein, ohne einen Divisionskommandeur, was jedoch taktisch zu keinen bemerkenswerthen Störungen führte.

Lage des Hauptmanns v. Taysen. Es wird nun nothwendig, sich die Umstände zu vergegenwärtigen, unter denen der Führer des erstgenannten Bataillons (Hauptmann v. Taysen, F./91.) zu handeln hatte, weil dies sehr lehrreich hinsichtlich der Befehlsertheilung und bemerkenswerth wegen des späteren, geradezu entscheidenden Erfolges ist. Im Generalstabswerk konnten diese Einzelheiten keine Berücksichtigung finden, und in der Geschichte der 91er sind sie unvollständig und zum Theil irrthümlich dargestellt. Oberst v. Valentini ertheilte dem Hauptmann v. Tapsen bei seinem Abmarsch keinerlei Befehl, vielmehr beschränkte sich der Kommandeur der 91er, Oberstlieutenant v. Hagen, auf die Worte: „Das Bataillon soll vor= marschiren und in das Gefecht nach Umständen eingreifen." Wie das Gefecht damals stand, scheint Oberst v. Valentini — was ja begreiflich — nicht hinreichend übersehen zu haben, und Oberstlieutenant v. Hagen konnte darüber ebenso wenig orientirt sein wie Hauptmann v. Tapsen selbst. Dieser marschirte nun von Bahnhof Beaune ab; da er aber damals weder erkennen konnte, wo das Gefecht sich abspielte, noch unter welchen Verhältnissen, so blieb ihm zunächst überlassen, das festzustellen. Das Handeln nach Umständen unter derartigen ungewissen Verhältnissen ist eine eigene Sache, bei der ebenso gut ein richtiger, den Absichten der höheren Instanzen entsprechender, wie ein unrichtiger und von ihnen nicht= beabsichtigter Entschluß gefaßt werden kann, dem betreffenden Offizier aber die Verantwortung auferlegt wird. Das Dorf Juranville liegt in der Tiefe, und das, was dort vor sich ging, war erst zu übersehen, nachdem der ihm nördlich vorgelegte Höhenzug überschritten war. War das geschehen, so mußte die betreffende Truppe sogleich in den Bereich eines wirksamen Infanteriefeuers kommen, und es konnte dann für einen zweckmäßigen Entschluß zu spät sein. Auch dies war dem Hauptmann v. Tapsen gänzlich unbekannt; kurz, er hörte bis dahin nur das Gefecht, sah davon aber nichts.

In der völlig ungewissen Lage ritt Hauptmann v. Tapsen, nachdem ihn der Regimentskommandeur eine Strecke begleitet hatte, vor; unter= wegs begegnete ihm zuerst Oberst v. Block (56er), der sich zurückbegab, um sich verbinden zu lassen. Auf die Frage nach dem Stande des Gefechts antwortete der Oberst, „er könne ihm über den augenblicklichen Stand keine Auskunft geben". Unterdessen war F./91. im Marsche verblieben, und nun näherte sich dem Hauptmann v. Tapsen Major v. Wehren, der sich nach rückwärts begeben wollte. Hauptmann v. Tapsen befragte ihn gleichfalls über den Stand des Gefechts; Major v. Wehren ritt darauf mit ihm eine Strecke zurück und, mit der Hand nach Süd= osten, auf Juranville, zeigend (das damals aber noch nicht sichtbar war), sagte er: „Wenn Sie in dieser Richtung vorgehen, werden Sie auf den Feind stoßen." Bald darauf sah nun Hauptmann v. Tapsen plötzlich das, wie es ihm schien, stark besetzte Juranville vor sich: es war keine Zeit zu verlieren, er mußte sofort einen Entschluß fassen und entschied sich unverzüglich für den Angriff, ohne indessen Kenntniß von den Befehlen zu haben, die den 56ern zugegangen waren, oder ihre Gefechtslage und Absichten hinreichend übersehen und beurtheilen zu können. Hauptmann v. Tapsen nahm daher unter den obwaltenden Verhältnissen eine schwere Verantwortung auf sich, zumal er nicht einmal wußte, ob er auf Unterstützung rechnen durfte, auch mit den Absichten der höheren Führung nicht vertraut gemacht worden war. Dies ist für einen Führer eine äußerst schwierige Lage, und es empfiehlt sich in allen derartigen Fällen, den betreffenden Offizier nicht nur mit den allgemeinen Absichten vorher bekannt zu machen, sondern auch ihm bestimmt zu sagen, was er thun soll.

Juranville zurückerobert

Nachdem dies festgestellt ist, gehen wir auf die Ausführung des „Auftrages" näher ein. Hauptmann v. Tapsen blieb bis Long Cour auf der großen Straße; dort bog er östlich ab, um auf dem kürzesten Wege auf den Schall des Infanteriefeuers los zu marschiren. Von der Ostseite des Juranville nördlich vorgelagerten Wäldchens erkannte Hauptmann v. Tapsen die bedenkliche Bedrohung der Deutschen und beschloß, den Angriff auf das vor ihm liegende große Dorf unter dem Schutze des genannten Wäldchens von Westen durchzuführen. Er nahm daher die 9. und 10. Kompagnie ins erste Treffen, im zweiten folgten die 11. und 12. vorläufig als Halbbataillon. Nachdem er eine Strecke nach Westen marschirt war, ließ er die beiden ersten Kompagnien links gegen die Westseite von Juranville einschwenken. In diesem Augenblick bemerkte er, wie sich von Nordosten ebenfalls ein Bataillon dem Dorfe zuwandte. Es war F./56.

Die schwierige Bewegung im wirksamen Infanteriefeuer glückte vollständig. Als die Front nun gegen Juranville eingenommen war, beobachteten verschiedene Offiziere durch die weiten Lichtungen des großen Dorfes starke, von Osten gegen dasselbe vorgehende französische Kolonnen, welche bereits bedenklich nahe gekommen waren. Zeit war nicht mehr zu verlieren! Aus dieser Aufstellung war die gesammte Westfront genau zu übersehen; der Feind hatte die Straßeneingänge durch Barrikaden gesperrt, die Häuser mit Schießscharten versehen, sogar den Kirchthurm besetzt. Hauptmann v. Tapsen verstärkte die Schützenlinie durch

Auflösung je eines weiteren Zuges von 9., 10., 91. und ließ den West-
saum von Juranville auf 300 m beschießen. Es erschien ihm jedoch
nicht rathsam, die 9. und 10. Kompagnie zu diesem Zeitpunkt des jeder
von ihnen noch verbliebenen einen geschlossenen Zuges zu berauben.
Andererseits vermochte er mit seinen Schützen nur die nördliche Hälfte
der langen West- und Südwestfront von Juranville zu beschäftigen.
Er entschloß sich daher, die Feuerlinie durch Entsendung der 12. Kompagnie gegen Süden zu verlängern; diese löste zwei Züge in Schützen
auf und zog den dritten als Unterstützung geschlossen nahe heran. Nunmehr
lag die ganze Süd- und Südwestfront von Juranville unter unserem
Infanteriefeuer. Die dem Hauptmann v. Tapsen noch übrig gebliebene
11. Kompagnie wurde geschlossen rechts neben den Soutienzug der
9. Kompagnie geführt, so daß jetzt hinter der langen Schützenlinie vier
geschlossene Soutiens vertheilt waren. Während des kurzen, aber lebhaften Feuers schallte auch von der Nordseite (56er) das Feuer lebhafter
herüber. Hauptmann v. Tapsen schloß daraus, daß der Zeitpunkt zum
Sturme gekommen sei; er zog die Soutiens an die Schützenlinie heran,
und als diese ungefähr erreicht war, ließ er „Rasch vorgehen" blasen.
Die Tambours der geschlossenen Züge fielen ein, Hauptmann v. Tapsen
setzte sich an die Spitze, und die ganze lange Linie stürzte sich auf
Juranville, das in einem Anlauf erreicht wurde (250 bis 300 m).
Sobald der Saum des Dorfes genommen war, ordneten sich die Soutien-
züge wieder, und nunmehr begann ein hartnäckiges Dorfgefecht, in dem
Haus für Haus erobert werden mußte. Etwa gleichzeitig mit den
91ern von Westen und Südwesten waren stärkere Abtheilungen der
56er von Norden in Juranville eingedrungen. Dort hatte nämlich
Major v. Kölichen die Entwickelung des F./91. genau verfolgt und,
als er den Augenblick zum Eingreifen gekommen glaubte, die 9. Kompagnie mit schlagenden Tambours der 12. folgen lassen. Auf diese
Weise wurde Juranville ziemlich gleichzeitig von drei Seiten eingenommen. Da nun Hauptmann v. Tapsen das Straßenkreuz in
Juranville besetzte, bevor der Feind abgezogen war, so fiel die feindliche Besatzung der Nordhälfte von Juranville in seine Hände; es waren
etwa 250 Mann, fast ausschließlich Rothhosen. Der Straßenkampf
mochte etwa eine halbe Stunde gedauert haben, und es war inzwischen
1 Uhr geworden. Die Ostseite von Juranville besichtigend, beobachtete

Hauptmann v. Tapsen zwar, wie der Feind, den er von 11./91. gründlich durch Feuer verfolgen ließ, sich auf Les Charriers zurückzog, aber auch, daß mehrere Bataillone gegen diese Front von Lorcy her vorgingen.*)

Munitions-mangel bei den 56ern. Während die 56er inzwischen, um ihre taktische Verbindung wieder herzustellen, und weil ihnen die Munition ausgegangen war, Juranville zum größten Theile geräumt hatten, mußten nördlich von Juranville die 11. und 10. Kompagnie 91er dem neuen Angriff entgegentreten. Unter diesen Umständen gerieth F./91. in eine bedrängte Lage. Das Dorf ließ sich mit nur einem Bataillon nicht vertheidigen; Hauptmann v. Tapsen war indessen nicht gesonnen, es ohne Kampf preiszugeben, um so weniger, als er auf Unterstützung hoffen zu können glaubte. Als er noch mit den Maßnahmen zur Vertheidigung beschäftigt war, traf bei ihm der Regimentsadjutant ein, um sich von dem Stande des Gefechts zu überzeugen. Als dieser mit der Meldung zurückkehrte, „daß die 56er sich nicht länger bei Juranville zu behaupten vermöchten", weil beide Bataillone sich gänzlich verschossen hätten, wandte sich Oberst-lieutenant v. Hagen (91er) an Oberst v. Valentini mit der Bitte um Unterstützung. Doch dieser erklärte, daß es nicht im Sinne der höheren Führung liege, das wenig zur Vertheidigung geeignete Juranville zu behaupten. Durch die Offensive sei der Zweck erreicht, der Kampf um Juranville hätte Zeit gewährt, die Masse des Korps bei Long Cour zu versammeln, das Dorf könne nun aufgegeben werden. Oberstlieutenant v. Hagen sandte daher dem Hauptmann v. Tapsen den Befehl, Juran-ville zu räumen und sich nach der Windmühle von Benouille zurück-zuziehen. Dies war der erste und einzige bestimmte Befehl, welchen der Offizier erhalten hatte.

Juranville wird geräumt. Der Befehl traf zu einer Zeit ein, da der Feind sich der Nordost-seite des Dorfes bereits bedenklich näherte und Juranville von Süden und Südosten heftig durch Artillerie beschossen wurde. Um nun das glänzend geführte Abzugsgefecht zu verstehen, ist zunächst ein Blick auf die Truppenvertheilung geboten. Hauptmann v. Tapsen hatte sich in dem ausgedehnten Dorfe schnell orientirt und im Allgemeinen die Nord-ostfront mit der Barrikade der 9. Kompagnie zugewiesen. Die

---

*) Diese dürften der Brigade Bonnet angehört haben; siehe später unter Corbeilles.

12. Kompagnie befand sich an der Ostfront, die 10. und 11. standen in der Südostecke des Dorfes. Die Füsiliere der 56er befanden sich bereits außerhalb des Dorfes mit der Front nach Osten, auf dem Rückzuge auf Venouille, wohin I./56. unterwegs war. Unter diesen Umständen hätte eigentlich die Räumung auf der Südfront beginnen müssen, wo der Feind weniger drängte; denn zog man zuerst die Truppen von der Nordost= und Ostfront zurück, so geriethen die 10. und 11. Kompagnie in die Gefahr, von Venouille abgeschnitten zu werden. Allein die Zeit drängte, und in dem großen Dorfe blieb keine Muße mehr, einen wohlüberlegten Rückzugsbefehl zu erlassen, um so weniger, als Hauptmann v. Tapsen auf Unterstützung gerechnet hatte, die er an der Ost= und Nordostfront zunächst zu verwenden gedachte. Da nun die Unterstützung nicht eintraf, so ließ er zunächst die 9. und 12. Kompagnie nach dem Wäldchen zurückführen, um dort eine Auf= nahmestellung zu nehmen. Kaum hatten die 9. und 12. Kompagnie die Nordost= und Ostfront geräumt, als der Feind von Nordosten in Juranville eindrang. Wenn es trotzdem gelang, die 10. und 11. Kom= pagnie geordnet zurückzuführen, so muß der Feind entweder völlig erschöpft gewesen sein oder die taktische Lage nicht erkannt haben. Außerhalb des Dorfes sammelten sich die 10. und 11. Kompagnie „im feindlichen Feuerbereich" und setzten geschlossen ihren Rückzug nach Venouille fort, wo II./91. zu ihrer Aufnahme bereit stand und I., F./56. schon vorher eingetroffen waren.*) Wiederum hatte der Feind sich einen günstigen Augenblick entgehen lassen, denn er war nicht über Juranville gefolgt.

Es wird nun nothwendig, einen Blick auf die gegnerischen Streit= kräfte zu werfen, die an diesen Kämpfen betheiligt waren. Im Spectateur militaire wird behauptet,**) den Kampf gegen Les Côtelles und bis zum Festsetzen der 56er an der Nordwestecke von Juranville hätten allein die 44er geführt, also drei Bataillone. Erst im Augen=

Vorgänge auf französischer Seite:
1. Bei Juranville.

---

*) Die Darstellung dieser Vorgänge in der Geschichte der 91er S. 294 ist, wie bereits gesagt, theilweise unrichtig und unvollständig. Auch die hierbei ein= geflochtenen Ausschmückungen sind unhistorisch. So z. B. hat Hauptmann v. Tapsen den Obersten v. Valentini bei Venouille zum ersten Mal gesehen. Die Beglückwünschung durch den Obersten v. Valentini ist nicht erfolgt, und die Ge= fangenen waren bereits vor dem Verlassen von Juranville von 91ern und 56ern zurückgeschafft worden. — **) S. 294, Jahrgang 1892.

blick des Eindringens der Deutschen in Juranville sei ein Bataillon 73 er zu ihnen gestoßen. Dies kann aber schon deshalb nicht richtig sein, weil in Juranville von den 91 ern Gefangene der beiden Bataillone afrikanischer Infanterie gemacht und abgeliefert wurden. Außerdem sagt General Billot in seinem Bericht vom 13. Dezember, daß die Deutschen das 44. und 73. Regiment aus Juranville herausgeworfen hätten. Wie dem sei, die Deutschen waren zweifelsohne beim Angriff stark in der Minderheit an Zahl; freilich wurden sie energisch von ihrer Artillerie bis zum Einbruch unterstützt, während die feindliche Artillerie bis dahin noch nicht hervorgetreten war.

Nachdem die Franzosen Juranville verloren hatten, sammelte Oberst-lieutenant Robert seine Brigade südlich des Dorfes. Er nahm die 78 er (von Maizières gekommen und bekanntlich der 2. Brigade, 3. Division des 20. Armeekorps angehörig) ins erste Treffen, ins zweite drei Bataillone 44 er und ein Bataillon 73 er, das letzte Bataillon dieses in die Reserve; außerdem war vorher ein Theil der Brigade Bonnet von Lorcy eingetroffen, nämlich vier Bataillone.*) General Billot ließ nun einen Theil der Reserveartillerie auffahren, die ihr Feuer gegen Les Côtelles und Mⁱⁿ des Hommes libres richtete. Die Zahl der Batterien wird französischerseits nicht angegeben; die Deutschen schätzten sie auf vier, von denen je zwei östlich und westlich von Juranville standen, während die genannten vier Bataillone der Brigade Bonnet von Osten und die Brigade Robert in der angegebenen Weise von Süden aus Juranville besetzten. Letztere soll hierbei von 1½ Bataillonen afrikanischer Infanterie und 2 Bataillonen Vaucluse**) unterstützt worden sein, so daß die Franzosen im Ganzen zum Gegen-angriff 13½ Bataillone, darunter 3 zu je 8 Kompagnien eingesetzt hatten!

2. Bei Corbeilles. Bevor die Ereignisse hier weiter verfolgt werden, muß die Schilderung der Vorgänge bei Corbeilles nachgeholt werden. Oberst Bonnet war von Lorcy aus, unter Zurücklassung des I./42. daselbst, auf Corbeilles marschirt, wo gegen 10 Uhr 3., 4./79. und 3./Jäger Nr. 10, vom Feinde gedrängt, am Bahndamm ankamen. Die drei

---

*) Spectateur militaire, S. 293/295, und zwar III./42. und drei Ba-taillone 19 er; die 19 er waren bedeutend stärker als die anderen Regimenter, da die Bataillone acht Kompagnien hatten. Greneft, S. 343. — **) Greneft, S. 343.

Kompagnien hatten also die Front nach Südwesten. Das Dorf Corbeilles, das den Bahndamm mit seiner südöstlichen Spitze damals berührte, hatte eine 1300 m lange Front gegen Südosten; in seiner östlichen Ecke befand sich ein Park von 600, bezüglich 400 m Seitenlänge. 1300 m nordwestlich bildeten Rolande-Bach und Eisenbahndamm ein Defilee, das den Vertheidigern von Corbeilles gefährlich werden konnte. Major v. Przychowski hatte also eine stumpfwinkelige Stellung von je 1300 m Schenkellänge zu vertheidigen und dafür nur sechs Kompagnien zur Verfügung. Bereits am 27. waren die Ausgänge von Corbeilles nach Süden, Osten und Südwesten von den Jägern versperrt worden, allein es blieb noch Vieles zu thun, als die Brigade Bonnet die drei oben genannten Kompagnien vor sich her trieb. Als Major v. Przychowski gegen 9½ Uhr 3./Jäger Nr. 10 und 3., 4./79. zurückkommen sah, ließ er zu ihrer Aufnahme 2./Jäger Nr. 10 am Eisenbahndamm zu beiden Seiten der von Lorcy kommenden Straße Stellung nehmen, und da er die beiden Fronten seiner Stellung nicht besetzen konnte, so entschloß er sich, nur die westliche zu vertheidigen. 4./Jäger Nr. 10 wurde im Dorfe als Reserve zurückgehalten, die 1. Kompagnie verlängerte die Linie der 2. am Bahndamm nach Süden, so daß diese beiden Kompagnien sich über etwa 650 m ausdehnten; allerdings hatten sie bis auf etwa 300 m überall ein gutes Schußfeld vor sich, in dem sich freilich zwei Waldparzellen befanden, während das Vorgelände auf der Süd- und Südostfront der Uebersichtlichkeit entbehrte. Der Bahndamm, der vom 10. Armeekorps (etwa 300 m südlich der 1. Kompagnie) gesprengt war und hier einen künstlichen Trichter bildete, bot daher dem Gegner eine gute Gelegenheit zur Flankirung der Vertheidiger nach Nordwesten. Als 3., 4./79. eingetroffen waren, sandte Major v. Przychowski einen Theil derselben an das Defilee am Rolande-Bach, den anderen benutzte er zur Verlängerung der Feuerlinie nach Nordwesten, 3./Jäger Nr. 10 wurde als Offensivflanke auf den rechten Flügel gestellt. Somit lag der Nachdruck auf dem rechten Flügel in Richtung der Rückzugslinie, was durchaus richtig war.

Nach 10 Uhr kam die breite Schützenlinie des Feindes zu beiden Frontalangriffe Seiten der Straße Lorcy—Corbeilles auf etwa 800 m augenblicksweise in Sicht der Jäger, die der Feind bis dahin noch nicht bemerkt zu haben schien. Auf 450 m eröffnete 2./Jäger Nr. 10 ein langsames

Schützenfeuer gegen ihn; sogleich bemerkte man ein Stutzen beim Feinde, und bald darauf warfen sich die feindlichen Schützen im Laufschritt in die genannten, zwischen 250 und 400 m vor dem Bahndamm gelegenen Waldparzellen, voran die feindlichen Offiziere zu Pferde, deren Befehle man stellenweise hören konnte. In dem vor 2./Jäger Nr. 10 befind= lichen Gehölz sammelte sich inzwischen, während die Franzosen ein lebhaftes Feuer gegen den Bahndamm unterhielten, die Masse der Brigade Bonnet zum Angriff. Die Jäger ließen den Gegner auf etwa 180 m heran, dann schlug ihr Feuer mit großer Sicherheit in die feindlichen Reihen; alle Bemühungen der oberen Offiziere halfen nicht, der mächtige „Bienenschwarm" machte nach einigen Schritten Kehrt und stürzte fluchtartig zurück. Ein etwa nach 20 Minuten wiederholter Angriff endete noch unglücklicher, so daß nunmehr von dieser Seite nichts mehr unternommen wurde. Das Flankenfeuer von 4./79. und 3./Jäger Nr. 10 hatte sich hierbei besonders wirksam erwiesen. In= zwischen war es 11 Uhr geworden.

Gegen 1./Jäger Nr. 10 waren in derselben Zeit aus dem auf etwa 400 m vor ihrer Front gelegenen Wäldchen heftige Angriffe erfolgt, die indessen an dem sicheren Feuer der Jäger vollständig scheiterten. Nachdem der Gegner eingesehen hatte, daß er in der Front keinen Erfolg erzielen werde, begann er, nach Osten ausgreifend, die Zuflucht zur Umgehung zu nehmen, wobei das 9. Jäger=Bataillon und noch ein anderes Bataillon auf den äußersten rechten Flügel gezogen wurden.

Umgebung des
Obersten Bonnet.
Aufgabe von
Corbeilles.

Hinter dem sich von Lorcy bis über den Bahndamm ziehenden Höhenzuge, der südlich bis an Corbeilles heranreichte, schob Oberst Bonnet nach und nach seine Hauptkräfte nach Osten. Die feindlichen Schützen überstiegen bald den Bahndamm, setzten sich in dem erwähnten Trichter fest und flankirten von hier aus die Jäger empfindlich, wobei die 1. Kompagnie in kurzer Zeit 17 Mann verlor. Major v. Przychowski ließ nun die 4. Kompagnie den Südwestsaum von Corbeilles besetzen und ordnete bald darauf den Abzug der 1. Kompagnie unter dem Schutze der 4. an, 2., 3./Jäger sowie 4./79. folgten, während 4./Jäger Nr. 10 von nun ab, in Schützen aufgelöst, den Abzug deckte. Kaum hatte Major v. Przychowski den Abzug veranlaßt, als der kommandirende General Befehl sandte, ein ernstes Gefecht zu vermeiden und auf Long Cour zurückzugehen. Es war inzwischen 12½ Uhr geworden, gegen

1½ Uhr standen die sechs Kompagnien, die sich, wie der kommandirende General hervorhob, in vortrefflicher Ordnung ihrer Aufgabe entledigt hatten, bei Long Cour. Der Feind besetzte „tastend" nachfühlend Corbeilles, ließ drei Bataillone bei Corbeilles und Lorcy zurück, nämlich Jäger Nr. 9, I., II./42.,*) ohne einen Schritt darüber hinauszugehen, und wandte sich mit den angegebenen vier Bataillonen gegen Juranville, wo wir sie gegen 1 Uhr antrafen, als das Dorf geräumt wurde. Die sechs Kompagnien hatten der Brigade Bonnet außerordentliche Verluste zugefügt; am anderen Tage fand man die Umgebung von Corbeilles voll Verwundeter, 150 Franzosen wurden am 29. von deutschen Aerzten allein in Corbeilles verbunden. Die Jäger hatten 2 Todte, 18 Verwundete.

Während sich diese Kämpfe abgespielt hatten, war die Stellung bei den Windmühlen von Venouille künstlich verstärkt und Les Côtelles vom F./79. in Vertheidigungszustand gesetzt worden, wobei ein „zugetheiltes Pionier-Detachement gute Dienste geleistet hatte".**) Unterdessen war es 1½ Uhr geworden, und es ist nun nothwendig, die Vertheilung der Streitkräfte zu veranschaulichen. Nachdem die Brigade Bonnet in Corbeilles eingedrungen war und sich darauf mit vier Bataillonen nach Juranville zurückgewandt hatte, schien sich der Gegner in der Linie Juranville—Lorcy zu einem neuen Angriff zu sammeln. Wenigstens nahm man wahr, daß von Maizières aus beträchtliche Kräfte eingeschoben wurden. In und bei Juranville befand sich damals die Brigade Robert, außerdem waren da 1½ Bataillone afrikanischer Infanterie, 1 Bataillon 78er vom 20. Armeekorps: östlich und westlich davon war die Artillerielinie verstärkt worden. Südlich von Juranville hielten 8 Bataillone der 3. Division und die Masse der Artillerie, zum Marsch auf Beaune bereit. Brigade Perrin war in Montargis, von der Kavallerie waren die 3. Lanciers und 5. Küraffiere an Juranville herangezogen, die anderen Regimenter auf den genannten Punkten verblieben. Bisher hatte der Gegner also nichts als die Vorpostenstellung (Juranville—Lorcy—Corbeilles) eingenommen, sich dabei aber auch bis zu einem hohen Grade erschöpft.

Auf deutscher Seite hatte General v. Voigts-Rhetz infolge der Meldung von dem abermaligen Verlust Juranvilles Oberst Lehmann mit

Margin note: Truppenvertheilung auf beiden Seiten um 1½ Uhr.

---

*) Spectateur militaire, S. 293. — **) Geschichte der 79er, S. 28.

II. und 1., 2./78., sowie drei Batterien nach Long Cour um 1¾ Uhr vorgesandt. Es standen daher um 2 Uhr an der Windmühle von Benouille II., F./91er, I., F./56er. Von diesen Truppen hatten die 56er zwar bedeutende Gefechtsverluste erlitten, allein inzwischen war die Munition ergänzt worden, und alle vier Bataillone konnten noch als durchaus gefechtsfähig betrachtet werden; in Les Côtelles befand sich F./79er, das ebenso wie II./91. noch frisch war. Südlich von Mln. des Hommes libres standen I./91. und 1., 2./79., sowie 10 Geschütze der 3. schweren und 3. leichten Batterie; am Halteplatz der Eisenbahn 3., 4./78., 5. und 6. schwere Batterie und 3. Pionier-Kompagnie. Bei Long Cour II., 1., 2./78, 3., 4./79. und Jäger Nr. 10, 1., 2., 3./Dragoner Nr. 9, 1., 4./Dragoner Nr. 16, 2. schwere, 5. und 6. leichte Batterie; in Bordeaux F./78., 4./Dragoner Nr. 9, 2. leichte Batterie.

Das Verhalten des Obersten v. Valentini. Man hatte auf deutscher Seite außer den Vorposten bisher nur drei Bataillone gebraucht, mit den Vorposten fünf, der Feind hatte dagegen bereits mehr als die Hälfte seiner Kräfte entwickelt. War auch die Vorpostenstellung verloren gegangen, so hatte doch die offensive Gefechtsführung der Deutschen bei Juranville ein Ergebniß gezeitigt, dessen Tragweite die Deutschen sich damals noch nicht bewußt waren. Auf den ersten Blick könnte man es tadeln, daß Oberst v. Valentini zuerst drei Bataillone an die Wiedereinnahme von Juranville setzte und alsdann keine weitere Unterstützung zur Behauptung des Dorfes gewährte, so daß Juranville geräumt werden mußte, trotzdem noch II./91. verfügbar war und 1., 2./79. in jenem Zeitpunkte wohl verwendbar gewesen wären. Allein es bestand überhaupt nicht die Absicht, sich in und bei Juranville ernstlich zu schlagen, man erreichte vielmehr bei Juranville vollständig den Zweck, wenn man das Dorf so lange behauptete, bis die Detachements von Lorcy und Corbeilles an die Hauptstellung herangelangt waren und bis von rückwärts die Korpsreserve die Stellung von Long Cour eingenommen haben konnte. War das gelungen, so hatten sich die nicht unerheblichen Verluste bei Juranville bereits bezahlt gemacht. Diesen taktischen Zweck erreichte Valentini vollständig, und wenn es bis 2 Uhr dem Gegner nicht gelungen war, trotz seiner Ueberlegenheit wesentliche Fortschritte zu machen, so durfte man mit Bestimmtheit darauf rechnen, daß etwaige Angriffe auf die Hauptstellung bei Long Cour abgeschlagen werden würden, weil hier die

beträchtliche Ueberlegenheit unserer Artillerie in dem freien Gelände nach
Osten und Südosten voll zur Geltung kommen konnte, was bis dahin
nicht der Fall gewesen war.   Zubem bot ber Laveau-Bach ein erwünschtes,
wenn auch geringes Fronthinberniß für bie Franzosen.   Das General=
kommando verfügte somit um 2 Uhr bei Long Cour über reichliche
Kräfte, um den Gegner in Schach zu halten.

Aber burch bie Kämpfe bei Juranville war weit mehr erreicht
worden.

Der General Billot sollte über Juranville Beaune erreichen,
und zwar in der Annahme, baß ber Wiberstand bei Juranville nicht
beträchtlich sein würde.   Um barin ganz sicher zu gehen, hatte Billot
von vornherein den Angriff auf Juranville von Süben und Südosten
angelegt, mit dem Vorsatz, bie Deutschen zu umfassen und später auf
Beaune zurückzutreiben, um hier, wie verabredet, dem General Crouzat
um Mittag bie Hand zu reichen.   Wider Erwarten beanspruchte die
erste Einnahme von Juranville (unb Lorcy) bereits bie ganze 1. Division
des 18. Korps.   Als General Billot nun Juranville genommen hatte,
meinte er, ben Marsch, bie Brigabe Robert an der Spitze, auf Beaune
fortsetzen zu können.   Als er noch mit ben Anordnungen in biesem
Sinne beschäftigt war, trafen bie Hauptleute Japy unb Carbot vom
Stabe bes Generals Crouzat bei ihm ein, bie um 11 Uhr von St. Loup
mit dem Auftrage abgeritten waren, sich von bem Stanbe ber Dinge
beim 18. Armeekorps zu überzeugen.   Diese Offiziere fanden General
Billot bei Maizières.   Der General zog seine Uhr, bie 11 Uhr
30 Minuten zeigte, und versicherte, er würde um 12 Uhr 30 Minuten
in Beaune sein.   Mit biesem Bescheibe kehrten bie beiden Offiziere
nach St. Loup zurück, so baß sie nach 12 Uhr wieder beim General
Crouzat waren.   Kaum waren bie Offiziere abgeritten, als bie 44er
und 73er wieder aus Juranville hinausgeworfen wurden.   Da General
Pilatrie nunmehr in ber rechten Flanke aus nächster Nähe von Infanterie
beschossen wurde, konnte er nicht nach Beaune marschiren, sondern mußte
zunächst bie Deutschen wieder aus Juranville vertreiben.   Zu dem
Zweck zog General Pilatrie sich dann nach rechts, um General Bonnet
bie Hand zu reichen und von Lorcy aus Juranville anzugreifen.   Die
Brigade Gourz, welche bie Brigade Robert gegen Beaune hatte unter=
stützen sollen, mußte ebenfalls umkehren und auf Juranville folgen.

Vorgänge
zwischen den
Generalen
Crouzat u. Billot

Zugleich verstärkte General Billot seine Artillerie, während die 3. Lanciers und 5. Kürassiere an Juranville herangezogen wurden. Waren das wirklich die Absichten des Generals Billot, so muß er die Deutschen entweder stark unterschätzt oder sehr mangelhafte taktische Anordnungen getroffen haben; denn niemals konnte dieselbe Brigade, die Juranville besetzt hatte, nach Beaune marschiren, wenn vorher keine ausreichenden Maßregeln zum Schutze der rechten Flanke in Juranville getroffen waren. Daß dies nicht geschehen war, bewies die Wiedereinnahme von Juranville durch die Deutschen. Seitdem war aber vorläufig an die Fortsetzung des Marsches auf Beaune nicht zu denken. Die Wieder= einnahme von Juranville beanspruchte weitere Gefechtskräfte des 18. Korps, und obgleich sie glückte, weil die Deutschen den Ort auf Befehl und vorbedacht räumten, so war es darüber 2 Uhr geworden, und das 18. Korps war nunmehr derartig engagirt, daß der Abmarsch erhebliche Zeit für die Vorbereitung erfordert hätte. Diese Absicht bot zur Stunde aber wenig Aussicht auf Gelingen, weil Billot jetzt erkennen mußte, daß die ihm gegenüberstehenden Kräfte den Abmarsch mit dem ganzen Armeekorps von selbst untersagten.

General Billot hielt nun bis 2 Uhr thatsächlich an dem Gedanken des Abmarsches fest, um Cronzat bei Beaune die Hand zu reichen; allein er sah auch ein, daß es nothwendig sei, die Deutschen zuvor bei Les Côtelles—Long Cour zu schlagen, um wirksam bei Beaune ein= zugreifen. Er entschloß sich daher zunächst zu einem umfassenden Angriff auf diese Stellung.

Man erkennt daran die große Tragweite der deutschen Offensive gegen Juranville.

Nach seiner Angabe hat General Cronzat von diesem plötzlichen Gefechtsumschlage keine Mittheilung erhalten. Als General Cronzat nach 2 Uhr noch nichts vom 18. Armeekorps bemerkte, begab er sich zum General Billot. Allein wenn auch keine Meldung vom General Billot eingetroffen sein sollte, so konnte General Cronzat doch nicht das heftige Geschütz= und Infanteriefeuer von Juranville her verborgen bleiben. Dem gegenüber behauptet General Billot in seinem Bericht vom 13. Dezember, er hätte inzwischen Offiziere zum General Cronzat geschickt, um ihn von seinen Stellungen in Kenntniß zu setzen. General Cronzat hätte ihn darauf wissen lassen, er sei in Beaune, und es käme nur noch darauf an, daß General Billot marschire, damit er sich in der Stadt behaupten könne. Was hieran richtig ist, ist schwer zu entscheiden; ganz unwahrscheinlich ist die Angabe des Generals Billot nicht, denn, wie sich später ergiebt, hat General Crouzat wirklich gemeint, daß Beaune gegen 2 Uhr von seinen Truppen genommen worden sei.

Werfen wir nun einen Blick auf die Vorgänge beim General= kommando des 10. Armeekorps.

Bei der Darstellung der Thätigkeit des Oberkommandos sind die Meldungen des 10. Armeekorps bis zum Mittag aufgeführt worden;*) es ist jedoch nöthig, hier auf die Meldungen näher einzugehen. Das Generalkommando meldete fleißig, allein seine Meldungen waren sämmtlich insofern nicht vollständig, als die Vorgänge bei Beaune sich seiner Kenntniß entzogen zu haben scheinen. Dies lag hauptsächlich daran, daß der Standpunkt des Generals v. Voigts=Rhetz viel zu weit von Beaune gewählt war, aber auch daran, daß von der Kavallerie der 19. Division zu wenig geschah, um rechtzeitig unterrichtet zu sein und den kommandirenden General mit guten Meldungen zu versehen. Freilich können Meldungen später verloren gegangen, auch werden Meldungen mündlich erstattet worden sein; allein von wesentlichem Inhalt können sie nicht gewesen sein, sonst würde sich das aus den Meldungen des Generalkommandos an das Oberkommando erkennen lassen. Jedenfalls entdeckte sowohl die 1. Kavallerie=Division als die der 38. Infanterie = Brigade zugetheilte Vorpostenkavallerie die Umgehung der Division Polignac viel zu spät, sonst hätte sie dieser Kavallerie bei Streifereien von etwa 3 km ins Vorgelände nicht ver= borgen bleiben können. Die Kavallerie mußte und konnte dem General v. Voigts=Rhetz schon gegen 9 Uhr Zuverlässiges über die Umgehung der Division Polignac melden; dann wäre dieser wieder in der Lage gewesen, früher und bestimmter an das Oberkommando zu berichten, als es geschah. General v. Voigts=Rhetz würde alsdann wahrscheinlich auch eine anderen Standpunkt gewählt und anders über die Truppen verfügt haben. Die Kavallerie erfüllte also ihre Aufgabe im Aufklärungs= dienste nicht genügend, auch das Meldewesen ließ zu wünschen übrig, wie wir später bei der Darstellung der Kämpfe um Beaune sehen

Die Meldungen des General- kommandos bis zur Mittags- stunde.

*) II, S. 57 u. f.

werden. General v. Voigts-Rhetz erkannte die Gefahr für seinen rechten Flügel daher zu spät, nämlich erst nach 12 Uhr, und. da er um diese Zeit auf den Anmarsch der 5. Division zählen zu dürfen meinte, so darf man es nicht tadeln, daß er es nunmehr bei den getroffenen Maßnahmen beließ.

General v. Voigts-Rhetz hatte die Uebelstände der ausgedehnten Front und seines vom rechten Flügel sehr entfernten Standpunktes indessen erwogen und Maßnahmen getroffen, sie zu beseitigen oder doch zu mildern. Daher war Hauptmann v. Huene vom Generalstabe angewiesen worden, die Vorgänge bei der 38. Infanterie-Brigade zu beobachten und darüber an das Generalkommando zu berichten; ferner wurde der General v. Woyna beauftragt, in dringenden Fällen nicht erst an das Generalkommando zu melden, sondern direkt an das Ober-kommando nach Pithiviers. Vom General v. Woyna rührte denn auch die bekannte Meldung her, die den Prinz-Feldmarschall hauptsächlich zum Aufbruch von Pithiviers bestimmt hatte.*) Damit aber auch die 1. Kavallerie-Division dauernd von den Vorgängen bei Beaune unter-richtet blieb, theilte General v. Lüderitz der 19. Division einen Offizier zu, dem das Meldewesen zu versehen oblag.

Es bleibt jetzt noch nachzutragen, was General v. Voigts-Rhetz that, als er um 11½ Uhr den Befehl des Oberkommandos von 9½ Uhr vormittags erhielt. Seine Antwort an das Oberkommando werden wir später kennen lernen. Wohl zu gleicher Zeit, also um 11½ Uhr, machte er der 5. Division folgende — wahrscheinlich schriftliche — Mittheilung: „Prinz befiehlt mir Linksabmarsch. Da ich dann (?) auf meiner ganzen Front engagirt bin, kann ich ihn keinesfalls eher ausführen, als bis die 5. Division die Brigade Wedell in ihrer Stellung bei Beaune abgelöst hat, was schnell auszuführen ich bitte."**) Die Zeit des Einganges der Mittheilung ist nicht ersichtlich. Es fällt jedoch auf, wie sich später ergiebt, daß General v. Voigts-Rhetz um diese Stunde überhaupt noch an die Möglichkeit eines Linksabmarsches glauben konnte. Denn gegen 12 Uhr war bereits der erste Sturm auf den Kirchhof von Beaune erfolgt und die 38. Infanterie-Brigade bis zur Straße Beaune—Barville umfaßt. Bei vollkommenerem Meldedienst hätte der

---

*) S. 78. — **) Kr. A. S, III, 1, VI.

kommandirende General sich nicht in solcher Unkenntniß befinden können, und wenn er daher nicht mehr meldete, als es geschah, so trifft nicht ihn die Schuld, sondern die Kavallerie bei Beaune la Rolande.

2. Die Kämpfe bei Long Cour — Les Côtelles bis zum Erlöschen der Schlacht.

Der kommandirende General hatte gegen 2 Uhr seine Haupt-streitkräfte auf dem Raume Long Cour — Les Côtelles — Venouille ver-sammelt und konnte nun hier der weiteren Entwickelung der Dinge ruhig entgegensehen. Ueber die Gefechtslage bei Beaune war, wie sich später ergeben wird, eine höchst beunruhigende Meldung eingelaufen, wonach Beaune den Deutschen entrissen sein sollte; die Berichtigung dieser Meldung sollte geraume Zeit in Anspruch nehmen. Vorher hatte General v. Voigts-Rhetz (um Mittag) der 38. Infanterie-Brigade zwei reitende Batterien aus der Korpsartillerie nach Beaune zu Hülfe gesandt, und nach 2 Uhr wurde F./78. von Bordeaux in Marsch gesetzt, um die bei Marcilly bestehende Lücke in der Gefechtslinie nothdürftig zu schließen. Ferner war General v. Voigts-Rhetz um 2 Uhr von dem Anmarsch der 5. Division über Boynes unterrichtet. Wenn der kom-mandirende General sich zu größeren Entsendungen nach Beaune nicht entschloß, so bestimmte ihn dabei einerseits die Hoffnung auf baldiges Herankommen dieser Division, andererseits beobachtete er selbst nun die Entwickelung so starker feindlicher Kräfte gegen die Höhen von Long Cour, daß ihm eine Schwächung hier so lange nicht räthlich erschien, bis die Absichten des 18. Armeekorps gescheitert sein würden. Da wir bei der Darstellung der Begebenheiten bei Beaune auf die Auffassung des Generalkommandos zurückkommen werden, so soll hier nur das Noth-wendigste angeführt werden, um von Stunde zu Stunde einen Einblick in die Auffassung des Generals v. Voigts-Rhetz zu gewähren. Am deutlichsten ergiebt sich seine Auffassung aus seinen Meldungen an die II. Armee, die bereits mitgetheilt worden sind.

Um 2 Uhr mittags befanden sich die Brigaden Robert und Bonnet (von dieser vier Bataillone, bei jener waren dafür die 78er vom 20. Armeekorps) nördlich von Juranville. In dem dortigen Wäldchen stand der rechte Flügel der Brigade Robert, östlich daran schlossen sich

Vorgänge beim 10. Armeekorps.

Angriff auf Les Côtelles — Long Cour.

die vier Bataillone der Brigade Bonnet, während die vier Bataillone der Brigade Goury hinter dem linken Flügel der Brigade Robert folgten, wahrscheinlich um den Angriff auf Les Côtelles—Venouille von Westen zu flankiren und nach dem Gelingen die Avantgarde in Richtung Beaune für das 18. Armeecorps zu bilden. In einem großen Halb= kreise nordöstlich von Juranville war inzwischen der „Haupttheil" der Artillerie des 18. Armeecorps" aufgefahren, die ihr Feuer gegen Long Cour und Les Côtelles—Venouille richtete. Die Franzosen ver= wandten daher: 4 Bataillone der Brigade Bonnet flankirend gegen die Höhen von Mln des Hommes libres, 6 Bataillone der Brigade Robert und 1 des 20. Armeecorps (78er) schlossen sich daran gegen Südwesten: von Westen sollten 4 Bataillone flankiren, 1½ Bataillone algierischer Truppen standen als Rückhalt hinter dem linken Flügel der Brigade Bonnet, die Brigade Bremens (4 Bataillone) und die Artillerie der 3. Division folgten den vier Bataillonen des Obersten Gourn auf Bergouville. Wie es scheint, hatte General Billot nunmehr seine ganze Artillerie, ohne die der 3. Division, eingesetzt, die 3. Panciers waren dicht bei der Brigade Robert.

Erster Angriff.

Es traten mithin 16½ Bataillone auf einem Angriffsbogen von etwa 3000 m in Thätigkeit. Diese Zahl hätte vollauf genügt; allein die feindliche Infanterie begann von Süden und Osten den Angriff, als die Artillerie noch nicht genügend vorgewirkt hatte. Sie ging zuerst im Süden mit den 44ern und 73ern gegen Les Côtelles vor. Daselbst befand sich nur F./79.

Beide französischen Regimenter gewannen zuerst „leicht" Boden, wichen aber fluchtartig zurück, als sie in den Bereich des Feuers von Les Côtelles traten. Weiter östlich waren die vier Bataillone der Brigade Bonnet gegen Mln des Hommes libres vorgegangen, jedoch bereits vor dem Feuer der deutschen Artillerie in Unordnung geflohen. Diese muß in den geschlossenen Bataillonen große Verheerung angerichtet haben, wenigstens sagt der Spectateur militaire,*) daß „Oberst Bonnet Mühe gehabt hätte, die 19er ins Feuer zurückzuführen". Die vier Bataillone der Brigade Gourn scheinen an diesem Angriff nicht theil= genommen zu haben. Bei den Deutschen gelangte, außer F./79., hierbei

*) Spectateur militaire, S. 296.

keine Infanterie zur Thätigkeit. Hauptmann Seebeck und Oberst v. b. Goltz hatten die Bewegung der feindlichen Infanterie nämlich frühzeitig bemerkt und Letzterer die 2. schwere Batterie/Nr. 10 östlich der Straße Beau= mont—Bellegarde in Höhe von Long Cour das Feuer in Richtung Le Fournil aufnehmen lassen. Gleich darauf ließ Oberst v. b. Goltz auch noch die 5. und 6. leichte Batterie/Nr. 10 in östlicher Richtung um Long Cour herum auf die südöstlich davon gelegene Geländewelle vortraben und in derselben Richtung eingreifen wie die 2. schwere Batterie/Nr. 10. Etwa gleichzeitig schwenkten die beiden Batterien auf der Windmühlenhöhe von Benouille auf Anordnung des Obersten v. b. Beck links, so daß nun fünf Batterien gegen die Brigade Bonnet wirkten und das angegebene Resultat herbeiführten. Die fünf Batterien setzten dann noch kurze Zeit langsam das Feuer fort. Oberst v. b. Goltz hatte sich inzwischen zu weiterem Vorgehen auf dem breiten und in der Front durch den Laveau=Bach gedeckten Rücken entschlossen. Während nun die feindliche Infanterie sich zu sammeln begann, führte v. b. Goltz die 5., 6. leichte Batterie/Nr. 10 und die 2. schwere Batterie/Nr. 10 dahin vor, ohne daß das lebhafte französische Artilleriefeuer die Be= wegung beeinträchtigt hätte, und setzte aus der neuen Stellung sogleich ein wohlgezieltes Feuer fort. Ebendahin begaben sich nun auch die 3. leichte und 3. schwere Batterie/Nr. 10, so daß zusammen 5 Batterien in einer Hand vereinigt waren.

Nachdem der erste Angriff etwa um 2 Uhr 20 Minuten abgeschlagen Zweiter Angriff. worden war, bereitete der Gegner einen neuen vor, wobei er sich durch Einschieben der 1½ Bataillone algierischer Infanterie erheblich nach Norden ausdehnte, so daß jetzt die Absicht einer Umfassung des deutschen linken Flügels deutlich erkannt wurde. Da nun auch von Süden be= trächtliche Massen in Höhe des Wäldchens nördlich von Juranville bemerkt wurden, so bat der in Les Côtelles befehligende Major v. Stein= äcker die 39. Infanterie=Brigade um Hülfe durch Artillerie. Oberst v. Balentini sandte daher einen Zug der 3. schweren Batterie/Nr. 10 unter Premierlieutenant Stolterfoth auf der Straße nach Les Côtelles vor.

Dieser trabte über Les Côtelles hinaus und bog südlich davon, Front gegen Juranville, von der Straße nach Westen ab, um auf der etwa 300 m südlich von Les Côtelles befindlichen Höhe in Stellung zu gehen.

Die Geschütze kamen in dem schweren, aufgeweichten Erdreich nur langsam vorwärts, und als beide Geschütze abprotzten, sahen sie sich bereits dem wirksamsten feindlichen Infanteriefeuer ausgesetzt. Beim 1. Geschütz fielen beim Abprotzen sogleich drei Kanoniere todt nieder, die anderen wurden verwundet. Nur der Geschützführer und der Vorder-reiter blieben unverletzt, außerdem zwei Pferde. Als der Zugführer erkannte, daß er zu weit vorgegangen war, ertheilte er Befehl zum Aufprotzen, was indessen nur beim 2. Geschütz gelang; das 1. blieb tief in den Boden eingesunken stehen, so daß der Geschützführer nur mit dem anderen den Rückweg antreten konnte. Premierlieutenant Stolterfoth hatte dem Geschützführer des abfahrenden Geschützes befohlen, mit der Protze, nachdem das Geschütz in Sicherheit gebracht, zurück-zukehren, um das andere zu holen. Vorher hatte er außerdem F./79 in Les Côtelles um Hülfe gebeten. Allein der Ueberbringer des letzten Gesuches wurde unterwegs verwundet; zwar sprengte der Adjutant vom F./79., Lieutenant v. Heimburg, heran, gefolgt von einem Zuge Infanterie; es gelang ihm indessen nur, bis auf 160 m an das Geschütz heranzukommen. Auf diese Weise schlug dieser Versuch, das Geschütz zu retten, fehl; auch der andere, mit der Protze des abgefahrenen Geschützes das stehengebliebene zu holen, glückte nicht, weil Major v. Steinäcker inzwischen die Barrikade am südlichen Dorfausgange hatte schließen lassen. So mußte das Geschütz zurückgelassen werden.

Diesen Vorgang, der, wie wir sehen werden, ein genaues Gegen-stück zu dem vorher bei Beaune eingetretenen bildet, haben wir aus-führlicher geschildert, weil aus ihm taktische Lehren folgen, deren Nicht-achtung leicht zum Verlust von Geschützen führen kann, ohne daß ent-sprechende Vortheile dies ausglichen. Die Führung des Zuges war fehlerhaft: Artillerie soll nicht ins Infanteriefeuer hineinstürmen, um erst in ihm zur Wirkung zu kommen; am wenigsten ein Zug, der naturgemäß selbst dann kaum eine Gefechtskraft entwickeln kann, wenn er es bis zum Feuern bringen sollte. Diesem Fehler begegnet man bei der deutschen Artillerie an diesem Tage wiederholt. Er hat seine Ursache in mangelnder Umsicht, in der stets schädlichen Unterschätzung des Gegners. Da, wo an diesem Tage zwei und mehr Batterien, durch die Noth gezwungen, im wirksamen Infanteriefeuer abprotzten, überdauerten sie zwar die Krisis, allein nicht ohne schwere Verluste; da, wo dies zugweise versucht wurde, erzielte man keine Wirkung, und in beiden Fällen entkam die Artillerie nicht, ohne je ein Geschütz zu verlieren. Artillerie, die freiwillig ausharrt und nach guter Wirkung in feindliche Hände fällt, ist nicht zu tadeln; Artillerie, die, ohne zur Wirkung zu gelangen, in dieselbe Lage geräth, ist stets fehlerhaft geführt. Der Zugführer durfte durchaus nicht über Les Côtelles hinaus, wenn er nicht sicher war, um das Dorf herum seinen Abzug bewerkstelligen zu können. Allein das Vorsenden der Artillerie war überhaupt ein Fehler, denn das Stadium des Artilleriekampfes war an dieser Stelle vorüber.

Der Adjutant des Generals Billot, Hauptmann Brugère, hatte nördlich von Juranville aus beobachtet, wie die beiden deutschen Geschütze von den Mobilgarden Nr. 73 unter Feuer genommen worden waren. Als er die unglückliche Lage der deutschen Geschütze erkannte, eilte er zurück, um Kavallerie heranzuholen. In diesem Augenblick trat aus Juranville die 2. Schwadron der 3. Lanciers unter Rittmeister Renaudot heraus, der sich ein Zug Dragoner Nr. 5 unter dem Unter-offizier Bertignon angeschlossen hatte. Diese marschirten sogleich auf, trabten durch die eigenen Schützen, die inzwischen im Vorgehen auf Les Côtelles begriffen waren, durch, passirten das stehengebliebene Geschütz im Galopp, nahmen einen Graben und gelangten in dieser Verfassung vor das verbarrikadirte Les Côtelles. Die Lanciers theilten sich nun, schwenkten von beiden Seiten um Les Côtelles herum und gelangten an den Nordausgang, als von Süden und Westen französische Infanterie sich der Ortschaft bemächtigte. Als nun die 79er Les Côtelles räumten, attackirte die feindliche Schwadron sie in aufgelöster Ordnung und nahm ihnen noch etwa 100 Gefangene ab. Nördlich von Les Côtelles fand die Attacke erst am Feuer vom I./56. und F./91., die inzwischen auf Benouille vorgezogen worden waren, ihr Ende. Die Schwadron machte Kehrt, und ein Theil der Gefangenen entlief ihr wieder, bis auf etwa 50, die sie mit fortführte. Inzwischen hatte Hauptmann Brugère mit Infanterie und unterstützt von dem Zuge Dragoner Nr. 5 (Unter-offizier Bertignon) das eroberte Geschütz weggeführt, das in feindlichen Händen blieb; die Lanciers deckten es auf dem letzten Theile des Weges. Unteroffizier Bertignon wurde für seine Auszeichnung zum Offizier befördert.*)

Marginal note: Attacke der 3. Lanciers.

---

*) Greneft, S. 352.

Der zweite französische Angriff, dessen Verlauf aus dieser Darstellung bereits bis zu einem gewissen Grade ersichtlich ist,*) wurde
von der deutschen Artillerie in Richtung auf Lorcy—Les Cötelles vollständig abgeschlagen. Während also die Brigade Bonnet bis zum
Schluß der Schlacht keinerlei Vortheile errang, gelang der zweite Angriff
der Brigade Robert von Süden auf Les Cötelles auch nur, weil er
von Oberst Goury von Westen aus unterstützt wurde. Erst das Auftreten dieser starken Umfassung von Westen veranlaßte F./79., Les Cötelles
zu räumen. Die feindliche Infanterie war damit aber auch am Ende
ihrer Kräfte angelangt, und ein Versuch, Long Cour nochmals anzugreifen, wurde nicht gemacht, obwohl die Deutschen bald darauf auch
Venouille aufgaben. Die dort stehenden fünf deutschen Batterien hielten
den Gegner bis in die Dunkelheit von jeder Annäherung fern. General
Billot ließ das Feuer durch die „Masse seiner Artillerie" beantworten,
jedoch ohne Erfolg, bis es in der Dunkelheit erstarb.

Allein die Thätigkeit der deutschen Batterien sowie die Erschöpfung
der Infanterie der 1. und 2. Division waren nicht die einzigen Ursachen,
die General Billot veranlaßten, von jedem weiteren Angriff auf Long Cour
abzustehen. Der französische General betrachtete, gemäß den Befehlen
Crouzats und gewillt, sein Wort zu halten, den Angriff auf Beaune
als die Hauptaufgabe des 18. Armeekorps. Mochte er nun bis 2 Uhr
erkannt haben, daß er den Gegner bei Long Cour nicht überwältigen
konnte, so war es vollständig zu Recht und nach Lage der Dinge wirklich begründet, wenn er dennoch an die Ausführung seines ursprünglichen
Auftrages ging. Dazu mußte er zunächst gegen Long Cour so beträchtliche Kräfte zurücklassen, daß sie einem Angriff der Deutschen gewachsen
waren, und konnte dann, derart in seiner rechten Flanke gesichert, auf
Beaune, entweder über Vergouville oder über Venouille, abrücken. Zu
dem Zweck hatte er die vier Bataillone der Brigade Bonnet von Corbeilles herangezogen, dann seine „Hauptartillerie" entfaltet und schließlich Oberst Goury mit vier Bataillonen Les Cötelles von Westen
umgeben, Brigade Bremens und die Artillerie der 3. Division hinter

---

*) Lehautcourt behauptet, zwischen den beiden geschilderten sei noch ein An-
griff auf Les Cötelles gemacht, jedoch zurückgeschlagen worden. Bestimmte sonstige
Angaben habe ich dafür nicht finden können, Anläufe einzelner Abtheilungen sind
aber wiederholt in der Zwischenzeit vom F./79. abgewiesen worden.

Goury folgen laffen. Wollte General Billot diefes nicht ungefährliche Manöver ausführen, so mußte er sich fürs Erste des Straßenkreuzes bei Les Côtelles bemächtigen und es ſtark beſetzt halten, alsdann Venouille ebenfalls nehmen und beſetzen. Nun war es aber inzwiſchen 3 Uhr nachmittags geworden, bis General Billot das Straßenkreuz von Les Côtelles genommen hatte; wollte er nun noch nach Beaune, 3500 m, so mußte er überlegen, ob ſich dies am ſchnellſten durch Wegnahme von Benouille oder durch Ausbiegen über Vergouville und Ormetrou aus- führen ließ. In Ungewißheit darüber, ob Benouille von den Deutſchen beſetzt ſei, und nach den bisherigen Erfahrungen konnte General Billot über die Wahl nicht zweifelhaft ſein; er entſchied ſich denn auch für das Letztere und ſtand von einem Angriff auf Venouille ab, das damals bereits von den Deutſchen geräumt war und erſt ſpäter von franzöſiſcher Infanterie beſetzt wurde.

Da nun Oberſt Goury an dem Angriff auf Les Côtelles betheiligt war und die Sammlung ſowie das Wieder-in-Marſch-ſetzen erhebliche Zeit beanſpruchte, so gelangte die Brigade Bremens, ohne das 82. Mobil- garden-Regiment, mit der Artillerie der 3. Diviſion an die Spitze, Brigade Goury an das Ende der Marſchkolonne. Alle drei werden wir denn auch noch wirkſamen Antheil an den Schlußkämpfen auf der Oſtſeite von Beaune nehmen ſehen.

Das nach der Wegnahme von Les Côtelles immerhin noch gewagte Unternehmen blieb den Deutſchen bei Long Cour verborgen. Dies darf nicht verwundern, weil das Gelände unüberſichtlich war, die ein- fallende Dämmerung jede Fernſicht ausſchloß und Aller Thätigkeit bei der großen feindlichen Ueberlegenheit nur auf das Nächſte und Noth- wendigſte gerichtet war. Führung und Truppen darf man daraus alſo keinen Vorwurf machen.

Die Kämpfe bei Juranville waren von großem Einfluß auf die Lage der Teutſchen bei Beaune, und wenn man die Kriegsgeſchichte nach dem Erfolge „appretiren" wollte, so könnte man ohne Weiteres ſagen, die von General v. Voigts-Rhetz getroffenen Anordnungen waren richtig. Dies näher zu unterſuchen, iſt jedoch hier nicht der Ort, es wird daher bei der Darſtellung der Ereigniſſe bei Beaune geſchehen.

Nachdem Juranville, Les Côtelles (und Benouille) in franzöſiſchem Beſitz waren, marſchirte General Billot mit den Brigaden Bremens

General Billot begiebt ſich zu General Crouzat.

8*

(wahrscheinlich ohne die 82er) und Goury über Foucerive und Ormetrou
auf Beaune la Rolande ab. Die Bewegung wurde in der rechten
Flanke durch die Hauptkräfte der 1. Division (Pilatrie) gedeckt, die
Reserveartillerie verblieb bei Juranville, dagegen scheint sich die ganze
Artillerie der 3. Division dem Marsche angeschlossen zu haben; ob auch
die Artillerie der 1. Division oder Theile davon, ist ungewiß. Die
Hülfe, die das 18. Armeekorps somit dem 20. noch dazu in später
Stunde brachte, war verhältnißmäßig gering, denn sie wird außer den
beiden bereits genannten Kompagnien Zephyrs etwa aus sechs Bataillonen
und drei Batterien bestanden haben; immerhin waren die gesammten Kräfte
den schwachen und von des Tages Anstrengungen erschöpften Vertheidigern
gegenüber beträchtlich. Bei der Darstellung der Schlacht bei Beaune
gehen wir noch näher darauf ein. General Billot scheint Anordnungen
getroffen zu haben, wonach diesen Theilen seines Armeekorps weitere
folgen sollten, wenigstens will er später den General Crouzat aufgefordert
haben, „seine Positionen noch zwei Stunden zu halten, welche Zeit seine
Truppen nöthig hätten, in die Gefechtslinie einzutreten"; aus seinem
Bericht vom 13. Dezember und aus seinen Anordnungen ist jedoch nicht
zu erkennen, welche Truppentheile das waren.

Jn dem Glauben, daß der wichtigste Punkt (Beaune) in französischen Händen sei, ritt General Billot, von einer Schwadron Kürassiere
begleitet, in der Richtung auf St. Loup zum General Crouzat, um
sich über den Stand der Schlacht frühzeitig zu unterrichten. Hierbei
bemerkte er erst, daß Beaune nicht in französischem Besitz war, die
Stadt wurde vielmehr von überhöhenden Stellungen aus kräftig mit
Artillerie beschossen, während nur Schützenketten in den „Vorstädten"
waren. Bald darauf traf General Billot den General Crouzat selbst,
der um 2½ Uhr noch nichts vom 18. Armeekorps bemerkt hatte und
infolge dessen in der Richtung nach Juranville geritten war. Crouzat
fragte nun General Billot, wo sein Korps bleibe, und erhielt die
Antwort, daß es im Marsche sei. Crouzat bat ihn, sich zu beeilen,
und begab sich „gegen Beaune" zurück, wo er um 3½ Uhr wieder
gewesen sein will. Hiernach hätte die Begegnung beider Generale etwa
kurz nach 3 Uhr stattgefunden haben müssen. Dies stimmt auch ungefähr
damit überein, daß nach Crouzat bald darauf das Eingreifen der
5. Division fühlbar geworden sei. Jm Uebrigen bietet das Zusammen-

wirken so beträchtlicher Maſſen bekanntlich große Schwierigkeiten für
die Leitung. Daß man ſich deſſen auf franzöſiſcher Seite in hinreichendem Grade bewußt geweſen ſei, ergiebt ſich aus den franzöſiſchen
Quellen nicht; vor allen Dingen fällt es auf, daß die Generale Crouzat
und Billot ſo wenig thaten, um ſich gegenſeitig mit Nachrichten zu
verſehen. Beſonders hätte General Billot häufiger melden müſſen.
Ein Vergleich in dieſer Beziehung mit den Deutſchen fällt denn auch
ſehr zu Ungunſten der Franzoſen aus; die Darſtellung der Ereigniſſe
bei Beaune wird dies noch beweiſen.

Wir verlaſſen hiermit die Vorgänge beim 18. Armeekorps, um
einen kurzen Rückblick auf ſeine Taktik zu werfen.

Es fällt auf, daß die Franzoſen bei allen Angriffen bis Mittag *Bemerkungen*
keine Artillerie verwandten; von Mittag ab trat ihre Artillerie zwar *über die fran-*
„mit der Maſſe" in den Kampf, allein auch die Angriffe von 2 Uhr *zöſiſche Taktik*
ab erfolgten ohne genügende Vorbereitung durch die der unſrigen an
Wirkung unterlegene Artillerie. Die Infanterie der Brigade Bonnet
ging in der Hauptſache über verhältnißmäßig offenes Feld gegen Long
Cour in geſchloſſenen Bataillonskolonnen vor. Keiner ihrer Angriffe
gelangte in das deutſche Infanteriefeuer, ſie ſcheiterten vielmehr bereits
an unſerem Artilleriefeuer. Viel zweckmäßiger war die Taktik auf der
Südſeite von Les Côtelles, das Vorbrechen der 3. Lanciers iſt ſogar
unter den verwickelten Umſtänden ein Meiſterſtück; Oberſt Goury hätte
indeſſen wohl eine größere Thätigkeit entwickeln können. Der Marſch
der Brigade Bonnet, nach Corbeilles und zurück, im Ganzen 10 km,
hatte großen Zeitverluſt zur Folge. Dieſe Brigade hatte zuerſt, mit
dem Rücken gegen die übrigen Theile des 18. Armeekorps ſtehend,
gefochten. Daß ihr nach dem Hin= und Rückmarſch und den blutigen
Lehren von Corbeilles noch eine große Gefechtskraft innewohnen konnte,
war nicht wohl anzunehmen; ſie hat das auch bewieſen. Da nun
General Billot ſtets an dem Gedanken des Abmarſches nach Beaune
feſthielt, ſo wird man es billigen müſſen, daß er die 3. Diviſion dafür
bereit hielt und für den Angriff auf Les Côtelles—Long Cour das
Herankommen der Brigade Bonnet abwartete.

Nicht vorenthalten ſoll dem Leſer das Geſammturtheil Lehautcourts
werden. Es lautet: „Obwohl bis zum Ende des Tages das 18. Armee=
korps den Gegner zurückgeworfen hatte (d. h. nur die Vorpoſten=

poftirungen), so hatte es doch keinerlei entscheidendes Ergebniß erzielt. Die Deutschen behaupteten noch den größten Theil ihrer Stellungen auf dem linken Flügel, und unser rechter Flügel hatte nur einen verhältniß= mäßig schwachen Einfluß auf den allgemeinen Gang der Schlacht aus= üben können."

Was nun die Reihenfolge der Ereignisse angeht, so erschien es mir am zweckmäßigsten, zuerst die Begebenheiten von Juranville zusammen= hängend darzustellen und darauf die von Beaune la Rolande in derselben Weise. Beide Flügelaktionen bilden die Schlacht von Beaune la Rolande. Diese Eintheilung dürfte — obwohl nicht verkannt wird, daß der Leser sich die Zeiten und Maßnahmen für beide Flügel genau einprägen muß, um einen klaren Ueberblick zu gewinnen — um so mehr gerecht= fertigt sein, als jeder Flügel eigentlich selbständig verfuhr. Auf dem linken befehligte der kommandirende General selbst, auf dem rechten der Führer der 19. Division. Der große Zwischenraum hätte die gegenseitige kräftige Unterstützung zwar nicht ausgeschlossen, allein abgesehen von der Absendung von zwei reitenden Batterien vom Bahnhof Beaune nach dem Städtchen gleichen Namens und der Instradirung von F./78. von Bordeaux nach Marcilly sowie später von der Nach= sendung weiterer Batterien, griff der kommandirende General nicht direkt in die Gefechtsführung bei Beaune ein. Auch dies dürfte für die getrennte Darstellung der Ereignisse auf beiden Flügeln sprechen.

3. Die Schlacht auf dem rechten Flügel.

a. Die Entwickelung des 20. Armeekorps.

Signalschüsse zum Beginn der Schlacht.

Um 8 Uhr früh hatte bekanntlich eine feindliche 12 pfündige Batterie, ohne daß vorher von den deutschen Vorposten etwas Auffälliges über den Gegner gemeldet worden wäre, das Städtchen Beaune la Rolande zu beschießen begonnen. Die Batterie stand nördlich St. Loup les Bignes sehr gut gedeckt, so daß sie kaum beobachtet werden konnte, und gehörte der 2. Division des 20. Armeekorps an. Nachdem wenige Geschosse in das Städtchen eingeschlagen waren, verbreitete sich das Feuer dieser Batterie im großen Bogen vom Bois de la Leu über Mins. de la Montagne bis nach Marcilly. Bei der Entfernung von 2000 bis 3500 m war seine Wirkung gleich Null.

Bei der Eröffnung des Feuers standen die 2. und 3. Division des 20. Armeekorps zum Abmarsch bereit, die zweite bei St. Loup les Vignes, die dritte südlich dieses Ortes; General Crouzat hielt sich bei der 2. Division auf. Die 1. Division war schon vorher angetreten und sollte bekanntlich über Nancray, Batilly, St. Michel auf Beaune marschiren, die 2. von Montbarrois und St. Loup direkt auf Beaune, die 3. sich bei St. Loup als Reserve aufstellen, um nach Umständen verwendet zu werden.*) General de Polignac war in der rechten Flanke durch Kavallerie begleitet, so daß diese Division in einer Entfernung zwischen 1800 und 1300 m einen Flankenmarsch von etwa 7500 m an der Front des hier stehenden Theiles der Vorposten der 38. Infanterie-Brigade entlang ausführte und es ungefähr eine Stunde beanspruchte, bis die Spitze Batilly erreicht hatte. Bedauerlicherweise ist aus den französischen Quellen nicht ersichtlich, wie das immerhin nicht unbedenkliche Unternehmen ausgeführt wurde. Zur Deckung desselben war in der Nacht vom 27. zum 28. von der 2. Division Montbarrois besetzt worden, worüber Major v. Schoeler von 2./57. in der Frühe Meldung erhalten hatte.**) Die Marschrichtung wurde außerdem insofern begünstigt, als die Division Polignac sich von Belle Coeur ab verdeckt hinter den nach Osten vorgelagerten Höhen bewegte, die sie im Verein mit den zahlreichen Ortschaften, Weilern, Gärten, Weinbergen und Waldparzellen den Deutschen verbargen, falls die Patrouillen ihrer Vorpostenkavallerie die genannte Straße nicht beobachteten und falls von Arconville—Mousseau aus (Feldwachen der 1. Kavallerie-Division) nicht weit genug nach Süden vorgefühlt wurde. Dies mag in unzulänglichem Grade geschehen sein, denn thatsächlich liefen erst Meldungen aus jener Richtung ein, als St. Michel selbst angegriffen wurde.***) Wie es scheint, marschirte die Division Polignac in geschlossenen Brigaden, die Divisions-artillerie muß sich hierbei wohl am Ende der Division befunden haben, sonst würde sie früher ins Gefecht gekommen sein. Berechnet man für den Marsch eine Stunde, so konnte die Division vor 8¾ Uhr schwerlich

---

*) Crouzat, S. 19/20. — **) Militär-Wochenblatt Nr. 104, 1890. — ***) Der Patrouillendienst der 1. Kavallerie-Division kann nicht sehr lebhaft gewesen sein; wenigstens theilt Major v. Schoeler mit, er hätte seit dem 26. nachmittags von dieser nur eine Patrouille vom 12. Ulanen-Regiment zu sehen bekommen und diese auch nur, weil sie von unserer Infanterie, die sie für französische Lanciers hielt, beschossen wurde. Militär-Wochenblatt Nr. 104, 1890.

bei Batilly und in südlicher Umgebung nach Westen eingeschwenkt sein.
Dies war dann der Zeitpunkt, die 2. Division von St. Loup
les Vignes aus zu entwickeln; beide Divisionen hätten dann genau gleich
weit vom Städtchen entfernt gestanden, nämlich 3000 m. In Wirklichkeit begann die Division Polignac um 9 Uhr von Batilly zu beiden
Seiten der Cäsar-Straße und südlich bis Queschevelle ihren Vormarsch,
indem sie bald darauf nach Norden weiter ausholte, um die Straße
Beaune la Rolanbe—Barville zu unterbrechen. Um diese Zeit stand
die Masse der 1. Brigade (Oberst Boisson) bei Batilly, Front auf
La Pierre percée, die Masse der 2. Brigade (Oberst Brisac) westlich
von Galveau und Queschevelle, Front auf den Kirchhof von Beaune
la Rolanbe.

Allgemeine Be-
stimmung der
französischen
Angriffs-
richtungen. Die späteren Kämpfe würden unverständlich bleiben, wenn es unterlassen würde, die Gefechtsrichtungen dieser beiden Brigaden genau festzulegen. Bedauerlicherweise lassen die französischen Quellen jedoch so
viele Fragen offen, die Angaben sind so verwirrt und widersprechen
sich so, daß keine einzige Angabe ungeprüft und unberichtigt bleiben
konnte. Immerhin ergiebt sich, wie der Verlauf der Schlacht bestätigen
wird, aus einzelnen französischen Angaben und vielen übereinstimmenden
Beobachtungen der Deutschen ein Bild, das der Wirklichkeit sehr nahe
kommt. Danach hatte I./57. sechs bis acht Bataillone gegen sich, dies
wäre also die Richtung zu beiden Seiten der Cäsar-Straße. Diese
Angabe findet sich in der Geschichte der 57er*) und stimmt einerseits
mit allen Angaben vieler Augenzeugen, andererseits im Großen und
Ganzen mit den Darstellungen Grenests und Lehautcourts überein.
Es handelt sich daher hier um die sechs Bataillone der Brigade Boisson,
an welche General de Polignac von Nancray aus ein Bataillon
(Mobilgarden der Dordogne) des Obersten Cathelineau herangezogen
hatte.**) Dieses Bataillon wandte sich später südlich an Arconville
vorbei und gelangte zum Theil an der Fosse des Prés in die Gegend
von La Bretonnière zur Flankendeckung der Division Polignac. Aus
Grenest***) ergiebt sich nun aber auch Näheres über die Gliederung
der Brigade Boisson. Danach befanden sich nämlich die 85er (Roth-

---

*) S. 136, von v. Schimmelmann. — **) Grenest, S. 338/339. —
***) S. 314.

hofen) *) auf dem äußersten linken Flügel der Brigade, und zwar das
1. Bataillon Front gegen die Straße Beaune—Pithiviers, das 2. auf
der Cäsar-Straße. Südlich daran schlossen sich die Mobilgarden Nr. 11
und 55, deren Gefechtsbereiche allerdings nicht deutlich zu erkennen
waren; wahrscheinlich waren die 55er im Süden, die 11er in der
Mitte. Es steht fest, daß I./57. während des ganzen Schlachttages
auf dem äußersten linken französischen Flügel Rothhofen, in der Front
hingegen Grauhofen bemerkte.**) Außerdem gehörten die ersten gegen
Ende der Schlacht in den Büschen von Romainville***) vom Hauptmann Soest gemachten Gefangenen den 85ern an (Rothhofen), während
südlich davon nur erschossene Mobilgarden gefunden wurden; auch an
der Stelle, wo vorübergehend ein Geschütz der Batterie Knauer verloren
gegangen war, lagen nur Mobilgardenleichen. Hiernach dürfte die
Gefechtszone der Brigade Boisson genau festgestellt sein. Daß von
dieser Brigade auch später im Bois de la Leu Gefangene gemacht wurden,
ist ganz natürlich, denn sie ging mit beträchtlichen Theilen (85ern)
dahin zurück; außerdem können es „Abgekommene" von der Fosse des
Prés gewesen sein.

Die französischen Angaben über die Gefechtszone der Brigade
Brisac sind sammt und sonders unklar, widerspruchsvoll und somit
nicht zu verwerthen, so daß man in dieser Hinsicht lediglich auf deutsche
Beobachtungen angewiesen ist. Die Brigade schlug nach übereinstimmenden
deutschen Angaben vom Bois de la Leu und Galveau die Richtung auf
die Westfront von Beaune (Kirchhof) ein. Aus den französischen
Quellen ist zwar nur zu erkennen, daß sie auf den „Kirchthurm" von
Beaune zu marschiren sollte; da aber die Deutschen von 11 bis

---

*) Rothhofen und Grauhofen sind zwar keine schönen sprachlichen Ausdrücke;
allein da sich diese Worte durch die Meldungen und den Dienstverkehr ziehen, um
mit einem Worte zweifellos zu machen, ob man Linie oder Mobilgarden gegen
sich hatte, so kann ich die Anwendung der Ausdrücke nicht umgehen. Rothhofen
bedeuten also Linie, Grauhofen Mobilgarde. — **) Die Uniform bot somit hier
auf weite Entfernungen ein sicheres Unterscheidungszeichen, was taktisch eine gewisse
Bedeutung hatte und die historische Untersuchung wesentlich fördert. — ***) Unter
dem Wäldchen von Romainville, das später eine große Bedeutung erlangte, ist
das Wäldchen östlich des westlichen Straßenkreuzes, nördlich von Beaune, verstanden. Es bestand aus dem westlichen Haupttheile und einem Parallelstreifen,
50 Schritte östlich davon, der seine ganze östliche Front deckte, so daß zwischen
beiden eine Lücke war.

3½ Uhr Zeit hatten, ihre Angriffsmaßnahmen zu sehen, und da das Erkennen hier nicht durch das Gelände behindert war, so können erhebliche Irrthümer in der Schätzung nicht obwalten. Von allen Augenzeugen wurden sechs bis sieben Bataillone gezählt, die Brigade Brisac zählte in Wirklichkeit sieben Bataillone; die Schätzung trifft also so ziemlich das Richtige.

Das Freikorps Cathelineau.

Der Signalschuß Crouzats war auch für das Freikorps des Obersten Cathelineau berechnet, das sich indessen damals schon in Bewegung befand. Es stand in der Frühe des 28. in und bei Nancrav, und Oberst Cathelineau marschirte um 7 Uhr mit einem Bataillon Mobilgarden der Dordogne und einem Theil seiner Freischärler auf Batilly ab, das er vor der Ankunft der Brigade Boisson besetzt haben will. Zwei Bataillone unter Oberstlieutenant Domalain*) und eine Kompagnie Eclaireurs der 1. Division 15. Armeekorps marschirten nach Courcelles, das sie unbesetzt fanden und bis zum Abend behaupteten. Wahrscheinlich traf Oberstlieutenant Domalain um 9 Uhr in Courcelles ein, Oberst Cathelineau etwas früher als die Brigade Boisson in Batilly.

Marsch der Division Thornton.

Die Division Thornton sollte von St. Loup les Vignes erst den Marsch antreten, sobald die 1. bei Batilly bereit stand. Der General Thornton (2. Division) begann aber die Bewegung bereits gegen 8½ Uhr, und da sich während derselben erst übersehen ließ, daß sich der Marsch der 1. Division aus unbekannten Gründen verzögert hatte, so scheint der General mit den aufmarschirten Brigaden Halt gemacht zu haben, um das Vorschreiten des Generals Polignac abzuwarten. Von der 2. Division stand um 9½ Uhr die 1. Brigade (Schiffskapitän Aubé) in Höhe von La Grange, zu beiden Seiten der Straße St. Loup les Vignes—Beaune la Rolande, Front gegen L'Orminette, die 2. Brigade (Oberst Vivenot) zu beiden Seiten der Straße Boiscommun—Beaune la Rolande, Front gegen Orme, in gleicher Höhe mit der ersten hinter der Höhe von Les Rues. Die Massen beider Brigaden waren durch das sehr bedeckte Gelände der Sicht der Deutschen vollständig entzogen. Außer der genannten Batterie war bis dahin noch keine andere in Thätigkeit getreten.

---

*) Erenest nennt S. 338,339 als Besatzung von Courcelles die Legion der Bretagne, die 1000 Mann stark gewesen wäre.

Die 3. Division (General Ségard) befand sich östlich von St. Loup les Vignes in Reserve. Die französische Angriffslinie überspannte mithin einen Bogen von 7000 m, die Reserve auf dem äußersten rechten Flügel.

Diese Anordnungen lassen deutlich erkennen, daß General Crouzat mit dem 20. Armeekorps die feindliche Front von Arconville bis L'Orminette angreifen wollte, während General Billot mit dem 18. Armeekorps dem rechten Flügel des 20. auf der Straße Foucerive die Hand reichen sollte. Da nun das 18. Armeekorps bei Juranville festgehalten wurde, so erklärt sich, daß die deutschen Vorposten zu beiden Seiten der genannten Straße sich erst viel später zur Räumung ihrer Stellung veranlaßt sahen als auf der übrigen Linie des 10. Armeekorps. Wenn General Crouzat das deutsche 10. Armeekorps durch seine Uebermacht an Streitern von Westen und Osten umfassen wollte — und dies beabsichtigte er —, dann kommt vor allen Dingen die Wahl des Aufstellungspunktes seiner Schlachtreserve in Betracht. So wie er sie aufstellte, befand sie sich genau hinter der Mitte des 20. und 18. Armeekorps, war also für ein Eingreifen im Süden und Osten von Beaune la Rolande zur Hand.

Nun erwartete aber General Crouzat den General Billot (18. Armeekorps) auf den Straßen Foucerive—Beaune la Rolande und Benouille— Beaune la Rolande. Unter diesen Umständen konnte General Crouzat sowohl zur Verwendung gegen die Ost= als auch gegen die Südfront vom 18. Armeekorps rechtzeitig eine ausreichende Reserve ausscheiden, die westlich der Straße Foucerive—Beaune la Rolande aufgestellt werden mußte; seine eigene Korpsreserve gehörte dann an jeden anderen Punkt weiter westlich und nordwestlich von St. Loup les Vignes, nur nicht dahin, wo sie ihre Stellung angewiesen erhielt. Ihr fiel damit die Rolle der Schlachtreserve zu. Der französische General wollte die Deutschen von Osten und Westen umfassen, während er sie von Süden nur ernstlich hinzuhalten beabsichtigte. Wie hierbei die Streitkräfte organisch zu gliedern waren, um durch die Umfassung eine Vernichtung zu erzielen, das mußte ihm die strategische Absicht an die Hand geben. Er konnte nun den Hauptdruck auf den rechten oder den linken Flügel legen. Im ersteren Falle würden die Deutschen auf die II. Armee zurückgeworfen worden sein, es versprach den kleineren Erfolg. Im

zweiten Falle schnitt er das 10. Armeekorps von der II. Armee ab; es
war der Weg der Vernichtung, mithin mußte Crouzat seine Schlachtreserve am linken Flügel zur Hand haben.

Welche Möglichkeiten konnten eintreten? General Crouzat war über
den Gegner wohl unterrichtet. Danach konnte ihm in südöstlicher Richtung
keinerlei Gefahr drohen; er kannte die Schwäche des Gegners bei Beaune
la Rolande, wußte aber auch, daß die feindliche Unterstützungsrichtung
auf Pithiviers lief. Von da bis Beaune la Rolande ist ein Tagemarsch
(21 km), und wenn Unterstützung von Pithiviers zur Zeit des Signals
Crouzats aufbrach, so konnte sie spätestens um 2 Uhr bei Beaune la Rolande
eintreffen. So mußte General Crouzat überlegen, zumal dem Feinde der
Telegraph zur Verfügung stand. Von Pithiviers aus drohte ihm daher
wirklich Gefahr, von hier aus konnte er selbst umfaßt werden, und dies
konnte, wenn überhaupt, nur verhindert werden, wenn General Crouzat
von vornherein den Aufstellungspunkt der Reserve richtig wählte. Das
hätte ihm zugleich die wirksamste Ausführung seines Planes gesichert.
General Crouzat entschied sich anders. Hierbei muß zu seiner Entschuldigung gesagt werden, daß er auf die 1. Division des 15. Armeekorps (des Pallières) als Reserve seines linken Flügels rechnete; allein
General des Pallières war älter als Crouzat, Letzterer konnte ihm
nicht befehlen, er konnte ihn nur um Hülfe bitten. General des Pallières
war, worauf wir später zurückkommen werden, nun zwar von Tours aus
angewiesen worden, mit seiner 1. Division oder doch mindestens mit
beträchtlichen Theilen derselben — die Division zählte 30000 Mann —
in die Bewegung auf Pithiviers einzugreifen; allein diese Division stand
am 27. abends nicht versammelt, was Crouzat allerdings wohl nicht
genau wußte. Ihm war aber bekannt, daß General des Pallières sich
am 27. abends noch in Loury — 23 km von Beaune la Rolande —
befand. Um dieselbe Zeit dehnte sich die 1. Division 15. Armeekorps
über einen Raum von etwa 28 km aus, nämlich von Chambon über
Chilleurs bis St. Lyé. Obwohl General Crouzat bei Ertheilung seines
Schlachtbefehls darüber nicht genau unterrichtet war, so durfte er doch,
bei der Entfernung von Loury bis Beaune la Rolande, auf die Streitkräfte des Generals des Pallières als Reserve am 28. nicht mit
Sicherheit rechnen. Selbst für den Fall, daß es sich nöthig erwies, den
General Crouzat aufzunehmen, war die so weit auseinandergezogene

Division des Pallières' viel zu weit von Beaune entfernt. Wenn nun General Crouzat den folgenden, am 27. abends bei des Pallières ein= gegangenen Befehl des Generals b'Aurelle, der Crouzat mitgetheilt war, überdachte, dann mußte General Crouzat eher in seiner Hoffnung auf die 1. Division erschüttert als bestärkt werden. Der Befehl lautet: „Donnez l'ordre aux troupes de la 1re division de se tenir prêtes à prendre les armes. Observez surtout ce qui se passe à votre droite. Je vous laisse du reste votre liberté d'action pour vous porter au secours de Crouzat, s'il est sérieusement attaqué. Maintenez-vous toujours en communication avec lui. Je n'ai pas reçu de nouvelles de vous aujourd'hui; j'ignore ce que vous pouvez avoir devant vous." Zur Erzielung einer klaren Vorstellung über die Maßnahmen Crouzats für den 28. November und den Verlauf der Schlacht erschien es unumgänglich nothwendig, bereits an dieser Stelle den Irrthum zu widerlegen, daß sich die ganze 1. Division des 15. Armeekorps am 28. November bei Chambon be= funden hätte. (Siehe Plan 22 der Schlacht von Beaune la Rolande im Generalstabswerke und allen Werken, die daraus geschöpft haben.) Erst nach der Berichtigung dieses Irrthums kann Crouzats Angriffsplan überhaupt richtig beurtheilt werden. Nun lagen aber die Befehls= verhältnisse so verworren, daß Crouzat auf des Pallières auch aus diesem Grunde nicht mit derjenigen Sicherheit rechnen durfte, mit der er es vielleicht that. Er mußte daher zunächst sehen, wie er ohne den General des Pallières auskommen würde, also den sichersten Weg einschlagen. Alsdann gehörte die Reserve des 20. Korps in die Gegend von Batilly, die des 18. auf den linken Flügel dieses Korps. Auf das Freikorps des Obersten Cathelineau, das die Verbindung zwischen dem 20. und 15. Armeekorps in der Nordostecke des Waldes von Orléans unter= hielt, konnte Crouzat keine Hoffnungen als Reserve stellen, und der Verlauf der Schlacht wird diese Ansicht bestätigen. In Ansehung seiner eigenen strategischen Lage war die Wahl des Punktes für die Schlachtreserve abhängig von der erwünschtesten eigenen Rückzugslinie. Diese führte zur Loire=Armee und nicht von ihr ab. Auch aus diesem Grunde gehörte die Reserve auf den linken Flügel. Wie die Befehls= verhältnisse lagen, hätte sich ein leidliches Zusammenwirken nur erzielen lassen, wenn die Generale Crouzat, des Pallières und Billot alle per=

fönlichen Interessen der Sache unterordneten; fraglich bleibt es selbst dann noch, ob bei dem Mangel an hinreichenden Organen für die Oberleitung nicht unüberwindliche „Friktionen" entstanden wären. Zwar sollte des Pallières von seinem Zusammentreffen mit Crouzat an, zufolge Anweisung d'Aurelles, den Oberbefehl übernehmen; es ist jedoch immer eine mißliche Sache, Jemand den Oberbefehl zu übertragen, der nicht die Zeit gehabt hat, sich genügend zu unterrichten, und viel= leicht eine ganz andere Auffassung gewinnt als sein Vorgänger. Ferner mußte es überhaupt schwierig sein, ein einheitliches Vorgehen des 20. und 18. Armeekorps zu erzielen, die sich über einen Raum von 18 km im Angriff ausdehnten. Ist bei solchen Raumverhältnissen schon eine Leitung mit ausreichendem Befehlsapparat erschwert, so wird sie un= möglich, wenn dieser fehlt, wie es hier der Fall war. Hätte des Pallières wirklich eingegriffen, so wäre dieser Uebelstand noch mehr hervorgetreten, denn auch ihm fehlte ein für die Leitung ausreichender Stab. Zwei oder drei hervorragend tüchtige kommandirende Generale, die nicht davor zurückschrecken, die Verantwortung für einen folgenschweren Entschluß auf sich zu nehmen, können wohl durch geschickte gegenseitige Ver= ständigung, wobei einer gewissermaßen primus inter pares sein muß, eine Schlacht einleiten (Wörth) oder bis zu einem bestimmten Grade durchkämpfen (Mars la Tour—Bionville); allein wenn es sich um eine planmäßige Angriffsschlacht unter gleichen Raumverhältnissen wie hier handelt, dann können die tüchtigsten kommandirenden Generale den Armeebefehlshaber mit den für seine Funktionen abgemessenen Organen niemals ersetzen. Es wird darauf verwiesen, weil sich diese Wahrheit auf beiden Seiten 1870/71 und noch mehr 1877/78 beweisen läßt und weil es unbedingt erforderlich ist, daß die Leitung einer großen Angriffs= schlacht sich rechtzeitig in möglichster Nähe der wahrscheinlichen Schlacht befindet.

b. Der Kampf der Vorposten.

Auf der ganzen Vorpostenfront der 38. Infanterie=Brigade war bis zum Ertönen des Signalschusses aus der Gegend von St. Loup les Vignes nichts Auffälliges bemerkt worden,*) nur aus Quescheville

*) Die Vorposten befanden sich in der für den 27. November angegebenen Stellung, nur hatte I./57. in der Gegend von Batilly inzwischen noch eine Feld= wache von 3./57. auf der Straße nach Nancray ausgesetzt.

hatte 2./57. in der Frühe des 28. an Major v. Schoeler gemeldet,
daß in der verflossenen Nacht eine besondere Rührigkeit beim Feinde
bemerkbar gewesen wäre. Als darauf die Meldung von derselben
Kompagnie über die Besetzung von Montbarrois, das bis dahin beide
Theile unbesetzt gelassen hatten, einlief, ritt Major v. Schoeler nach
Queschevelle. Dort ergänzte Premierlieutenant Würmeling seine bisherigen Meldungen dahin, daß die Vorposten vom II./57. bereits angegriffen und, wie es schiene, zurückgedrängt worden wären. Gleichzeitig fielen mehrere Schüsse aus der Richtung von Les Rues und
Batilly. Es war kurz vor 9 Uhr. Major v. Schoeler ertheilte nun
2./57. (Queschevelle) und 4./57. (Galveau) persönlich den Befehl, vor
einem überlegenen Angriff in Richtung des Bois be la Leu zurück-
zugeben und Anschluß an 1., 3./57. zu suchen. Sein Adjutant ritt nach
Batilly, um diese Kompagnien unter denselben Bedingungen mit Anweisungen zu versehen; als er dort eintraf, waren diese bereits von
großer Uebermacht längs der Römer-Straße zurückgedrängt worden.
Bei den übrigen Bataillonen hatte 10./57. gegen 3 Uhr nachts ein an
der Straße nach Bellegarde liegendes Gehöft anzünden lassen, wobei
jenseits ihrer Vorposten einige Schüsse gefallen waren. Sonst lagen
keinerlei Meldungen der Vorposten vor, die auf etwas Außerordentliches
schließen ließen. Auch die sich an die genannte hessische Reiterfeldwache
anschließenden Vorposten der 1. Kavallerie-Division hatten nur, wie
in den Tagen vorher, aus der Gegend von Nancray einige Schüsse
fallen hören.

Die gesammten Vorposten sollten im Falle eines überlegenen Angriffs
nach den Kalköfen auf den Höhen von Les Roches abrücken, nordöstlich
von Beaune la Rolande, und sich dort im Regimentsverbande sammeln.
Vorpostenkommandeur war Oberst v. Cranach, der sein Quartier in
Joucerive hatte. Beide Maßnahmen lassen vermuthen, daß man von
Westen keinerlei Gefahr befürchtete, sonst würden sie schwer begründbar
sein. Aber selbst wenn man von da keine Gefahr vermuthete, so bleiben
beide Maßnahmen trotzdem Fehler, Fehler in der Anlage und in Bezug
darauf, was man zu thun in die Lage kommen konnte, und diese
Urfehler in der Anlage waren im ganzen Laufe des Kampfes nicht
mehr gut zu machen, wie das die Regel zu sein pflegt. Sieht man
auch von allen in die höhere Taktik (und Strategie) fallenden Er-

wägungen ab, so muß man doch fragen: Wie konnte der genannte Punkt zum Sammelplaß bestimmt werden, und wie konnte der Vorposten= kommandeur Foucerive zu seinem Quartier wählen? Der Vorposten= kommandeur gehörte auf jeden anderen Punkt, nur nicht nach Foucerive, am besten nach Orme. Wie dargelegt, krankte die Vorpostenstellung des ganzen 10. Armeekorps an dem Urfehler einer für die einzelnen Brigaden viel zu großen Ausdehnung. Bis zu einem gewissen Grade kann der Fehler durch die Noth der Umstände entschuldigt werden. Da aber daran nichts geändert wurde, so wäre es Sache der 38. Infanterie= Brigade gewesen, einen Sammelplaß zu finden, der Aussichten bot, falls Beaune la Rolande angegriffen wurde, in möglichst günstige Gefechts= (taktische) Verhältnisse überzugehen. Da die Vorposten über zwei Schwa= dronen Kavallerie verfügten, so hätte durch wohlorganisirtes Nach= richtenwesen der Fehler in der Anlage gemildert, wenn auch nicht beseitigt werden können. Nun lag der Sammelplaß starke 5 km hinter den Vorposten vom I.,57., 1½ km hinter denen vom F./57. und 3 km hinter II./57. Erfolgte ein Angriff mit überlegenen Kräften, in welchem Falle zum Sammelplaß abzurücken war, so konnte F./57. am leichtesten seine Aufgabe erfüllen, schwieriger II./57.; am schwierigsten mußten sich die Verhältnisse bei I./57. gestalten, wenn nämlich der Angriff von Westen eingeleitet wurde. Dies nicht nur wegen der großen Entfernung, sondern auch weil der Raum von Batilly bis zum Sammelplaß in der letzten Hälfte offen war. Entwickelte der Gegner gegen dieses Bataillon bedeutend überlegene Kräfte, was doch in Erwägung seiner möglichen Absichten nicht ausgeschlossen war, so konnte es in Anbetracht der Schuß= leistungen des feindlichen Gewehres der übelsten Gefechtslage nicht ent= gehen, denn es war für I./57. keinerlei Aufnahme vorgesehen. Zum Glück befand sich an der Spiße dieses Bataillons ein Offizier von hervorragender Führerbegabung, der sogleich begriff, daß, wenn sein Abzug überhaupt gelingen sollte, dies nur durch die bereits bekannten rechtzeitigen Maßnahmen und successives Frontmachen geschehen konnte; ob das bei diesen Verhältnissen ausführbar sein würde, war immerhin fraglich. Diese Vorposten mußten dann unter allen Umständen da, wo sie waren, fechten. Thaten sie das, so konnten sie nicht oder doch erst so spät auf dem Sammelplaße eintreffen, daß man über sie nicht mehr rechtzeitig verfügen konnte. Es lag also für I./57. in diesem Falle ein

Widerspruch in der Aufgabe, und es blieb seinem Befehlshaber nichts übrig, als zu versuchen, seine schwierige Aufgabe kämpfend zu erfüllen. Jedenfalls mußten alle Meldungen aus der Gegend von Batilly bis nach Foucerive einen viel zu weiten Weg zurücklegen und mithin alle verspätet eingehen.*) Wir werden nun außerdem sehen, daß bei Beaune la Rolande dauernd zwei Instanzen, der Divisionsführer und der Brigadekommandeur, befehligten, und dies hatte den Mißstand, daß ihre Befehle sich entweder nicht deckten, oder aber, daß eine Instanz Anordnungen erließ, ohne daß sie rechtzeitig Kenntniß von denen der anderen hatte. Daraus entstanden, besonders beim F./57., Befehle und Gegenbefehle. Vorgreifend sei bemerkt, daß von den gesammten 12 Vorposten-Kompagnien überhaupt nur sieben und zwei Züge den Sammelplatz erreichten und daß für die anderen der Befehl durch die Macht der Verhältnisse unausführbar wurde. Nun hatte sich noch das Generalkommando gleich nach dem ersten Kanonenschuß nach Bahnhof Beaune begeben, war also starke 8 km Luftlinie von Batilly entfernt, so daß alle Meldungen von dieser Seite dort erst recht viel zu spät einlaufen mußten.

Wenn man sich vorstellt, der Marsch der Vorposten zum Sammelplatz hätte sich, wie beabsichtigt, vollzogen, was sollte dann das bei Les Roches gesammelte Regiment thun? Reserven zum Eingreifen östlich und westlich von Beaune la Rolande in Höhe des Südrandes des Städtchens waren nicht vorhanden, und dies wußte man bei der 38. Infanterie-Brigade seit Erlaß des Korpsbefehls vom 27. November, wonach die Masse des Korps in der Frühe des 28. erheblich nach Osten abzurücken hatte. Waren die genannten Maßregeln bis dahin schon

---

*) Major v. Schoeler sandte vor 10 Uhr mindestens drei verschiedene Meldungen an den Regimentskommandeur, von dem er annahm, daß er sich bei II./57. (Orme) befände. Da der Vorpostenkommandeur nun aber bei F./57. in Foucerive war, so scheinen alle Meldereiter ihn nicht gefunden zu haben. Nur auf die erste Meldung erhielt Major v. Schoeler den mündlichen Bescheid, daß „die Kompagnien vom II./57. noch südlich Beaune im Gefecht ständen". Im Uebrigen erfuhr er weder etwas Näheres über seinen Auftrag, noch wußte er, was in und bei Beaune vorging. Die übrigen Meldereiter kehrten entweder gar nicht zurück oder mit der Meldung, „der Regimentskommandeur sei nicht mehr bei II. 57." Somit entging nun wahrscheinlich der Inhalt dieser wichtigen Meldungen allen höheren Instanzen. Die Lehren, die hierin liegen, kann sich Jeder selbst entwickeln. Für die historische und taktische Beurtheilung der Hergänge auf dem rechten Flügel, die ohne diese Aufklärung nicht verständlich sein würden, mußte diese Thatsache festgelegt werden. (M. W. Bl. Nr. 104, 1890.)

unzweckmäßig, so wurden sie jetzt verhängnißvoll, weil sie seit dem Korpsbefehl vom 27. unverändert blieben. Denn nun überließ man das Städtchen sich selbst und das gesammte es umgebende, für einen Angriff sehr günstige Vorgelände dem Feinde. Von Les Roches aus konnte, das ergab eine Zeitmessung, wenn der Feind schnell und entschlossen war, den Vertheidigern des Städtchens auf der Westseite rechtzeitig keine wirksame Hülfe gebracht werden. Wich nun noch I./57. in der Absicht, rechtzeitig den Sammelplatz zu erreichen, aus, und verlegte der Gegner den Druck gegen die Westfront, so gab man ohne Weiteres durch die Wahl des Sammelplatzes die Verbindung mit Barville auf und folgerichtig mit der II. Armee preis! Der Sammelplatz entsprach mithin keinem der Ansprüche, die an einen solchen gestellt werden müssen. Bei der großen Ausdehnung der Vorposten und der centralen Lage des Städtchens zu ihnen durfte ein Sammelplatz überhaupt nicht bestimmt werden, vielmehr mußte F./57. nach M^{ins} de la Montagne (Les Roches), II./57. nach M^{in} de la Fontaine und I./57. in das 500 m östlich vom Bois de la Leu befindliche Wäldchen zurückgehen. Diese Sammelpunkte wiesen ja auch Mängel auf, allein unter den obwaltenden Umständen wäre es zweck= mäßig gewesen, sie zu wählen; vor allen Dingen hätte dann II./57. in einer Hand bleiben können, und die Masse der Vorposten würde so frühzeitig wie möglich zum taktischen Zusammenwirken bereit gewesen sein. War der Vorpostenkommandeur in Orme, so hatte er sogleich zwei Bataillone der Vorposten in seiner Hand. Wenngleich infolge Korpsbefehls vom 27. sich die Masse des Korps am 28. nach Osten schob und das 3. Armeekorps aus der Gegend von Pithiviers erwartet wurde, so war doch auch anderenfalls General v. Wedell unterrichtet, daß General v. Voigts=Rhetz Beaune la Rolande behaupten mußte und wollte. Es wäre daher Sache des Generals v. Wedell gewesen, mit allen Kräften dahin zu wirken, daß die Verbindung zwischen dem 10. und 3. Armeekorps nicht zerrissen wurde. Geschah es dennoch, so hatte er wenigstens zweckmäßige Maßnahmen getroffen.*)

---

*) In ähnlichen Lagen- empfiehlt es sich, die Vorposteninfanterie sofort zu sammeln, sich auf keine Gefechte vor der Stellung einzulassen und nur die Kavallerie den Feind beobachten zu lassen. Wir werden sehen, daß diesen einzig richtigen Vorschlag auch der Major v. Scherff machte; allein, ganz abgesehen davon, daß General v. Woyna darauf nicht einging, wäre es für die Ausführung zu spät gewesen, weil, wie angegeben, die Meldungen des Majors v. Schoeler nicht recht= zeitig oder überhaupt nicht ihr Ziel erreichten.

Dem Befehle und der damaligen Auffaffung über den Vorpoften-
dienft gemäß fammelten fich nun zum Unglück noch bei der Eröffnung
des Gefechts die heffifchen Reiter in Zügen und ritten fpäter zum
Sammelplatz nach L'es Roches ab; dort blieben die Schwadronen jedoch
unthätige Zufchauer, weil fich keine Gelegenheit für ihre Verwendung
bot. Damit trat für die weit auseinandergezogenen Bataillone ein
neuer Mißftand ein, infofern fie nun nicht einmal über einen Meldereiter für ihre Meldungen verfügten. Daraus erklärt fich wohl haupt-
fächlich die fpätere geringe Zahl der von den Vorpoften überhaupt
erftatteten und aufbewahrten Meldungen, obgleich erfahrungsgemäß
fechtende Truppen in der Regel wenig zu melden pflegen. Nur bei
F./57. war es anders, dort verblieb die Vorpoftenkavallerie, wie ficher
feftfteht, vor der Front der Infanterie, bis der Feind diefes Bataillon
verdrängte.

Als der Feind gegen 9½ Uhr von St. Loup les Vignes auf
Jarrijoy vorftieß, fandte Hauptmann Feige einen Zug von 5./57. aus
Orme (Lieutenant Räder) nach L'Ormette—Jarrifoy zur Unterftützung
der ihm damals befonders bedroht erfcheinenden 6./57.; im Uebrigen
traten auf der ganzen Linie die Vorpoften unter das Gewehr. Da
das Infanteriegefecht zuerft aus der Richtung Juranville vernommen
wurde, fo hatte man um 8 Uhr fowohl beim Generalkommando als
auch im Bereich der 38. Infanterie-Brigade den Eindruck, von dort
aus werde der Hauptangriff erfolgen. Den Vorpoften der 39. Infanterie-
Brigade ftand F./57. am nächften, und da die Verbindung zwifchen
den beiden Brigaden durch die bekannten Entfendungen des 20. und
18. Armeekorps (78er und zwei Kompagnien Zephyrs) fogleich unterbrochen wurde, fo wollen wir uns mit den Vorkommniffen bei den
einzelnen Bataillonen in der Reihenfolge von Often nach Weften
befchäftigen.

Hierbei wird der Verfuch gemacht, die Maßnahmen an der Hand
der von den einzelnen Bataillonen u. f. w. erftatteten Meldungen, wie
fie im Kriegsarchiv des großen Generalftabes aufbewahrt find, zu
fkizziren, und zwar unter Berückfichtigung des heutigen Standes der
kriegsgefchichtlichen Forfchung. Natürlich kommt dabei auch das ganze
Melde- und Nachrichtenwefen der höheren Stäbe, fowie des 10. Armeekorps an die II. Armee und umgekehrt, fowie das Nachrichtenwefen

Meldungen
u. f. w.
der Vorpoften.

9*

zwischen dem 3. Korps und der 1. Kavallerie-Division in Betracht. Die Nachrichten machten von der Telegraphenstation in Beaune la Rolande aus nach Bonnes und Pithiviers und umgekehrt den Weg, bis die Station um 11¾ Uhr ihren Dienst einstellte.

Da dieser Zeitpunkt ungefähr mit dem ersten Angriff auf den Kirchhof und die Südwestecke von Beaune la Rolande zusammenfällt, so muß er als ein markanter Abschluß im Auge behalten werden, als die ungefähre Scheidegrenze zwischen den Vorpostenkämpfen und der eigentlichen Schlacht von Beaune la Rolande.

Vom F./57. liegen über die ersten Morgenstunden keine Vorpostenmeldungen vor, was sich daraus erklärt, daß jenes Bataillon zuletzt angegriffen wurde. Da aber bald nach 8 Uhr die mit diesem in Fühlung nach Osten stehenden Vorposten (79 er) zurückwichen und das Infanteriefeuer aus Richtung Juranville heftiger wurde, man auch später wahrnahm, daß die Unsrigen zurückwichen, so ließ Major v. Gerhardt La Jarry Basse durch die ganze 12./57. (Hauptmann Bocksfeld) und Vergouville durch die ganze 11./57. (Premierlieutenant v. Kehler) besetzen. Die 10. Kompagnie (Premierlieutenant v. d. Heyden) blieb in Fouceroie, die 9. (Premierlieutenant v. Nerée) in Min. Lambart (9½ Uhr). Um 11¼ Uhr ging aus dieser Aufstellung folgende Meldung des Hauptmanns Bocksfeld an die 38. InfanterieBrigade ab: „Der Feind wurde heute Morgen 7½ Uhr in Maizières angetroffen, ebenso im Gehöft Magnanville auf der Straße nach Bellegarde. Um 8 Uhr hatte er sich aus beiden Stellungen zurückgezogen. Der Maire von Maizières, ein Gefangener vom 3. Mobilgarden-Regiment,*) sagt aus, daß die Linie Bellegarde—St. Loup— Maizières etwa 2000 bis 3000 Mann Besatzung (habe). Gegen 10 Uhr, als ich in Maizières bereits Requisitionen angeordnet, rückte der Feind auf beiden Straßen in der Stärke von etwa je 1 Bataillon (zu 300 bis 400 Mann) mit vorgeschobenen Eklaireurs vor und zog sich Unterzeichneter mit der Kavalleriepatrouille zurück, da der Nebel zu dick wurde. Im Abziehen wurde auf sehr weite Entfernung geschossen. Die Feldwachen sind avertirt, der Mann abgeliefert. Es schien,

---

*) Daß bei so ortskundigen Männern in Reih und Glied die Franzosen wohl unterrichtet waren, kann nicht Wunder nehmen. Dies ist unter vielen wieder eine bemerkenswerthe Erscheinung des Volkskrieges.

daß der Feind am Kreuzpunkte der Straßen Maizières—Bellegarbe—
St. Loup halten würde. Das Vorgehen war ein langsames Fühlen
und konnte bei der nahen Distanz von höchstens 400 Schritt, die wir
hinter der Haupterhöhung standen, genau beobachtet werden. Auch soll
nach Aussage des Maires Montargis und die Seite von Maizières
nach der Brigade Valentini besetzt sein."*) Vor Abgang dieser Meldung
hatte die in Arquemont stehende Feldwache von 9./57. sich der rück=
wärtigen Bewegung des II./57. angeschlossen und war dann mit dem
übrigen in Min= Lambart stehenden Theile von 9./57. nach Foucerive
marschirt, wo also seitdem 9. und 10./57. sich befanden. Erst nach
11½ Uhr trat F./57. aus seinen Stellungen den Abmarsch an.

Major v. Gerhardt meldete (die Zeit ist nicht angegeben, jedoch
jedenfalls vor 11¼ Uhr): „Das Gefecht dauert noch fort, jedoch mit
geringerer Lebhaftigkeit. Die Truppen der Brigade Valentini sind auf
Juranville und hinter diesen Ort zurückgegangen, namentlich hat der
rechte Flügel eine bedeutende rückgängige Bewegung gemacht. Diesseitige
Vorposten noch nicht angegriffen, doch sind größere und kleinere Truppen
vor der Front bemerkbar."*)

Um 10 Uhr ging aus L'Ormette vom Obersten v. Cranach folgende
Meldung ab: „Von St. Loup aus ist L'Ormette mit Granaten be-
worfen worden; es sind 4 bis 6 Schuß gefallen."*)

Vom II./57. scheinen bis 11½ Uhr (?) überhaupt keine Meldungen
erstattet worden zu sein. Wenigstens sah sich um diese Zeit General
v. Wedell (38. Infanterie=Brigade) veranlaßt, das Bataillon um
Meldung, wie es bei den Vorposten bei Orme und Jarrison stehe, zu
ersuchen.*) Dieser Befehl ging mit folgender Meldung des Premierlieutenants Lancelle auf der Rückseite sogleich zurück: „Orme wird von
zwei bis drei Brigaden Infanterie von der rechten Flanke und der
Front angegriffen."*) Die Meldung wurde um 12 Uhr an die
19. Division weitergegeben.

Vom I./57. hatte Major v. Schoeler nach der Absendung der
bereits erwähnten Meldungen an Oberst v. Cranach gemeldet: „Von
Batilly, St. Michel u. f. w. her zeigen sich in den Gebüschen starke
Schützenschwärme, dahinter geschlossene Abtheilungen; ich stehe auf dem

*) Kr. A. 8, III, 1, VI.

rechten Flügel der schweren Batterie zu deren Deckung. Ein großer Theil der feindlichen Abtheilungen scheint sich nach unserem linken Flügel zu ziehen."*)

Da diese Batterie nach 10 Uhr in Thätigkeit trat, so kann hieraus die auf der Meldung nicht angegebene Zeit ungefähr berechnet werden.

Vor der Front vom I./57. waren gegen 9 Uhr so starke Schützenschwärme aufgetreten, daß 1., 3./57. in Batilly und St. Michel bekanntlich die Ortschaften geräumt hatten, bevor dazu vom Bataillonskommandeur der Befehl eingetroffen war, weil die Ortschaften viel zu sehr ausgedehnt waren, als daß sie sich durch zwei Kompagnien hätten vertheidigen lassen. Der Feind hatte sogleich in breiter Front, von Batilly bis Galveau, das Infanteriefeuer aufnehmen lassen; Artillerie trat damals noch nicht in dieser Richtung auf. Bald darauf sahen sich auch 4./57. in Galveau und 2./57. in Quescheville von mehreren Bataillonen angegriffen, denen Letztere bis 9½ Uhr die Stirn bot. Dann wurden Galveau und Quescheville auf erneuten Befehl des Majors v. Schoeler ebenfalls geräumt, und der Abzug vollzog sich in großer Ordnung derart, daß 2./57. den Drehpunkt bildete. I./57. trat daher von vornherein unter sehr ungünstigen Umständen ins Gefecht. Seine Kompagnien dehnten sich über einen Raum von 2000 m aus, ihre Leitung östlich der genannten Ortschaften verursachte wegen der verschiedenen Waldstücke und Weinberge außerdem noch Schwierigkeiten, und auf demselben Raum, den diese vier Kompagnien einnahmen, setzte der Gegner eine ganze Division an. Major v. Schoeler ordnete daher unter wiederholtem Frontmachen den weiteren Rückzug an der Cäsar-Straße entlang an, der sich ebenfalls in voller Ordnung vollzog.**)

Die der 38. Infanterie-Brigade zugetheilte 1. schwere und 1. leichte Batterie hatten vor der Schlacht auf dem Höhenrande westlich und östlich vom Städtchen Aufstellung mit der Front nach Süden genommen, so daß sie die Hauptstraßen von Orme und Foucerive

---

*) Kr. A. 8, III, 1, VI. — **) Die Generalstabskarte giebt westlich von Beaune la Rolande das Gelände (S. 31) nicht genau wieder. Die dortigen Wäldchen, die in dem amtlichen Berichte des Hauptmanns Feige ausdrücklich genannt, auch sonst erwähnt werden, bildeten später die Ausgangspunkte der Brigade Brisac.

bestreichen konnten. Die schwere Batterie, Premierlieutenant Frels, unter Bedeckung eines Zuges von 1./16., der sich im späteren Gefecht 3./57. anschloß, befand sich etwa 300 m westlich des Kirchhofes; die leichte Batterie, Hauptmann Knauer, stand an den Kalköfen von Les Roches. Als Premierlieutenant Frels die aus der Richtung von Batilly zurückkehrende Infanterie bemerkte, protzte er auf, schwenkte rechts und ging der Infanterie zur Aufnahme noch etwa 300 m entgegen. In diesem Augenblick kam die feindliche Infanterie aus dem Bois de la Leu und den Waldstücken zu beiden Seiten der Cäsar-Straße heraus, während der Batterieführer die Infanterie, die von Queschevelle vordrang, wegen des nach dieser Richtung vorliegenden Wäldchens noch nicht bemerken konnte. Die vorhin genannten, in der Mitte zwischen dem Städtchen und dem Bois de la Leu befindlichen Wäldchen mußten das nächste Ziel für den Angreifer bilden, wenn er sich möglichst günstige Angriffsbedingungen gegen die Westfront von Beaune la Rolande sichern wollte. Premierlieutenant Frels schätzte die Entfernung genau auf 1200 m, und gleich die erste Granate war ein Treffer. Die Batterie feuerte darauf zwei Lagen durch, so daß die feindliche Infanterie ins Bois de la Leu zurückflüchtete. Als sich gleich darauf eine feindliche Batterie südlich dieses Wäldchens zeigte, vertrieb er auch diese durch sein wohlgezieltes Feuer. Inzwischen war I./57. an jene Batterie herangekommen, auf deren rechtem Flügel zu beiden Seiten der Römer-Straße 1., 3./57. Stellung nahmen, während 2./57. sich in Schützen auf beiden Flügeln etwa 150 m vorwärts ausdehnte und 4./57. hinter dem linken Flügel der 2. blieb. Dies war um 10¼ Uhr geschehen.

Während dieser Vorgänge sah man beim I./57. die gesammten Trains vom Generalkommando an bis zu den Bataillonen in langer Linie aus Beaune auf der Straße nach Egry abfahren, und es verbreitete sich das Gerücht, daß, nachdem der Abmarsch der Kolonnen gesichert sei, auch die Besatzung von Beaune auf die nördlich des Städtchens gelegenen Höhen folgen sollte. Wie das Gerücht um diese Stunde (siehe später) entstanden ist, vermochte ich nicht festzustellen. Taktisch von Bedeutung hierbei ist, daß Major v. Schoeler die Deckung dieser Kolonnen als eine seiner Aufgaben gegen den umfassend vorgehenden Feind betrachtete und daher möglichst lange ausharrte. Bedauerlicherweise waren — wohl durch ein Mißverständniß — die Munitionswagen sämmtlicher Bataillone der 38. Infanterie-Brigade mit diesen Kolonnen abgefahren, und als nun später empfindlicher Munitions- mangel, der sich um diese Zeit bereits beim I./57. etwas fühlbar machte, eintrat, konnten nur zwei Munitionswagen mit der größten Energie zur Benutzung herangezogen werden. Die feindliche Infanterie verhielt sich in der Front einige Zeit ruhig, dagegen holte sie nördlich und südlich des Bois be la Leu aus und erreichte etwa um 11 Uhr die nördlich Orme und nördlich der Cäsar-Straße gelegenen Wäldchen. Besonders von Ersterem aus flankirte sie nun I./57. und die Batterie Frels empfindlich, so daß diese anfangs mit vier, dann mit allen sechs Geschützen die Front nach Südwesten nehmen mußte.*) Unterdessen hatten sich erhebliche Streitkräfte (Rothhosen) der Brigade Boisson so weit in der Richtung auf La Pierre percée gezogen, daß I./57. ernstlich bedroht wurde. Da nun auch um diese Zeit die Brigade Vivenot der 2. Division 20. Armeekorps über Orme vorging, und drei bei Orme, Galveau und nördlich vom Bois be la Leu auf der Cäsar-Straße auf- gefahrene Batterien die Batterie Frels und I./57. unter umfassendes Feuer nahmen, so mußte Batterie Frels zwei Geschütze nach Nordwesten schwenken lassen; dann gingen Infanterie und Artillerie zurück. Batterie Frels hatte vor dem Aufprotzen auf 400 m mit Kartätschen gefeuert und dann nördlich von Beaune la Rolande westlich der Straße nach Barville von Neuem Stellung genommen. I./57. hatte diese Bewegung begleitet, 1., 3./57. machten am Schnittpunkt der Römer-Straße mit der Straße nach Barville Halt, 4./57. wurde zwischen 3./57. und die schwere Batterie genommen, der 2. speziell die Sicherung der feuernden Batterie übertragen. Es war 11½ Uhr. Der Feind war allerdings wieder einige Zeit aufgehalten worden, die schwere Batterie mußte jedoch später abfahren; 2./57. folgte ihr, in Schützen aufgelöst. Das westliche Straßenkreuz nördlich von Beaune la Rolande bot mit seinen tiefen Gräben der schweren Batterie so ernste Schwierigkeiten, daß die Mannschaft von 2./57. in die Speichen greifen mußte, um die Batterie hinüberzubringen. Nachdem dies glücklich bewerkstelligt und Batterie Frels wieder das Feuer aufgenommen hatte, waren die feindlichen Schützen ihr von Südwesten so nahe gekommen, daß die Batterie

---

*) Geschichte des 10. Feldartillerie-Regiments, S. 154.

abermals zu Kartätschen greifen mußte. 2./57. benußte diesen Augenblick zu einem entschlossenen und erfolgreichen Anlauf, so daß der
Batterie nun einige Minuten Luft gemacht wurde. Die feindliche
Infanterie hatte unterdessen auch die Büsche von La Pierre percée
besetzt. So standen hier die Dinge etwa gegen 11³/₄ Uhr. Die
Verbindung mit der II. Armee war also um diese Zeit schon unterbrochen.

Die bereits erwähnte Brigade Vivenot hatte etwa um 10 Uhr die Abſ. des II./57.
Feldwachen von 7./57. in Villiers und westlich davon auf der Straße
von Montbarrois zurückgedrängt. In Orme faßte man daraufhin
den Entschluß, den Feind aufzuhalten, allein das erwies sich, wie später
erzählt wird, unausführbar; 5., 7./57. traten daher um diese Zeit um
so mehr den Rückzug nach dem Regimentssammelplaße bei Les Roches
an, als sie sich auch von Quescheville aus bedroht sahen. Den beiden
Kompagnien folgte (nach Crouzat) die zwölfpfündige Batterie der
feindlichen 2. Division auf der Straße nach Orme und ging südlich
des Ortes in Stellung, während sich die Brigade Vivenot hinter
Mⁱⁿ· de la Fontaine und den südlich davon gelegenen Häusern zum
Angriff entwickelte.

Da es auch hier für einen klaren Ueberblick über den späteren
Verlauf der Schlacht nothwendig ist, die erste Angriffsrichtung der
Brigade Vivenot festzulegen, so muß der Anmarsch der Brigade Vivenot
näher berührt werden, um so mehr, als ihre beiden Regimenter nach
dem mißglückten ersten Sturm im Allgemeinen an der ersten Richtung
und in ihr an der ersten Gefechtsgliederung festhielten. An der Spiße
der Brigade, auf der Straße von Boiscommun nach Orme, befanden
sich die 3. Zuaven, die Bataillone in folgender Reihe: 2, 3, 1; rechts
neben ihnen die 68er. Als die Batterie Frels für einige Zeit mit
ihren Geschützen nach Süden abschwenkte, wurden vom 3. Bataillon, das
zuvor bei Orme das Gepäck abgelegt hatte, zwei in Schüßen aufgelöste
Kompagnien vorgezogen, welche die Richtung auf jene Batterie und die
Südfront des Kirchhofes nahmen. Da die ganze Häusergruppe bei
Mⁱⁿ· de la Fontaine, nördlich und südlich der Straße Orme—Beaune,
sich als unbesetzt herausstellte, so warfen sich die 3. Zuaven im Laufschritt an sie heran und entwickelten sich hinter den beiden Häusern
nördlich der Straße zum Gefecht. Schon hierbei sollen die 3. Zuaven

empfindliche Verluste erlitten haben.*) Vom linken zum rechten Flügel
standen alsdann die 3. Zuaven, die nun hier sämmtlich, wie auch die
darauf eintreffenden 68er, das Gepäck ablegten, folgendermaßen: zwei
Kompagnien 3. Bataillons auf dem äußersten linken Flügel, aus-
geschwärmt am Rolande-Bach, dahinter 1. Bataillon, in der Mitte 3.
und auf dem rechten Flügel das 2.

Neben die 3. Zuaven setzten sich nach rechts inzwischen die 68er
und zwar ebenfalls auf M{in.} de la Fontaine, jedoch hinter dem großen
weißen Gebäude auf der Südseite der Straße. Daß dies die Gefechts-
formation der Brigade Vivenot im Allgemeinen während des ganzen
Schlachttages blieb, ergiebt sich aus den Leichenfeldern, die am anderen
Tage besichtigt wurden. Das Feld der 3. Zuaven bildete ungefähr ein
Quadrat, dessen westliche Seite etwa 200 Schritt westlich von M{n.} de
la Fontaine in senkrechter Richtung auf den Kirchhof verlief, und dessen
östliche Grenze etwa der Weg von der Straße Orme—Beaune zur
Straße Beaune—Batilly war. Genau in der Mitte des Leichenfeldes
lief der Rolande-Bach. Allerdings befanden sich auch Leichen und Be-
kleidungsstücke der 3. Zuaven in dem Winkel zwischen der Straße
nach Orme, dem Rolande-Bach und dem Verbindungswege der Straßen
nach Orme und Batilly sowie auf der Straße von Orme, allein es
waren im Vergleich zu den anderen Theilen doch nur wenige. Hauptsächlich lagen Mobilgarden dort; die meisten Todten gehörten den 68ern
an, aber auch alle anderen Regimenter der 2. Division waren vertreten.
Sogar ein 85er soll hier nach v. d. Goltz gefunden worden sein. Dies
wäre nicht unmöglich, weil sich an dem vom General Crouzat geführten Sturme, außer den frischen Truppen der 3. Division, Mannschaften aller Regimenter der 2. Division und sogar der 1. betheiligt
haben. Das 1. Bataillon 68er war rechts in Fühlung mit Mannschaften vom Regiment Deux-Sèvres,**) das zur Brigade Aubé gehörte,
deren Gefechtsbereich sogleich skizzirt wird. Sonach standen, Front
gegen Südwest-Beaune, mit Kirchhof: die 3. Zuaven links, die
68er rechts.

Weiter östlich hatten sich an der Straße nach St. Loup les Vignes
die Vorposten von 6., 8./57. befunden, von denen von 8./57. ein Zug

---

*) Greneft, S. 320. — **) Greneft, S. 323.

als Beobachtungsposten in La Grange war, ein zweiter in L'Ormette und der letzte in Jarrisoy. In letzterem Dorfe stand am 28. früh noch ein Zug von 6./57., von der zwei Züge auf Feldwache bei Le Martroy und westlich davon waren. Außerdem hatte bekanntlich Hauptmann Feige von Orme aus einen Zug von 5./57. nach Jarrisoy geschickt, der noch zur Zeit eintraf, um an dem dortigen Gefecht theilzunehmen. Die 1300 m nach der Tiefe auseinandergezogene 8./57. hatte den feind= lichen Vorposten am nächsten von Allen gestanden, etwa 400 m davon entfernt. Sie war im Falle eines Angriffs mit überlegenen Kräften, die sich unbemerkt auf Ueberfallentfernung heranschieben konnten, daher besonders gefährdet; die Entsendung nach La Grange war aber auch ein Fehler, weil von dort nicht mehr beobachtet werden konnte als von Le Martroy aus, und daß der Zug in La Grange schwerlich Jarrisoy in Ordnung erreichen würde, falls überlegene Kräfte auftraten, ließ sich wohl voraussehen. Glückte nun die Ueberrumpelung von La Grange, so wurden wahrscheinlich auch die Postirungen von Le Martroy und L'Ormette mit fortgerissen. Der Gegner war augenscheinlich durch ortsansäßige Kundschafter sehr gut über diese unzweckmäßige Aufstellung unterrichtet, denn ohne daß vorher etwas Auffälliges von St. Loup les Vignes her, außer der dort aufgetretenen Batterie, bemerkt worden wäre, traten La Grange gegenüber gegen 9³/₁ Uhr plötzlich mehrere Bataillone hervor, die den dortigen Zug aus dem Wege fegten. Nach dem Berichte des Hauptmanns Soest (6./57.) sollten dies 3. Zuaven gewesen sein; hier scheint jedoch ein Irrthum vorzuliegen. Der Angriff erfolgte nämlich von der Brigade Aubé und nicht von der Brigade Bivenot. Der Zug von La Grange riß den anderen in L'Ormette mit sich fort, und wie es in solchen Augenblicken zu gehen pflegt, so war es auch hier: die Mannschaft ging durch und konnte erst vom F./16. zur Besinnung gebracht werden. Die Lage schien überhaupt hier gleich anfangs recht bedenklich zu werden, denn der Brigade Aubé, die schnell die Entfernung bis Jarrisoy zurücklegte, folgte beträchtliche Kavallerie, bereit, auf die Fliehenden einzuhauen. Hauptmann Soest hatte indessen Zeit gefunden, seine beiden Feldwachen nach Jarrisoy heranzuziehen. Dort besetzte er mit zwei Zügen den Südsaum des Dorfes, ein Zug 6./57. und ein Zug 5./57. blieben in Reserve. Durch das sichere Feuer von 6./57. kam die französische Verfolgung unter

erheblichen Verlusten zum Stehen, und als gleich darauf ein Jäger-
Regiment zu Pferde (Nr. 7) an Jarrisoy vorbeiattackirte, um die
fliehende 8./57. zu erreichen, wurde auch dieses zurückgewiesen. In diesem
Augenblick erhielt Hauptmann Soest Befehl vom Bataillon, Jarrisoy
zu räumen und sich nach Mⁱⁿᵉ· de la Montagne zurückzuziehen. Um
12¼ Uhr will 6./57. erst Jarrisoy verlassen haben, was aber zu spät
angegeben zu sein scheint, und dann den Rückzug nach den Höhen von
Les Roches fortgesetzt haben. Dort überwies Oberst v. Cranach 6./57.
den inzwischen am Kirchhofe von 7./57. abgekommenen Zug unter
Lieutenant Lang, so daß Hauptmann Soest von nun an fünf Züge
unter seinem Befehle hatte. Der Feldwebel von 6./57. war in Jarrisoy
schwer verwundet liegen geblieben, wovon Hauptmann Soest erst auf
dem Rückwege Kenntniß erhielt. Da er die Baarschaft der Kompagnie
bei sich führte, die am 21. nicht hatte gelöhnt werden können, so war
der Verlust doppelt schmerzlich. Als am Abend Hauptmann Soest
Jarrisoy wieder besetzte, fand er den Feldwebel mit der Baarschaft
vor. Dies dürfte hier der Stand der Dinge gegen 12 Uhr
gewesen sein. 8./57. war inzwischen gesammelt und bei Les Roches
aufgestellt worden, wo sie der Pionier-Kompagnie Kleist „attachirt"
wurde!

Abzug des F./57.   Nachdem 6., 8./57. ihre Vorpostenstellungen geräumt hatten, befand sich
nunmehr nur noch F./57. im Vorgelände, aus dem 9./57. (etwa gleich-
zeitig mit 6./57.) von Mⁱⁿ· Lambart nach Foucerive zurückgegangen
war. (Gegen 11¾ Uhr erhielt Major v. Gerhardt (F./57.) von der
38. Infanterie-Brigade Befehl, sich nach Ormetron zurückzuziehen, das
dortige Schloß mit zwei Kompagnien zu besetzen und zwei in zweiter
Linie zu lassen.

Beim Eintreffen des Befehls drohte F./57. noch keine Gefahr,
Major v. Gerhardt beließ daher jetzt noch die Vorpostenkavallerie am
Feinde und führte das Bataillon in Kompagniekolonnen-Bewegungen,
wie man es auf den Exerzirplätzen nicht schöner sehen kann, zurück.
F./57. sollte, wie ein neuer Befehl besagte, in dieser Stellung den linken
Flügel der Brigade decken und nach Kräften einen Durchbruch der
Lücke zwischen der 39. und 38. Brigade verhüten! 9., 10./57. besetzten
das Schloß von Ormetron, 11., 12./57. verblieben am Uebergang der
Straße nach Venouille am Rolande-Bach. Der Feind hatte den Abmarsch

durch Granatfeuer einer 4pfündigen Batterie westlich von Foucerive aus und durch Infanteriefeuer beläftigt. Kaum war dies geschehen, als ein neuer Befehl (von der Division) eintraf, wonach zwei Kompagnien nach den Höhen von Les Roches abziehen, zwei andere im Vorgelände bleiben sollten; allein dieser Befehl war noch nicht ausgeführt, als Major v. Scherff selbst den Major v. Gerhardt veranlaßte, das ganze Bataillon nach den Höhen von Les Roches in die Linie der Batterie Knauer, die damals gerade das Feuer eröffnet hatte, zurückzuführen. Major v. Gerhardt löste nun 11., 12./57. im Grunde in Schützen auf und marschirte mit 9., 10./57. auf die Höhe von Les Roches, die dort zugleich als Artilleriebedeckung dienten. Erst nachdem die hier befindliche Batterie Knauer die Stellung geräumt hatte, sollte ihr F./57. folgen. Da dies nun bald eintrat, so zog Major v. Gerhardt 11., 12./57. nach Les Roches heran und marschirte in Kompagnie= kolonnen der Batterie Knauer nach. Kaum war die Bewegung begonnen, als (vom Regiment) Befehl eintraf, die verlassene Höhe wieder zu be= setzen. Sofort wurde Kehrt gemacht, 9., 12./57. wurden in Schützen= formation vorgeworfen, 10., 11./57. folgten als Halbbataillon. Hier traf später auch 2./57. ein, über die Oberst v. Cranach sich die Ver= fügung als einzige Regimentsreserve vorbehielt! Somit befanden sich auf den Höhen von Les Roches nach 12 Uhr mittags: F./57., die 2. Pionier=Kompagnie, 2., 6., 8./57., 1 Zug 7./57. und 1 Zug 5./57. Das war eine zwar kleine, aber werthvolle Macht an dieser Stelle, um so mehr, als der rechte und linke Flügel von 5./16. und zwei Drittel der 8./16. in künstlich verstärkten Gebäuden besetzt waren. Es waren sogar hier fürs Erste Truppen entbehrlich, um I./57., das inzwischen bis über die Straße nach Barville zurückgedrängt war, zu unterstützen; die Befehle zur Räumung von Ormetrou u. s. w. erscheinen daher begründet, denn zur Unterstützung mußte F./57. zunächst näher herangenommen werden. Das persönliche Eingreifen des Majors v. Scherff war mithin nützlich und vorbedacht, um einer mißlichen Gefechtslage recht= zeitig zu begegnen.

Von den höheren Instanzen war Folgendes veranlaßt bezw. gemeldet worden:

Um 10 Uhr 28 Minuten durch Telegramm von Oberst v. Rabecke (1. Kavallerie=Division) an das 10. Armeekorps aus Beynes: „Kavallerie=

Division hier konzentrirt. Lieutenant v. Maltzahn von 4. Ulanen soll in Beaune zur Erstattung von Meldungen bleiben."*)

Um 11¹/₄ Uhr meldete General v. Wedell aus Beaune (an ?): „Batilly hat diesseits geräumt werden müssen, weil der rechte Flügel der diesseitigen Stellung von mehreren feindlichen Bataillonen um= gangen worden",*) und um 11³/₄ Uhr die 19. Division an das 10. Armeekorps:

Feind versucht, jedoch nicht sehr energisch, den rechten Flügel zu umgehen, kanonirt auch in der Front. Batilly ist geräumt. Auf Meldung und Anfrage des Generals v. Lüderitz**) (4 Regimenter, 1 reitende Batterie, 1 Bataillon) ist dieselbe***) ersucht worden, mit 1 Bataillon Barville zu besetzen, mit Kavallerie=Division bis Barville und von da südwärts näher heranzukommen. Befehle an sie, wenn Generalkommando anders verfügt, auf die Straße Beaune—Boynes zu senden.*)

v. Scherff.

Leider ohne Zeit= und Ortsangabe meldete die 19. Division (jeden= falls an das 10. Armeekorps):

Die Vorposten sind herangezogen, Verbindung mit der Brigade Valentini ist nicht mehr vorhanden. Hessische Reiter werden eingeschoben werden. Von Batilly und Orme her der Angriff heftig.*)

v. Scherff.

Um 11 Uhr 18 Minuten telegraphirte Generallieutenant v. Hartmann (1. Kavallerie=Division) aus Boynes an das 10. Armeekorps: „Die Patrouillen der Feldwache bei Arconville melden, daß die feindliche Infanterie, ungefähr zwei Kompagnien, die in Nancray und Batilly gestanden, sich nach Batilly zieht und bei Nancray andere Infanterie anrückt."*) Diese Meldung wurde vom Generalkommando an General v. Woyna (19. Division) mitgetheilt, „mit dem Ersuchen, wenn etwas besonders Interessantes vorfällt, direkt an II. Armee zu telegraphiren".*)

Außer diesen Meldungen und Maßnahmen sind jedenfalls noch manche andere erfolgt, die theils nicht in das Kriegsarchiv des großen Generalstabes gelangt sind, theils mündlich erledigt worden sind; die

---

*) Kr. A. S, III, 1, VI. — **) 1. Kavallerie=Division. — ***) Bezieht sich auf die 1. Kavallerie=Division.

mitgetheilten gewähren indeß schon einen interessanten Einblick in die Thätigkeit der verschiedenen Instanzen.

Nun hatte aber das 10. Armeekorps die 19. Division ersucht (siehe vor), „besonders Interessantes direkt an die II. Armee zu telegraphiren". Infolge dessen war von der 19. Division an die II. Armee die S. 78 mitgetheilte Meldung erstattet worden. Dieser folgte nun 1 Uhr 23 Minuten folgendes Ansuchen:

Kavallerie-Division so rasch als möglich, um unseren rechten Flügel gegen Umgehung zu sichern, namentlich auch Batterie.*)

v. Scherff.

Die Meldung von S. 78 bildete die Grundlage für die Entschlüsse des Prinz-Feldmarschalls, und durch sie erst erhielt er ein ungefähres Bild von dem wirklichen Stande der Dinge bei Beaune la Rolande. Auch konnte sich der Prinz-Feldmarschall, weil er den Standpunkt des Generals v. Voigts-Rhetz kannte, daraus die sich wenig deckenden Meldungen des 10. Armeekorps und der 19. Division erklären, und zuletzt mußten die Punkte Beaune und Juranville dem Prinz-Feldmarschall die Erwägung nahe legen, daß es sich an jedem derselben um eine besondere Aktion handelte. Jedenfalls hatten die Meldungen des 10. Armeekorps und der 19. Division an die II. Armee die gewünschte Wirkung, denn um 1 Uhr berichtete das 3. Armeekorps an die II. Armee (Eingang 1½ Uhr) aus Pithiviers:

5. Division steht bei Boynes bereit, in das Gefecht einzugreifen. Kavallerie-Division Hartmann ist auf Wunsch des 10. Korps nach Barville dirigirt. Die reitenden Batterien der Korpsartillerie im Marsche über Dadonville auf Boynes, Fußbatterien der Korpsartillerie bei Estouy.

A. B.: Kretschman,**)
Major.

Um 1 Uhr 50 Minuten**) nachmittags setzte General v. Alvensleben den General v. Voigts-Rhetz aus Pithiviers hiervon durch folgende Mittheilung in Kenntniß: „5. Infanterie-Division marschirt nach Boynes und wird bereits dort sein. Die Division Hartmann marschirt nach Barville u. s. w., Theil der Korpsartillerie auf dem Marsche nach

---

*) Kr. A. C, III, 9, IV, b. — **) Siehe die Bemerkungen über die Aufbruchszeit des Prinz-Feldmarschalls, S. 78/79.

Grd. Renneville. Meldungen über Stand der Dinge an 5. Division."*)
So gewiß General v. Voigts-Rhetz auch auf die Hülfe der 5. Division
zählen konnte, so durfte er doch, wenn er die Entfernung von Boynes
bis Beaune überschlug, auf ihr Eintreffen dort vor 3½ Uhr schwerlich
zählen. Uebrigens ist die Zeit des Eingangs dieser Mittheilung beim
10. Armeekorps nicht zu erkennen. Um 1½ Uhr meldete denn auch
die Kavallerie-Division Hartmann (vermuthlich an das 10. Armeekorps):
„Die Kavallerie-Division mit 11 Eskadrons steht südlich Barville, die
Batterie mit zwei Eskadrons habe ich eben auf Batilly vorgeschickt."*)

Es wird nun nothwendig, die Ereignisse selbst zu skizziren, worauf
diese Meldungen Bezug haben.

c. Der Angriff auf die Südwest- und Westseite
von Beaune la Rolande.

Maßnahmen und Erwägungen des Hauptmanns v. Rahmer. Die Division Polignac hatte sich, wie dargestellt, südlich und
nördlich der Cäsar-Straße entwickelt und Vortheile errungen, und der
auf der Südwestfront von Beaune la Rolande befehligende Hauptmann
v. Rahmer (16. Regiment) hatte das langsame Zurückweichen des in dieser
Richtung befindlichen I./57. (Major v. Schoeler) bemerkt. Den weit
auseinandergezogenen Kompagnien dieses Bataillons folgten starke
Schützenschwärme, die sich nördlich gegen La Bretonnière, südlich über
Galveau direkt gegen den Kirchhof von Beaune la Rolande wandten.
Als die feindlichen Schützen die Linie Le Clouzeau—Galveau überschritten hatten, beobachtete Hauptmann v. Rahmer hinter ihnen mehrere
geschlossene Bataillone, die man auf etwa eine Brigade schätzte. Westlich
des Kirchhofes befand sich damals bekanntlich die 1. schwere Batterie.

Hauptmann v. Rahmer glaubte, selbst in der Nähe der Westfront
des Städtchens verbleiben zu sollen; um aber rechtzeitig und gut über
die feindlichen Vorgänge unterrichtet zu werden, hatte er die Premierlieutenants v. Nerée und Menz zu jener Batterie entsandt. Während
dieser Geschehnisse bemerkte Hauptmann v. Rahmer auch die aus der
Gegend von Queschevelle—Maizerie zurückgehenden Vorposten (Theile
vom II./57.), jedoch verhinderte die Unübersichtlichkeit des Geländes, zu
jener Zeit dorthin einen so ausreichenden Einblick in die feindliche

* Kr. A. S, III, 1, VL

Stärke und Absicht zu gewinnen wie in dem offenen Raum westlich vom Städtchen. Dieser Umstand sowie die geringe Stärke seiner Truppen erregten in Hauptmann v. Natzmer damals bereits lebhafte Besorgnisse, weil von Südwesten eine gedeckte Annäherung zu beiden Seiten der Straße von Orme bis auf 500 m an die West= und Südwestfront von Beaune la Rolande möglich war. Daß aber sowohl aus dem Südwesten wie aus dem Westen bedeutende feindliche Massen zusammenzuwirken bereit standen, schien Hauptmann v. Natzmer über jeden Zweifel erhaben. Eine Bestätigung erblickte er zudem darin, daß vor 11 Uhr, südöstlich von Orme, südlich von Galveau und nördlich vom Bois de la Yeu je eine feindliche Batterie auf den dortigen leichten Anhöhen in Thätigkeit traten. Solange die Batterie Frels in ihrer Stellung ausharrte, schien die feindliche Infanterie an erfolgreiches Vorbringen nicht zu denken. Jene Batterie hatte sich nun später ge= zwungen gesehen, ihre Stellung zu räumen, und die Brigade Boisson inzwischen die Richtung auf La Pierre percée eingeschlagen.

Premierlieutenant Frels schloß sich der rückwärtigen Bewegung vom I./57. an; aber so vortrefflich die Feuerleitung dieser Batterie war, sie konnte allein, nur unterstützt durch vier Kompagnien, das Fort= schreiten der über 2000 m breiten feindlichen Schützenlinie nicht mehr verhindern, sondern nur verlangsamen. Der günstige Zeitpunkt, um den Angriff nach Kräften zu ersticken, war damit vorbei, und der Nach= theil konnte auf jener Front bei der Eigenartigkeit des Geländes nicht mehr ausgeglichen werden, solange nicht von Barville aus frische Kräfte eingriffen. Der eine und erste Mißerfolg mußte nun, nachdem die feindliche Umfassung ausgeführt war, neue nach sich ziehen; denn vier Kompagnien vermögen auf einem deckunglosen offenen Raum eine ganze Brigade überhaupt nicht aufzuhalten, wenn sie umfaßt sind; hier kamen noch die größeren Schußleistungen des feindlichen Gewehres hinzu. Wie das Gelände nun einmal westlich vom Städtchen beschaffen war, hätten dahin gleich anfangs etwa vier Batterien gehört.

Sie hätten ein vorzügliches Schußfeld vor sich gehabt und würden in weitem Halbkreise die feindliche Infanterie in Schach gehalten haben; wenigstens kann man das aus den Vorgängen bei Long Cour mit Gewißheit schließen. Unsere schwache Infanterie mit ihrem minder= werthigen Gewehr war außer Stande, in dem offenen Raume hart=

(Randnotiz:) Tragweite des Zurückgehens der Batterie Frels.

näckigen Widerstand zu leisten, so sehr sie den Willen dazu hatte. Der Artillerie liegt es in solchen Fällen ob, abzusperren; sie war dazu in hervorragendem Grade geeignet wegen ihrer damaligen Ueberlegenheit an Zahl und Wirkung. Will man also überhaupt irgend eine Stellung hartnäckig vertheidigen, so muß zunächst die Frage beantwortet werden, wo der strategische und taktische Schwerpunkt der Stellung liegt, und danach müssen die Maßregeln getroffen werden. In allen Fällen aber soll die Artillerie von vornherein stark auftreten. Die Schlacht von Beaune la Rolande nahm gleich anfangs eine bedenkliche Wendung an, weil sich herausstellte, daß die Vertheilung unserer Streitkräfte nicht im Einklang mit der Aufgabe stand und weil bei der Vertheilung der Streitkräfte die Artillerie nicht für die strategische Front in gehöriger Stärke in Bereitschaft gehalten wurde.

Offensive der Division Pollgnac. Nachdem die Batterie Frels zurückgegangen war, brachen die feindlichen Infanteriemassen von Südwesten, Westen und Nordwesten vor, gleichwie Hochwasser, das einen Damm durchbrochen hat. Dieses Vorgehen erfolgte geschickt und gleichzeitig von den beiden Brigaden der 1. und 2. feindlichen Division, die sich von Südwesten und Westen gegen die Südwestfront von Beaune la Rolande und die Westfront des Kirchhofes wandten, nämlich von der 2. Brigade (Oberst Brisac) der 1. Division und der 2. Brigade (Oberst Bivenot) der 2. Division. Ein solches Zusammenwirken von Brigaden verschiedener Divisionen ist nicht das Spiel des Zufalls, sondern das Ergebniß planmäßiger Anordnungen. Freilich unterstützte das geschilderte Gelände das Zusammenwirken außerordentlich, besonders im Südwesten. Vor 11 Uhr lagen Massen feindlicher Infanterie etwa auf 500 m vor der Westfront des Kirchhofes, und die gesammten Häusergruppen von M$^{in.}$ de la Fontaine befanden sich in feindlichen Händen. Das Feuergefecht der dortigen deutschen Infanterie war bis dahin schwach gewesen, auch jetzt bot sich den Vertheidigern des Städtchens noch keine Gelegenheit zu wirksamer Feuerthätigkeit.

Neue Erwägungen des Hauptmanns v. Ratzmer. Hauptmann v. Ratzmer hatte aus den Meldungen der Premierlieutenants v. Nerée und Mentz, aus dem Frontmachen der Batterie Frels nach drei Richtungen, sowie besonders durch persönliche unermüdliche Thätigkeit den Eindruck gewonnen, daß er mit den ihm zur Verfügung stehenden Kräften seine Aufgabe nicht lösen könnte. Aber er wollte sie lösen! Es mag kurz vor 10³/₄ Uhr gewesen sein, als er erwog, wie er sich rechtzeitig verstärken könnte. Er mußte noch eine Reserve im Städtchen selbst und hegte Hoffnung, vielleicht auch die eine oder andere Abtheilung der Vorposten der 57er in der äußersten Noth anhalten zu können; er beschloß damals schon, Beides zu thun. Zunächst jagte er zu Oberstlieutenant Sannow in das Städtchen, stellte ihm den gewonnenen Eindruck vor und bat um jedes Gewehr, das überhaupt in der Stadt entbehrlich sei. Oberstlieutenant Sannow meinte, das bei seinen an sich schwachen Reserven nicht gewähren zu können, sagte aber die Absendung der 6. Kompagnie, Hauptmann Mitschke, zu. Hauptmann v. Natzmer ritt darauf an den Ausgang nach Orme zurück, doch traf 6./16. erst ein, nachdem der erste Sturm abgeschlagen war. Von hier begab er sich auf den Kirchhof, der damals nur ganz schwach mit einem Zuge 3./16. (Lieutenant Hausmann) auf dem Südtheile der Westfront besetzt war. Hauptmann v. Natzmer bemerkte, daß die durch die feindliche Infanterie vorbereitete Umfassung den Kirchhof sehr ge= fährdete, und sah von Orme her zwei getrennt marschirende auf den Kirchhof zukommende Infanterieabtheilungen, die er auf zwei Kompagnien schätzte, ohne zu wissen welche. Er schöpfte Hoffnung, seine schwierige Aufgabe nun doch lösen zu können.

Was war inzwischen beim Feinde geschehen? Dem Befehle gemäß hatte General Thornton die 2. Division von St. Loup les Vignes nach Norden auseinandergezogen, die 1. Brigade (Schiffskapitän Aubé) östlich, die 2. (Oberst Bivenot) westlich; erstere mit der Richtung auf Le Martroy, Jarrisoy und L'Orminette, letztere auf Orme. Beide Brigaden sollten dann die Südost= und Südwestfront des Städtchens an= greifen. Die Division hatte in dieser Aufstellung, nachdem die Vorposten von 6., 8./57. zurückgewichen waren, südlich von Jarrisoy und Maizerie, das Vorgehen der Division Polignac abgewartet, sich vorzüglich zu decken gewußt und stand seit 9¹/₂ Uhr mit ihren beiden Brigaden zum Aufbruch bereit. Als sich nun vor 10 Uhr das Zurückweichen der deutschen Vorposten aus der Gegend von Batilly bemerkbar machte, hatte General Thornton Befehl zum Antreten erlassen. Von der Brigade Aubé wandten sich drei Bataillone 34. Mobilgarden=Regiments in einer entwickelten Linie gegen L'Orminette, das sie, vorgreifend be=

Entwickelung der Division Thornton.

10*

merkt, gegen 11¼ Uhr besetzten, während ein Bataillon Mobilgarden
de la Savoie im zweiten Treffen geschlossen folgte. Westlich von der
Brigade Aubé befanden sich zwei Bataillone des 68. Mobilgarden-
Regiments, westlich von diesen drei Bataillone des 3. Marsch-
Zuaven-Regiments. Die Bataillone 68er besetzten das von den
57ern geräumte L'Orme und folgten den dortigen Vorposten in Richtung Min. de la Fontaine. Hier wurden bald hintereinander alle
fünf Bataillone der Brigade Vivenot hinter den dortigen Häusern
aufgestellt.

Inzwischen war es 10¾ Uhr geworden; die Brigade Vivenot
beobachtete in dieser Stellung längere Zeit eine abwartende Haltung.
Um den späteren Zusammenhang der Bewegungen schon jetzt erkennbar
zu machen, sei kurz bemerkt, daß sich die Brigade Aubé von L'Orminette
mehr und mehr nach Osten zog, zunächst nach Mins. de la Montagne
und darauf bis östlich der Straße nach Foucerive, und da die Brigade
Vivenot dauernd ihre Anstrengungen gegen den Ausgang nach Orme
und die Südfront des Kirchhofes richtete, so wurde der stärkste Theil
der Südfront von Beaune la Rolande nur beschäftigt, niemals energisch
angegriffen.[*) Während dieser Bewegungen hatte sich die 12pfündige
Batterie der 2. Division zwischen Maizerie und L'Orminette aufgestellt
und das Feuer gegen das Städtchen selbst sowie gegen die westlichen Höhen
von Beaune la Rolande mehr und mehr genährt. Da nun um 11¼ Uhr
ebenfalls die ganze Artillerie der Division Polignac in Thätigkeit getreten war, so wurde der Raum um das Städtchen herum bereits jetzt
von einer im Halbkreise aufgestellten Artillerie unter Feuer genommen.
Das Feuer verursachte wenig Schaden, es fehlte, wie die Deutschen
wohl merkten, vorerst an einer einheitlichen Leitung; das konnte sich
immerhin jeden Augenblick ändern.

Beim Hauptmann v. Natzmer meldete sich an der Westseite von
Beaune la Rolande Lieutenant v. Platen mit dem Schützenzuge von 7./57.

Marsch von
5. u. 7./57. nach
Kirchhof Beaune
la Rolande.

*) Hiermit stimmt die französische Angabe überein, denn A. le Faure sagt
Seite 186: „C'est à l'ouest que les Français portent leur principal effort,
au sud et à l'est, ils se bornent à entretenir une vigoureuse canonade, et
à inquiéter l'ennemi, de façon à l'empêcher de se porter au secours des
défenseurs de la partie ouest."

Es war genau 11 Uhr. Dieser Offizier hatte zusammen mit zwei
Zügen von 5./57. sich in Orme und Maizerie befunden, zwei Züge
von 7./57. waren bekanntlich auf Feldwache gewesen, ein Zug von 5./57.
war nach Jarrisoy zur 6. entsandt. Gegen 10½ Uhr waren unsere
Vorposten verdrängt, das Artilleriefeuer vom Süden nahm an Heftigkeit
zu, auch die feindliche Infanterie begann auf der ganzen Front gegen
Onescheuelle — Orme — L'Orminette lebhafter zu feuern. Die am
Straßenkreuz von Orme haltenden Offiziere (Major v. Wehren, Haupt=
mann Feige, Premierlientenant Lancelle, Lieutenant Scholl,*) Lieutenant
v. Platen) überlegten, was nun geschehen sollte, und man faßte den
Entschluß, Orme zunächst zu halten, was Hauptmann Feige vorgeschlagen
hatte. Während Major v. Wehren noch mit den Anordnungen in
diesem Sinne befaßt war, erhob sich die feindliche Infanterie (Brigade
Vivenot) zum Vorgehen unter lebhaftem Schützenfeuer. Die nun er=
kennbar werdenden feindlichen Massen, sowie die bereits von Nord=
westen bedrohten beiden Kompagnien konnten unter diesen Umständen
an einen Widerstand nicht mehr denken, und Major v. Wehren ertheilte
ihnen daher den Befehl, „ohne Aufenthalt zum Sammelplatze des
Regiments abzurücken". Major v. Wehren ritt westlich am Kirchhofe
entlang in scharfer Gangart voraus, um an den Kalköfen seinen von
zwei Seiten eintreffenden Kompagnien den Sammelplatz selbst an=
zuweisen. Als er auf die Höhenfläche von Beaune la Rolande gelangte,
bemerkte er die ungünstige Gefechtslage beim I./57. und die nach
Norden weit ausholende feindliche Umfassung, worüber bisher keinerlei
Nachricht nach Orme gelangt war. Von Infanteriefeuer begleitet, hielt
Major v. Wehren nördlich des Kirchhofes Umschau, und da er bereits
den Rückzug der Abtheilungen aus Orme für gefährdet erachtete, sandte
er durch Lieutenant v. Streit erneuten Befehl, „den Marsch ohne
Aufenthalt zu beschleunigen, weil die Kompagnien sonst nicht mehr
durchkommen würden".

Vorgreifend sei bemerkt, daß Major v. Wehren wirklich glaubte,
als beide Kompagnien auf dem Regimentssammelplatze nicht eintrafen,
sie wären abgeschnitten worden. Lieutenant v. Streit richtete seinen

---

*) Von den hessischen Reitern, jetziger Flügeladjutant.

Befehl an 5./57. aus, die zunächst erreichbar war. Diese hatte von Orme aus, sogleich von der großen Straße abbiegend, in Kompagnie=kolonne im Kehrt die Richtung auf den Kirchhof eingeschlagen, ohne Schützen hinter sich. Auf der großen Straße ging der Zug des Lieutenants v. Platen in Sektionskolonne gleichfalls ohne Schützen zurück, etwa 80 m zurück folgten zwei Züge 7./57. unter Hauptmann Feige, ebenfalls in Kompagniekolonne ohne Schützen. Die feindliche Artillerie nahm die drei Abtheilungen unter Feuer, allein sie bewahrten trotzdem die Ordnung, nur der Zug des Lieutenants v. Platen wurde von mehreren Geschossen der 12 Pfünder=Batterie getroffen und auseinandergerissen; die Ordnung konnte jedoch jedesmal wiederhergestellt werden, weil die Granaten nicht platzten. Lieutenant v. Platen, selbst von einer Granate umgeworfen, löste nunmehr seinen Zug in Schützen auf und bog, etwa 300 m nordöstlich von Orme, auf das freie Feld in Richtung Mⁱⁿ. de la Fontaine ab. Er sammelte seinen Zug, um die dort gelegenen Häuser, die dem Feinde große Vortheile bieten konnten, anzuzünden; allein es fehlte an Zeit und Material. Er setzte daher auf dem süd=lichen Ufer des Rolande=Baches den Marsch fort, überschritt den Bach auf der Brücke östlich Mⁱⁿ. de la Fontaine, nahm hier eine kurze Zeit das Feuer gegen die feindlichen Massen auf, setzte dann den Marsch wieder fort und stieß, wie angegeben, am Ausgange nach Batilly zum Hauptmann v. Natzmer. Auf die Frage nach seinem Befehl ant=wortete v. Platen, er habe keinen bestimmten Befehl, er gehe zum Sammeln zurück. v. Natzmer äußerte darauf: „Dann muß ich Sie ersuchen, hier zu bleiben; sammeln Sie Ihren Zug und stellen Sie ihn hier auf."

Die Abtheilung unter Premierlieutenant Lancelle war auf dem Wege etwa 400 m westlich von Mⁱⁿ. de la Fontaine über den Rolande=Bach gegangen. Da Lancelle vorher gesehen hatte, daß Hauptmann Feige ihm folgte, so besetzte 5./57. den nördlichen Saum des Baches, ließ 7./57. sich durchziehen, die dadurch an die Spitze gelangte, und folgte ihr selbst mit einem Abstande von 80 m nach. Feige marschirte an der Westseite des Kirchhofes entlang, ließ nördlich des Kirchhofes halten, den Zug Gläsener ausschwärmen und begab sich nördlich um den Kirchhof herum nach dem Ausgang von Batilly mit der Absicht,

den Zug v. Platen an sich zu ziehen. Unterdessen erreichte Lancelle die
Häuser auf der Südseite des Kirchhofes. In Ausführung dieser
Absichten gelangte Hauptmann Feige ebenfalls zum Hauptmann
v. Natzmer.

Die von diesem bei Oberstlieutenant Sannow beantragte Verstärkung war noch nicht eingetroffen. Hauptmann v. Natzmer ritt unter
heftigen Geberden Feige entgegen. Schon von Weitem rief er ihm zu:
„Bringen Sie die von mir gewünschte Unterstützung?" Feige antwortete,
er habe wiederholten Befehl, nach Les Roches zu marschiren, von einer
Unterstützung wisse er nichts. v. Natzmer bemerkte: „Die Position ist
für mein schwaches Bataillon zu groß; unterstützen Sie mich mit Ihrer
Mannschaft." Während dieser Verhandlung traf der Lieutenant Lancelle
ein, welcher bereits die Häuser am Kirchhofe besetzt hatte. Hauptmann
Feige hatte schon vor dem Zusammentreffen mit Natzmer, als er beim
Kirchhofe, der einen guten Ueberblick gestattete, die feindlichen Massen
im Westen und Süden bemerkte, den Gedanken erwogen, ob es unter
diesen Umständen nicht geboten sei, den Weitermarsch einzustellen. In
diesem Sinne ertheilte er dort an Premierlieutenant Lancelle Befehl,
die südlich des Kirchhofes vorgelegenen Häuser zu besetzen. Jetzt vermochte er sich der Berechtigung des Ansuchens v. Natzmers nicht zu
verschließen, sah sich andererseits indessen durch wiederholten Befehl
gebunden. Zeit war nicht zu verlieren; welchen Entschluß er indessen
fassen mochte, ein Mittel, den Major v. Wehren zu benachrichtigen,
hatte er nicht.

Noch wäre es immerhin möglich gewesen, durch das Städtchen
zurückgehend, den Sammelplatz des Regiments zu erreichen. Da traf
ein dritter Befehl ein, diesmal vom Regiment, unverzüglich durch
Beaune la Rolande abzumarschiren. Bevor Hauptmann Feige Zeit
fand, dem Befehlsüberbringer eine Antwort zu ertheilen, war dieser
wieder davongejagt. Während Hauptmann Feige noch mit sich kämpfte
und die Folgen erwog, die es haben konnte, wenn er trotzdem gegen
den Befehl handelte, schlug plötzlich ein lebhaftes Kreuzfeuer, besonders
von der Infanterie, um den Standpunkt der Hauptleute Feige und
v. Natzmer zusammen, worin beide Offiziere die Vorbereitung zum
Sturme auf den Kirchhof zu erkennen meinten. Da entschied sich

Marginalie: Hauptmann Feige entschließt sich, gegen den Befehl zu handeln.

Hauptmann Feige, der die taktische Bedeutung des Kirchhofes erkannte, nicht abzuziehen, sondern gegen den wiederholten Befehl zu handeln: somit befahl er kurz: „Alles bleibt hier." Allerdings muß hervorgehoben werden, daß, falls Hauptmann Feige damals mit 7./57. noch abgezogen wäre, es nicht mehr möglich gewesen wäre, 5./57. zurückzuziehen, weil diese bereits in voller Thätigkeit, die Häuser zur Vertheidigung einzurichten, begriffen war und mit anderen Theilen im Feuergefecht gegen den Angreifer stand. Immerhin hatten sonach beide Offiziere, Feige und Lancelle, denselben Entschluß bis zu einem gewissen Grade selbständig gefaßt; freilich hatte Letzterer vom Hauptmann Feige den Befehl erhalten, „die Häuser zur Vertheidigung einzurichten und zu besetzen". Allein dies brauchte damals kein Definitivum zu sein, und Lancelle erhielt von dem dritten Befehl keine Kenntniß. Unterdessen hatte der Zug Gläsner bereits das Feuer aufgenommen. Nachdem die Hauptleute v. Natzmer und Feige sich dahin verständigt hatten, daß Hauptmann Feige die Vertheidigung des Kirchhofes leiten sollte, ritt Hauptmann v. Natzmer mit Lancelle auf der Straße nach Batilly an die genannten Häuser, sah hier seine Absichten in erfreulichster Weise bereits erfüllt und theilte Premierlieutenant Lancelle mit, daß er selbst den Befehl auf der ganzen Südwestfront führe, Feige auf dem Kirchhofe und Umgebung.*)

Endgültige Besetzung des Kirchhofes.   Unterdessen hatte sich der Zug unter Lieutenant Hausmann (von 3./16.) an der Westseite des Kirchhofes nach der Mitte der Mauer zusammengeschlossen; ihn verlängerte um 11¼ Uhr Schützenzug 7./57. (Lieutenant v. Platen) nach Norden. Er war unvermischt, nur auf seinem linken Flügel schoben sich später Mannschaften von 5./57. und 2./16. ein. Der Zug des Feldwebels Gläsner, 7./57., stellte sich an der Westmauer südlich des Zuges von 3./16. und theilweise mit diesem vermischt auf. Der letzte Zug von 7./57. (Lieutenant Lang) sollte anfangs außerhalb des Kirchhofes verbleiben. Während nun bald darauf der erste Angriff auf den Kirchhof erfolgte, erschien zum vierten

---

*) Hinsichtlich der Einzelheiten dieser Vorgänge verweise ich der Kürze halber auf die Schrift: „Zur Geschichte der Vertheidigung des Kirchhofes von Beaune la Rolande", Berlin, R. Felix, 1894.

Male ein Adjutant, um sich nach dem Verbleib des Hauptmanns Feige umzusehen. Er fand Hauptmann Feige nicht, wohl aber den eben genannten Zug des Lieutenants Lang, dem er befahl, ihm zu folgen. Lieutenant Lang gerieth zuerst zum I./57. und schloß sich später 6./57. an. Von 5./57. hatte Premierlieutenant Lancelle 1½ Züge zur Besetzung der genannten Häuser*) verwendet und führte dort den Befehl in einem Hause. Unteroffizier Brieland (6./57.) führte dann noch etwa 15 bis 20 Mann dieser Kompagnie an die Westfront der Kirchhofsmauer; diese vertheilten sich auf die dortigen 16er und 57er. Die Führer auf dem Kirchhofe waren folgendermaßen aufgestellt: Nordseite: Lieutenant Friedrichsen und Vizefeldwebel Reinhard; Westfront: im Norden, Lieutenant v. Platen, in der Mitte Lieutenant Hausmann, im Süden Feldwebel Gläsner, hinter der Mitte der Westfront Hauptmann Feige. Lieutenant v. Nerée, 3./16., wechselte seinen Standpunkt. Da der Gegner bereits zum Angriff von Westen angetreten war, bevor die Abtheilungen ihre Stellungen eingenommen hatten (11 Uhr 15 Minuten), so war keine Zeit gewesen, die Feuerleitung näher zu regeln, sondern Hauptmann Feige hatte nur den Befehl ertheilen können: „Alles hört auf mein Kommando." Bis zum zweiten Sturme war die Südwest- und Westfront von Beaune, wie folgt, besetzt: 1 Zug 1./16. (Haack) in den Häusern südlich der Straße nach Orme; 1 Zug 1./16. (Brockmann) ebenso nördlich dieser Straße; 1 Zug 1./16. (Pilger) Artilleriebedeckung; 2 Züge 4./16. hinter Mauer und Westbarrikade; 1 Zug 3./16. (Ziehen) an 4./16. anschließend; 1 Zug 3./16. (Fulde) östliche Häuser südlich des Kirchhofes; 1 Zug 3./16 (Hausmann) Westseite des Kirchhofes; 1 Zug 4./16. (Stelle) Schnittpunkt der Straßen nach Egry, Barville und Batilly; 1 Zug 2./16. Barrikade an der Straße nach Orme; 2 Züge 2./16. (Menz) dahinter in Reserve; 1½ Zug 5./57. westliche Häuser südlich des Kirchhofes; 2 Züge 7./57. und ½ 5./57. Westfront des Kirchhofes.

Oberstlieutenant Sannow hatte inzwischen sich der Besorgniß, ob

Hauptmann v. Rahmer erhält weitere Verstärkung zugesagt.

*) Die Häusergruppe nördlich der Straße nach Batilly, in der Südwestecke des Kirchhofes, war um die Hälfte kleiner, als sie auf dem Plane von Beaune la Rolande in der Geschichte der 16er eingezeichnet steht. Dies ist auf dem hier

es möglich sei, die Südwestfront zu behaupten, nicht entziehen können, denn von dem Entschluß des Hauptmanns Feige war ihm nichts bekannt geworden. In dieser Besorgniß ertheilte er zunächst Befehl, die drei Fahnen nach dem Marktplatz zu schicken. Oberstlieutenant Sannow verfügte noch über zwei Züge 12./16er*) unter Hauptmann Ohly als einzige Reserve. Da sich die Lage am Südwestausgange (nach Orme) drohender gestaltete und die Südfront von Beaune la Rolande weniger gefährdet erschien, entschloß er sich, diese letzte kleine Reserve ebenfalls aus der Hand zu geben und sie dem Hauptmann v. Natzmer zu unterstellen. Somit war die gesammte Ortsvertheidigung auf die Bataillone und Kompagnien verlegt, von deren Thatkraft und Geschicklichkeit das Schicksal des Tages abhing, und Oberstlieutenant Sannow hatte von nun ab kein Mittel von Belang mehr, nach irgend einer Richtung einzuwirken. So bedenklich diese Maßnahme theoretisch erscheinen mag, so wird man sie doch billigen müssen; denn die Lage drohte derartig zu werden, daß von vornherein jedes verfügbare Gewehr in Thätigkeit treten mußte, und Erfolg konnte man nur haben, indem man gleich Alles auf eine Karte setzte. Mit der ihm eigenen Beherztheit eilte Hauptmann Ohly an den Ausgang nach Orme, froh, seiner Aufgabe, als Reserve zu dienen, überhoben zu sein, traf jedoch ebenfalls erst nach Abweisung des ersten Sturms ein. Dieser Offizier führte auf jenem brennenden Punkte in der Folge den Befehl, und seiner heldenhaften Ruhe sowie der unbedingten Herrschaft über seine Westfalen, die ihm wie Automaten gehorchten, ist es hauptsächlich zuzuschreiben, daß der spätere wiederholte Nahkampf mit Erfolg durchgeführt wurde. Waren somit zwar in Beaune la Rolande selbst im Bereiche der Südwestfront Kompagnien aller drei Bataillone untereinander gemischt, so bildeten die verschiedenen Züge in sich doch ge-

---

beiliegenden Plane ebenso berichtigt worden wie andere Irrthümer des Plances der 16er und zwar gemäß einer von mir selbst an Ort und Stelle gemachten Aufnahme. Die Häuser bestanden nur aus der Leichenhalle und der Wohnung des Todtengräbers. Nach Westen waren sie ohne Fenster und Thüren, so daß sie in der kurzen Zeit nicht zur Vertheidigung hergerichtet werden konnten und daher überhaupt unbesetzt blieben. Hinter der Leichenhalle wurde der Verbandplatz angelegt.

*) Der dritte Zug war bei der Artillerie.

schlossene Körper, so daß die Ordnung aufrecht erhalten werden konnte, solange jeder Zug seinen Befehlshaber hatte. Im Ortsgefecht reicht das vollständig aus, und man würde dagegen auch nichts von Belang einwenden können, wenn aus der Noth nicht eine Tugend hätte gemacht werden müssen.

Anders stand das auf dem Kirchhofe; allein auch hier wurden alle Schwierigkeiten überwunden.

Kaum war die Besetzung des Kirchhofes sowie der Südwestfront in der skizzirten Weise verwirklicht, als sich die Brigaden Brisac und Vivenot, erstere von Westen, letztere von Süden nach vorausgegangenem heftigen Infanteriefeuer, zum Sturm erhoben. Es war genau 11 Uhr 25 Minuten. Da nun das nördlich vom Kirchhofe fechtende I./57. damals noch nicht über die Straße nach Barville ausgewichen war, so konnte die Nordwestspitze des Kirchhofes noch nicht angegriffen werden, ohne daß man flankirendes Feuer erhielt. Der Gegner richtete seine Anstrengungen denn auch sehr richtig hauptsächlich gegen die am schwächsten besetzte Südwestspitze des Kirchhofes. Diesem ersten Sturme ging keine Beschießung des Kirchhofes durch Artillerie voraus; die Infanterie wurde auch, nachdem sie abgewiesen worden war, nicht vom eigenen Artilleriefeuer aufgenommen. Die Franzosen waren nämlich durch Kundschafter über die Schwäche der Vertheidiger genau unterrichtet und gedachten sich durch einen Handstreich des Schlüssels zur Stellung von Beaune la Rolande zu bemächtigen.*) Im Süden wandten sich die drei Bataillone der 3. Zuaven in zwei Treffen von M^{in.} de la Fontaine aus gegen die Südfront des Kirchhofes, östlich von ihnen die 68er, ebenfalls in zwei Treffen, gegen den Ausgang nach Orme; das auf dem rechten Flügel befindliche Bataillon der 3. Zuaven schwenkte jedoch später gegen diesen Ausgang ab; ob im Westen drei oder vier Bataillone im ersten Treffen waren, ist ungewiß. Von Süden aus hatte der Angreifer bis zum Kirchhofe nur 250 m, wobei der Rolande-Bach im Anlauf übersprungen werden mußte; gegen den Ausgang nach Orme waren 400 m zurückzulegen, gegen die Westfront etwa 600 m. Vor dem Antreten der Brigade Vivenot war die genannte 12 Pfünder-Batterie südlich der Straße nach

Erster Sturm auf
den Kirchhof.

---

*) Bericht des Hauptmanns Feige, Kr. A. S, III, 1, VI.

Orme bis in die Höhe der Infanterie der Brigade vorgezogen worden und
beschoß alsdann den Südwestsaum von Beaune vor dem ersten Sturme,
aber nicht den Kirchhof, auf etwa 500 m. Während des ganzen Kampfes
harrte die Batterie hier mit anerkennenswerther Ausdauer aus; ein Geschütz soll nach französischen Angaben später sogar bis auf 300 m an das
Städtchen herangeschoben worden sein! Beide Regimenter setzten sich
mit klingendem Spiele und nach einer kurzen Ansprache des Divisions-
kommandeurs im Laufschritt in Bewegung; der Divisionskommandeur
selbst befand sich an der Spitze der 68er, der Brigadekommandeur bei
den Zuaven. Dieses Bild der Entschlossenheit, das die Deutschen beobachten konnten, verfehlte zwar seine Wirkung auf die Vertheidiger
nicht, doch fiel vorläufig von ihrer Seite kein Schuß. Im Süden
wurde der Rolande-Bach ohne Stockung übersprungen, dann der ge-
sträuchige Nordrand stark mit Schützen besetzt, die heftig feuerten.
Währenddessen waren geschlossene Kolonnen gefolgt, die den Graben zwar
mit Beherztheit nahmen, dabei aber naturgemäß außer Ordnung geriethen; divergirend mit den Zuaven griffen die 68er in einem Zuge zu
beiden Seiten der Straße nach Orme, anfangs ebenfalls feuernd, die
Südwestspitze des Städtchens an. Gegen den Angriff von Süden bildete
der Zeitpunkt des Sprunges über den Graben, der genau auf damaliger
Kernschußweite lag, für die Deutschen das Zeichen für die Eröffnung
des Feuers. Obwohl die Zuaven mit großer Entschlossenheit heran-
stürmten, so gelangten sie mit der Masse nur unerheblich über den
Rolande-Bach hinaus. Noch frühzeitiger scheiterte der Angriff gegen
den Ausgang nach Orme; nur auf der Westseite gestalteten sich die Verhältnisse anders. Hauptmann Feige ließ die feindlichen Massen bis auf
400 m heran, dann schallte es über den Kirchhof: „500 Schritt —
Feuer!" Der Angreifer blieb indessen im Vorgehen und stutzte erst auf
etwa 200 m. In diesem Zeitpunkt drängten die hinteren Kolonnen nach,
man vernahm augenblicksweise französische Kommandos; der Pulverdampf vermengte sich mit der in hohem Grade von Feuchtigkeit ge-
schwängerten Luft und klebte am Boden, die Sicht war auf Augenblicke für die Vertheidiger gänzlich unterbrochen. Daß aber die Wirkung
durchschlagend gewesen war, bemerkte man, nachdem die Führer auf der
ganzen Westfront des Kirchhofes die Einstellung des Feuers erreicht

hatten. In diesem Augenblicke schwebte ein unbeschreibliches Chaos vor ihrer Front; man sah höhere Offiziere zu Pferde die Mannschaften theils sammeln, theils aufhalten, um sie von Neuem vorzubringen; es gab keine Schützen und Kolonnen mehr, sondern nur verschiedene unförmige Haufen, aus denen unverständliche Laute herüberschallten und in denen die Streiter mit sich und unter sich zu ringen schienen, ob sie vor oder zurück sollten.

Der Augenblick war kurz; „Los — 250 Schritt!" hörte man wiederum die feine Stimme des Hauptmanns Feige jene bekannte Gefechtsstille durchbringen, die jeder Krisis mehr oder weniger eigenthümlich ist, und von Neuem entlud sich ein Feuerhagel, mit jenem sicheren Gefühl von den Vertheidigern abgegeben, das nur der Soldat kennt, der bereits weiß, daß der Erfolg auf seiner Seite sein wird. Vielleicht eine halbe bis eine Minute mochte das Feuer gedauert haben, als sämmtliche Führer zum zweiten Male in dieser buntgemischten Linie die Einstellung des Feuers durchsetzten. Der Erfolg war vollständig. Jetzt erst zog die feindliche Infanterie nach Westen ab, jedoch nicht weit. Am Ausgangspunkte des Angriffs, bei den beiden Wäldchen, machte sie Halt, ordnete sich von Neuem und legte sich nieder.

Aehnlich verliefen die Angriffe gegen die Südfront des Kirchhofes und gegen die Südwestfront von Beaune la Rolande. Genau um 11 Uhr 45 Minuten war der erste Sturm siegreich abgeschlagen. Nach und nach wurde es hell und stille, in unregelmäßigen Kurven lagen ringsumher die grauen und rothen Gestalten, es waren die Gefallenen und Verwundeten. Die Vertheidiger zählten ihre Patronen, die Führer regelten die Munitionsvertheilung; man hatte nur unbedeutende Verluste gehabt, kein Wunder, daß das Selbstbewußtsein der Mannschaft sich bis zu freudigem Stolz erhob.

Inzwischen waren die Verstärkungen eingetroffen. Von 12 Uhr ab gestaltete sich daher die Besetzung der Südwest- und Westfront von Beaune bis zum Ende der Schlacht wie folgt: 1 Zug 1./16. (Haack) Häuser südlich der Straße nach Orme; 1 Zug 1./16. (Brockmann) Häuser nördlich der Straße; 1 Zug 1./16. (Pilger) Artilleriebedeckung; 1 Zug 6./16. und 2 Züge 12./16. (Ohly) Barrikade an der Straße nach Orme; 1 Zug 6./16. Westbarrikade, 1 Zug 6./16 dahinter in

Reserve (Mitschüle); 2 Züge 4./16. Mauer nördlich der Barrikade; 1 Zug 3./16. östliche Häuser südlich des Kirchhofes; 1½ Zug 5./57. westliche Häuser daselbst; 2 Züge 7./57. und ½ Zug 5./57. Westseite des Kirchhofes; 2./16. zuerst Reserve am Ausgang nach Batilly, darauf 1 Zug (Friedrichsen) 2./16. Nordseite des Kirchhofes; 1 Zug 2./16. (Reinhard) West- und Nordseite des Kirchhofes je nach Umständen; 1 Zug 2./16. (Graßhof) Schnittpunkt der Straßen nach Batilly und Barville; 1 Zug 4./16. Schnittpunkt der Straßen nach Egry, Barville und Batilly. Gesammtheit der Kirchhofsbesatzung: 4 Züge 5. und 7./57, 2 Züge 3./16., 2 Züge 2./16., rund 8 Züge beider Regimenter.

Vereinigung des feindlichen Artilleriefeuers gegen den Kirchhof. Hierzu Skizze 2. Hauptmann Feige hatte gerade die verschiedenen Führer auf dem Kirchhofe dahin angewiesen, bei einem wahrscheinlichen neuen Sturme das Feuer auf kürzere Entfernung zu eröffnen, im Uebrigen nur Schützenfeuer abzugeben, wozu er selbst Befehl ertheilen werde. Da schlug genau um 12 Uhr eine Granate in die Leichenhalle ein und schleuderte mit gewaltigem Krach Steine und Gebälk umher. General Crouzat, Artillerist von Fach, hatte nämlich seiner Artillerie Befehl ertheilt, ihr Feuer gegen den Kirhof zu versammeln, und seine Artilleriereserve vorgeschickt, die freilich erst nach und nach zu voller Thätigkeit gelangte. Die Mitrailleusen-Batterie marschirte nach der Cäsar-Straße (wir kommen später darauf zurück): eine Gebirgs-Batterie setzte sich rechts neben die 12 Pfünder-Batterie, aber etwas zurück, zwei 4 Pfünder-Batterien standen südlich, eine andere nördlich des Bois de la Leu, so daß etwa von 12½ Uhr an 30 Geschütze gegen den Kirchhof wirkten. Unterdessen war auf dem Kirchhofe Befehl an die Mannschaft erlassen worden, sich platt niederzulegen; nur die Führer lösten sich im Auslugen ab. Das Artilleriefeuer nahm mit der Zeit an Heftigkeit zu, Granate auf Granate erreichte ihr Ziel. Gegen 1 Uhr war die vier Fuß hohe, massive Kirchhofsmauer in Trümmer geschossen, ein Hagel von Eisen und Steinen ergoß sich un= unterbrochen über den Innenraum. Schweigsam wartete ein Jeder, was nun kommen würde. Die Mannschaft kauerte sich dicht an die Reste der Kirchhofsmauer, das Gewehr schußbereit. Allein die Probe sollte von langer Dauer sein. Gegen 1 Uhr faßte eine feindliche Batterie den Kirchhof noch von der Nordseite; er war nun von Norden,

Westen und Süden durch Artilleriefeuer „zugeschnürt". Um diese Zeit schaute Hauptmann Feige sich nach den südlich des Kirchhofes liegenden Häusern um, weil sich von dort ein erstickender Qualm auszubreiten begann. Premierlieutenant Lancelle hatte zwar melden lassen, daß auch dort die Stellung siegreich behauptet worden sei, ob aber nunmehr noch die Häuser besetzt bleiben konnten, erschien fraglich. Die oberen Stock= werke drohten bereits zusammenzustürzen, die Leichenhalle war vom Erd= boden so gut wie verschwunden, die Grabsteine lagen zersplittert umher, die Gräber waren tief aufgewühlt, die Mannschaft selbst zum großen Theil durch Schutt und Erde „lebendig begraben"; ein Jeder bemühte sich nur, Kopf und Augen frei zu halten. Hauptmann Feige begab sich daher zu Premierlieutenant Lancelle. „Dies ist das Vorspiel zu einem neuen Angriff", bemerkte er, „der Zeitpunkt wird bald herankommen, bereiten Sie sich darauf vor. Werden Sie die zerschossenen Häuser besetzt halten können?" „Und wenn uns die Stiefel und Kleider am Leibe verbrennen, hier wird nicht gewichen", antwortete Premierlieutenant Lancelle. Und die Kleider versengten der Mannschaft thatsächlich am Leibe, die Beinkleider schlotterten ihr am Ende der Schlacht wie Lumpen um die Beine, an den Stiefeln waren die Sohlen verkohlt, doch die Mannschaft wankte nicht. Auch die 16er in den östlich von den durch die 57er besetzten Häusern unter ihrem heldenhaften Führer Premier= lieutenant v. Nerée verhielten sich genau so, kein Mann verließ seinen Posten. „Wir haben gegen einen wiederholt gegebenen Befehl gehandelt", bemerkte Hauptmann Feige, das Monokel einklemmend, „wir müssen siegen oder untergehen, sonst erwartet uns die Kugel." „Werden schon", antwortete der lebenslustige Lancelle dem bedäch= tigen Feige. Darauf kehrte Letzterer auf den Kirchhof zurück. Seit= dem sahen sich Hauptmann Feige und Premierlieutenant Lancelle nicht wieder!

Hauptmann v. Natzmer hatte während dieser Zeit seinen Befehls= bereich besichtigt. Ueberall sprach er Muth zu. Erst eine Kugel, die sein Pferd traf, legte seiner Thätigkeit für einige Zeit Fesseln an. Bis Natzmer sich wieder beritten gemacht hatte, ging die Leitung mehr und mehr auf die Kompagnie= und Zugführer über. Hauptmann Feige hatte während dieser Zeit einen Augenblick überlegt, ob es möglich wäre,

Meldung zu machen, daß er auf dem Kirchhofe sei und dort bleiben müsse; doch es verbot sich von selbst, denn der Kirchhof war vollständig „zugeschnürt". Endlich um 1½ Uhr schwieg das feindliche Artillerie-feuer. Man wußte, was nun kommen würde. Bevor wir diesen zweiten Sturm darstellen, muß zunächst der Kampf gegen die Süd- und Südostfront sowie im Norden des Städtchens nachgetragen werden.

Vorgehen der
Brigade Aubé.
Die Brigade Aubé war über Jarrisoy marschirt, die 8./57. vor sich hertreibend. Sie hatte bis zur Einnahme von L'Orminette nur bei Jarrisoy lebhaften Widerstand gefunden, weil jene Kompagnie, dem Befehle gemäß, möglichst schnell die Südfront von Beaune la Rolande freimachen und sich nordöstlich vom Städtchen zum Sammelplatz des Regiments begeben sollte. Die Brigade Aubé hatte von Jarrisoy zunächst die Richtung auf L'Orminette genommen und war so an den Vorposten vom F./57. in Foucerive und Bergouville vorbeimarschirt. Nach der Be-setzung von L'Orminette wandte sie sich wieder nach Nordosten, was viel Zeit erforderte; die Vorposten vom F./57. konnten daher ihre Stellungen noch behaupten, nachdem die übrigen Vorposten von Batilly bis Corbeilles die ihrigen längst verlassen hatten. Erst gegen 11¾ Uhr erhielt Major v. Gerhardt die angegebenen Befehle.*)

Die feindliche Brigade Aubé fand unter diesen Umständen gegen 12 Uhr Foucerive und, weiter nach Osten ausholend, auch Bergouville unbesetzt. Ob sie in L'Orminette Truppentheile zurückgelassen hat, ist nicht ersichtlich, auch nicht wahrscheinlich. Nur vier Bataillone — Mobilgarden — stark, wandte Aubé sich mit dem linken Flügel auf Mme de la Montagne, mit dem rechten auf Ormetrou gegen die Höhen von Les Roches, weniger auf die Südostecke des Städtchens selbst, wobei die Brigade ihren rechten Flügel über die Straße von Ormetrou aus-dehnte. Ormetrou war damals ebenfalls von den Deutschen verlassen, nur auf Mme de la Montagne hatte sich ein Zug von 11./16. befunden, der sich aber ohne Gegenwehr auf seine Kompagnie in Beaune recht-zeitig und geschickt abzog, als die beiden genannten Kompagnien Zephyrs vom 18. Armeekorps gegen diesen Theil von Beaune im Laufschritt vor-

---

*) S. 140/141.

stürmten und sich am Rolande-Bach festsetzten.**) M¹ⁿᵉ· de la Montagne
wurde darauf vom Bataillon be la Savoie besetzt, die drei anderen
Bataillone suchten von Ormetrou aus Boden zu gewinnen; es kam
jedoch vorläufig auf der ganzen Front nirgends zu einem eigentlichen
Angriff. Bei der Brigade Aubé war eine 4 Pfünder - Batterie,
die bei Fouceive auffuhr und das Feuer gegen die Höhen von
Les Roches gegen die Batterie Knauer richtete. Im Uebrigen muß
das Bataillon be la Savoie damals bereits von unserem Artilleriefeuer (Batterie Knauer) arg mitgenommen gewesen sein, denn es
stürzte in Unordnung zurück, so daß Aubé selbst es sammelte, sich
an seine Spitze setzte und es von Neuem ohne Erfolg vorführte.
Dieser Lehre wird es wohl hauptsächlich zuzuschreiben · sein, daß
von M¹ⁿᵉ· de la Montagne aus nicht eher wieder Anstrengungen
gegen Beaune gemacht wurden, bis die 3. Division 20. Armeekorps
eingriff.

Die 3. Division war 11 Bataillone stark, sie war um 12 Uhr in Verhalten der
Brigaden südlich Jarrisoy aufmarschirt, wo sie weitere Befehle erwarten General Edgard.
sollte, stand also gleich günstig für eine rechtzeitige Unterstützung nach
Osten und Westen. General Crouzat hatte anfangs nicht die Absicht,
auch diese Division einzusetzen, die er sich für die Südfront aufsparen
wollte, wo sie unter Umständen nothwendig werden konnte. Erst als
Crouzat sich überzeugt hatte, daß das von ihm angeordnete Eingreifen
des 18. Armeekorps gegen die Ostfront von Beaune la Rolande sich
verzögerte, und nachdem General Billot, trotz seiner Meldung, um
12 Uhr 30 Minuten in Beaune zu sein, nicht erschienen war, entschloß
er sich, die 1. Brigade (Oberst Durochat, 47. Marsch-Regiment, Mobilgarden de la Corse, 5 Bataillone) über Fouceive vorzusenden, wo
sie zunächst gedeckte Aufstellung hinter der Brigade Aubé nahm. Die
beiden Batterien der 3. Division verstärkten jedoch gegen 1 Uhr bei
Vergouville und bei Fouceive die 4 pfündige Batterie der 2. Division
(siehe Skizze 3), so daß von da an 18 Geschütze gegen die Höhen von
Les Roches und die Südostecke des Städtchens feuerten. In
dieser Stellung verblieben alle drei Batterien bis zum Ende der

---

*) S. 87·

Schlacht, mit Ausnahme einer, die etwa von 1½ bis 2¾ Uhr nach Mins. de la Montagne rückte, dann aber wieder nach Fouceribe zurückkehrte.

Diese Maßnahmen waren zweckmäßig. General Crouzat setzte nicht nur rechtzeitig seine ganze Artillerie, eingeschlossen Reserveartillerie, ein, sondern beide Artilleriegruppen richteten das Feuer auch einheitlich und dauernd auf diejenigen Punkte, die wirklich angegriffen werden sollten. Auch scheute die französische Artillerie den Nahkampf nicht, denn ihre Feuerstellungen schwankten zwischen 400 und 1200 m.

Von der 2. Brigade der 3. Division, die, seitdem Oberst Girard am 26. gefallen war, vom Oberst Simonin geführt wurde, ließ General Crouzat das 1. Bataillon der östlichen Pyrenäen Boiscommun besetzen und zur Vertheidigung herrichten. Ebendahin wurden die Freiwilligen vom Doubs geschickt, die in der Ordre de Bataille nicht vorkommen. Das 2. Bataillon der östlichen Pyrenäen blieb zu gleichem Zweck und mit gleichem Auftrage in St. Loup.*) Die 78er befanden sich bekanntlich beim 18. Armeekorps, die 58er mit dem Bataillon Meurthe behielten die genannte Stellung. Man erkennt auch darin zweckmäßige Maßregeln für einen Rückschlag, denn ohne Zweifel gedachte General Crouzat sein Armeekorps im Unglücksfalle auf der Linie Boiscommun—St. Loup zu sammeln, so daß ihm beide verstärkten Flügel als gute Stützpunkte dienen konnten.

d. Der Fortgang der Schlacht im Norden von Beaune la Rolande beim 1./57. und bei der 1. Kavallerie-Division.

Maßnahmen der 19. Division. Der Führer der 19. Division, General v. Woyna, hatte aus nächster Nähe die ungünstige Gefechtslage beim 1./57., das nach 12 Uhr in Richtung auf Romainville zurückgedrängt worden war, bemerkt und, wie wir sahen, sowohl an die II. Armee genau berichtet, als auch durch den persönlich eingreifenden Generalstabsoffizier, Major v. Scherff (F./57.), Mittel zur Begegnung der übelen Gefechtslage vorbereiten lassen. Er schätzte die Infanterie 1./57. gegenüber zwischen 12 und 1 Uhr auf 6 bis

*) Grenest, S. 324, 325.

3 Bataillone, was ziemlich richtig war, denn damals befand sich ein Bataillon des Obersten Cathelineau bei der Brigade Boisson. Auch hatte vorher eine aus der Korpsartillerie-Reserve vorgesandte 4pfündige Batterie die Front gegen Norden genommen, als die reitende Batterie der 1. Kavallerie-Division von südlich Barville aus eingriff. Unter solchen Umständen war I./57. von bedeutenden Kräften umfaßt, be-besonders von Nordwesten. General v. Woyna hatte über diese Gefechts-lage wiederholt an das Generalkommando gemeldet; wann dort die Meldungen eingegangen sind, kann zwar nicht genau festgestellt werden, ergiebt sich aber annähernd aus dem Eingreifen des Majors Körber. Zugleich hatte General v. Woyna der östlich von Beaune ins Ge-fecht getretenen 1. leichten Batterie Knauer Befehl ertheilt, mit vier Geschützen gegen La Pierre percée abzurücken,*) zwei gegen Foucerive in Feuerstellung zu lassen. Später gedachte der General in eine Stellung bei La Rue Boussier auszuweichen, um sich der Straße nach Barville möglichst nahe zu halten. Diese Anordnungen lassen die Absicht des Ausweichens in Richtung des 3. Armeekorps erkennen, d. h. der Führer der 19. Division wollte nach Kräften in Verbindung mit Pithiviers bleiben. Man hat das Verhalten der 19. Division getadelt. Allein mir scheint, daß diese Maßnahmen doch auch ihr Gutes hatten. Denn der Feind sah sich dadurch gezwungen, seine Hauptkräfte entweder auch dahin folgen zu lassen, was in Rücksicht auf Long Cour und Barville gefährlich war, oder von weiteren Angriffen abzustehen. Ver-muthlich ist das Ausweichen Ursache gewesen, daß der Gegner von einem Angriff auf das unbesetzte Nordbeaune abgelenkt wurde, der damals das Ziel aller seiner Maßnahmen sein mußte. Jeder Fall konnte sich zum Vortheile der Deutschen gestalten! Da die Batterie Knauer nur 1500 m bis zum Straßenkreuz nordwestlich vom Städtchen hatte, so konnte sie viel früher zur Stelle sein als die Hülfe vom Bahnhof Beaune.

---

*) Nach Angabe Knauers; nach Angabe von Mohs (damals Adjutant vom F./16.) und Puzki (damals Lieutenant bei der Batterie Knauer) hätte Oberst-lieutenant Sannow diesen Befehl ertheilt. Die letzteren Angaben halte ich für unwahrscheinlich.

Hauptmann Knauer ließ die Munitionswagen zurück und trabte mit vier Geschützen auf der Straße nach Barville voraus.*)

Als er etwa 500 m zurückgelegt hatte, wurde er kurz hintereinander zweimal vom Regimentsstabe der 57er ersucht, „sich mit der Feuer= eröffnung zu beeilen". Hauptmann Knauer ließ sich dadurch verleiten, das Signal „Galopp" zu geben. Er selbst war bis dahin den Ge= schützen etwa 300 m voraus gewesen, nunmehr verkürzte sich der Raum zwischen ihm und den Geschützen schnell. I. 57. befand sich zu der Zeit noch mit Schützen an der Straße nach Barville bis südlich der Cäsar=Straße, Front gegen Westen, mit der Masse im Wäldchen von Romainville und auf dem Wege dahin. Mitten zwischen den Schützen ließ Hauptmann Knauer, dicht südlich der Cäsar=Straße, abprotzen. Die vier Geschütze waren aber bereits viel zu weit vorgaloppirt, denn sie traten sogleich in den Nahbereich eines wirksamen feindlichen Infanteriefeuers, durch das sie in der Front, linken Flanke, sogar im Rücken beschossen wurden. Hauptmann Knauer sah sich daher gezwungen, mit Kartätschen zu feuern. In fünf Minuten fiel indessen der vierte Theil seiner Mannschaft und Pferde, das feindliche Infanteriefeuer wurde gegen die Batterie versammelt; I./57. hatte nur noch Schützen von 3./57. in ihrer Nähe. Es ließ sich unter diesen Umständen eine Krisis für die Batterie voraussehen. Der Kommandeur vom I./57., Major v. Schoeler, hatte von dem Befehle an Batterie Knauer keine Kenntniß erhalten und bereits vor dem Eintreffen Knauers alle Anordnungen zum Abzuge auf Romainville und zur Besetzung des Ortes erlassen (wohin das Bataillon unterwegs war), als er zu seinem Schrecken die vier Geschütze herangaloppiren sah. Sofort ließ er alle Kompagnien halten, um die Bewegung einzustellen; er selbst begab sich an die Straße nach Barville zurück. Inzwischen hatte Hauptmann Knauer wieder aufprotzen lassen, wobei das dritte Geschütz, das fast alle Mannschaften und Pferde verloren hatte, in den Straßengraben gerathen war. Die feindliche Infanterie war jetzt bis auf 300 m von Westen und Norden herangelangt, der Zugführer Aly setzte daher das Geschütz wieder ins

---

*) Die Geschichte des 10. Artillerie=Regiments sagt irrthümlich: nach Egry.

Feuer. Unterdessen hatte Major v. Schoeler Freiwillige von 3./57. herbeigerufen, um das Geschütz zu retten. Es kamen auch sogleich der Unteroffizier Wesemann, der Gefreite Kempfe sowie die Musketiere Jäger, Peters, Kartenkämper (3./57.), während die drei übrigen Geschütze im Abfahren begriffen waren. Vorder- und Mittelreiter fehlten, der Stangenreiter saß unter seinem Pferde, Bedienungsmannschaften waren nicht mehr zur Stelle. Der Geschützführer hielt neben dem noch nicht aufgeprotzten Geschütz. Er sollte dem Major v. Schoeler gerade Aus= kunft ertheilen, als er einen Schuß in den linken Arm erhielt. Er schrie, Major v. Schoeler möchte ihn vom Pferde reißen, doch als dieser das nicht sogleich bewerkstelligen konnte, ließ er sich selbst hinunterfallen. Es gelang wohl, das Geschütz aufzuprotzen, nicht aber die Bracke aus= zuhängen, da die todten Mittelpferde auf den Tauen lagen. Auch glückte es nicht, die starken Taue mit den stumpfen Seitengewehren durch= zuschneiden, und da auch noch der Stangenreiter verwundet worden war, so konnte das Geschütz nicht mehr gerettet werden. Die Franzosen nahmen später den Verschluß heraus.*)

Die Vergeblichkeit der Bemühungen, das Geschütz fortzubringen, einsehend, hatte sich Major v. Schoeler mit den genannten Mann= schaften wieder zum 1./57. zurückbegeben. Während Hauptmann Knauer etwa 1000 m nach Südosten seine drei Geschütze auf dem rechten Flügel der dort inzwischen aufgefahrenen 1. schweren Batterie von Neuem Stellung nehmen ließ, räumte 1./57. das von Nordwesten vollständig umgangene Wäldchen von Romainville, in das sogleich feindliche Infanterie von Norden und Westen nachdrängte. Langsam und in voller Ordnung zog Major v. Schoeler längs der Cäsar=Straße ab, in der Linie von Romainville machte er mit 1., 3., 4./57. Halt. Dort wurden die Schützen der 4. und 3. Kompagnie unter dem Schutze der 1. gesammelt, während die 2. bei der schweren Batterie blieb und seitdem aus dem Bataillonsverbande ausschied. Hauptmann Knauer hatte inzwischen den

---

*) So hat den Hergang General v. Schoeler in Nr. 104 des Militär-Wochen- blattes 1890 geschildert. Die Angaben decken sich mit den Aussagen sonstiger Augenzeugen, und die hiervon erheblich abweichende Darstellung in der Geschichte des 10. Feldartillerie-Regiments kann nicht als historisch gelten.

3. Zug, der bis dahin östlich von Beaune verblieben war, herangezogen und feuerte nun mit fünf Geschützen; links von ihm stand die schwere Batterie (Frels).

Befehl zum
Abmarsch auf
de Rue Bouffier. Als Generalmajor v. Woyna den ungünstigen Gefechtsumschlag bemerkte, ertheilte er dem Obersten v. Cranach Befehl, die Höhen von Les Roches aufzugeben und mit allen verfügbaren Streitkräften in der Richtung auf La Rue Bouffier zurückzugehen (1 Uhr). Der in der Nähe des Generals befindlichen 1. schweren und 1. leichten Batterie, sowie 1., 3., 4./57. wies Generalmajor v. Woyna selbst ihre dortigen Stellungen an; 3./57. besetzte darauf die Südwestfront von La Rue Bouffier, 1., 4./57. verblieben geschlossen in Reserve. Oberst v. Cranach hatte sogleich 6./57. mit je einem Zuge von 5. und 7./57. in der befohlenen Richtung abrücken lassen, die Major v. Schweler bereits in La Rue Bouffier vorfand; im zweiten Treffen folgten F./57., 2., 8./57. und die Pionier-Kompagnie Kleist, zwischen der Infanterie waren die beiden Batterien. Bei der Nähe der feindlichen Infanterie nördlich von Beaune und bei dem um diese Zeit von dort und von Foucerive aus die Hochfläche kreuz und quer bestreichenden feindlichen Infanterie-, Mitrailleusen- und Artilleriefeuer war diese Unternehmung außerordentlich schwierig auszuführen. Während nun diese Truppen im Begriff waren, die neue Stellung zu beziehen, vernahm man aus dem Osten ein eigenthümliches, schnell näher und näher kommendes Rollen; Aller Blicke wandten sich dorthin. Es waren die 1. und 3. reitende Batterie, die der kommandirende General zu Hülfe gesandt hatte. Durch die Infanterie sprengte zuerst Major Körber, und als er des Majors v. Scherff ansichtig wurde, rief er ihm zu: „Weshalb geht Ihr denn zurück, ist denn da vorn nichts mehr zu machen?" „Nein", antwortete dieser. Major Körber versuchte indessen doch noch, den Feind zurückzuhalten, und als seine Batterien inzwischen im scharfen Trabe eingetroffen waren, ertheilte er das Signal Galopp, und wie der Blitz schossen beide reitende Batterien über das aufgeweichte Erdreich. Das bekannte Signal und jene artilleristische Stille, die nur durch das Oeffnen der Protzen unterbrochen zu werden pflegt, das Keuchen der schweißtriefenden Rosse, und alle 12 Geschütze donnerten wie auf ein Zeichen los. Beide Batterien standen östlich der Straße nach Egry, Front

gegen Westen und Nordwesten. Treffer auf Treffer schlägt gegen
Norden und Westen in die feindlichen Reihen; aber schnell mußte
Major Körber sich überzeugen, daß vorn nichts mehr zu machen sei,
und beide Batterien folgten auf La Rue Boussier nach. Somit deckten
die beiden reitenden Batterien gewissermaßen den Rückzug, auch ein
eigenthümlicher Fall. Genau um 1 Uhr war ihr erster Schuß gefallen,
ihr Abmarsch von Bahnhof Beaune wird daher gegen 12 Uhr 40 Mi=
nuten erfolgt sein. Während dieses kurzen Kampfes hatte die 1. reitende
Batterie ganz erhebliche Verluste von einer Mitrailleusen= und einer
anderen Batterie, die südlich von La Pierre percée standen, sowie von
einer dritten südlich des Bois de la Leu. Gleich die erste Granate
der Letzteren riß beim 2. Geschütz fünf Pferde nieder, zerschlug die
Deichsel, warf die Pferdehalter um und war die Ursache, daß die Reit=
pferde des Geschützes in wilder Flucht umherjagten. Das Geschütz
wurde indessen weiter bedient, die Deichsel reparirt, und die Pferde
wurden eingefangen, so daß die Batterie gefechtsfähig blieb.

Während das Generalkommando sich von Beaune nach Bahnhof
Beaune begab, hatte der Generalmajor v. Woyna seinen Standpunkt auf
M^ino. de la Montagne, südöstlich vom Städtchen, genommen; hier
trafen auch der Generalmajor v. Wedell und später der Oberst v. Cranach
(57er) ein. Auf jenen Höhen befand sich um diese Zeit bloß ein Zug
16er, im Winkel der Straßen nach Ladon und Les Côtelles standen
die beiden Batterien der 38. Infanterie=Brigade, die übrigen Truppen
hatten die ihnen angewiesenen Plätze in Beaune eingenommen. Bei
den drei auf jener Höhe versammelten Stäben überlegte man, was am
besten zu thun sei. Der Generalstabsoffizier der Division, Major
v. Scherff, sprach sogleich die feste Ueberzeugung aus, daß das hörbare
Feuer die Einleitung eines Angriffes sei, was bei Allen Zustimmung
fand. „Dieser Angriff", fuhr Major v. Scherff fort, „muß sich, wenn
der Feind seine Sache versteht, hauptsächlich gegen Beaune richten,
denn Beaune ist der Schlüssel der Stellung. Die Richtung des An=
griffes muß hauptsächlich von Westen erfolgen, denn der Feind muß sich
bemühen, das 10. Armeekorps von der II. Armee abzutrennen." Major ·
v. Scherff betonte des Weiteren, daß „der Feind sehr überlegen und auf
eine baldige Unterstützung durch das 3. Armeekorps nicht zu rechnen sei.

Rückblick auf das
Verhalten der
19. Division.
Gerücht, daß
Beaune ver=
loren sei.

Daher hielt er es für das Zweckmäßigste, die Vorposten sogleich ein-
zuziehen, das Regiment Nr. 57 als Reserve zu sammeln und zwar den
größten Theil nördlich von Beaune, ein Bataillon östlich des Städtchens.
Der Feind sollte dann nur von Kavallerie beobachtet werden, die fleißig
und rechtzeitig zu melden hätte, um demgemäß zu handeln". Diesem
einzig richtigen Vorschlage vermochte man sich leider nicht anzuschließen;
die Vorposten wurden vielmehr am Feinde belassen, während man den
Lauf der Dinge abwartete.*)

Daß Beaune gegenüber bedeutend überlegene Massen ständen, wußte
Major v. Scherff ziemlich sicher aus den Angaben des kriegsgerichtlich
erschossenen Waldhüters.**) Nach einiger Zeit trafen die Flüchtlinge
der am Morgen zersprengten 8./57. bei M^ins de la Montagne ein,
die dort nach und nach nothdürftig gesammelt wurden, und bald darauf
meldete der Major v. Schoeler die starke Umgebung mit überlegenen
Kräften aus der Richtung von Batilly.***)

Jetzt sah man ein, daß die Vorschläge des Majors v. Scherff
zweckmäßig gewesen waren, daß auf rechtzeitiges Sammeln des
Vorposten-Regiments kaum noch gerechnet werden durfte und daß man
nichts mehr in der Hand habe als eine Pionier-Kompagnie! Man
begab sich nun von M^ins de la Montagne auf den rechten Flügel. Der
von da aus von der Division an die Vorposten erlassene Befehl zum
Sammeln traf sie indessen schon auf dem Rückzuge.

Unterdessen war bekanntlich die 1. schwere Batterie durch die
1. leichte verstärkt worden, und der General v. Woyna hatte sich, nachdem das Gefecht in der Gegend des Wäldchens von Romainville eine
Zeit lang zum Stehen gekommen war, wieder zum linken Flügel zurückbegeben. Es hatte anfänglich in der Absicht gelegen, mit I., II./57.
eine Defensivflanke auf dem rechten Flügel unter Anlehnung an Beaune
zu bilden, mit F./57. eine ebensolche auf dem linken, auf den Höhen
von Les Roches; doch als General v. Woyna diese Höhe erreichte und

---

*) Auf diesen Einzelfall glaube ich, abgesehen vom kriegsgeschichtlichen Stand-
punkt, auch vom taktischen besonderen Werth legen zu müssen, weil auch heute noch
gelehrt wird, daß die Vorposten grundsätzlich am Feinde bleiben sollen. Wie das
Beispiel zeigt, kann diese Vorschrift zu den übelsten Folgen führen. (Siehe S. 130.)
— **) S. 17/18. — ***) S. 133/134.

zugleich das Feuer aus dem Norden heftig in seinen Rücken einschlug, hielt er die Absicht nicht mehr für ausführbar. Der General erließ daher an General v. Wedell und Oberst v. Cranach um 1 Uhr den bekannten Befehl, „auf den klar erkennbaren Höhenrücken von La Rue Boussier zurückzugehen und dort mitsammt der Artillerie eine Aufnahmestellung für die Besatzung von Beaune zu nehmen". Nachdem er diesen Befehl ertheilt hatte, ritt er nach dem Centrum (Beaune) und von dort nach den Höhen von La Rue Boussier, um den Truppen rechtzeitig ihre Stellungen anweisen zu können.

Aus der Zeit vorher rührt die Meldung des Majors v. Scherff an das Generalkommando, welche die Entsendung der beiden reitenden Batterien zur Folge hatte.*) Bei La Rue Boussier wollte General v. Woyna sich alsdann als Verbindungsglied des rechten Flügels des 10. Armeekorps und des linken, des 3., festsetzen.

Während nun aber General v. Woyna und Major v. Scherff diese Befehle direkt an die Artillerie und die 57er übermittelten und ihre Ausführung überwachten, scheint General v. Wedell die Benachrichtigung der 16er in Beaune unterlassen zu haben. Wenigstens hat jenes Regiment weder den obigen Befehl noch irgend einen anderen erhalten, und daß den 16ern jener Befehl nicht zuging, blieb wieder der 19. Division unbekannt. Man hatte bei ihr angesichts der doppelten Umfassung wenig Hoffnung, daß jenes Regiment Beaune auf die Dauer behaupten könnte, aber man hoffte, daß es so lange werde geschehen können, bis die Aufnahmestellung von La Rue Boussier ordnungsgemäß eingenommen wäre. Wäre das Letztere gelungen, so erscheint es doch sehr fraglich, ob das Regiment Nr. 16 überhaupt mindestens 2500 m weit zurückgehen konnte, ohne ernsteren Gefahren von dem inzwischen vom Feinde schon besetzten Romainville her ausgesetzt zu sein. Die Lage dieses Regiments blieb also nach jeder Richtung gefahrvoll, gleichgültig, ob es Beaune behauptete oder nicht.

In diesem Augenblick trat nun ein böser Zwischenfall ein. Das Pferd des Majors v. Scherff wurde tödlich verwundet, und da der Generalstabsoffizier seine übrigen Pferde beim Troß hatte, so mußte er in dieser üblen Lage zunächst seinen Dienst zu Fuß versehen. General v. Woyna hatte zwar die Nachsendung eines frischen Pferdes bei seinem Wegreiten

---

*) Wahrscheinlich die Meldung von 11¾ Uhr, S. 142 und 166 167.

nach La Rue Bouſſier zugeſagt, doch fürs Erſte blieben General und Generalſtabsoffizier in dieſer Gefechtskriſis getrennt. Da ein neues Pferd nicht ſo ſchnell eintraf, wie Major v. Scherff es erwartet hatte, ſo wollte er, in der Abſicht, die 16er in die neue Stellung zu führen, ſich zu Fuß nach Beaune begeben. Nach Zurücklegung von etwa 800 m raſſelten ihm die genannten reitenden Batterien unter Major Körber entgegen, deren Eingreifen dargeſtellt wurde, und einige Zeit nach ihrem Abfahren konnte Major v. Scherff erſt ein neues Pferd beſteigen.˙ Er ſuchte nun General v. Woyna bei La Rue Bouſſier auf, wo er die Truppen bereits in Stellung fand, die Artillerie in der Mitte, die 57er auf den beiden Flügeln. Während Major v. Scherff ſich über die Stellung orientirte, hieß es zum erſten Mal: „Die 16er ſind aus Beaune hinausgeworfen", ohne daß feſtgeſtellt werden konnte, wie das Gerücht entſtanden war. Hiernach mußte die Räumung er-zwungen worden ſein, und das wäre bedenklich geweſen.

Da die 16er aber nicht in der neuen Stellung anlangten, auch ſonſt nirgends bemerkt wurden, ſo forſchte Major v. Scherff der Urſache des Gerüchtes nach; der General v. Wedell und der Oberſt v. Cranach beſtätigten hierbei das Gerücht, ſetzten aber hinzu, „ſie wüßten nicht, wo das Regiment jetzt ſei". Major v. Scherff ſandte nun den Premier-lieutenant v. Bernuth von der 19. Diviſion in der Richtung auf Beaune ab, um das 16. Regiment zu ſuchen und es auf die Stellung heran-zuführen. Als Lieutenant v. Bernuth nach Verlauf von 15 Minuten nicht zurückkehrte, ritt Major v. Scherff ſelbſt gegen Beaune vor. Südlich der Cäſar-Straße kam ihm nun Premierlieutenant v. Bernuth freudig winkend entgegen und rief: „Herr Major, Herr Major, ſie ſind ja noch drin! Jetzt gehen wir doch wieder vor?" Beide Offiziere jagten nun zurück, und General v. Woyna erließ ſogleich die nöthigen Befehle, wiedervorzurücken, an die Truppen, wie ſie ſtanden, rechter Flügel auf Romainville, linker auf Les Roches, Artillerie in der Mitte. Dies war kurz nach 2 Uhr.

Das iſt nach Schilderungen der handelnden Offiziere das Weſentliche über einen Vorgang, über den ich mich jeder weiteren Bemerkung enthalte.

Vorgänge beim General-kommando von 11 bis 1 Uhr.

Graf Walderſee hatte ſich bekanntlich gegen 9 Uhr auf den Weg nach Beaune gemacht, als er in Pithiviers heftiges Geſchützfeuer dorther vernommen hatte. Er ſah die 5. Diviſion ſich bei Dadonville sammeln, kam bei Boynes an der 1. Kavallerie = Division vorbei, die dort unthätig hielt, weil General v. Hartmann meinte, bei dem „aufgeweichten" Erdreich nichts unternehmen zu können. Als Oberst= lieutenant Graf Walderfee sich Beaune näherte, gewahrte er, daß das Städtchen bereits von Süden und Südwesten heftig angegriffen sei. 57er gingen eben von Batilly zu beiden Seiten der Römer=Straße zurück. Seitwärts von ihnen setzte Graf Walderfee seinen Weg über Marcilly nach Bahnhof Beaune fort, wo er General v. Voigts=Rhetz etwa gegen 11 Uhr fand, bei dem er blieb. Der General und Oberstlieutenant v. Caprivi waren zwar ruhig und gefaßt, verhehlten sich jedoch ihre kritische Lage nicht. Da Oberstlieutenant Graf Walderfee dem General v. Voigts=Rhetz aber mittheilte, daß die 5. Division um 9 Uhr bei Dadonville gestanden habe, ihr Eintreffen also, falls sie gleich weiter marschirt wäre, gegen 1½ Uhr erwartet werden durfte, so wurde General v. Voigts=Rhetz in dem Entschlusse bestärkt, sich unter allen Umständen zu behaupten; leider sollte sich jedoch der Marsch dieser Division erheblich verzögern.

Nach dem Eintreffen des Grafen Walderfee ging beim General v. Voigts=Rhetz der Befehl des Oberkommandos von 9½ Uhr*) (der aber erst um 10 Uhr befördert wurde) ein. Der General hatte darauf an die 5. Division das mitgetheilte Anfuchen, die Brigade Wedell bei Beaune schnell abzulösen,**) gerichtet. Der Eingang des Schreibens des Oberkommandos und der Abgang des Anfuchens an die 5. Division sind zwar nicht genau festzustellen, jedenfalls aber erließ der General v. Voigts = Rhetz das Anfuchen an die 5. Division, bevor er das Schreiben des Oberkommandos beantwortete. Das wird gegen 11½ Uhr gewesen sein. Um 11¾ Uhr meldete General v. Voigts=Rhetz an das Oberkommando: „Infanteriegefecht in der Gegend von Juranville und Lorcy, in dem der Feind starke Schützenschwärme, aber keine Artillerie zeigt. Ich habe durch einen Theil der Brigade Lehmann die Brigade Valentini unterstützen lassen und stehe mit Rest der Brigade Lehmann und der Korpsartillerie am Bahnhof an der Cäsar=Straße. Aus meiner linken Flanke fehlen mir noch Meldungen, doch halte ich nicht für unmöglich, daß der Feind durch das Gefecht seinen Marsch nach Norden maskiren will."***)

---
*) S. 58 59. — **) S. 108. — ***) Kr. A. S, III, 1, VI.

Bei der Meldung, welche um 11¾ Uhr telegraphisch erstattet
werden sollte, scheint ein Irrthum in der Zeitangabe vorzuliegen, oder,
was auch möglich ist, der Befehl des Oberkommandos von 9½ Uhr
müßte erst eingegangen sein, nachdem sie erstattet war. Hierzu kam
nun noch, daß, als sie von der Telegraphenstation in Beaune befördert
werden sollte, der dortige Beamte die Station abgebrochen hatte. Die
Meldung ging dann durch Meldereiter nach Pithiviers, wo sie, wie es
scheint, um 1 Uhr 31 Minuten einlief. Hätte nämlich das 10. Armeekorps bei der Abfassung der Meldung den Befehl von 9½ Uhr gehabt,
so würde in ihr irgend etwas Bezügliches zu finden sein; und da das
nicht der Fall ist, so wird auch wohl das Ansuchen an die 5. Division
erst nach ihr abgegangen sein. Jedenfalls war der General v. Voigts-
Rhetz bis zu ihrem Abgang (Zeit des ersten Sturmes auf Beaune)
über die Vorgänge daselbst nicht unterrichtet worden, und wahrscheinlich
erfuhr der General auch nicht zur rechten Zeit, daß die Telegraphenstation in Beaune den Dienst eingestellt hatte.

Nach dem Erlaß dieser Meldung sandte nämlich der General
v. Voigts-Rhetz noch das folgende Telegramm an das Oberkommando:
„Schreiben von heute früh 9½ Uhr um 12 Uhr erhalten. Habe die
5. Division ersucht, sofort den General Wedell in seiner Stellung bei
Beaune abzulösen, um dann, wenn der Stand des Gefechts bei Juranville
es gestattet, den befohlenen Linksabmarsch auszuführen; soeben meldet
General Wedell, daß der rechte Flügel seiner Vorposten bei Batilly
zurückgedrängt wird."*)

Dieselbe Meldung liegt nochmals genau in diesem Wortlaut vor,
jedoch ist in der zweiten der Eingang des Befehls von 9½ Uhr um
11½ Uhr angegeben. Auch diese beiden Meldungen konnten nicht mehr
telegraphisch befördert werden und erreichten daher das Oberkommando
entweder um 1 Uhr 15 oder um 1 Uhr 21 Minuten; genau ist es
nicht zu ersehen. Auffallend ist, daß General v. Voigts-Rhetz von
11½ bis 12 Uhr nur von dem Gefecht bei Juranville spricht. Die
Meldung des Generals v. Wedell, auf welche General v. Voigts-Rhetz
sich bezog, ist von 11¾ Uhr vormittags.**) Sie konnte um 11½ Uhr
kaum in den Händen des Generals v. Voigts-Rhetz sein, und daher

---

*) Kr. A. S. III, 1, VI. — **) S. 142.

erscheint es wahrscheinlich, daß seine Meldung über den Empfang des Befehls des Oberkommandos von 9½ Uhr gegen 12 Uhr abgegangen ist. Die Meldung des Majors v. Scherff von 11¾ Uhr*) hat General v. Voigts-Rhetz damals aber gewiß noch nicht gehabt. Infolge der Letzteren hatte dann der General die beiden reitenden Batterien unter Major Körber zwar nach Beaune entsandt, aber daß dort inzwischen die Gefechtslage höchst bedenklich geworden war, konnte er aus keiner der bis dahin empfangenen Meldungen entnehmen. Um so mehr mußten die nun eingetretenen Verhältnisse den General v. Voigts-Rhetz über=raschen.

Während es gelungen war, die feindlichen Angriffe bei Juran= Die Krisis. ville ohne sonderliche Anstrengungen abzuweisen, war also die Gefechts= lage bei Beaune bedenklich geworden; allein der kommandirende General meinte, in der Erwartung weiterer Angriffe von Juranville aus, deren Vorbereitungen damals bemerkbar waren, sich bei Long Cour nicht schwächen zu dürfen. Die Angaben entsandter Offiziere ließen keinen Zweifel, daß der Feind in Romainville war, und wenn der kom= mandirende General bei Erwägung dessen in Besorgnisse gerieth, ob das Städtchen Beaune noch gehalten würde oder nicht, so erscheint das verständlich. Bedauerlicherweise läßt das archivalische Material die Forschung nun gerade hinsichtlich der wichtigsten Vorkommnisse dieses Tages beim Generalkommando vollständig im Stich; ich bin daher hier auf Angaben von mehreren Augenzeugen angewiesen, die übrigens in der später anzuführenden Meldung des Majors v. Scherff eine indirekte Bestätigung finden.

General v. Voigts-Rhetz hatte am Vormittag, wie wir gesehen haben, den Hauptmann v. Huene bei der 19. Division zurückgelassen, damit dieser Generalstabsoffizier den dortigen Stand der Dinge ver= folge und den kommandirenden General mit Meldungen u. s. w. ver= sehe. Hauptmann v. Huene bemerkte nun den Abmarsch nach La Rue Boussier und hörte zufolge seiner Angabe vom Major v. Scherff von demselben Gerücht, das soeben erwähnt wurde. Dies war gerade zur Zeit, als General v. Woyna sich vom Major v. Scherff getrennt hatte.

Die von General v. Woyna angeordnete rückgängige Bewegung der drei Waffen auf La Rue Boussier und der Verlust von Romain=

---

*) S. 142.

ville scheinen den Hauptmann v. Huene von der Richtigkeit der Auffassung überzeugt zu haben, Beaune sei von den Franzosen genommen
worden. Es würde bei dieser schlechthin wichtigsten Frage vielleicht
Aufgabe des Hauptmanns v. Huene gewesen sein, sich von der Richtigkeit der Angabe persönlich zu überzeugen; allein er mag wohl von der
Tragweite der Sache so erfüllt gewesen sein, daß er glaubte, in größter
Eile Meldung von dem (falschen) Gerücht erstatten zu müssen. Daher
ritt er sogleich zum Oberstlieutenant v. Caprivi mit der Meldung:
„Beaune ist von den Franzosen genommen, die 38. Infanterie-Brigade
im Rückzuge auf La Rue Boussier." Es war 1¾ Uhr.

Major v. Scherff hat jedoch diese Meldung oder eine andere nicht
erstattet.

Oberstlieutenant v. Caprivi äußerte nach Empfang der Meldung,
zu Hauptmann v. Lessing und Premierlieutenant v. Pobbielski gewandt:
„Wenn das so ist, dann steht es heute schlimmer um uns als am
16. August", und so ungern er an die Richtigkeit der Meldung glaubte,
mußte er sie doch sofort zur Kenntniß des kommandirenden Generals
bringen. Dieser gerieth ebenfalls im Glauben an ihre Richtigkeit einen
Augenblick in Besorgniß. Im Gefühle tiefen Schmerzes wandte er sich
an Oberstlieutenant v. Caprivi mit den Worten: „Ich habe es gleich
gesagt, daß die Aufstellung zu ausgedehnt war." Wie es in solchen
Augenblicken wohl zu gehen pflegt, löste die Unglücksbotschaft die Zungen.
Verschiedene Meinungen wurden geäußert, und der kommandirende General, der völlig von der Richtigkeit der Meldung überzeugt war, erwog, ob es nöthig sei, die Rückzugsbefehle auf Beaumont auszufertigen.
Die Richtigkeit der Meldung vorausgesetzt, hätte es ja auch Vieles für
sich gehabt, den linken Flügel freiwillig und rechtzeitig zurückzunehmen.
Dies war die Veranlassung, daß Oberstlieutenant v. Caprivi in bestimmter Form antwortete: „Excellenz, um Gottes willen noch keine
Rückzugsbefehle, bevor wir den Stand der Dinge auf dem rechten Flügel
genau kennen." „Ja, was soll dann aber geschehen?" erwiderte General
v. Voigts-Rhetz. Da die spannende Erregung in der kleinen Gruppe inzwischen zugenommen hatte, so erbat Oberstlieutenant v. Caprivi sich die
Erlaubniß, „sich zur ruhigen Ueberlegung etwas zur Seite begeben zu
dürfen". Der kommandirende General gestattete dies, und Oberstlieutenant

v. Caprivi ging mit Graf Walderſee etwa 100 Schritt weg. Dort betrachtete er die Karte, warf einen Blick auf die feindliche Front und
die Anmarſchrichtung des 3. Armeekorps und kehrte alsdann zurück.
„Excellenz“, ſagte er, „wir dürfen nicht zurückgehen, die 38. Infanterie-
Brigade muß dem Feinde jeden Zoll Boden fechtend ſtreitig machen
und ſich bis aufs Aeußerſte zu halten ſuchen, unter Anlehnung nach
rechts. Hier in der Front iſt keine Gefahr; dieſer Theil der Schlachtlinie würde erſt ſpäter oder gar nicht auszuweichen brauchen. Das
Nothwendigſte iſt, ſofort die Fühlung mit dem 3. Armeekorps aufzunehmen, es um Marſchbeſchleunigung zu erſuchen und feſtſtellen zu
laſſen, wie die Verhältniſſe bei Beaune la Rolande liegen.“ Der
kommandirende General ſtimmte dem Vorſchlage zu. Der Oberſtlieutenant Graf Walderſee erbot ſich ſogleich, zum 3. Armeekorps
zu reiten; indeſſen lehnte der kommandirende General dies vorläufig ab.
Dorthin wurde nun Lieutenant v. Püttwitz von den 9. Dragonern ent-
ſandt, doch nach kurzer Zeit kehrte er zu Fuß zurück und meldete:
„Mein Pferd iſt mir unter dem Leibe erſchoſſen worden; ſüdlich Egry
iſt bereits franzöſiſche Infanterie, es wird ſchwer halten, zum 3. Armeekorps zu gelangen.“ Dies war nicht geeignet, die Gefechtslage mit
günſtigerem Auge zu betrachten. Nunmehr erhielt Premierlieutenant
v. Pobbielski Befehl, denſelben Verſuch zu machen und ſich alsbann
auf Beaune la Rolande zu begeben, um über die dortige Gefechtslage
genau zu berichten. Außerdem ritt Hauptmann v. Huene ſogleich zum
General v. Woyna wieder zurück. Dem Premierlieutenant v. Pobbielski
wurde eine Kompagnie 78er (Lieutenant Wichmann) in der Richtung
auf Egry vorausgeſchickt, um die Gegend frei zu machen. Dieſe vertrieb die dortigen feindlichen Schützen, und Premierlieutenant v. Pobbielski jagte nun der Straße nach Barville zu. Dort traf er nördlich
vom Defilee von La Bretonnière den Rittmeiſter v. Normann von der
II. Armee, übergab ihm ſeinen Auftrag zur Weiterbeförderung und
wandte nun ſein Pferd gegen Beaune la Rolande. In dieſem Augenblick
geſellte ſich Oberſtlieutenant Graf Walderſee zu ihm, der freiwillig etwa
gleichzeitig vom kommandirenden General abgeritten war, um denſelben
Befehl auf einem anderen Wege durchzubringen. Premierlieutenant
v. Pobbielski erſtattete ihm über ſeine Thätigkeit Bericht und ritt in
der Richtung auf Beaune la Rolande zurück, während Oberſtlieutenant
Graf Walderſee die Straße nach Barville zum 3. Armeekorps verfolgte.

Inzwischen war Hauptmann v. Huene wieder bei La Rue Boussier eingetroffen, wo die Gefechtslage sich nun etwas zu unseren Gunsten gestaltet hatte und vorher auch Major v. Scherff angekommen war. Da dieser nun genau wußte, daß Beaune nicht verloren gegangen war, so beauftragte er den Hauptmann v. Huene mit der mündlichen Meldung an Oberstlieutenant v. Caprivi, „er glaube, ihm garantiren zu können, daß der rechte Flügel sich jetzt auch ohne weitere Unterstützung des Korps in und um Beaune halten würde". Bald darauf erfolgte vom Major v. Scherff eine andere Meldung, die wir später kennen lernen werden. Die erste Meldung wirkte sehr beruhigend auf den kommandirenden General, welcher dem Oberstlieutenant v. Caprivi die Hand reichte und bemerkte: „Nun, dann behalten Sie doch Recht!"

Premierlieutenant v. Podbielski gelangte, hinter der feindlichen Gefechtslinie fortreitend, an den Nordosteingang von Beaune la Rolande und sah — unbekannt mit den Meldungen Huenes — nun zu seinem Erstaunen, daß das Städtchen nicht geräumt sei. Um sich genau über den Stand der Schlacht zu unterrichten, begab er sich in das Städtchen hinein. Dort fand er die Vertheidiger in heißem Kampfe. Das Infanteriefeuer rollte unabläßig an der Stadtfront entlang; er vernahm deutlich die Rufe: „Patronen!" „Patronen!", gewann aber den Eindruck, daß die Vertheidiger entschlossen wären, auszuharren. Nachdem er sich so über den Stand des Gefechts unterrichtet hatte, jagte er zum kommandirenden General zurück. Von der Bedeutung seines Befundes durchdrungen, winkte der umsichtige Offizier bereits auf 1500 m fortwährend mit seinem weißen Taschentuche. Noch ahnte Niemand im Stabe die Bedeutung des Zeichens, noch erkannte Niemand den Reiter. Aufmerksam und gespannt richteten sich Aller Blicke auf ihn. Schnell kam er näher und näher, endlich wurde er erkannt. „Excellenz", meldete er, indem er das von Schaum bedeckte Roß parirte, „Beaune la Rolande ist nicht verloren, die 38. Infanterie-Brigade behauptet es noch, doch scheint Bedarf an Patronen zu sein." Jetzt erst gewann das Generalkommando einen hinreichenden Einblick auf Grund dieser persönlichen Anschauung über den Stand der Schlacht in Beaune. Bis dahin waren trübe, spannungsvolle dreiviertel Stunden vergangen. General v. Voigts=Rhetz hörte den Premierlieutenant v. Podbielski ruhig an. Dieser meldete auch die Annäherung der 5. Division sowie daß Oberst=

lieutenant Graf Walderſee das 3. Armeekorps mit der Geſechtslage inzwiſchen vertraut gemacht haben werde.

Es wird nunmehr nothwendig, in kurzen Strichen ein Bild von der eigenartigen Schlachtlage zu entwerfen, die kurz nach dem Eingang der Meldung des Hauptmanns v. Huene beim 10. Armeekorps beſtand.

Auf den Höhen von Long Cour befand ſich die Maſſe des Armee= korps, bereit, dem damals bemerkbaren, umfaſſend erfolgenden Angriff des 18. franzöſiſchen Armeekorps entgegenzutreten. Der kommandirende General hielt bei Bahnhof Beaune; ſein Generalstabschef hatte ſich bekanntlich zu ruhiger Ueberlegung einige Minuten von ihm entfernt, eine nur irgendwie nennenswerthe Reſerve ſtand nicht mehr zur Ver= fügung, die Geſechtsgruppe von Corbeilles war im Anzuge begriffen, vom 3. Armeekorps noch nichts zu bemerken.

In der Luftlinie gemeſſen, betrug die Entfernung von Long Cour bis zum Marktplatze von Beaune rund 4½ km; auf dieſem Zwiſchen= raum war kein Mann zur Verfügung. Der Führer der 19. Diviſion, Generalmajor v. Woyna, hatte an die 1. ſchwere und 1. leichte ſowie an die 1. und 3. reitende Batterie, an I./57. ſowie die in ſeinem Bereiche befindlichen vom II./57. abgekommenen Theile und an F./57. Befehl zum Rückzuge auf die Höhen von La Rue Bouſſier ertheilt. Sämmtliche Truppen waren inzwiſchen bis dahin gelangt, die Artillerie= kommandeure waren bereits mit der Auswahl der neuen Feuerſtellungen auf jenen Höhen beſchäftigt.

Im Städtchen Beaune und auf ſeinem Kirchhof harrten das 16. Regiment und die genannten Theile vom II./57. mit unerſchütter= licher Zähigkeit aus; auf den Höhen von Les Noches waren zwiſchen 5./16. und zwei Zügen 8./16. keine Truppen mehr, denn auch die Pionier=Kompagnie Kleiſt war auf La Rue Bouſſier abmarſchirt; die Straße Beaune—Boynes befand ſich in feindlicher Gewalt, die Straße Beaune—Egry unter dem feindlichen Wirkungsbereich. Was man um jene Zeit im Stabe der 38. Infanterie=Brigade von der Beſatzung in Beaune dachte, iſt nicht erſichtlich: Befehle an ſie wurden nicht erlaſſen, auch machte die Brigadeführung keinen Verſuch, mit ihr in Verbindung zu treten. Wie es ſcheint, glaubte man, mit dem Verluſt von Beaune ſeien die Vertheidiger abgeſchnitten worden.

Es gab also um $1\frac{1}{2}$ Uhr drei Gefechtsgruppen: 1. bei Long Cour, 2. bei La Rue Bouffier, 3. in und bei Beaune. Unter allen dreien bestand geraume Zeit keine Verbindung, die eine wußte nichts von dem Schicksal der anderen; der Faden der Leitung war längere Zeit abgerissen, keine der drei Gruppen vermochte eine der anderen zu unterstützen, denn ganz abgesehen von den großen trennenden Entfernungen, dachte eine jede nur daran, wie sie sich mit ihren eigenen Kräften der feindlichen Ueberlegenheit erwehren könnte. Die Schlacht drohte daher für die Deutschen einen unglücklichen Ausgang zu nehmen, und es ist ein Wunder, daß dem 10. Armeekorps eine Katastrophe erspart blieb. Werfen wir einen Blick auf die Karte und vergegenwärtigen wir uns den Zeitpunkt des zweiten Sturmes auf den Kirchhof sowie auf den Ausgang nach Orme, so werden wir die gefahrvolle Lage der dortigen Gefechtsgruppe ohne Weiteres erkennen. Da die Franzosen um diese Zeit auf der Südostseite von Beaune über beträchtliche Streitkräfte verfügten, auf den Höhen von Les Roches sich nur fünf Züge 16er befanden, so drohte die Hauptgefahr fraglos von dieser Seite. Daß trotzdem die schwere Krisis, die doch mindestens dreiviertel Stunden gedauert hatte und während der die unter sich getrennten Gruppen in Beaune und bei La Rue Bouffier einem vernichtenden Feuer ausgesetzt waren, glücklich überwunden wurde, ist wohl nur auf den Mangel an Thatkraft bei den Franzosen südöstlich von Beaune zurückzuführen sowie auf den Umstand, daß ihnen die Räumung der Höhen von Les Roches vollständig entgangen sein mußte. Im anderen Falle würden Theile der Brigade Aubé vielleicht allein durch Vorwärtsgehen in den Besitz dieser Höhen gelangt sein. Nachweislich machten die Franzosen dazu keinerlei Versuch, trotzdem die fünf Züge 16er nur augenblicksweise ein schwaches Schützenfeuer nährten. Aber wir wissen, daß die Brigade Aubé vorher blutig abgeschlagen war, so daß sie sich bis zum Eintreffen von Verstärkungen mit einer abwartenden Haltung begnügte. Der Offizier, der an die Bilder des Friedens gewöhnt ist, oder der nur „glatte" Gefechtsberichte gelesen hat, findet hier eine Kriegswirklichkeit, wie sie in diesem Grade nur selten vorkommt. Es muß darauf hingewiesen werden, daß, wie der größte Feldherr zeitweise in operative Lagen gerathen kann, in denen er rathlos dasteht, dies auch beim Taktiker mit noch unmittelbarer wirkender

Gewalt wiederkehrt. Zum Glück besteht diese relative Rathlosigkeit in der Regel auf beiden Seiten, und alsdann geht diejenige von beiden Parteien aus einer bereits der Katastrophe zutreibenden Gefechtslage als Sieger hervor, die zuerst wieder Rath findet, die begangenen Fehler und Irrthümer erkennt, dann aber auch die Thatkraft besitzt, sich wieder zum Herrn einer bereits als verloren erachteten Lage zu machen. Also immer und immer wieder ist die mit Einsicht gepaarte Charakter= größe die Retterin aus kriegerischer Noth. Der Führung der 19. Division waren außergewöhnliche Schwierigkeiten und Zwischenfälle entgegen= getreten; allein sie zeigte eine hervorragende Thatkraft und machte dadurch etwa begangene Fehler wieder gut. Wäre freilich südöstlich von Beaune damals ein unternehmender französischer Führer gewesen, dann mußte Beaune um diese Zeit in feindliche Hände fallen. Und wie hätte es alsdann beim 10. Armeekorps ausgesehen? Außer den drei ge= nannten Gefechtsgruppen befand sich eine Abtheilung des Korps in Bordeaux, eine andere in Château Landon, eine dritte (General v. Kraatz) östlich des Loing. Diese sechs unter sich weit getrennten Gruppen im Falle eines Unglücks zu vereinigen, dafür den richtigen Punkt zu finden und den rechtzeitigen Entschluß zur Ertheilung der Befehle zu fassen und sie zu befördern, wäre eine Aufgabe gewesen, woran eine Feldherrn= natur ihre Kunst hätte erproben können. Vom Standpunkte der Kunst aus müßte man es beinahe bedauern, daß sie nicht in die Lage kam, sie zu lösen.

Als der General v. Woyna die Meldung erhalten hatte, daß Beaune nicht verlassen worden sei, beschloß der General, die Vereinigung mit dem jeden Augenblick erwarteten 3. Armeekorps nach vorwärts zu suchen. Er that dies auf dem Wege einer allgemeinen Offensive in zwei Richtungen, nämlich über Romainville und Les Roches, wobei drei Batterien die linke Flanke nördlich des Städtchens decken, die 4. gegen Les Roches die Bewegung unterstützen sollte. Etwa um 2 Uhr hatten die Befehle alle Truppen erreicht.

General v. Woyna ergreift die Offensive.

Zuerst rückten beide reitende Batterien wieder etwa in die ver= lassenen Stellungen östlich der Straße nach Egry, die 1. reitende jedoch etwa 300 m näher an Beaune la Rolande heran: dieser folgten die 1. leichte und 1. schwere Batterie, die sich auf dem linken Flügel der reitenden aufstellten. Von diesen vier Batterien feuerten drei gegen

La Pierre percée sowie die zwischen der Straße nach Barville und der Cäsar-Straße stehenden feindlichen Batterien mit sichtlichem Erfolge. Die vierte (3. reitende) begab sich bald darauf auf die Höhen von Les Roches. Foncerive wurde schnell in Brand geschossen, auch aus L'Orminette und La Pierre percée stiegen mächtige Feuersäulen auf. Von der damals auf der Hochfläche befindlichen Infanterie nahmen F./57., 2., 8./57. und Pionier-Kompagnie Kleist die Front auf Les Roches, unter Oberst v. Cranach, während Generalmajor v. Woyna 1., 3., 4./57. sowie 6./57. nebst je einem Zug von 5. und 7./57. selbst leitete.

Major v. Schoeler hatte inzwischen seine erschöpfte Mannschaft Wasser trinken und aus dem von Egry herangeschafften Patronenwagen die Munition ergänzen lassen. Alsdann gab er 1., 4./57. die Richtung gegen die Südostecke von Romainville, der 3. gegen die Ostfront des Wäldchens gleichen Namens. Hauptmann Soest war inzwischen von Norden gegen Romainville vorgegangen, und nach kurzem Feuergefecht drangen beide Führer unter lautem Hurrah in den Ort von Norden und Osten ein. Der ziemlich zahlreiche Feind floh nach La Pierre percée und in das Wäldchen von Romainville. Major v. Schoeler ließ nun 1., 4./57. sammeln und die Südwestseite von Romainville besetzen, während er sich selbst zu 3./57. mit dem Zuge von 1./16. begab, welche das Wäldchen von Romainville nehmen sollten. Etwa 200 m östlich desselben zog sich von Norden nach Süden ein Graben, welcher von 3./57. unter schneidigem Anlauf genommen wurde. Das Wäldchen selbst erwies sich jedoch so stark besetzt, daß Major v. Schoeler nun auch die 1. und 4./57. von Nordosten dagegen eingreifen ließ. Mehrere Anläufe von 1., 4./57. scheiterten an dem überlegenen Feuer, so daß das Gefecht hier zum Stehen kam. Major v. Schoeler ritt daher zu 3./57., die von ihrem Graben aus einen kürzeren Weg hatte, und befahl ihr, das Wäldchen zu nehmen. Zweimal drang die Kompagnie in seine östliche Parzelle ein, wurde aber von überlegenen Kräften beide Male zurückgeworfen. Den letzten Angriff führte Major v. Schoeler selbst, und hierbei überzeugte er sich, daß ein mit dichtem Gestrüpp bewachsener Grenzgraben das Eindringen erschwerte, wenn nicht unmöglich machte. Unter diesen Umständen kam auch hier das Gefecht zum Stehen, immerhin war bereits ein sichtbarer Erfolg errungen.

Oberst v. Cranach führte unterdessen dem Befehle gemäß F./57., 2., 8./57. und die Pionier-Kompagnie Kleist wieder auf die Höhen von Les Roches. Es war die höchste Zeit, daß diese Infanterie hier eintraf, denn der Gegner begann gerade den ersten Sturm in dieser Richtung einzuleiten. Noch bevor Major v. Gerhardt den Höhensaum erreichte, erhielt er Weisung, „sich nach Südost-Beaune heranzuziehen, um die Abtheilungen des 16. Regiments, die sich dort verschossen hätten, abzulösen". Dies war die Veranlassung, daß hier eine starke Vermischung mit den 16ern eintrat, worauf später noch eingegangen wird. Nachdem dieser Erfolg errungen war, sandte die 19. Division um $2^3/_4$ Uhr an das 10. Armeekorps folgende Meldung ab:

Unsere Infanterie ist wieder bis zur Höhe von Beaune vor, welches Regiment Nr. 16 überhaupt nicht verloren hatte.*) Umgehung unseres rechten Flügels ist zurückgegangen, aber sehr heftiges Artilleriefeuer von allen Seiten und Infanteriefeuer in unserer linken Flanke. Artillerie dringend wünschenswerth.**)

v. Scherff.

Der Zeitpunkt des Einganges dieser Meldung beim 10. Armeekorps ist nicht ersichtlich, es läßt sich aber wohl annehmen, daß General v. Voigts-Rhetz damals eine ziemlich zutreffende Vorstellung von dem Stande der Schlacht bei Beaune hatte. Wenn er trotzdem damals keine Infanterie zur Verstärkung der 38. Infanterie-Brigade absandte, so hatte das einen doppelten Grund: einmal hatte das 18. Armeekorps während dieser Vorgänge die Stellung von Long Cour in Massen angegriffen, und sodann durfte der General um diese Zeit auf das Herankommen der 5. Division rechnen, die ihm bei Boynes gemeldet worden war.

Während die Schlacht bei der 38. Infanterie-Brigade diesen Verlauf nahm, waren die 10. Jäger und 79er von Corbeilles abgezogen. General v. Voigts-Rhetz hatte zu ihrer sicheren Aufnahme vorher noch zwei Kompagnien vom F./78. sowie die 2. leichte Batterie nach Bordeaux***) abrücken lassen. Nachdem dies veranlaßt worden war, wurde von dort um $12^3/_4$ Uhr (Abgang) gemeldet: „Das Dorf Cor-

---

*) Siehe vorher unter Krisis. — **) Kr. A. S, III, 1, VI. — ***) Kr. A. S, II, 2.

beilles ist vom 10. Jäger-Bataillon geräumt, die Jäger ziehen sich auf Bordeaux zurück, da Corbeilles auf beiden Seiten umgangen ist."*) Aus der Meldung (2³/₄ Uhr) des Majors v. Scherff entnahm General v. Voigts-Rhetz zu seiner Ueberraschung, daß die 5. Division noch nicht herangekommen sei. Der Tag begann sich bereits zu neigen. Von Yong Cour Verstärkung an Infanterie zur 38. Infanterie-Brigade zu senden, erschien dem kommandirenden General nicht räthlich, da es nach den eingegangenen Meldungen in der Absicht des Feindes liegen konnte, unseren linken Flügel zu umfassen und das 3. Armeecorps sich dem rechten Flügel mehr und mehr näherte.**) Trotzdem entschloß sich General v. Voigts-Rhetz um 2½ Uhr, „in der Besorgniß, die Front könnte durchbrochen werden", F./78. von Bordeaux nach Marcilly heranzuziehen, wo es nach 4 Uhr eintraf, um eben noch gegen den letzten Angriff aus dem Südosten gegen Les Roches mit drei Kompagnien einzugreifen.***) Außerdem sandte er eine neue Artillerie-verstärkung ab (siehe später).

Das Gefecht bei
der 1. Kavallerie-
Division. An General v. Hartmann war um 8½ Uhr die Meldung des Generals v. Lüderitz abgegangen, wonach bei Batilly Infanteriefeuer vernommen wurde; 10 Minuten später lief ein Telegramm an General v. Hartmann ein, das „allgemeinen Alarm bei Beaune la Rolande und heftiges Gefecht daselbst" meldete. Bedauerlicherweise sind die Zeitangaben der Meldungen der 1. Kavallerie-Division unvollständig oder fehlen ganz, und da der Gefechtsbericht der Division diese Lücke nicht ausgefüllt hat, so können hier nur Wahrscheinlichkeitszeiten angenommen werden. General v. Hartmann gab die vorstehenden Meldungen, nachdem die Kavallerie-Division alarmirt worden war, sowohl an die 11. Armee als an das 3. Armeecorps weiter. Nach einer Besprechung mit dem kommandirenden General dieses Armeecorps ritt General v. Hartmann um 9¾ Uhr (von Pithiviers) ab und traf um 10¾ Uhr†) bei Boynes ein, wo damals die 1. Kavallerie-Division mit 14 Schwadronen und ihrer reitenden Batterie bereitstand.††)

*) Kr. A. S, III, 1, VI. — **) Schlachtbericht des 10. Armeecorps. Kr. A. S, II, 2. — ***) Kr. A. S, II, 2. — †) Nach seiner eigenen Angabe. Im Uebrigen vergleiche unten Abschnitt I. dieses Kapitels. — ††) Es befanden sich Ulanen Nr. 9 und 12 bei der 6. und 5. Division, 1 Schwadron Ulanen Nr. 8 in Nemours, 1 Ulanen Nr. 4 auf Vorposten gegen Nancray.

Die Ulanen Nr. 4 sandten bis 11½ Uhr drei Meldungen über den Fortgang des feindlichen Angriffs, zuletzt auch über zwei aufgetretene Batterien zwischen Nancray und Batilly; *) eine weitere Meldung besagte, daß Courcelles vom Feinde besetzt sei. Alle diese Meldungen sowie die Nachrichten aus dem Bereiche des 10. Armeekorps ließ General v. Hartmann nach Pithiviers weitergehen, bis um 11¾ Uhr die Telegraphenstation in Beaune den Dienst einstellte.**) Um 12 Uhr erhielt General v. Hartmann die Aufforderung des Generals v. Voigts-Rhetz, „über Barville vorzugehen", worauf die reitende Batterie das Feuer gegen Batilly eröffnete. (Hier hatte inzwischen der Theil der Truppen von Cathelineau, welcher gegen 8 Uhr in Batilly eingetroffen war, Arconville besetzt und das Dorf zur Vertheidigung hergerichtet; das Gleiche war in Courcelles geschehen.) Die reitende Batterie feuerte bis 2 Uhr gegen Batilly, soll dann von dort zurückgegangen und gegen Beaune la Rolande vorgeschoben worden sein, weil General v. Hartmann um diese Zeit Meldung erhalten hatte, wonach „La Pierre percée vom Feinde genommen und die Verbindung zwischen Beaune la Rolande und Barville unterbrochen sei". General v. Hartmann vermochte sich indessen auch gegen Beaune nicht zu behaupten und ließ die reitende Batterie nach Butte de l'Ormeteau zurückgehen, weil sie „von drei Batterien, darunter eine Mitrailleusen-Batterie,***) welche nördlich der Cäsar-Straße und auf dem Windmühlenberge nördlich von Batilly gestanden haben sollen, beschossen worden sei". Aus dieser Zeit liegt eine Meldung des Generals v. Hartmann an die 11 Armee, leider ohne Zeitangabe, des Inhalts vor: „Der Feind steht zwischen Barville und Beaune. Die Kavallerie-Division muß vor Infanterie und Artillerie nach Barville zurück."

Der Inhalt des Berichtes des Generals v. Hartmann kann mit dem thatsächlichen Verlauf der Dinge nicht genau übereinstimmen.†) Die Verwendung der französischen Batterien insbesondere läßt berechtigte Zweifel aufkommen, denn die 1. Kavallerie-Division kann nur die beiden Batterien des 15. Armeekorps gegen sich gehabt haben, oder Crouzat

---

*) Es waren dies zwei Batterien des 15. Armeekorps, die des Palliéres an Crouzat abgeschickt hatte. (Spectateur militaire, 15. Mai 1892, S. 256.) — **) Kr. A. X, b, II, 1, I. — ***) Dies könnte nur ganz vorübergehend der Fall gewesen sein. — †) Siehe Abschnitt i. dieses Kapitels.

hätte an Artillerie stärker gewesen sein müssen, als es in der Ordre
de Bataille verzeichnet steht. (Siehe Skizze 2.) Crouzat giebt die
Artillerie beider Armeekorps auf 138 Geschütze an. Aus den bisher zu-
gänglichen französischen Quellen können indessen nur 54 Geschütze für das
20. Armeekorps berechnet werden, deren Verwendung am 28. nach den
in allen Punkten übereinstimmenden Meldungen und Berichten der
Truppen in und bei Beaune zweifellos festgestellt worden ist. Nun
trat das 18. Armeekorps erst am Nachmittage und dann nur mit
18 Geschützen gegen die Höhen von Les Roches auf; daß von diesem
Armeekorps aber Artillerie gegen die 1. Kavallerie-Division entsandt
worden wäre, erscheint höchst unwahrscheinlich. Ausgeschlossen ist es
ja immerhin nicht, daß das 20. Armeekorps damals über mehr als
54 Geschütze verfügte; wahrscheinlich wird die 1. Kavallerie-Division
indessen nur zeitweise von den Batterien zwischen Batilly und Beaune
la Rolande beschossen worden sein. Jedenfalls war die Einwirkung
der 1. Kavallerie-Division zur Verhinderung der diesseitigen Umfassung
und zur Unterbrechung der Verbindung zwischen Beaune la Rolande
und Barville gering. Daß Letzteres nicht erreicht wurde, bildet den
springenden Punkt für die Beurtheilung der Taktik der 1. Kavallerie-
Division; zweimal sollen die 2. und 3. Kürassiere nach dem Generalstabswerke zur Attacke angesetzt, allein wegen der ungünstigen Verhältnisse und
des aufgeweichten Erdreichs die Durchführung wieder aufgegeben haben;
das dürfte jedoch nicht genügend verbürgt sein. Eine Besichtigung an Ort
und Stelle hat in mir die Ueberzeugung erweckt, daß die allgemeinen
Verhältnisse zum Eingreifen auf dem Raume zwischen Batilly und
La Pierre percée nicht ungünstig lagen. Die Fosse des Prés konnte
hier überall in Schwadronen passirt werden, sie hatte außerdem drei
Uebergänge; erachtete aber General v. Hartmann ein thatkräftiges Eingreifen seiner 14 Schwadronen in dieser Richtung für bedenklich, so
mußte er die Unterbrechung der Verbindung mit Barville auf andere
Art zu verhindern suchen. Dafür lagen die Verhältnisse ziemlich
günstig, denn zwischen Arconville und Courcelles stand keine feindliche
Infanterie. Von Les Bordes und La Croix St. Jacques konnte General
v. Hartmann nördlich an Arconville ungefährdet vorbeigehen, und falls
er dies gethan, dann aber auch im Rücken der feindlichen Infanterie
zugegriffen hätte, würde sie frühzeitig zum Stehen gekommen sein. Das

Erdreich war freilich aufgeweicht, allein das verhinderte unsere reitenden Batterien (3., 10. Korps) nicht, sich (unter nachdrücklicher Anwendung der Peitsche) im schlanken Trabe und sogar im Galopp zu bewegen, und es verhinderte unter ungünstigen Verhältnissen die feindliche Kavallerie nicht, zweimal zu attackiren, nämlich bei Jarrisoy und bei Les Côtelles, und zwar das letzte Mal mit großem Erfolge. Daß die 38. Infanterie= Brigade in eine so üble Lage gerieth und daß schließlich die Verbindung zwischen dem 10. Armeekorps und der II. Armee durchschnitten wurde, muß hauptsächlich der 1. Kavallerie-Division zur Last gelegt werden. Sie konnte und mußte Beides, wenn auch vielleicht mit einigen Verlusten, verhindern. Daß die Einwirkung dieser Kavallerie-Division so gering sein würde, durfte der kommandirende General des 10. Armeekorps auch nicht annehmen, dessen Verhalten bei Mars la Tour bekannt war; „Attackiren Sie, und wenn das Regiment fällt bis auf den letzten Mann", hatte er der Kavallerie dort befohlen. Hier handelte es sich um einen ähnlichen Nothfall, allein die Kavallerie attackirte nicht, und daher wird man in diesem unerwarteten Ausfall der Gefechtskraft eine große Entlastung für die sonstigen Schlachtdispositionen des 10. Armee= korps erblicken müssen. Uebrigens schwenkte erst zwischen 1 und 2 Uhr Infanterie der Brigade Voisson gegen Norden ab, bis dahin stand die 1. Kavallerie-Division dauernd in der ungedeckten Flanke der feindlichen Infanterie.

Kehren wir jetzt zu den Ereignissen bei Beaune während dieser Zeit, wo das Generalkommando sich in spannender Ungewißheit befand, zurück.

e. **Fortgang der Schlacht gegen die Südwest= und Westseite von Beaune la Rolande.**

Gegen 1½ Uhr schwieg plötzlich das Feuer der gesammten fran= zösischen Batterien, die bis dahin 1½ Stunden lang den Kirchhof beschossen hatten. (Siehe Skizze 2.) Zwar brannten die Häuser am Kirchhofe noch nicht, sondern kohlten erst, allein gerade dadurch ver= breitete sich ein erstickender Qualm rings umher. Die feindliche Infanterie hatte inzwischen ihre taktischen Verbände wieder hergestellt, und da das Gelände (wie in der Geländebeschreibung ausgeführt) ihr Gelegenheit bot, sich in Massen zwischen 250 und 500 m rings um

Zweiter Sturm auf den Kirchhof (gegen die West= front).

den Kirchhof gedeckt zu versammeln, unsere Artillerie an sich zu schwach
war, um den großen Bogen des Angreifers wirksam unter Feuer zu
nehmen und ihm den Aufenthalt zu verwehren, weil sie eben exzentrisch
feuern mußte — so befand sich die feindliche Infanterie dauernd im
Stadium des Nahangriffs, was ein großer Vortheil für sie war. Das
plötzliche Einstellen des bis dahin gegen den Kirchhof gerichteten feindlichen Artilleriefeuers war unter solchen Umständen geboten, falls die
eigene Infanterie durch dasselbe nicht gefährdet werden sollte, und es
war nicht optimistisch vom General Crouzat, wenn er nun die Feuerüberlegenheit für sich zu haben meinte. Allein das Beispiel wird wieder
lehren, daß Artillerie allein eine gute Infanterie nicht verdrängen kann,
selbst dann nicht, wenn die anfangs vorhandenen Deckungen dem Vertheidiger nun selbst mehr zum Nachtheil als zum Vortheil gereichen,
d. h. wenn die Deckungen vernichtet oder in Trümmer gelegt worden
sind und in Flammen stehen. Was aber eine gute Infanterie aushalten
kann, wird von Taktikern bisweilen unterschätzt, und daher können Maßnahmen fehlschlagen, die sonst Erfolg versprechen. Ueberdauert die
Infanterie vermöge ihres inneren Werthes und der Thätigkeit der
Führer die moralische Wirkung des Artilleriefeuers, so behauptet sie
das Feld; daher müssen zur Erzielung der Feuerüberlegenheit Artillerie
und Infanterie gemeinsam in dauernder Thätigkeit bleiben, wenn der
Angreifer Erfolg haben soll. Hier waren nun die gesammten Verhältnisse für eine gemeinsame systematische Beschießung des Kirchhofes
durch die Artillerie und Infanterie ausnahmsweise günstig. Von
11 feindlichen Bataillonen umspannten 9 seit 12 Uhr — denn nur
zwei Bataillone 68er hatten damals die Front auf den Ausgang nach
Orme — 8 Züge 57er und 16er, von denen 1½ Zug auf der Nordseite erst nach dem Scheitern des zweiten Sturmes in volle Thätigkeit
treten konnte, auf damalige wirksamste Infanterieschußweite (250 bis
400 m), ohne daß gegen die Westseite systematisch Infanteriefeuer unterhalten worden wäre. Man kann die eigenthümliche Erscheinung nur
so erklären, daß man dort die gesammte Infanterie wie einen Ball
auf ein Zeichen vorwerfen wollte, daß man in einem Anlauf die
Infanteriefeuerzone zu durchschreiten gedachte; dafür war allerdings das
Zusammenhalten der taktischen Einheiten, besonders bei den Mobilgarden, eine Vorbedingung. Allein trotzdem wäre hier ein dauerndes

Infanteriefeuer von den vordersten Staffeln ausführbar gewesen. Die Taktiker, welche unbedingte Anhänger des Infanteriefeuers während des Angriffes sind, behaupten, es sei bei einem umfassenden Angriff leicht durchführbar, besonders bei einem so weittragenden Gewehr wie dem damaligen französischen. Nun, der Kirchhof war von drei Seiten umstellt. Dennoch wußte der Gegner den Angriff durch Feuer der in der Umfassung liegen bleibenden Schützen nicht dauernd zu unterstützen. Daß die Franzosen die Vortheile des Feuers nicht zu schätzen gewußt haben sollten, ist bei ihrer damaligen Feuertaktik nicht annehmbar. Man muß daher besondere Gründe gehabt haben, es zu unterlassen, und dies sind die folgenden: Hat die angreifende Infanterie die weite und mittlere Feuerzone hinter sich, so kann das Feuer der Umfassung den eigenen Angriff gefährden, besonders wenn es sich um Kopf und Kragen handelt; die Mannschaft wird dann erfahrungsgemäß unruhig, sie unterscheidet nur in seltenen Fällen zwischen Freund und Feind und feuert darauf los, besonders wenn sie in Schützen aufgelöst ist und wenn die Truppen nicht von hervorragendem Werthe sind. An dieser Wirklichkeit des Schlachtfeldes zersplittern im Nahfeuer alle sein ausgeklügelten Theorien. Hiermit soll die Sache nicht als erledigt betrachtet, vielmehr bloß die Meinung widerlegt werden, daß in vielen Fällen Feuer während des Angriffs bei nahen Entfernungen nützlich sein kann. Es erschien nothwendig, dies vorauszuschicken. Anders verhielt sich die feindliche Infanterie gegen die Südseite des Kirchhofes und gegen die Südwestfront des Städtchens. Starke Schützenlinien der 3. Zuaven verließen thatsächlich während sämmtlicher Angriffe nicht das Nordufer des Rolande-Baches. Bei Mⁱⁿ· de la Fontaine standen die Kerne der Bataillone 400 m vom Städtchen selbst. Beide Objekte gewährten Deckung. Aus diesen beiden Richtungen unterhielten die feindlichen Schützen während des ganzen Tages das Feuer gegen die Vertheidiger, bis die geschlossenen Kolonnen den Rolande-Bach übersprungen, sich wieder gesammelt hatten und dann zum Sturme ansetzten. Es verdient, hervorgehoben zu werden, daß die Schützen der Zuaven bei den verschiedenen Stürmen liegen blieben und jedesmal die zurückstürmenden Bataillone durch ihr Feuer aufnahmen. Bei den Angriffen gegen den Ausgang nach Orme vermochte man dasselbe Prinzip nicht durchzuführen, die dort fechtende Infanterie war eben von geringerem taktischen Werthe.

Der Kirchhof bot damals schon den Anblick eines unregelmäßigen aufgewühlten Haufens, denn von seinen Mauern war kein Stein auf dem anderen geblieben; die Häuser begannen einzustürzen, und aus dem Schutt verbreitete sich dichter Qualm rings umher, der zum Glück wenigstens durch den Südwind etwas nach Norden abgeführt wurde.

Das plötzlich aufhörende Artilleriefeuer erzeugte in jedem Manne ein eigenthümliches Gefühl, ein Jeder lugte aus und sah mit Spannung dem Kommenden entgegen. Die Mannschaft hatte die Patronen neben sich liegen, an das Fett derselben hatten sich unaufhörlich umhergetriebene Erde und Kalktheilchen angesetzt, ein Umstand, der sich später wiederholt störend geltend machte. Wie die Noth manches Treffende gebiert, so geschah es auch hier. Es war bis dahin nicht verabredet worden, was die Mannschaft beim Aufhören des Artilleriefeuers thun sollte. Da schallte vom Hauptmann Feige ein lautes „Auf!" durch die Stille des Kirchhofes, die nur durch das Knistern der kohlenden Häuser unter= brochen wurde. Sofort erhob sich die Mannschaft aus ihren Gräbern. Alle Führer standen, nachdem sie das „Auf!" vernommen, aufrecht, alle richteten den Blick auf den Hauptmann Feige. Wie fest gemauert ragte seine Gestalt über das Trümmerfeld, den Degen mit der Spitze zur Erde geneigt, erwarteten alle Führer klopfenden Herzens das nächste Kommando. Die Mannschaft schwieg wie das Grab, aber auf eines Jeden Gesicht drückte sich feste Zuversicht aus. Die feindliche Infanterie gab vor dem Anlauf auf der ganzen Front ein leb= haftes Schützenfeuer ab, das jedoch keine Wirkung hatte. Alsdann sah man überall die Offiziere weit vor die Front springen, der Brigade= kommandeur, die Regimentskommandeure und Stabsoffiziere zu Pferde ritten mit gezogenem Säbel voran. Ein dumpfes „en avant" rollte an der wogenden Linie entlang, hinter der auf etwa 50 m Bataillons= kolonnen unter fortwährendem Blasen folgten. Auf keiner Seite fiel in jenem Augenblick ein Schuß von der Infanterie; nur vereinzelte Granaten konnten von der Batterie Frels, nördlich von Beaune, in die Massen westlich des Kirchhofes gesandt werden, dann waren diese heran; die Artillerie mußte das Feuer einstellen. Der vollständigen Scenenverwand= lung folgten athemlos Führer und Mannschaft. Wie ein Wall rollte die Masse näher und näher; überall herrschte beim Angreifer Leben und Bewegung, der Wille, zu siegen, und vollständige Ordnung. Schon sah

man einzelne Handgriffe, die Hornisten bliesen unaufhörlich Sturmmarsch,
da kam die Erlösung: „400 Schritt! — Los!",*) und ein wohl=
gezieltes Feuer raffte ganze Reihen nieder. Wohl selten ist in diesem
blutigen Kriege eine derartige Wirkung erzielt worden. Durch den
Pulverrauch bemerkte man in dunkelen Umrissen die Anstrengungen
der Führer, ihre Kolonnen in der Bewegung zu erhalten. Tapfere
Mannschaften sprangen aus den Reihen vor; Infanteriefeuer, Signale,
Kommandos mischten sich unaufhörlich durcheinander, und der Gegner
überwand wirklich die furchtbare Krisis. Wesentlich scheint hierzu ein
unerwartetes Ereigniß beigetragen zu haben. Auf M^{ine} de la Montagne
(siehe Skizze 2) war nämlich eine französische Batterie aufgefahren und
faßte in diesem kritischen Augenblick die Vertheidiger vollständig im Rücken.
Die Batterie schoß gut, allein kein Mann zuckte, der mächtige Ein=
druck vorn fesselte die Nerven. Immerhin beobachteten die Führer die
Mannschaft, ob sie auch diese furchtbare Probe überdauern würden.
Die anstürmenden Massen begrüßten die Schüsse ihrer Batterie mit in=
fernalem „courage!" Es waren Augenblicke der höchsten Spannung.
Näher und näher kamen die Wogen, der Angreifer schien seiner Sache
sicherer und sicherer zu werden, der Schritt wurde beschleunigt, die
Signale hörten bereits auf; doch ruhig und stetig floß das Feuer
unserer Mannschaft weiter, kein Mann hatte nur daran gedacht,
sich zu erheben. Die eiserne Feuerdisziplin der Vertheidiger sollte
selbst die äußerste Ungunst der Verhältnisse überwinden. Noch konnte
man die Wirkung nur in ihren Umrissen beobachten, die feindliche Brigade
brach zusammen, ein wildes Durcheinander von stürzenden Pferden und
Menschen, von kopflos gewordenen, nach allen Seiten auseinanderlaufen=
den Menschen, eine plötzliche Stille jenseits bildeten die unverkennbaren
Anzeichen des Erfolges. Erst als der Pulverdampf verzogen war, über=
sah man die Wirkung in ihrer ganzen Furchtbarkeit. Reihenweise lagen
todte und verwundete Mobilgarden um den Kirchhof, dahinter aber
war das Feld reingefegt. Es war 2 Uhr, als Hauptmann Feige das
Feuer stopfen ließ, und nunmehr sah man auf der ganzen Front Ver=
wundete zurückkriechen, die man daran nicht hindern wollte und konnte.

---

*) Obgleich heute nach Metern gerechnet wird, geben wir hier die damaligen
Kommandos wörtlich wieder.

Am anderen Morgen wurden die Entfernungen abgeschritten, der erste französische Todte lag genau 80 m von der Westfront (siehe Skizze 1), und da die späteren Angriffe hier nicht so weit wie dieser gelangten, so kann man hiernach die Situation beim zweiten Sturm beurtheilen. Vorgreifend sei bemerkt, daß man die letzten Todten, die das Infanteriefeuer dahingerafft hatte, der Westfront gegenüber genau auf 320 m fand. Dann kam eine Zone von etwa 300 m ohne Leichen, und hierauf folgten die durch Artilleriefeuer außer Gefecht gesetzten Gegner. Wiederum waren unsere Verluste gering gewesen; allein schon jetzt hatte sich die Munition in einem bedenklichen Grade vermindert. Alle Anstrengungen wurden nun auf Ergänzung derselben gerichtet; doch da sofort das feindliche Artilleriefeuer wieder einsetzte, so konnte nur durch Weitergeben des Rufes „Munition!" nach Beaune la Rolande auf die Nothwendigkeit des Ersatzes aufmerksam gemacht werden. Darüber war man sich jetzt klar: ob der Kirchhof endgültig uns verbleiben würde, hing einzig und allein vom Munitionsersatz ab.

Bis dahin hatte man im Kampfgewühl vom Kirchhofe aus die feindlichen Mitrailleusen nicht wahrgenommen. Die Offiziere und Mannschaften vernahmen zwar das rückgängige Gefecht im Norden beim I., 57., allein von der wirklichen Lage hatte bis dahin Niemand auf dem Kirchhofe eine Vorstellung. Als der Kampf sich gelegt hatte, schallten weit aus dem Nordosten Mitrailleusenlagen herüber; den Standpunkt der Batterie konnte man wegen des eigenthümlichen Knarrens ziemlich genau feststellen, sie stand südlich von La Pierre percée. Die Straße nach Egry konnte somit schwerlich noch in unserer taktischen Machtsphäre liegen; Führer und Mannschaften mußten demnach zu der Ueberzeugung kommen, daß man nach allen Regeln der Kunst abgeschnitten war, denn auch im Süden war der Kirchhof umspannt. Befehle gelangten nicht mehr dahin; zwischen der dortigen Besatzung und dem Generalkommando u. s. w. hatte jede Verbindung aufgehört. Es ist begreiflich, daß die Feststellung dieser Thatsache, die selbst dem einfachsten Manne einleuchten mußte — denn wir hatten keine Mitrailleusen, das Feuern konnte also nur vom Feinde herrühren —, keinen freudigen Eindruck erweckte. Wenn trotzdem die Mannschaften keinen Augenblick an ein Zurück dachten, wenn im Gegentheil die bisherigen Erfolge ihre Zuversicht gestärkt haben mochten, so mußten doch die Führer weiter denken. Wenn im Frieden eine Brigade

Jeder Rückzug wird als unmöglich erkannt.

im Rücken von einigen Kompagnien steht, so werden die Letzteren ohne
Weiteres als „außer Gefecht gesetzt" erklärt. Daß aber einige Züge
durch ihre Ausdauer eine Schlacht entscheiden können, wird im Frieden
leider nicht veranschaulicht, weil man ihre Wirkung nicht beurtheilen
kann. Man muß es daher lehren, und darum soll diese Episode für
Hoch und Niedrig bis zum Erlöschen in allen Einzelheiten geschildert
werden, was sie sonst nicht verdiente. Hauptmann Feige sagte sich,
nachdem er das erste knarrende Rollen vernommen hatte: „Eine Wahl
habe ich überhaupt nicht mehr, es bleibt nur eins: aushalten bis zur
letzten Patrone und dann ein ehrlicher Soldatentod!" Da nun die
Bedrängniß ihren Höhepunkt noch nicht erreicht hatte, da vor allen
Dingen Alles vom Munitionsersatz abhing, dieser aber — bei der Feststellung der Mitrailleusen-Batterie — sehr in Frage gestellt sein konnte,
so muß immerhin der Entschluß der Führer als heroisch betrachtet
werden, der Führer, denn genau wie Hauptmann Feige dachten Hauptmann v. Ratzmer und die Premierlieutenants v. Nerée und Lancelle.
Letztere mußten, obwohl Jeder von ihnen auf sich gestellt war, das
Mitrailleusenfeuer ebenfalls vernommen haben; dagegen erfuhr man auf
der Süd- und Südwestfront des Städtchens selbst nicht, wie ungünstig
die Gefechtslage im Norden war, was in moralischer Beziehung sehr
wesentlich war.

Auf der Südseite des Kirchhofes war die Brigade Vivenot etwa
gleichzeitig nach dem Verstummen des Artilleriefeuers mit der Brigade
Brisac vorwärts gestürzt. Das Verfahren war ähnlich dem der
Brigade Brisac, ausgenommen bei den Schützen der 3. Zuaven. Seit dem
Ueberspringen des Rolande-Baches fiel gegen die Südfront des Kirchhofes
kein Schuß mehr von der Infanterie des Angreifers, die hier ebenfalls
mit großer Thatkraft vorwärts drang. Da die Entfernung bis zum
Kirchhofe aus der gedeckten Stellung nur etwa 250 m betrug, in der
Front der Rolande-Bach zu überwinden war, so bestimmte Oberst
Vivenot zum Angriff des Kirchhofes das ganze Zuaven-Regiment, während
die 68er in zwei Treffen den Ausgang nach Orme zu erreichen suchten.
Von dort aus, besonders von dem Zuge zwischen Kirchhof und Stadtgraben (3./16.), konnte der Angriff wirksam auf 400 bezw. 160 m
flankirt werden. Um dies möglichst auszugleichen, ließ Oberst Vivenot
die Südwestfront des Städtchens energisch durch die beiden Batterien

Gegen die Süd-
seite des Kirch-
hofes und die
Südwestfront des
Städtchens.

vorwärts Orme beschießen, die denn auch eine recht gute Wirkung erzielten. Wie erwähnt, war während dieser Begebenheiten eine Batterie von Foucerive auf der Höhe von M^{ins.} de la Montagne aufgefahren, von wo sie ihr Feuer gegen den Südwestausgang des Städtchens und den Kirchhof richtete. Die Batterie wurde zwar durch F./16. später zum Abfahren gezwungen, immerhin bildete diese Zeit den Höhepunkt der Leiden auf dem Kirchhofe, und dies währte bis zur Abweisung des dritten Sturms fort. Eine ähnliche Lage dürfte der ganze Krieg nicht wieder verzeichnen. So z. B. setzte eine in die Barrikade an der Straße nach Orme einschlagende Granate von 12./16. 1 Offizier, 18 Mann außer Gefecht, Hauptmann Ohly erlitt eine nicht unerhebliche Verletzung im Nacken.*) Die feindlichen Batterien konnten ihr Feuer, da sie die 68er nach Osten überragten, bis zum letzten Augenblick fortsetzen, was die stürmenden Franzosen lebhaft zu ermuntern schien.

Die Vertheilung der 57er und 16er in Häusern, hinter Gräben und Barrikaden untersagte eine einheitliche Feuerleitung, wie sie bei Hauptmann Feige beobachtet wird; allein bei diesen erprobten Truppen machte sich diese Ungunst wenig bemerkbar. Jeder Zug- und Kompagnieführer hatte seine Truppe in der Hand, nirgends wurde das Feuer eröffnet, ohne daß dazu Befehl ertheilt worden wäre. Wegen der divergirenden Angriffsrichtungen des Gegners und der sehr ungleichen Entfernungen sowie wegen des nicht immer gleich guten Schußfeldes entstand nun zwar gewissermaßen eine besondere Feuerzeit für jeden Zug, trotzdem aber blieb die Feuerdisziplin gewahrt; man hat also hier eine der schwierigsten Aufgaben einer Feuerleitung vor Augen. Man ließ das Zuaven-Regiment diesmal ganz über den Bach herüber, dann begann Premierlieutenant v. Nerée (3./16.) als Erster das Feuer, nach einigen Sekunden nahm es Premierlieutenant Lancelle auf und noch etwas später der Zug von 3./16. zwischen Kirchhof und Stadtgraben, zuletzt und ziemlich gleichmäßig entlud sich das Feuer von 11./16. bis zu 4./16. nach Nordwesten. Das Frontalfeuer vom Kirchhof, das auf 200 m eröffnet worden war, räumte zwar stark unter den flott vorgehenden Zuaven auf; allein sie stutzten nicht. Erst als das Flankenfeuer von Osten einschlug, wurde

---

*) Auf diese Verletzung und die Nervenaufregung des 16. August und 28. November ist wahrscheinlich sein trauriges Ende — er wurde nach dem Kriege geistestrank und starb bald darauf — zurückzuführen.

auf dem rechten Flügel der Schritt kürzer, dann stockte hier die Bewegung, und schließlich wich das rechte Flügel=Bataillon in Unordnung hinter das zur linken Seite des Baches gelegene Haus mit Garten zurück. Dieses behaupteten aber die Zuaven noch längere Zeit, die beiden anderen Zuaven=Bataillone blieben dann noch in der Bewegung; erst 50 m vor den Häusern löften sich alle Bande unter dem vernichtenden Feuer der Vertheidiger, und auch dieser Angriff war gescheitert. Im Zurückgehen wurde den Zuaven der Rolande=Bach verderblich: unter dem sicheren Feuer der Vertheidiger sah man die Zuaven in dem Augenblick zusammenbrechen, in dem sie den Bach übersprangen, so daß der Graben auf dieser Strecke mit Leichen angefüllt war.

Die Kolonne der 68er gelangte nicht bis zur Brücke des Rolande=Baches, sondern wurde vorher in die Flucht geschlagen. Südlich des Kirchhofes lag die erste Leiche — ein Zuavenkapitän — 30 m vom Hause des Premierlieutenants Lancelle; nicht ganz so weit scheint dieser Angriff auf der übrigen Linie gekommen zu sein, jedoch läßt sich die Entfernung wegen der letzten hier später erfolgten Angriffe, mit denen die Barrikade erreicht wurde, nicht mit Sicherheit feststellen. Das eigentliche Leichenfeld südlich des Kirchhofes reichte von 40 bis 250 m; südlich des Baches war die Zahl der Todten geringer. Nachdem auch hier der zweite Sturm abgeschlagen worden war, stellte man die taktische Ordnung wieder her und suchte nach Kräften die Munition zu ergänzen. Das Erstere war um so mehr geboten, als die 16er erhebliche Verluste an Offizieren gehabt hatten. Hauptmann Ohlo führte zwar den Befehl von 12./16. weiter und besetzte seitdem die Scheune nördlich der Straße, worin bis dahin nur ein Zug 1./16. gewesen war; dagegen waren auf dem Kirchhofe Lieutenant Friedrichsen und Feldwebel Felde (3./16.), an der zwischen den Stellungen von 1. und 4./16. liegenden Barrikade Hauptmann Mitschke (6./16.) und Lieutenant Wolff 1. außer Gefecht gesetzt, Portepeefähnrich Degner war gefallen, Lieutenant Schrader II. verwundet und weiter östlich Lientenant Kehl 1. (10./16.) ebenfalls gefallen.

Oberftlieutenant Sannow, der zur besseren Befehlsübermittelung die Adjutanten der Bataillone zu sich genommen hatte, befand sich in der Nähe von 5./16. Er konnte von hier die Kalköfen an der Straße nach Juranville sehen, hatte das Zurückgehen aller 3 Waffen gewahrt

Lage und Erwägungen des Oberftlieutenants Sannow.

und bemerkte nun mit seinem Feldstecher französische Kolonnen bei
La Pierre percée. Er hatte vor Beginn der Schlacht Befehl ertheilt:
„Die Stadt wird unter allen Umständen gehalten, eventuell mit dem
Bajonett." Als Hauptmann v. Ratzmer inzwischen nach der eventuellen
Rückzugsrichtung fragen ließ, antwortete er: „Ein Zurückgehen giebt es
nicht, Beaune wird auf alle Fälle gehalten", und als er sich jetzt der
vollen Gefahr seiner Lage bewußt wurde, äußerte er trotzdem wiederholt:
„Wir müssen die Stadt unter allen Umständen halten, und wenn wir
dabei zu Grunde gehen." Seine einzige Reserve bestand in einem
Halbzuge 2./16. auf dem Marktplatze, bei dem sich die drei Fahnen
befanden. Er erwog, wie sie im Nothfalle durch Vernichtung vor
Feindeshand zu bewahren wären, als seine Aufmerksamkeit durch den
nun sich vorbereitenden Sturm gegen die Südostfront des Städtchens in
Anspruch genommen wurde. Er konnte unter diesen Umständen nicht
daran denken, Truppen von der Südfront wegzunehmen, und da er
östlich von Beaune la Rolande 57er wußte, so sandte er an 8./16.
Befehl, einen Zug an den Nordausgang des Städtchens abrücken zu
lassen. Dieser begab sich unter Lieutenant Krische im Laufschritt an die
Straße nach Gondreville, wo er 40 m nördlich von Beaune la Rolande
Stellung nahm. Ein Zug von 4./16. stand bekanntlich an dem Treffpunkt der Straßen von Barville und Egry. Oberstlieutenant Sannow
machte aus der Noth eine Tugend; wäre aber Beaune la Rolande von
Norden angegriffen worden, so hätten die beiden Züge nichts ausrichten
können.

Nachdem der Angriff auf Long Cour abgeschlagen, aber noch bevor
festgestellt war, ob Beaune behauptet werde, hatte Graf Waldersee sich
erboten, die 5. Division aufzusuchen und über die Schlachtlage zu
unterrichten. General v. Voigts-Rhetz nahm dies dankbar an. Graf
Waldersee ritt um die französische Infanterie zwischen Egry und Beaune
herum, fast immer querfeldein unter richtiger Orientirung auf Barville
zu und fand etwa 1000 m südlich Barville die Spitze der 5. Division
unter Oberst v. Wulffen (52er). Graf Waldersee ersuchte ihn, den
Marsch ohne Aufenthalt fortzusetzen und dabei den Kirchthurm von
Beaune links liegen zu lassen. Während dieser Worte sprang dicht
über den Köpfen der beiden Offiziere eine Granate, die glücklicherweise

Niemand verletzte. Graf Walderjee jagte sodann nordwärts, um den General v. Alvensleben zu sprechen. Es mochte kurz nach 3 Uhr sein, als er diesen fand, also nachdem dieser General bereits den Rittmeister Andrae — wie wir später sehen werden — zum General v. Voigts-Rhetz entsandt hatte. Oberstlieutenant Graf Walderjee orientirte den General über die Schlachtlage, schlug ihm vor, flott im Marsche zu bleiben und westlich von Beaune vorbeizustoßen; der Kirchthurm der Stadt sollte als Richtpunkt des linken Flügels dienen. Wir werden dem Oberst-lieutenant Grafen Walderjee später wieder begegnen.

f. Die Angriffe auf die Südostfront von Beaune la Rolande und die Höhen von Les Roches.

Um 2 Uhr hielt das 20. Armeekorps das Städtchen auf durch-schnittlich 500 m halbkreisförmig umstellt. Nachdem General Cronzat bis 2½ Uhr die Ankunft des 18. Armeekorps vergeblich erwartet hatte, ließ er die 1. Brigade (Durochat) der 3. Division (Ségard) von St. Loup les Vignes aus gegen die Ostseite von Beaune la Rolande vorgehen, während er selbst sich zu der bekannten Zusammenkunft zu General Billot begab.*)

Es muß, da nun die Vorgänge bis 2 Uhr auf der Hochfläche von Beaune la Rolande klar liegen, ein Glück für die Deutschen genannt werden, daß General Cronzat seine 3. Division nicht früher gegen die Südostfront des Städtchens einsetzte. Nachdem die Beweggründe bekannt geworden sind, darf man aber den französischen General deshalb nicht tadeln; denn sein Plan ging eben dahin, diese Front „um Mittag" mit dem 18. Armeekorps anzugreifen. Freilich hätte Cronzat, als das 18. Armeekorps um 1 Uhr noch nicht bemerkt wurde, früher zu einem ganzen Entschluß kommen müssen, wenn er am 28. überhaupt etwas erreichen wollte. Die Zeitangaben des französischen Generals stimmen übrigens ziemlich genau mit den deutschen überein, nur nicht die, daß die Brigade Durochat erst um 2½ Uhr von St. Loup les Vignes abrückte, sondern sie stand um diese Zeit zwischen Foncerive und Venouille. Um 2½ Uhr befanden sich sonach südöstlich von Beaune: 3 Batterien der 2. und 3. Division, 4 Bataillone der Brigade Aubé,

*) Siehe S. 116.

5 Bataillone der Brigade Durochat, worunter 3 Linien-Bataillone und 2 Kompagnien Zephyrs vom 18. Armeekorps, im Ganzen 3 Batterien und 9½ Bataillone.

Bis dahin hatte die französische Artillerie die Höhen von Les Roches unter Feuer gehalten; das Infanteriefeuer (der Brigade Aubé) verdichtete sich jedoch erst zu einem unaufhörlich rollenden Schützenfeuer, als F. 57. jene Höhen wieder besetzte, was etwa mit dem Einrücken der Brigade Durochat zeitlich zusammenfiel. Diese Brigade setzte sich auf den rechten Flügel der Brigade Aubé und entwickelte sich von dem in Flammen stehenden Ormetron aus mit ihren Hauptkräften gegen die Front der Höhen, mit einer starken Flankirung etwa 200 m über die Straße Ormetron—Beaune nach Norden ausgreifend. Als nun die Brigade Durochat den Rolande-Bach überschritten hatte und in die Höhe der Brigade Aubé (Mme. de la Montagne) gekommen war, brachen beide Brigaden vor, Aubé gegen den Straßenausgang nach Feuerive, Durochat gegen den nach Ormetron (siehe Skizze 4).

Die Besetzung der Ortsfront. Das Kroti von Beaune la Rolande in der Geschichte der 16er stellt die Verhältnisse an der Straße nach Ormetron unvollständig und unrichtig dar, und da dieselben durch die hier beigegebene Skizze genau wiedergegeben werden, so genügen wenige erläuternde Worte. Den rechten und linken Flügel der Stellung auf der Höhe bildeten ein Schulhaus mit Mauerumfassung (aber südlich der Straße) und ein anderes massives Gebäude (Les Roches) nördlich an der Straße. Die Entfernung zwischen beiden ist etwa doppelt so groß, als sie die Geschichte der 16er angiebt, denn sie betrug, von Garten zu Garten gemessen, 160 m. Die mehrfach genannten Kalköfen lagen etwa 30 m nördlich jener Straße; fast in der Mitte zwischen Schulhaus und Kalk-öfen befand sich, nördlich an der Straße, noch ein massives Haus: südlich der Schule lagen, östlich des Stadtgrabens, drei massive Häuser, und etwa 60 m nördlich von Les Roches stand ebenfalls ein massives Haus mit vorzüglichem Schußfelde. Der amtliche Bericht von 8./57. sagt darüber treffend: „Gerade über dem etwa 600 Schritt entfernten Windmühlenberg bildet den östlichen Ausgang von Beaune ein Kalk-ofen. Derselbe dominirt nach der Südfront und linken Flanke und war zudem durch daselbst befindliche hohe Haufen von Reisig, Sand sowie eine etwa drei Fuß tiefe, ausgedehnte Lehmgrube zur Vertheidigung

sehr geeignet. 30 Schritte links davon befindet sich eine kleine Wind=
mühle. Dieselbe bot für die Vertheidigung wenig Chancen, während
ein 60 Schritte von ihr links liegendes kleines Gehöft für die Be=
hauptung des linken Flügels gegen Flanken= und Rückenangriffe wie
geschaffen war. Angriffe gegen Beaune von Osten und Südosten her
waren nur von diesem Gehöft oder den Kalköfen aus mit Erfolg ab=
zuweisen." Fast wörtlich so spricht sich der mir vorliegende Bericht
des damaligen Premierlieutenants v. Kehler (11./57.) aus.

Als Major v. Gerhardt den Befehl erhielt, die 16er in Beaune,
die sich verschossen hätten, abzulösen, bemerkte er die genannten, in der
Entwickelung begriffenen starken feindlichen Streitkräfte von M^{ins} de la
Montagne bis Ormetrou und ebenso die beträchtliche feindliche Artillerie.
In Anbetracht dieser Verhältnisse wurde sein Befehl unausführbar,
denn die Richtung des Feindes zeigte hauptsächlich auf Les Roches und
weniger auf Beaune. Major v. Gerhardt berichtete darüber an Oberst
v. Cranach mündlich, der nun auf eigene Verantwortung F./57. bei
Les Roches zurückhielt. Allein einer Kompagnie (10./57.), die auf dem
rechten Flügel stand, hatte Major v. Gerhardt bereits, bevor er die
drohende Situation überblicken konnte, den Befehl ertheilt, sich nach Beaune
hineinzuwerfen. Diese war inzwischen im Laufschritt in den Gärten
des Städtchens verschwunden und nicht mehr zu erreichen — denn die
Zeit drängte — und focht von nun ab im Bereiche von 9./16. für sich.
Sie hatte rechts neben sich eine nach Norden führende Straße, links
vor ihr lagen M^{ins} de la Montagne; ihre Stellung ist daher genau
bestimmbar. Zwischen Schulhaus und Les Roches war nichts zur Ver=
bindung der Stellung geschehen, die beiden genannten Häuser, besonders
das Schulhaus, hatten 5./16. und zwei Züge 8./16. indessen vortrefflich
zur Vertheidigung hergerichtet; auch die Entfernungen waren durch Stroh=
wische kenntlich gemacht, die jedoch bald nach dem lebhaften Feuer wegen
des Pulverrauchs und später bei eintretender Dämmerung nicht mehr
erkennbar waren und somit ihren Zweck vollständig verfehlten. Die
Strohwisch= und sonstige Theorie ging also auf Stelzen. Das rauchlose
Pulver hat erst derartigen Zeichen einigen Werth verliehen; im Uebrigen
ist immer das Einfachste das Beste, d. h. Uebung im Entfernung=
schätzen und Feuerdisziplin. Major v. Gerhardt kam zwar nicht in so
überraschende Verhältnisse wie Hauptmann Feige auf dem Kirchhofe;

allein auch hier mußte in der Eile Alles improvisirt werden, wodurch
die Kompagnien stark durcheinander geriethen. In einer Hand blieb
nur 11./57. (v. Kehler) an den Kalköfen, deren Thätigkeit denn auch
ganz hervorragend sein sollte. Von 10./57. gelangte ein Theil in das
südlichste Haus vom Schulhause; die beiden nördlichen Häuser waren
von 2./57. besetzt, in das Schulhaus, in dem 5./16. stand, begaben
sich zwei Züge von 12./57. (unter Hauptmann Bocksfeld), während
der letzte Zug von 12./57. (v. d. Lancken) das Haus nördlich der
Straße besetzte. Zwischen v. d. Lancken und v. Kehler schoben sich zwei
Züge 9./57. (v. Nerée) und ein Zug 2./57. (Flügge) ein, zwischen
Kalköfen und Les Roches standen von rechts nach links ein Zug 9./57.
(Hilten), Pionier=Kompagnie Kleist, zwei Züge 8./57.; nur ein Zug
8./57. besetzte das wichtige Gehöft auf der äußersten linken Flanke
nördlich von Les Roches.*)

Improvisirte Verstärkungs- maßregeln.

Die Umgebung der Kalköfen bot leidliche Deckung; man suchte
außerdem durch Aufstellung des vorgefundenen Reisigs Schirme gegen
die Sicht herzustellen, was mit gutem Erfolge gelang. Kaum waren
die Truppen, wie hier dargestellt, vertheilt, als der Gegner sich schon
im umfassenden Vorgehen befand. Besondere Verständigungen über die
Feuerleitung und Feuereröffnung wären wegen der starken Vermischung
wohl nothwendig gewesen; allein es fehlte die Zeit. Alle Führer
konnten lediglich anordnen: „Es wird nur auf Befehl gefeuert"; im
Uebrigen war jeder Mann von der Ueberzeugung durchdrungen, daß es
vortheilhaft sei, den Gegner nahe heranzulassen; die Entfernung bis
zum Rolande=Bach war auf 400 bis 350 Schritt angegeben worden.
Aenderungen in der vorstehend angegebenen Truppenvertheilung traten
bis zum Ende der Schlacht nicht ein. In der ganzen Vertheidigungs=
linie verfügte man über keinerlei Reserven,**) sondern jeder Mann stand
vom Anfang bis zum Schluß in oder dicht hinter der Feuerlinie, aller=
dings in geschlossener Zugformation, so daß bei dem engen Raum auf
den Höhen von Les Roches die Mannschaften in zwei und mehr Reihen
feuerten. Das Schußfeld auf den Höhen von Les Roches war offen

---

*) Revidirter Gefechtsbericht der 57er Kr. A. S, II, 2. Einige, jedoch nur
geringe Abweichungen sind durch Nachfragen bei den Theilnehmern nothwendig ge=
worden. — **) Die gegentheiligen Angaben sind unrichtig, man wollte eine breite
Feuerstellung und gebrauchte dazu jedes Gewehr.

und bis auf 500 Schritt frei, also sehr gut: nicht ganz so günstig lagen die Verhältnisse 9./16. und 10./57. gegenüber. Die allgemeine Erhebung der Höhen über den Grund des Rolande-Baches beträgt etwa 50 Fuß. Schützengräben auszuheben war keine Zeit verblieben; dagegen gelang es noch 11./57., das massive einstöckige Haus bei den Kalköfen, das vier Fenster nach Süden hatte, nothdürftig in Vertheidigungszustand zu setzen und es mit einem Zuge zu besetzen, der vollständig auf sich angewiesen bleiben mußte. Ein beherzter Mann stieg auf den First des Daches, um gut beobachten zu können; rechts und links an das Haus angelehnt, wurde eine etwa 20 Schritt lange Brustwehr aus dem angeführten Reisig hergestellt, die aber nur gegen Sicht schützte und mit der Front nach Süden gerichtet war. Im heftigsten feindlichen Infanteriefeuer gingen alle Offiziere hierbei selbst mit gutem Beispiel voran. Durch Matratzen, Schränke und Kommoden versuchte man der Brustwehr einige Widerstandsfähigkeit zu geben. Somit bildete dieser Punkt ein kleines Bastion. Hinter dem Hause standen zwei Züge von 11./57., die bei jedem Sturme auf Befehl die Brustwehr besetzten, in den Pausen aber wieder hinter das Haus zurückgezogen wurden. Sämmtliche Offiziere befanden sich in oder dicht hinter der Feuerlinie; etwas weiter zurück hielten Oberst v. Cranach und Major v. Gerhardt, Beide hinter 11./57. mit ihren Adjutanten zu Pferde.

Als die Truppen die vorstehend angegebene Stellung eingenommen *Der erste feindliche Angriff.* hatten, war der Gegner unter heftigem Artillerie- und Infanteriefeuer in zwei von Les Noches deutlich erkennbaren Brigaden bereits in voller Bewegung, und es mochte 3 Uhr sein — also zur Zeit des dritten Sturmes auf den Kirchhof —, als die Brigade Aubé das Infanteriefeuer einstellte und sehr beherzt gegen die Südostfront des Städtchens vorbrach. Die Vertheidiger ließen überall die feindliche Infanterie über den Rolande-Bach herüberkommen, und erst dann eröffneten sie das Feuer, an dieser Stelle etwa auf 200 Schritt. Bis dort war der Angriff geordnet und beherzt, 8 bis 10 Glieder tief, ausgeführt worden, erst auf etwa 100 Schritt stockte er, dann aber artete er in regellose Flucht auf M^{ins}· de la Montagne aus. Unterdessen hatte die Brigade Durochat ebenfalls erheblich Boden gewonnen; sämmtliche Vertheidiger waren schußbereit, als Oberst v. Cranach zum Major v. Gerhardt

bemerkte: „Laßt sie noch näher heran." Dies wurde von der in der
Nähe befindlichen Mannschaft vernommen, und man sah deutlich, wie
diese ihre Ziele fester und fester ins Auge nahm. Es mochten etwa
noch 250 Schritte bis zu den feindlichen Schützen gewesen sein, da
ertheilte Major v. Gerhardt lauthin den Befehl: „250 Schritt —
Feuer!" Dasselbe rollte nun vom Schulhause bis auf den äußersten
linken Flügel (8./16.) an der Linie unaufhörlich entlang, seine Wirkung
konnte jedoch wegen des starken Pulverrauches von der liegenden und
knieenden Mannschaft nicht sogleich beobachtet werden. Die berittenen
Offiziere vermochten dagegen über die Rauchschicht hinwegzusehen und
den Erfolg zu beurtheilen. Die Brigade Durochat hatte höchstens noch
80 Schritte Boden gewonnen, als sie vollständig zusammenbrach. Major
v. Gerhardt hielt es aber für nothwendig, das Feuer erst zu stopfen,
nachdem der Gegner bis jenseits des Rolande-Baches zurückgeflutet
war. Alsdann ertheilte er, unterstützt von seinem Adjutanten, die
nöthigen Befehle, welche von den Zugführern aufgenommen und schnell
überall ausgeführt wurden. Besonders empfindlich schien dem Gegner
bei diesem Sturme das Flankenfeuer von einem Theile von 10./57.
und 2./57. von südlich des Schulhauses geworden zu sein, wenigstens
lagen hier am anderen Morgen auffallend zahlreiche Leichen. Es muß
hierbei bemerkt werden, daß an 2./57. bereits den ganzen Tag hervorragende Anforderungen gestellt worden waren. Sie hatte Queschevelle
geschickt und energisch vertheidigt, verschiedene und erfolgreiche Offensiv-
stöße zur Entlastung der Batterie Frels nördlich von Beaune gemacht
und ihre gesammte Munition verschossen, bevor sie in den Bereich des
F./57. gelangte. Auf dem weiten Wege waren die körperlichen Anstrengungen ganz bedeutend gewesen; allein trotz des durch die Lage ge-
botenen Zurückweichens hatte sich 2./57. einen hohen Grad von Gefechtskraft bewahrt. Auch alle Truppen vom F./57. waren stark angestrengt
worden und durch den zweitägigen Vorpostendienst bei unzureichender
Verpflegung die Kräfte nahezu erschöpft. Der Hin- und Hermarsch
beim F./57. bis gegen 3 Uhr, wobei es von allen Seiten beschossen
worden war, konnte naturgemäß keine günstige Wirkung auf jenes
Bataillon äußern; um so anerkennenswerther sind seine Leistungen von
nun ab, sie blieben nur wenig gegen die der Vertheidiger des Kirchhofs
zurück, ja mochten sie in Bezug auf die Feuerleitung beim Abendangriff

noch überragen. Auch verdient hervorgehoben zu werden, daß alle
Führer ihre Züge dauernd in der Hand behielten und daß die Feueraufnahme erst wie auf Absprache erfolgte. Bei der sehr unregelmäßig
gestalteten Vertheidigungslinie und bei ihrer großen Ausdehnung vom
Südosteingange des Städtchens bis zu 8./57. konnte der Zeitpunkt nun
nicht für alle Züge derselbe sein, sondern es mußte einem jeden Führer
überlassen bleiben, ihn zu bestimmen; die Entfernung blieb daher immer
maßgebend.

Nach dem Scheitern des ersten Sturmes waren die beiden feindlichen Brigaden bis auf etwa 500 m zurückgegangen. Man beobachtete,
wie sie sich sammelten, das Artilleriefeuer spielte heftiger, und man
machte sich auf weitere Angriffe gefaßt. Allein keiner der drei nun
folgenden Angriffe gegen Les Roches vermochte sich bis zu dem aus-
gesprochenen Charakter eines Sturmes, wie der erste und — letzte, zu
erheben. Von M^{ins.} de la Montagne aus erfolgten gegen 9./16., 10./57.
überhaupt nur noch zwei Angriffe, die mit dem vierten und fünften,
gegen Les Roches gerichteten zeitlich zusammenfielen. Die drei nun
gegen Les Roches gerichteten Angriffe begannen stets unter lebhaftem
Feuer sowie in wohlgeordneten Formationen; allein sie endeten regelmäßig mit einem heftigen Feuergefecht, dessen Pulverrauch die wirklichen
Vorgänge dem Auge der Vertheidiger entzog. Daher schwankten die
Meinungen über die Zahl der verschiedenen „Angriffe" und die Feuereröffnung in dieser Zeit bedeutend. Die 3. reitende Batterie, deren
Granaten jedesmal bereits dem ansetzenden Angreifer verderblich wurden,
will mehr als ein Dutzend gezählt haben; die Berichte vom F./57.
unterscheiden übereinstimmend fünf, mit Ausnahme von 10./57., wo drei
gezählt wurden. Allein bei dem dauernden Vor- und Zurückgehen des
Gegners mag das Richtige schwer feststellbar gewesen sein. Bemerkenswerth ist dagegen, daß die feindliche Infanterie sich nach den verschiedenen
mißglückten Offensiven immer wieder auf 400 bis 500 m zu setzen
vermochte, um von da zu einem lebhaften, freilich wirkungslosen,
Feuergefecht überzugehen; aber keiner der drei nächsten Anläufe gegen
Les Roches kam weiter als bis auf 400 Schritte heran. Das andauernde
offensive Feuern des Gegners zwang die Vertheidiger zu den verschiedenen
Zeitpunkten zur Erwiderung, und daher begann sich gegen 3¾ Uhr
auch beim F./57. Munitionsmangel einzustellen. Diesem konnte glücklicher-

weise aus dem von Lieutenant Mehs herangeschafften Patronenwagen
vom F./16. abgeholfen werden, so daß beim letzten Angriff jeder Mann
hinreichend mit Munition versehen war.*) Die Schlacht schien jetzt
zu erlöschen, und Oberst v. Cranach wollte zum I./57. reiten, um sich
nach diesem umzusehen, während Major v. Gerhardt die Truppen bei
Yes Roches zu besichtigen sich anschickte. Da wurde bei der Neige der
4. Stunde von den Vertheidigern ein mehr und mehr zunehmendes
Artilleriefeuer bemerkt.

Ueber die damalige Stimmung der Vertheidiger ist mir von einem
Offizier von 10./57. ein Bericht zur Verfügung gestellt worden, der
für die Zeit von 3 bis 5 Uhr so charakteristisch ist, daß er auszugs-
weise hier Platz finden mag. Es heißt da:

„Gegen 3 Uhr erfolgte ein allgemeiner Angriff auf Beaune.
Dieser und mehr noch die späteren Angriffe kündigten sich uns seitens
der Franzosen durch häufiges Hin- und Herreiten von Offizieren, viele
Signale, laute Kommandorufe und Geschrei deutlich an. Dichten
Schützenschwärmen folgten starke Kolonnen, vielfach sah man Offiziere
zu Pferde. Durch unsere Vertheidigungslinie lief der Befehl, nicht
eher zu schießen, als bis die Franzosen nahe herangekommen seien. Die
Leute sahen die feindlichen Vorbereitungen ziemlich gelassen mit an,
keine Besorgniß wurde laut, und die von den Zugführern immer wiederholte Mahnung, noch nicht zu schießen, wurde streng befolgt. Erst als
die Schützenschwärme aus dem Grunde des Rolande-Baches aufstiegen
und gegen die Stadtumfassung schreiend anzustürmen begannen, erfolgte
das Kommando: Schnellfeuer! Ein ununterbrochenes Gewehrfeuer schlug
dem Angreifer entgegen, hüllte aber das Vorgelände in einen so dichten
Pulverdampf, daß jede Beobachtung aufhörte. Erst als wir uns sagten,
daß die Franzosen längst bei unserer Stellung angelangt sein oder
Kehrt gemacht haben müßten, wurde: Stopfen! befohlen. Nachdem
sich der Rauch ein wenig verzogen hatte, sahen wir jenseits des Rolande-
Baches die dunkelen Linien der feindlichen Kolonnen zurückschwanken,
gefolgt von einzeln nachlaufenden Leuten; zahlreiche, dunkele Punkte,
etwa 300 bis 400 Schritt vor uns, bezeichneten die Stellen, wo Todte

---

*) Die Geschichte der 57er behauptet S. 140, Lieutenant de Rege hätte den
Patronenwagen von F./57. herangeholt; Erkundigungen bei Major de Rege haben
den Irrthum dieser Angabe erwiesen. Wir werden gleich darauf zurückkommen.

und Verwundete lagen. Eine laute Freude über diesen Erfolg machte
sich bei unseren Leuten kaum geltend, denn mit dem Augenblick, wo die
nächstliegende Gefahr überwunden war, ließ bei ihnen die Nervenspannung
nach, und die hochgradige Uebermüdung machte sich geltend. Befanden
sich diese Leute doch seit Beziehen der Vorposten in fast ununterbrochener
körperlicher Anstrengung, und das bei leerem Magen, denn während
der ganzen Zeit war von Ablochen oder von anderer Verpflegung als
der aus dem Brotbeutel nicht die Rede gewesen. Die Mehrzahl der
Leute sank vor Müdigkeit in sich zusammen, setzte oder hockte sich auf
die Erde, lehnte den Rücken gegen die Mauer, hielt das Gewehr zwischen
den Knieen und dämmerte anscheinend theilnahmlos vor sich hin — ich
bin überzeugt, daß Einzelne sogar fest geschlafen haben. Da es vorerst
nur galt, hier auszuharren, so ließen ich und die Unteroffiziere die
Leute ruhig gewähren und beschränkten uns darauf, die Patronen zu
kontroliren und gleichmäßig zu vertheilen. Auf einem umgekehrten
Waschgefäß stehend, beobachtete ich über die Mauer hinweg das Vorgelände. Der Feind hatte sich vollständig aus Schußweite zurückgezogen,
seine Artillerie fuhr jedoch fort, die Stadt heftig zu beschießen. Mehrfach schlugen Granaten in die oberen Theile der benachbarten Häuser
ein, so daß Steinsplitter um uns herflogen und auch einzelne Leute
leicht verletzten.

Als es schon leicht zu dämmern anfing, etwa gegen 4 Uhr, erfolgte
ein zweiter Angriff mit gleicher Einleitung und Formation wie der
erste. Wenngleich ich besorgt war, ob die anscheinend vollkommen
erschöpften Leute überhaupt wieder aufzurütteln sein würden, so alarmirte
ich sie doch nicht eher, als bis über den erneuten Angriff kein Zweifel
mehr bestand. Auf den Zuruf: »Auf! Jetzt kommen sie wieder.
Fertig zum Schnellfeuer!« sprangen dieselben Menschen, die eben noch
wie todt dagesessen hatten, behend an ihre Plätze, und das bald darauf
wiederum erst auf 300 Schritt abgegebene Schnellfeuer stand dem
vorigen an Heftigkeit und Wohlgezieltheit nicht nach. Ich konnte von
meinem Platze aus eine lange Strecke der Südfront von Beaune
übersehen, und noch heute habe ich das Bild vor Augen, wie sich in
der eintretenden Dunkelheit durch das ununterbrochene Aufblitzen der
Schüsse eine fortlaufende Feuerlinie markirte. Obgleich der Angriff
noch energischer durchgeführt und näher an die Vertheidigungslinie

herangetragen wurde als der erste (man hörte deutlich die anfeuernden Zurufe der französischen Offiziere), so scheiterte auch er an unserem vernichtenden Schnellfeuer. — Die Gefechtspause bis zum dritten und letzten Angriff verlief für uns in ähnlicher Weise wie die zwischen dem ersten und zweiten. Aus dem Innern der Stadt trugen Mannschaften (ob 16er oder 57er, vermag ich nicht anzugeben) in Taschentüchern Munition herbei, ich selbst habe solche erhalten und vertheilt. Die Patronenpackete wurden freudig entgegengenommen, denn die einzige Besorgniß, welche nach dem zweiten Angriff laut wurde, war die, daß die wenigen noch vorhandenen Patronen nicht mehr ausreichen könnten, um die Franzosen nochmals in gleicher Weise zu empfangen. Der dritte Angriff erfolgte schon bei fast völliger Dunkelheit, trotzdem kam auch er uns nicht überraschend, denn die einleitenden Maßregeln wurden wieder in sehr geräuschvoller Weise getroffen, besonders deutlich klangen die uns nun schon bekannten Angriffssignale zu uns herüber. Die Tapferkeit der Franzosen zeigte sich ungemindert. Da unser Feuer jetzt naturgemäß weniger gut gezielt war, so gelang es einzelnen Offizieren und Leuten, bis dicht an die Vertheidigungslinie heran-zukommen, ehe die Kugel sie traf. Zum Gebrauch des Bajonetts hat sich bei meinem Zuge jedoch keine Gelegenheit geboten."

Fünfter und letzter Angriff

Bisher hatte man deutlich drei Batterien gezählt, gegen 3³/₄ Uhr schätzte man ihre Zahl mindestens auf sechs (siehe Skizze 5), die im Halb-kreise Südost-Beaune umspannten. Das Feuer wurde ersichtlich gegen die Höhen von Les Roches vereinigt, Oberst v. Cranach und Major v. Gerhardt, die damals hinter der Truppenlinie waren, eilten, als sie das anschwellende Artilleriefeuer bemerkten, zu den Kaltöfen zurück. Pulverrauch und die ansetzende Dämmerung verhinderten indessen eine weitere Sicht. Punkt 4 Uhr schlug mit klirrendem Getöse die Uhr vom Kirchthurme von Beaune hernieder, welche von einer Granate getroffen worden war, und außer den bereits im Städtchen brennenden Häusern fingen um diese Zeit noch einige andere Feuer; Rauch und Qualm wurden auch hier undurchdringlich. Bei Les Roches wußte man nichts vom damaligen Stande der Schlacht auf den anderen Punkten, nichts davon, daß die so lange ersehnte Hülfe des 3. Armeecorps eingegriffen hatte; jedenfalls verspürte man nichts von seiner Wirkung. Auf französischer Seite scheint man, wenigstens bei General Crouzat, besser unterrichtet

gewesen zu sein, denn der General giebt das Eingreifen des 3. Armee=
korps von Barville aus auf 3 Uhr an. Die weiteren Vorgänge auf
feindlicher Seite mögen sich daher aus dem Entschlusse erklären, vor
dem Eintreffen des 3. Armeekorps bei Beaune selbst das Städtchen
den Deutschen zu entreißen. Dafür spricht der auffallende Umstand,
daß die letzten Stürme auf Les Roches und den Ausgang nach Orme
zeitlich etwa zusammenfielen und die beherztesten und erfolgreichsten des
ganzen Tages waren. Oberst v. Cranach und Major v. Gerhardt
überlegten, was das zunehmende Artilleriefeuer bedeuten könnte. Ersterer
hielt es für die Einleitung eines neuen Angriffs, Letzterer meinte darin
die Deckung des begonnenen Rückzuges erkennen zu sollen. Diese Ansicht
schien um so mehr für sich zu haben, als das feindliche Infanterie=
feuer einige Minuten schwächer und schwächer wurde; allein Premier=
lieutenant v. Kehler glaubte doch dem Major v. Gerhardt nicht bei=
stimmen zu können, als dieser von Maßregeln für den abziehenden
Feind sprach. Dieser Offizier stand auf dem entscheidenden Punkte und
war ebenfalls fest von der Einleitung eines neuen Angriffs durch=
drungen. Das Feuer der verstärkten feindlichen Artillerie mochte
15 bis 20 Minuten gedauert haben, als das feindliche Infanteriefeuer
zunahm; in größter Spannung verstrich Minute auf Minute. Die
Mannschaften lagen für jeden möglichen Fall schußbereit in ihren
Stellungen, da setzte das feindliche Artilleriefeuer aus, mit Ausnahme
einer Batterie, die von Joucerive auf Beaune la Rolande weiter feuerte,
während das Infanteriefeuer nunmehr in weitem Halbkreise näher und
näher kam. Durch die Dämmerung sah man jeden Schuß aufblitzen.
In anscheinend endlos langer Ausdehnung und in ununterbrochenem
Zusammenhange reihte sich Feuerschein an Feuerschein. Das dumpfe
und wirre Geräusch, welches laufende Massen erzeugen, rückte von
Sekunde zu Sekunde näher, und ganz deutlich vernahm man die Rufe:
„En avant, en avant!“ Dichte schwarze Linien umfaßten die
Stellung von Les Roches. Die gegnerische Infanterie war unter dem
Schutze von Rauch und Nebel in Massen nach Art „mächtiger Bienen=
schwärme“ auf etwa 200 Schritt herangekommen, bis sie entdeckt wurde.
Die feindlichen Kommandanten hatten den gesammten Führern die
drohende Gefahr nahe gelegt. „Kein Schuß, ohne auf Kommando!“
befahl Major v. Gerhardt, jeder Offizier gab die Parole weiter. Vom

Flankenfeuer (10., 2./57.) diesmal unbelästigt geblieben, war der Gegner über den Rolande-Bach gekommen und hatte nördlich der Straße nach Ormetrou unsere eigene linke Flanke empfindlich umfaßt. Um sicheren Schuß zu haben, ließ man ihn auf nächste Entfernung heran; die Feuer= disziplin hatte eine harte Probe zu bestehen, denn von den Kalköfen aus erfolgte erst auf 100 Schritte der Befehl „Los!" ohne Angabe der Entfernung, und das Feuer rollte stetig die Linie auf und ab; kein Mann hatte vorgeschossen. Das Näherkommen großer Massen macht den Mann in der Regel unruhig, man pflegt zu sagen, daß er darum aus Angst den Feuereröffnungs=Zeitpunkt nur selten abwarte und ohne Ueberlegung handele. In diesem Falle war das anders. Die Leute bewahrten vollständig Ruhe und Kaltblütigkeit. Sofort fiel eine besorgnißerregende Finsterniß ein, denn es war im wahren Sinne des Wortes jetzt in der Vertheidigungslinie durch die Vermischung des Nebels mit dem Pulverrauch mit einem Male Nacht geworden. Im Vorder= grunde standen zwar Ormetrou und L'Orminette, zur Rechten Beaune und weiter Orme in Flammen: allein um so tiefere Dunkelheit herrschte in der Feuerlinie selbst. Die Mannschaften vermochten sich kaum gegenseitig zu sehen, die Führer waren vollständig ungewiß, was sich jede Sekunde zutragen konnte. Das Feuer hatte vielleicht eine Minute gedauert, als man es auf verschiedenen Punkten zum Stopfen brachte, so bei 12., 2., 8. und 11./57., und zum Kampfe Mann gegen Mann erhob sich die Linie ohne Befehl, das Gewehr zum Bajonettstoße gestreckt! Dieses Beispiel dürfte einzig dastehen, es zeigt, wie die menschliche Natur instinktiv — ohne Befehl — zum einzig wirksamen Mittel zu greifen entschlossen war, das ihr in solcher schauerlich spannenden Lage übrig blieb.

Wäre der Gegner im Angriff verblieben, so sagten sich damals die Führer, dann müßte er nun mitten unter uns stehen. Da es aber nicht der Fall ist, so muß der Angriff gescheitert sein, und so war es. Die Situation blieb trotzdem noch eine gewisse Zeit sehr ernst, weil fast kein Zugführer die Vorgänge beim nebenstehenden zu übersehen vermochte, weil man jeden Augenblick gewärtig sein mußte, an dieser oder jener Flanke oder an dieser und jener Stelle die feindliche Infanterie auf= tauchen zu sehen. Nach und nach gelang es, das Feuer auf der ganzen Linie zu „stopfen"; allein die Lage blieb nach wie vor ungewiß, denn es war tiefschwarze Nacht geworden. Erfolg hatte man ja unzweifelhaft gehabt, welchen, das sollte der kommende Morgen lehren. Reihenweise lagen die Todten vor Les Roches bis zum Rolande-Bach, das weite Feld war wie besäet mit Waffen, Uniformen und grünen Decken, weniger zwischen M^ins. de la Montagne und dem Städtchen. Allein noch am Abend selbst entnahm man aus dem Wimmern der Verwundeten, aus jenen eigenartigen „Schlachtfeldgespenstern", die nach solchen verunglückten Angriffen umherzuschweben pflegen, daß man vollen Erfolg gehabt haben mußte. Das gegen Les Roches gerichtete feindliche Artilleriefeuer hatte fast gar keinen Schaden gethan, weil sämmtliche Geschosse gegen 50 bis 100 m zu weit gingen, wieder ein Beweis, wie gering die materielle Wirkung der Artillerie ist. Auf dem äußersten linken Flügel war inzwischen F./78. eben noch rechtzeitig (4 Uhr 50 Minuten) eingetroffen, um von Marcilly aus mit dem Feuer dreier Kompagnien den abziehenden Feind über Ormetrou hinaus zu begleiten; eine Kompagnie vom F./78. verblieb in Marcilly. Das Feuer von Les Roches aus muß sofort den Angriff zum Stehen gebracht haben, das läßt sich aus den Entfernungen feststellen. Denn bei keinem der früheren Angriffe war der Feind bis auf 80 Schritt herangelangt. Da nun aber die weitaus meisten Todten um 100 Schritt herum lagen, keiner aber näher als 40 Schritt, so hat die feindliche Infanterie im Feuer nur 60 Schritt zurückgelegt; dann aber war sie vernichtet, und mit einer greulichen Panik schnitt die Schlacht hier plötzlich ab.

Es läßt sich nicht genau feststellen, wie stark die zu diesem Angriff eingesetzten Streitkräfte auf französischer Seite an Artillerie und Infanterie waren. Alle französischen Quellen werden in diesem Punkte sichtlich unsicher und unklar. Es soll daher eine Wahrscheinlichkeitsrechnung angestellt werden.

Stärke der Franzosen beim fünften Angriff

Seit 3 Uhr waren Südost-Beaune und die Höhen von Les Roches von 4 Bataillonen der Brigade Aubé und von 5 der Brigade Durochat und 2 Kompagnien Zephyrs angegriffen worden. Nun ist es aber zweifellos, daß die Spitze des 18. Korps früher bei Ormetrou eintraf, als General Crouzat es angiebt, daß also der skizzirte fünfte Angriff vom 20. und 18. Armeekorps gemeinsam unternommen wurde und daß er überhaupt erst eingeleitet worden ist, nachdem General Billot einen beträchtlichen Theil seiner Streitkräfte bis Ormetrou herangeführt hatte.

Auf diese Weise würde das Anschwellen des Artilleriefeuers vor dem
Angriff erklärlich, und von dieser frischen Infanterie rührte das Infanterie=
feuer während des Angriffs her.

Hören wir zunächst die französischen Quellen. P. Lehautcourt sagt:
„In diesem Augenblick (nämlich des Scheiterns des letzten Sturmes
gegen den Ausgang nach Orme) erschien das 18. Armeekorps zur
Rechten von Crouzat, und sein Eintreffen konnte vielleicht die Situation
verändern. Die Vertheidiger von Beaune hatten nur noch drei Patronen
für jedes Gewehr, und ein Theil unserer Truppen hatte noch nicht ge=
fochten. Allein man mußte bald jede Hoffnung auf Erfolg aufgeben.
Mit einigen Bataillonen vom 18. Armeekorps war der Oberst Gourp
in Fouceroie eingerückt und hatte das 53. Marsch=Regiment auf Beaune
vorgeschickt; ein Theil der 3. Division des 20. Armeekorps unterstützte
diese Bewegung. Aber in der beginnenden Dunkelheit gerieth das
18. Armeekorps zu weit nach links, und sein Feuer erreichte einen Theil
der Schützen der Brigade Aubé, welche sich im Südosten der Stadt
befanden. Man hatte Mühe, dieses beklagenswerthe Mißverständniß
abzustellen. Crouzat hielt nun die Schlacht endgültig für verloren.
Vergebens erbot sich General Billot, den Angriff fortzusetzen;*) der
Befehlshaber des 20. Armeekorps hielt es für unmöglich, den Angriff
zu erneuern, in einer Novembernacht und mit Truppen, die bereits in
Unordnung gerathen waren . . . .“**)

Nun gehörte das 53. Marsch=Regiment überhaupt nicht zur Brigade
Gourp, sondern Bremens, die später ebenfalls genannt wird. Setzen
wir jetzt die Untersuchung fort.

Mit der Darstellung Lehautcourts stimmt die Crouzats im Wesent=
lichen überein; derselbe sagt: „Nachdem der letzte (von Crouzat selbst
gegen den Ausgang nach Orme geführte) Angriff gescheitert war, traf
General Billot, bereits im Dunkeln, bei mir ein und meldete, daß sein
Korps ihm folge. In der That erschienen auch die ersten Schützen,
welche meine Truppen südöstlich von Beaune beschossen. Befürchtend,
der Nachtkampf würde Unordnungen erzeugen, ertheilte ich dem 20. Armee=
korps Befehl, sich in seine Stellungen vom Morgen zurückzuziehen, dem
18. Korps, sich bei Maizières zu sammeln.“***)

---

*) Hiermit deckt sich der Bericht Billots vom 13. Dezember 1870. —
) Spectateur militaire, 1892, S. 364. — *) Crouzat, S. 24/25.

Und A. le Faure schreibt darüber: „Die Nacht war hereingebrochen; in diesem Augenblick durchschritten die Truppen des 18. Armeekorps Foucerive und griffen im Südosten von Beaune ein. Unglücklicherweise erlaubte die Dunkelheit nicht, genau zu erkennen; einige Geschosse des 18. Armeekorps erreichten die Schützen des 20. und ließen Crouzat eine Panik befürchten. Daher versagte er, trotz der Vorstellungen des Generals Billot, seine Zustimmung zu einem letzten Angriff."*)

Hiernach ist es zweifellos, daß auch das 53. Marsch-Regiment am letzten Angriff betheiligt war, und da alle übrigen neun Bataillone der Brigaden Aubé und Durochat und die zwei Kompagnien Zephyrs ein= gesetzt wurden, so steigt die Ziffer der feindlichen Streitkräfte dadurch auf 11½. Vom 82. Mobilgarden=Regiment war kein Bataillon zur Stelle, dagegen nahmen alle drei Batterien der 3. Division 18. Armeekorps an dem Artilleriekampfe theil. Hiernach ist Folgendes gewiß: am letzten Angriff waren vom 18. Armeekorps vier Bataillone unter Oberst Gourÿ und zwei Bataillone 53er unter Oberst Bremens betheiligt, mithin im Ganzen neun Bataillone vom 20. und 6½ vom 18. Armeekorps, also 15½ Bataillone. Wenigstens heißt es bei A. le Faure: „Oberst Gourÿ besetzte das Dorf Foucerive, und Oberst Bremens griff mit dem 53. Marsch=Regiment in das Schützengefecht bei Beaune ein." Mag die Frage nun offen bleiben, so dürfte hieraus doch so viel hervor= gehen, daß beide Brigaden der 3. Division (Gourÿ und Bremens) zur Stelle waren. Jedenfalls haben 9./16., 5./16. und zwei Züge von 8./16. 10., 2., 12., 9., 11., 8./57. nebst der Pionier=Kompagnie Kleist, da die 3. reitende Batterie ihr Feuer wegen der Dunkel= heit einstellen mußte, einen mit erdrückender Uebermacht bis auf nächste Entfernung absichtlich herangelassenen Feind in der Stärke von 15½ Bataillonen durch ein Feuer von etwa einer Minute taktisch vernichtet. Dieser übermächtige Gegner war auf Ueberfallnähe heran, der letzte Schritt scheiterte lediglich an der Feuerdisziplin; das bleibt taktisch bemerkenswerth. Man möge daraus die Lehre ziehen, daß nach wie vor jeder Vertheidigungskampf im Wesentlichen von der Feuerleitung abhängig ist, die dem jedesmaligen Gewehr am besten angepaßt ist oder wird. Freilich werden nur besonders tüchtige Truppen die Ruhe bewahren, die ein derartiges Unternehmen erheischt. Dann aber

---

*) S. 188.

muß darauf verwiesen werden, wie nothwendig es ist, in der Stellung
schußbereit zu verharren, die man behauptet hat, wenn Pulverrauch,
Nebel und Nacht die Absichten des Gegners nicht erkennen lassen. Wären
die Truppen nicht mehr vollzählig in der Feuerstellung gewesen, so würde
der Angriff sich zu einem Ueberfall gestaltet haben und die Partie auf
diesem Punkt verloren gewesen sein.

Kehren wir zu der Südwestfront zurück.

**g. Fortgang der Schlacht auf der Südwest- und Westseite
von Beaune la Rolande.**

Dritter Sturm
auf den Kirchhof.

Seit der zweite Sturm gescheitert war, hatte das feindliche Artilleriefeuer auf den Kirchhof etwa dreiviertel Stunden gewährt, auf der Südwestfront war es durch unaufhörliches Schützenfeuer unterstützt worden. In
Anbetracht der geringen Patronenzahl, und um die größere Wirkung des
Nahfeuers auszunutzen, hatte Hauptmann Feige inzwischen die Führer
und Mannschaften angewiesen, nach wie vor erst auf seinen Befehl zu
schießen. Er werde den Gegner nun auf 300 Schritte herankommen
lassen, allein jeder Schuß müsse ein Treffer sein; die Munition sei
knapp, Aussicht auf Hülfe und Munitionsersatz nicht vorhanden. Das
lautete wenig erbaulich, aber die Mannschaft hielt sich nun bereits für
unüberwindlich. Gegen 2¾ Uhr drang die feindliche Infanterie, sobald
der letzte Kanonenschuß verhallt war, wieder in der beschriebenen Art
vor; diesmal mit der Hauptmasse gegen die Westfront, aus dem etwas
in der linken Flanke gelegenen Wäldchen,*) dann aber auch von Norden
den Kirchhof umfassend, was bis dahin nicht geschehen war. Hauptmann Feige ertheilte wieder das Kommando: „Auf!" Die Mannschaften
lagen im Anschlage; zuversichtlich näherten sich die feindlichen aus
Schützen und Kolonnen bestehenden Massen, doch nachdem sie etwa
300 m zurückgelegt hatten, erfolgte das Kommando: „300 Schritt —
Los!" Das Feuer war vernichtend, der Gegner gewann keinen Schritt
Boden, die Flucht wurde sofort allgemein, und das Feuer, welches
1 bis 2 Minuten gewährt haben mochte, stopfte sich auf der ganzen
Front von selbst. Allein auf die Nordfront (gegen die 16er) bewegte

---

*) Hauptmann Feige erwähnt dieses auf der Karte des G. St. W. nicht
vorhandene Wäldchen bei dieser Gelegenheit ausdrücklich in seinem Gefechtsbericht.

sich eine größere Masse noch weiter. Die Mannschaften konnten in dem Qualm und Pulverdampf (der hauptsächlich nach dort abgeführt wurde) nicht erkennen, ob Freund oder Feind. „Sind das Franzosen oder Preußen?" riefen sie den Offizieren zu. Höchste Gefahr schien im Verzuge. Lieutenant v. Platen, der nächste Offizier an dieser Front, stürzte dahin, der Gegner war bereits auf 150 Schritte heran! „Franzosen", rief er, „150 Schritt — Los!", und auch hier war derselbe Erfolg.

Gegen die Südfront hatten die Zuaven fast gleichzeitig einen dritten Sturm in der bekannten Weise unternommen; allein der Stoß war weniger thatkräftig als die beiden vorherigen, er stockte bald nach Ueberwindung des Rolande-Baches und artete darauf auch hier in wilde Flucht aus. Noch schwächer war der Angriff gegen den Ausgang nach Orme; ja eigentlich kam ein solcher überhaupt nicht in Fluß, sondern ging in ein stehendes Feuergefecht über. Man merkte dem Feinde an, daß seine Hauptkraft aufgezehrt war; vor allen Dingen wurden viel weniger Offiziere gesehen, besonders bei den Zuaven. Erhielt der Feind keine frischen Kräfte und gelang es uns, die Munition zu ergänzen, so durfte man nun hoffen, das hart umstrittene Feld zu behaupten.

Es war inzwischen 3 Uhr geworden, das 3. Armeekorps hatte **Vierter Sturm.** zwar von Barville aus eingegriffen;*) allein auf dem Kirchhofe wußte man damals davon nichts, und nichts machte sich davon bemerkbar. Zunächst schritt man wieder an die Munitionsergänzung, indem Mannschaften nach dem Städtchen abgeschickt wurden; es gelang jedoch nicht, auf mehr als sieben Patronen für den Mann zu kommen. Lichterloh brannten jetzt alle Häuser vom Kirchhofe an bis in die Stadt; ob sie dennoch besetzt geblieben waren, ließ sich vom Kirchhofe aus nicht feststellen. Die Ungewißheit war peinlich. Von dem Feuer der Batterie von $M^{ied.}$ de la Montagne war man um diese Zeit gänzlich befreit, weil sie ihre Stellung verlassen hatte. Von Neuem eröffnete jedoch nun der Feind das Artilleriefeuer von Westen und Süden aus gegen den Kirchhof,

---

*) S. 65 der Geschichte der 52er wird ihr Eingreifen bei La Pierre percée auf $2^{1}/_{2}$ Uhr. S. 143 der Geschichte der 57er das Eintreffen der 52er im Wäldchen von Romainville auf $4^{1}/_{2}$ Uhr angegeben. Beides ist unrichtig. Die 52er müssen um $3^{1}/_{2}$ Uhr in La Pierre percée und um 4 Uhr in das damals aber schon von 6., 3./57., $^{1}/_{3}$ 5. und $^{1}/_{3}$ 7./57. besetzte Wäldchen eingedrungen sein.

und nach etwa einer halben Stunde setzte er zum vierten Sturme an (3½ Uhr). Der Angriff war der schwächste von allen, auf 600 Schritt ließ Hauptmann Feige langsames Schützenfeuer abgeben, bis auf 400 Schritt hielt der Gegner es aus, dann machte er Kehrt und stürzte zurück; das Feuer der Vertheidiger stopfte sich wieder von selbst. Abermals trat die gesammte feindliche Artillerie in Thätigkeit, man gewahrte deutlich die Vorbereitungen zu einem fünften Sturme; allein ein solcher kam nicht mehr gegen die Westfront zu Stande, weil die Artillerie des 3. Armeekorps die Vorbereitungen bereits im Keime erstickte. Nach dem vierten Sturme verfügte jeder Mann auf dem Kirchhofe noch über drei Patronen; ähnlich stand es an der Südwestecke des Städtchens. Haupt= mann Feige hatte daher Befehl ertheilt, in der Folge den Gegner auf 100 Schritt heranzulassen und ihm dann mit dem Bajonett auf den Leib zu gehen.*) Das Eingreifen des 3. Armeekorps enthob die Ver= theidiger dieser Aufgabe; ausdrücklich muß aber hervorgehoben werden, daß, falls die nach dem dritten Sturm abgesandten Mannschaften etwas später aus dem Städtchen zurückgekehrt wären, den Vertheidigern die Patronen während des vierten Sturmes ausgegangen wären.**)

Auf der Südfront war der vierte Angriff so matt wie der dritte verlaufen. Der Kampf hatte dort seit dem dritten Angriff den aus= gesprochenen Charakter des Schützengefechts angenommen, die Dämmerung begann einzufallen; allein die Vertheidiger des Ausganges nach Orme sollten noch auf harte Proben gestellt werden.

Was nun die Absicht des Hauptmanns Feige betrifft, dem Feinde „mit dem Bajonett auf den Leib zu gehen", so würde das ein schwerer taktischer Fehler gewesen sein; allein es spricht doch für den Grad der Beherztheit der Vertheidiger, daß man nach all den überstandenen Ge= fechtskrisen eines derartigen heroischen Entschlusses fähig war.

b. Das Eingreifen des 3. Armeekorps.

Generallieutenant v. Stülpnagel hatte, dem Befehl der II. Armee vom 27. gemäß, am 28. früh 7½ Uhr die 5. Division bei Dadonville vereinigt, wo sie zur Verfügung des Prinz=Feldmarschalls stehen sollte. Von 9 Uhr an vernahm man aus der Richtung von Beaune la Rolande

Vorgänge beim 5. Armeekorps bis zum Mittag.

---

*) Bericht im Kr. A. — **) Ebenda.

Geschützfeuer; da aber noch keine beunruhigenden Nachrichten einliefen, General v. Stülpnagel außerdem weitere Befehle erwarten sollte, blieb die 5. Division vorläufig in Bereitschaft.*)

In der Frühe des 28. fand in Pithiviers eine Besprechung zwischen den Generalen v. Alvensleben und v. Hartmann statt. Sie trug mit dazu bei, daß v. Alvensleben den Entschluß faßte, sich zum Prinz-Feldmarschall zu begeben und sich die Verfügung über die 5. Division zu erwirken, die der Prinz sich bekanntlich vorbehalten hatte. Obwohl vom 10. Korps auf eine Anfrage des 3. um 9³/₄ Uhr die Draht-nachricht eingegangen war: „Unser linker Flügel hat ein Vorpostengefecht, dessen Ausgang die Kantonnements des 10. Armeekorps bedingen wird. Noch können Sie jedenfalls Barville und Gaubertin belegen“ (Kr. A. L, III, 3, II), befahl v. Alvensleben, als das Geschützfeuer sich ver-stärkte, schon um 10¹/₄ Uhr, „daß die 5. Infanterie-Division von Dabonville bis an den Abschnitt Petit Renneville vorrücke und dort abwarte, ob Engagements von größeren Dimensionen sich noch ent-wickeln“. Der General wollte dadurch die 5. Infanterie-Division 5 km näher an das Schlachtfeld heranschieben. Nachdem der Befehl erlassen war, begab General v. Alvensleben sich zum Prinzen in der Hoffnung, sogleich empfangen zu werden. Trat das ein, so konnte v. Alvensleben die Division noch auf dem Marsche nach Renneville einholen und sie ohne Aufenthalt weitermarschiren lassen; v. Alvensleben konnte jedoch nicht sogleich empfangen werden. Zum weiteren Unglück erhielt der General v. Stülpnagel den Befehl von 10¹/₄ Uhr erst gegen 11¹/₂ Uhr. Er rückte sogleich ab und schob seine Vorhut zur Sicherung eines weiteren Vorgehens über den Abschnitt vor. Der Prinz gewährte den Wunsch des Generals v. Alvensleben mündlich; zudem lief um 11¹/₂ Uhr der Befehl des Oberkommandos von 9¹/₂ Uhr beim 3. Korps ein, welcher das Nähere vorschrieb. Sobald General v. Alvensleben von der um 11¹/₄ Uhr in Pithiviers eingegangenen Meldung des 10. Korps (II, S. 65) hörte, theilte er (um 11³/₄ Uhr) den Wortlaut durch Draht an

*) Die II. Armee verfügte damals über keine Generalstabskarten mehr; sie war „von der Generalstabskarte heruntermarschirt“ und hatte eine neue noch nicht erhalten. Major Kretschman hatte in Pithiviers, auf Grund von Karten, die er bei dem Inspecteur des ponts et des chaussées gefunden hatte, mittelst Umdruck-tinte eine Aushülfskarte herstellen lassen, welche an die Truppen vertheilt worden war und auch noch für die Schlacht von Orléans Verwendung fand. Siehe S. 56.

General v. Hartmann in Boynes mit und erſuchte ihn, General
v. Stülpnagel davon Kenntniß zu geben. Wie es ſcheint, wurde das
Telegramm von General v. Hartmann mißverſtanden. Als nach 12 Uhr
der Kanonendonner zunahm und eine beunruhigende Meldung des
Generals v. Hartmann eintraf, ertheilte v. Alvensleben um 12 Uhr
40 Minuten der 5. Infanterie-Diviſion Befehl, nach Boynes vorzurücken. Hierüber erſtattete v. Alvensleben an das Oberkommando
Meldung und ritt nach 1 Uhr auf das Schlachtfeld ab. Die an General
v. Voigts-Rhetz gemachte Mittheilung (S. 143) erfolgte vermuthlich erſt,
als General v. Alvensleben bereits unterwegs war. Zu derſelben Zeit, da
die 5. Diviſion nach Renneville marſchirte, waren die Korpsartillerie und
die 6. Diviſion im Begriff, in und um Pithiviers Quartiere zu beziehen.

Flankenmarſch der 5. Diviſion nach Barville.　General v. Stülpnagel war etwa um 1 Uhr bei Rougemont eingetroffen, und da die Meldungen von Beaune nach Pithiviers ſeine
Marſchſtraße paſſirten, ſo erhielt er von den Vorgängen bei Beaune
von Mittag ab frühzeitiger Kenntniß als das Oberkommando und das
Generalkommando. Da außerdem das Geſchützfeuer lebhafter von
Beaune herüberſchallte, ſo beſchloß der General, auf eigene Verantwortung von Rougemont auf Beaune weiter zu marſchiren, um das
10. Armeekorps zu unterſtützen. Von dem Geſchehenen erſtattete er an
General v. Alvensleben Meldung. Inzwiſchen hatte auch dieſer von
den beunruhigend lautenden Meldungen des 10. Armeekorps in Pithiviers
Kenntniß erhalten und bekanntlich dem General v. Stülpnagel um 12 Uhr
40 Minuten Befehl zum Weitermarſch auf Beaune ertheilt. Als der
Befehl eintraf, bald nach 1 Uhr, war General v. Stülpnagel bereits
aufgebrochen. General v. Alvensleben ritt darauf in ſcharfer Gangart
ab in der vorläufigen Annahme, daß das Verwendungsfeld des 3. Armeekorps etwa zwiſchen Beaune und Barville liegen werde.

Desgleichen ſoll ſich der Prinz-Feldmarſchall nach dem Schlachtfelde begeben und die 5. Diviſion etwa um 1 Uhr 30 Minuten
erreicht haben, nachdem ſie Rougemont verlaſſen hatte. Zwiſchen
Rougemont und Boynes waren unterdeſſen Meldungen eingelaufen,
wonach Courcelles und Arconville vom Feinde beſetzt ſeien, der ſogar
von letzterem Orte aus auf Butte de l'Ormeteau weiter vorgegangen
ſei und die 1. Kavallerie-Diviſion zurückgedrängt habe. Angeſichts
dieſer Meldungen erſchien der Marſch der 5. Diviſion, auf nur einer

Straße und auf etwa 3 km in der rechten Flanke von feindlicher
Infanterie bedroht, nicht ohne Bedenken. Der Prinz-Feldmarschall
entsandte daher II./24. gegen Courcelles, das die feindliche Infanterie in
Courcelles in Schach hielt. Vorgreifend sei bemerkt, daß später von südlich Barville aus Jäger Nr. 3 als Flankendeckung gegen Arconville hinausgezogen wurden, nachdem der Flankenmarsch sich bis dahin ausgedehnt hatte.

Die 5. Division hatte etwa um 2½ Uhr Boynes durchschritten.
Als General v. Alvensleben an der Division vorbeiritt, um sich an
die äußerste Spitze zu begeben, sah er den Truppen deutlich die
Freude an, nach der Unthätigkeit der letzten Zeit vor den Feind zu
kommen. Die Truppen empfingen den geliebten Führer mit einem
kräftigen Hurrah; doch ohne den geringsten Aufenthalt ritt dieser
durch; er strebte danach, sich möglichst frühzeitig zu unterrichten. Auf
der Straße Pithiviers—Beaune bemerkte General v. Alvensleben westlich von Barville mehrere Reiter, während eine Reitermasse nordwestlich
von Barville zu halten schien. Es mochte kurz nach 2 Uhr sein, als
General v. Alvensleben in der Reitertruppe den General v. Hartmann
erkannte. Natürlich suchte General v. Alvensleben nun aus dem
Munde des Reitergenerals Alles zu erfahren, was diesem inzwischen
bekannt geworden sein konnte. Indem v. Alvensleben das Pferd parirte,
ritt General v. Hartmann im Schritt an ihn heran und meldete mit
aufgeregtem Gesichtsausdruck wörtlich: „Excellenz, der General Voigts-
Rhetz kämpft mit seinem letzten Bajonett", und zwar so laut, daß man sich
im Stabe v. Alvenslebens verwundert ansah. Während dieses Vorfalles
hielten 14 Schwadronen des Generals v. Hartmann abgesessen etwa 800 m
davon entfernt. Der General v. Alvensleben vermochte den Inhalt
dieser Meldung mit der unthätig und abgesessen haltenden Reitermasse
schlechterdings nicht zu vereinen. Es kochte in seinem Innern, allein
in seiner ruhigen Art nahm er den General v. Hartmann bei Seite
und antwortete: „Excellenz, wenn das wirklich so ist, dann hätten Sie
besser gethan, es mir ganz leise und allein zu sagen." Nun war der
General v. Alvensleben nicht der Mann, der jemals den Kopf verloren
hätte. Kurz entschlossen rief er den ihm wegen seines Wagemuths sehr
sympathischen Rittmeister Andrae vom Stabe des Generalkommandos
heran und befahl ihm: „Reiten Sie sofort schnell zum General v. Voigts-
Rhetz, melden Sie ihm die Anwesenheit des 3. Armeekorps und fragen

Sie an, wo deſſen Eingreifen zunächſt gewünſcht würde." General v. Hartmann unterbrach dieſe Worte mit dem Bemerken: „Es iſt un= möglich, zum General v. Voigts=Rhetz zu gelangen." (Damals war die Straße nach Barville zwar vom Feinde unterbrochen, immerhin konnte man aber nördlich um La Pierre percée herum ohne Gefahr zum General v. Voigts=Rhetz kommen.)*) General v. Alvensleben beſtand auf ſeinem Befehl, und Rittmeiſter Andrae ritt ſpäteſtens 2¹/₄ Uhr ab, während General v. Alvensleben ſich auf den Wind= mühlenberg ſüdöſtlich von Chalmont begab.

General v. Hartmann, der gut unterrichtet hätte ſein müſſen und dafür eine Menge pflichttreuer Offiziere zur Hand hatte, der hier nicht allein das Auge, ſondern auch der Vermittler ſein mußte, bei dem ſich die empfangenen Eindrücke abklärten, war in Wirklichkeit ſchlecht unterrichtet und zudem ohne jede direkte Fühlung mit dem kommandirenden General des 10. Armeekorps. Er ſcheint ſeine Auffaſſung lediglich aus den ſeit Mittag empfangenen Meldungen und Eindrücken kombinirt zu haben, ohne einen ernſtlichen Verſuch zu machen, ſich über die thatſäch= lichen Vorgänge zu vergewiſſern und das 10. Armeekorps wirkſam zu ent= laſten. Hatte General v. Hartmann aber die ausgeſprochene Anſicht, dann hätte er den letzten Reiter einſetzen müſſen, um das 10. Armeekorps vor einer Kataſtrophe zu bewahren oder mit ihm kämpfend unterzugehen.

Anordnungen der II. Armee. Auf dem Windmühlenberge ertheilte General v. Alvensleben folgende Befehle:

1. an die eintreffende 5. Infanterie=Diviſion, ſüdlich Barville in das Gefecht einzugreifen,

2. an die 6. Infanterie=Diviſion bei Pithiviers, ſich ſoweit möglich zu vereinigen und in der Richtung auf Boynes Terrain zu gewinnen,

---

*) General der Kavallerie v. Hartmann ſpricht ſich in ſeinen „Briefen aus dem deutſch=franzöſiſchen Kriege 1870/71" (Caſſel, A. Freyſchmidt) hierüber S. 97/99, wie folgt, aus: „Das Gefecht hatte augen= oder vielmehr ohrenſcheinlich einen ernſteren Charakter angenommen, als ich gegen 10³/₄ Uhr vorwärts Boynes meine Beobachtungen anſtellte. Die Sache wurde immer heftiger; die Franzoſen drangen ſo umfaſſend und ſo lebhaft gegen den rechten Flügel von Voigts=Rhetz vor, daß, als ich über Barville vorging, um möglichſt zu begagiren, meine Offiziere ſchon nicht mehr zu ihm gelangen konnten. Der Boden war ſo tief, daß ich nicht daran denken konnte, zu attackiren. . . . . Es waren geradezu angſtvolle Stunden; ich mußte nach Meldungen und nach dem Schalle des Feuers fürchten, daß Voigts in größter Noth ſei."

3. an die reitende Abtheilung*) der Korpsartillerie, ihr Herankommen zu beschleunigen. Um 2½ Uhr ging die schriftliche Meldung
über diese Maßnahmen an das Oberkommando ab, kurz vor 3 Uhr
trafen Prinz Friedrich Karl und General v. Alvensleben zusammen.
Der Prinz erklärte sich mit diesen Anordnungen einverstanden.
Er nahm auf dem Windmühlenberg bei Chalmont Aufstellung und erließ
an die 1. Kavallerie-Division, die nordwestlich Barville stand, Befehl,
auf Butte de l'Ormeteau vorzugehen.

Während diese Anordnungen getroffen wurden, lief folgende Meldung
der 1. Kavallerie-Division ein: „Der Feind steht zwischen Barville und
Beaune, die Kavallerie-Division muß vor Infanterie und Artillerie nach
Barville zurück."**)

Das 10. Armeekorps mußte, da über den Stand des Gefechts bei
Juranville bis dahin keine anders lautende Meldung eingelaufen war,
nun auch von Westen umfaßt sein, mithin sich in einer höchst bedenklichen
Lage befinden, und man konnte sich beim Oberkommando nun wohl
nicht mehr über die Gefahr täuschen.

Nun hatte das 10. Armeekorps inzwischen den Befehl des Oberkommandos von 9½ Uhr erhalten. Der kommandirende General beantwortete ihn sogleich, wie S. 172 angegeben, nachdem er die S. 108 auf-
geführte Aufforderung an die ihm zunächst stehende 5. Division gerichtet hatte.

General v. Voigts-Rhetz hatte zu dieser Stunde, wie S. 172 dargestellt worden ist, noch keine Kenntniß von der Einstellung des Telegraphen-
dienstes in Beaune. Er befand sich bei Bahnhof Beaune, und es wird
daher verständlich, daß alle Meldungen von Beaune (Batilly) ihn sehr
verspätet erreichten und daß er über die bis dahin bei Beaune eingetretene Gefechtslage unzureichend unterrichtet sein mußte. Dies konnte
man aber beim Oberkommando nicht wissen. Da nun diese Meldung
telegraphisch nicht mehr befördert werden konnte, so gelangte sie erst um
1¼ Uhr durch Meldereiter an das Oberkommando. Die Meldung,
welche durch die Ereignisse weit überholt war, ließ die Gefahr, in der
das 10. Armeekorps um diese Stunde schwebte, nicht erkennen, denn bei

---

*) Sie erhielt den gemäß Meldung S. 143/144 erlassenen Befehl, auf
Boynes vorzurücken, in Boubaroy gegen 2½ Uhr, als die Batterien beim Ab-
schirren waren, und stand um 4¼ Uhr südlich Barville im Feuer.
**) Kr. A. C, III, 9, 1V, b.

ihrem Abgange war, wie bekannt, der erste Sturm auf den Kirchhof
bereits eine Viertelstunde im Gange.

Auch die weitere Meldung des Generals v. Voigts-Rhetz von
11¹/₄ Uhr (S. 171), wonach der Feind seinen Marsch nach Norden
durch das Gefecht maskirte, war inzwischen von den Ereignissen überholt
worden und mit bedeutender Verspätung beim Oberkommando ein=
gelaufen. Zum Glück hatte das Oberkommando in Pithiviers aus der
Meldung des Generalmajors v. Woyna (S. 78) entnehmen können,
daß das 10. Armeekorps zunächst dem Befehl von 9¹/₂ Uhr nicht nachzukommen vermöge, sondern dringend der Unterstützung bedürfe, und in
diesem Sinne seine Anordnungen getroffen. Immerhin hätte die Ansicht,
wonach der Feind „seinen Marsch nach Norden maskire", das Oberkommando in letzter Stunde irreführen können, weil das Oberkommando
darin eine Bestätigung seiner Annahme erblicken konnte.

Der Prinz-Feldmarschall, der zunächst auf dem Windmühlenberge
bei Chalmont verblieb, beobachtete von dort die Vorgänge südlich von
Barville und in Richtung auf Courcelles. Von jenem Windmühlenberge
ging alsdann um 3¹/₄ Uhr folgender Befehl an das 10. Armeekorps
ab, der vom Rittmeister v. Normann zur Weitergabe an das 10. Armeekorps südlich Barville dem Premierlieutenant v. Podbielski übergeben
wurde: „Das 3. Armeekorps marschirt auf La Pierre percée und Beaune
la Rolande, um dort in das Gefecht einzugreifen. Das Generalkommando hält sich südlich Barville auf. Der Prinz Friedrich Karl
hat die Leitung der Schlacht übernommen und hält sich bei Boynes,
später bei Barville auf."*) Dieser Standpunkt des Prinz-Feldmarschalls
war mindestens 9 km Luftlinie von dem des Generals v. Voigts-Rhetz
(nördlich von Long Cour) entfernt, er erscheint somit auf den ersten
Blick wenig für die Schlachtleitung geeignet; allein es bleibt zu berücksichtigen, daß man damals bei Boynes die 5. Division in Richtung
Beaune la Rolande angesetzt hatte, daß man nicht wissen konnte, was
von Courcelles her sich ereignen konnte; ferner war der Prinz von
Boynes aus am schnellsten in der Lage, der herankommenden 6. Division

---

*) Kr. A. S, III, 1, VI. Man vergleiche meine Darlegung über den Auf-
bruch des Oberkommandos, S. 78.79. Auch die Zeitangabe kann nicht richtig sein,
weil Podbielski um 3¹/₄ Uhr bereits beim General v. Voigts-Rhetz wieder eingetroffen
war; immerhin übernahm der Prinz-Feldmarschall die Schlachtleitung erst spät.

die entsprechenden Befehle zu ertheilen. So betrachtet, spricht doch viel
für diesen Standpunkt.

General v. Alvensleben war inzwischen über Barville hinaus vor-
geritten. Damals ahnte er wohl noch nicht, daß sich für die
1. Kavallerie-Division eine höchst verlockende Gefechtslage bieten
würde. Da aber auch feindliche Trupps in der Gegend von Egry zu
sein schienen, so veranlaßte General v. Alvensleben die vorläufige Zu-
weisung eines Bataillons (F./52.) an die 1. Kavallerie-Division, um
die dortige Gegend zu säubern. Südlich Barville gesellte sich plötzlich
Oberstlieutenant Graf Waldersee zum General v. Alvensleben, nachdem
er mit dem Obersten v. Wulffen die mitgetheilte Unterhaltung gehabt
hatte.*) Es mochte kurz nach 3 Uhr sein. Oberstlieutenant Graf
Waldersees Ankunft war dem General v. Alvensleben um so mehr
erwünscht, als der zum 10. Armeekorps entsandte Rittmeister Andrae noch
nicht zurückgekehrt war. Zudem hatte Graf Waldersee seit dem Morgen
die Schlacht beobachtet und konnte mithin dem General v. Alvensleben
jede erwünschte Auskunft ertheilen. Graf Waldersee betonte, daß, obwohl
der Tag sich bereits neige, ein außerordentlicher Erfolg zu erzielen wäre,
wenn die 5. Division möglichst entwickelt und mit Kraft auftrete; einerseits empfehle es sich, die 57er bei La Pierre percée sogleich zu unterstützen, andererseits womöglich dem Defilee von La Bretonnière gegenüber, das nach seinem Ermessen nur schwach mit feindlicher Infanterie
besetzt wäre, von vornherein starke Artillerie zu entwickeln. Voraussichtlich würde diese hinreichen, den Feind aus der Gegend von La Pierre
percée zur Umkehr zu zwingen, und alsdann sei der Augenblick für die Kavallerie gekommen, die Früchte einzuheimsen. Dies war seit diesem Augenblick
der Gedanke, von dem der General v. Alvensleben sich leiten ließ. Freilich
befand sich nun die Artillerie noch zurück, und wenn der General plötzlich
stark mit Artillerie eingreifen wollte, so mußte diese erst vorgeholt werden.

Etwa gegen 3¾ Uhr kehrte Rittmeister Andrae freudestrahlend
und auf schaumbedecktem Rosse vom General v. Voigts-Rhetz zurück,
den er bei Bahnhof Beaune angetroffen hatte. Von diesem General
übergab der Rittmeister an General v. Alvensleben folgendes Ansuchen:
„Das Gefecht wird vom 10. Korps gehalten, Vorposten sind zurück,
Aufstellung gehalten. Es ist dringend nothwendig, daß die Tete des

*) Siehe S. 194/195.

3. Armeekorps, 9. Infanterie-Brigade, direkt auf Beaune marschirt. Dort fehlt es dem 16. Regiment an Munition. Angenehm wäre es, wenn eine Brigade vor Nachtanbruch auf Marcilly vorgeht. Im Stabe des 10. Korps bestes Vertrauen.*) Es steht das 10. Korps: Linker Flügel bei Les Côtelles, rechter Flügel Beaune."**)

General v. Alvensleben mußte infolge des Schreibens die anfänglich gehegte Absicht, kräftig gegen die feindliche linke Flanke vorzugehen, einschränken und unmittelbar in die Kampflinie des 10. Korps Unterstützung bringen. Oberstlieutenant Graf Walbersee fragte an, ob er sich als Beobachter anschließen dürfe. General v. Alvensleben antwortete etwa: „Niemand ist besser unterrichtet als Sie, ich möchte mich schon deshalb Ihres Rathes versichern; außerdem sind Sie aber alter Artillerist, und da möchte ich Sie bitten, meine Artillerie anzusetzen, wenn Sie meinen, daß Ihr Auftrag dies erlaubt." Graf Walbersee entsprach nun dem Wunsche des Generals v. Alvensleben und begab sich sogleich auf die Höhen südlich Barville, um eine geeignete Stellung für die Artillerie auszuwählen. Die erste ankommende Batterie war die 1. leichte/Nr. 3 (Stoephasius), welche Oberstlieutenant Graf Walbersee etwa 1200 m südlich von Baville östlich der Straße Stellung nehmen und sogleich das Feuer eröffnen ließ.

Die 5. Division entwickelt sich südlich Barville. Die feindliche Infanterie hielt bis dahin den wichtigen Uebergang bei La Bretonnière, nordwestlich des Baches, besetzt, so daß ihre Geschosse bereits die Avantgarde der 5. Division während ihres Antretens südlich von Barville erreichten. Von dieser Avantgarde war bekanntlich F./52. bei Barville der 1. Kavallerie-Division zur Verfügung gestellt worden. Auf die (irrthümliche) Meldung hin, daß auch das 2000 m nordöstlich von La Bretonnière gelegene Egry vom Feinde genommen sei, hatte General v. Hartmann F./52. nach Egry in Marsch gesetzt. Das Bataillon sollte das Dorf nehmen und dann gegen Süden auf La Pierre percée wieder Anschluß an die übrigen Theile der 52er zu gewinnen suchen. Sobald F./52. bei Egry angekommen war, stellte sich die Meldung als unrichtig heraus, F./52. nahm daher sogleich die Front auf La Pierre percée.

---

*) Bezieht sich auf die Meldung des Generals v. Hartmann (S. 215,216), welche Rittmeister Andrac gehört hatte.

**) Nr. A. S, III, 1, VI. Dieses Ansuchen ist von 4 Uhr nachmittags datirt; es muß daher wohl ein Irrthum vorliegen, was den Praktiker nicht wundern wird, weil erfahrungsgemäß die Unterschiede in den Zeitangaben in der Regel recht bedeutend sind.

Generalmajor v. Schwerin, Befehlshaber der 10. Infanterie-Brigade, hatte bisher den Befehl über das Gros der Division geführt, und sein zweites Regiment (Nr. 12) befand sich, aber nur mit 10 Kompagnien, am Ende derselben. Nachdem F./52. auf Egry angetreten war, erhielt Generalmajor v. Schwerin Weisung, La Pierre percée und das Defilee von La Bretonnière dem Feinde zu entreißen, um dem 10. Armee-korps die Hand reichen zu können. Der General verfügte damals nur noch über sechs Kompagnien 52er (zwei vom I./52. waren auf Vorposten bei Ascoux zurück)*) und Jäger Nr. 3 sowie über vier Schwadronen Dragoner Nr. 12 und die 1. leichte Batterie/Nr. 3. Der Divisions-kommandeur ließ daher die am Ende der Division befindlichen 12er vorholen. Daburch entstand zwar ein kleiner Zeitverlust, allein man sicherte auf diese Weise den taktischen Verband der 10. Infanterie-Brigade; die Maßregel muß daher gebilligt werden. Da die Artillerie sogleich möglichst stark auftreten sollte, trafen bald darauf, nachdem die 1. leichte Batterie/Nr. 3 zu feuern begonnen hatte, alle übrigen er-reichbaren Batterien ein, zuerst 4, nämlich: 2./3., I./3., 1. r./1. und II./3. Von diesen wirkten 2./3., I./3., 1. r./1. und 1./3. gegen La Pierre percée—La Bretonnière, II./3. zunächst gegen Arconville. Auf diese Weise eröffnete General v. Stülpnagel sogleich mit fünf Batterien das Feuer. Gegen 4¼ Uhr langten noch 1. r./3. und 3. r./3. südlich von Barville an. Sie wurden nach Westen hinausgezogen und beschossen auf Anordnung des Oberstlieutenants Grafen Walbersee Arconville. Zwei Schwadronen Ulanen Nr. 12 und eine Dragoner Nr. 12 deckten die erste Artilleriegruppe, 2., 3., 4./Dragoner Nr. 12 nebst 5., 7./48. die zweite, diesen voraus hatten bekanntlich die Jäger Nr. 3 die Richtung auf Arconville erhalten. General v. Alvensleben beabsichtigte bekanntlich anfänglich, kräftig auf die feindliche linke Flanke zu wirken, und hatte demgemäß beschlossen, mit der Avantgarde über Barville Anschluß an das 10. Korps zu suchen, mit dem Gros unmittelbar gegen Arconville—Batilly vorzugehen. Die 9. Brigade war infolge dessen, als sie östlich von Boynes anlangte, bereits nach Süden herausgeschwenkt und marschirte zum entsprechenden Vorgehen auf. Diese Bewegung wurde jedoch eingestellt, weil der General v. Voigts-Rhetz unmittelbare Unter-stützung bei Beaune gewünscht hatte.

---

*) Die Ablösung der Vorposten hatte sich also nicht, wie befohlen, bewirken lassen. Siehe S. 70.

Im Ganzen darf man den Maßnahmen die Anerkennung nicht vorenthalten, daß sie in Ansehung der Lage sehr geschickt entworfen und
schnell ausgeführt wurden; besonders ist hierbei das Einfallen der
Dämmerung für das Zusammenhalten der Verbände mit bestimmend
gewesen. Freilich griff die 9. Infanterie-Brigade nicht mehr in die
Schlacht ein. Nach Marcilly gelangte am Abend die 10. Infanterie-
Brigade.

Rückeroberung   Der kommandirende General des 10. Armeekorps hatte infolge
des Wäldchens   der Meldung des Majors v. Scherff von 2¾ Uhr*) noch vier Batterien
von Romainville. unter Oberstlieutenant Schaumann zum General v. Woyna abrücken
lassen. Der Oberstlieutenant verstärkte damit die Batterien unter
Major Körber und nahm die Leitung aller Batterien in seine Hand.
Die gesammte Artillerielinie befand sich zwischen der dritten und vierten
Nachmittagsstunde dicht östlich der Straße nach Egry, diese vor ihrer
Front, und da sie aus dem Wäldchen von Romainville lebhaft durch
Infanteriefeuer beschossen wurde, so wandte Oberstlieutenant Schaumann
sich mit dem Ansuchen an Major v. Scherff, dieses Wäldchen nehmen
zu lassen. Major v. Scherff ritt nun nach Romainville hinüber, dessen
Südwestrand er von 57ern besetzt fand, um den Angriff gegen das
Wäldchen einzuleiten. Bei seiner Ankunft vermißte er bei den Schützen
vom I./57. sämmtliche Offiziere, die Mannschaften schienen führerlos
und in hohem Grade von den vorhergegangenen Kämpfen erschöpft zu
sein, taktische Verbände bestanden außerhalb von Romainville nicht mehr.
Er ritt daher mitten in das Dorf hinein und sah dort den Hauptmann
Soest mit seinen wohlgeordneten fünf Zügen. Nach dem im Kriegsarchiv befindlichen amtlichen Bericht des Hauptmanns Soest sagte Major
v. Scherff zu ihm: „Der Wald (von Romainville), aus dem unsere
Artillerie mit Infanteriefeuer beschossen wird, muß genommen werden,
es koste, was es wolle." Major v. Scherff verständigte sich dann mit
Hauptmann Soest dahin, daß dieser das Wäldchen von Norden angriffe,
er selbst werde versuchen, von Osten her in dasselbe einzudringen.**)

---

*) S. 179. — **) Von dieser Darstellung weicht die Schilderung des
Generallieutenants v. Schoeler, Militär-Wochenblatt 1890, Nr. 104, wesentlich ab.
Ein mir vorliegender Bericht des Generals der Infanterie v. Scherff deckt sich
indessen wörtlich mit den amtlichen Angaben des Hauptmanns Soest, so daß ich
Beider Angaben für richtig halte.

Während Hauptmann Soest nun nach Westen marschirte, um die neue Front zu gewinnen, stieg Major v. Scherff vom Pferde und setzte sich an die Spitze der eben genannten führerlosen Mannschaft. Der Angriff ging zuerst flott von statten, doch das feindliche Feuer wurde heftiger und heftiger, ein Einjähriger, die Hauptstütze des Majors v. Scherff, wurde durch den Kopf geschossen, und plötzlich machte die bunte Schützen= linie Kehrt, um in Romainville wieder Schutz zu suchen. Die Franzosen stießen sofort nach, wurden aber von den rechtzeitig zum Feuer ge= kommenen Mannschaften abgewiesen. Major v. Scherff gedachte Maß= nahmen zu einem neuen Angriff zu treffen, als zwei freudige Ereignisse eintraten.

Zunächst bemerkte er südlich von Romainville einige wohlgeordnete Abtheilungen (es waren Kompagnien unter Major v. Schoeler), die sich augenscheinlich zu einem neuen Angriff auf das Wäldchen von Osten her entwickelten. Beruhigt, daß die Dinge nun hier in guten Händen lägen, erhielt die genannte führerlose Infanterie plötzlich Rückenfeuer, was einen höchst übelen Eindruck machte. „Jetzt schießen sie uns schon in den Rücken", hörte Major v. Scherff die Mannschaft sagen. Das Feuer war für v. Scherff die erste Nachricht über das Eingreifen des 3. Armeekorps! Er stieg nun wieder zu Pferde, um die Mannschaft besser beobachten zu können, beruhigte sie, indem er bemerkte, das Feuer käme nicht von Franzosen, sondern von dem eingreifenden 3. Armee= korps. Jetzt komme es nur noch darauf an, die Ordnung zu bewahren und auszuharren. Die Ansprache wirkte beruhigend. Inzwischen hatte sich Major v. Schoeler von Süden genähert, und Major v. Scherff beschloß nun, in der Richtung des Anmarsches des 3. Armeekorps ab= zureiten. Beim Austritte aus Romainville erkannte Major v. Scherff bei La Bretonnière eine feuernde Batterie, auf die er nun zuritt (es war die Batterie Stoephasius), und während des Vorbeireitens am Wäldchen von Romainville sah er, wie der Hauptmann Soest mit kräftigem Hurrah von Norden in das Wäldchen von Romainville ein= drang; das geschlossene Soutien hatte damals das Wäldchen noch nicht erreicht. Hauptmann Soest war unterdessen nämlich nach Westen marschirt, hatte drei Züge als Schützen aufgelöst, zwei geschlossen ge= halten und derart gegliedert am Nordrande des Wäldchens Fuß gefaßt. Major v. Scherff rief Hauptmann Soest noch zu, er möge sich durch

das Feuer aus dem Rücken nicht irre machen lassen, es käme vom
3. Armeekorps. Als er den Weg fortsetzte, traten von rechts (also aus
den Büschen von La Pierre percée) die ersten Schützen des 3. Armee=
korps hervor, welche die Richtung auf das Wäldchen von Romainville
nahmen und in Unkenntniß davon, daß es in unseren Händen sei,
dahin feuerten. Major v. Scherff sagte ihnen, das Wäldchen sei bereits
genommen, sie sollten das Feuer also einstellen, doch den Marsch in der
Richtung auf das Wäldchen beschleunigen. Die Schützen gehörten F./52.
an. Hierauf ritt Major v. Scherff nach Nordwesten weiter, unterrichtete
den Generalmajor v. Schwerin über den Stand der Schlacht, bat
ihn, nicht auf Beaune, sondern gegen die Straße Beaune—Batilly
vorzugehen, und kehrte dann erst zurück, um den General v. Wonna
wieder aufzusuchen. Diesen traf er bei der Artillerie des Oberst=
lieutenants Schaumann an, die im Begriff war, die Stellung zu
wechseln.

Während der Hauptmann Soest von Norden in das Wäldchen
von Romainville eingedrungen war und sich dort mit dem Bajonett
den Weg bahnte, stießen von Osten kommend Theile vom I./57., haupt=
sächlich 3./57., die unter Premierlieutenant Kropp etwa gleichzeitig mit
dem Hauptmann Soest, bald nachdem Major v. Scherff abgeritten war,
angegriffen hatten, im Innern des Wäldchens mit ihm zusammen.
Nunmehr entspann sich in diesem Wäldchen ein erbitterter Kampf
gegen den hauptsächlich aus Rothhosen bestehenden Gegner, woran sich
jedoch die 52er nicht mehr betheiligten, denn bei ihrem Eintreffen war
das Wäldchen bereits von den 57ern vollständig in Besitz genommen.
Hauptmann Soest hatte zahlreiche Gefangene gemacht,*) die nach
Romainville zurückgeschickt wurden. Jetzt erst, nach der Eroberung des
Wäldchens von Romainville, war die Artillerie unter Oberstlieutenant
Schaumann von ihrem gefährlichsten Feinde befreit, sie konnte sich nun
freier bewegen, kämpfte in kurzer Zeit die feindliche Artillerie nieder
und wechselte wiederholt in der Offensive die Stellung.**)

Das Eingreifen der 5. Division macht sich fühlbar. Die 5. Division hatte, in der rechten Flanke durch II./24. und
Jäger Nr. 3 gedeckt, ihren Marsch und dann ihren Aufmarsch südlich

*) Diese sollen nach seinem Bericht den 81ern angehört haben. Es waren 85er.
**) Dies ist der schlichte Hergang der Ereignisse, die Ausschmückung in der
Geschichte der 57er ist unhistorisch.

Barville vollzogen. Während die Jäger Nr. 3 von Butte de l'Ormeteau aus die feindliche Infanterie auf Arconville zurückdrängten, entwickelte sich Regiment Nr. 52 weiter östlich in Richtung auf das Bois de la Leu, II./52. westlich der Straße Beaune—Barville, 1., 2./52. und F./52. östlich derselben; die 5. Division war an Infanterie schwach. Es befanden sich 6., 8./48., 3., 4./52., zwei Schwadronen Ulanen Nr. 12 auf Vorposten, 8./8. in Pithiviers, 5., 8./12. in Nemours. Der Division fehlten mithin 1³/₄ Bataillone. Die Avantgarde bestand aus 10 Kompagnien Regiments Nr. 52, Jägern Nr. 3, Dragonern Nr. 12 und der 1. leichten Batterie; das Gros aus 10 Kompagnien Regiments Nr. 12, der 9. Infanterie-Brigade, ohne 3 Kompagnien, 2 Schwadronen Ulanen Nr. 12, 2. leichten, 1. und 2. schweren Batterie und der 2. Pionier-Kompagnie.

Die 5. Division machte somit gewissermaßen eine Gefechtsentwickelung während des Marsches durch, derart, daß ein Theil der Avantgarde eine Gefechtsaufgabe unter Verlassen der Straße nach Beaune in Richtung Arconville erhielt. Wenngleich dadurch die 10. Infanterie-Brigade von vornherein eine Ausdehnung von 3 km annahm, so muß unter den obwaltenden Umständen diese Maßnahme durchaus gebilligt werden. Denn wie die Schlacht stand, mußten zugleich drei Zwecke erfüllt werden: 1. galt es, die Flanke der 5. Division zu decken, 2. die feindliche Offensive südlich der Butte de l'Ormeteau zum Stehen zu bringen und zurückzuwerfen (erreichte man das, so mußte die Wirkung bei Beaune bald fühlbar werden), 3. aber gebot die dortige Schlachtlage, einen Theil bei Beaune selbst in die Schlacht eingreifen zu lassen. Je kräftiger in Richtung des Bois de la Leu aufgetreten wurde, um so erfolgreicher mußte sich voraussichtlich die Wirkung gestalten. Unter diesen Umständen hätte es sich vielleicht empfohlen, die ganze 10. Infanterie-Brigade bei Butte de l'Ormeteau anzusetzen und sie zu beauftragen, energisch vorwärts zu gehen. Allein wir wissen, daß hierfür 14 Schwadronen mit einer reitenden Batterie der 1. Kavallerie-Division bereit standen; man konnte also auf wirksame Entlastung durch diese der erschöpften feindlichen Infanterie gegenüber wohl rechnen.

Die auf dem rechten Flügel befindlichen 3. Jäger warfen die gegnerische Infanterie unter Unterstützung durch die Batterie II./3., welcher drei Schwadronen Dragoner Nr. 12 und Ulanen Nr. 8 folgten, 3 Jäger erobern Arconville.

in einem glatt vorwärtsschreitenden Feuergefecht gegen Arconville zurück, nahmen das Dorf selbst ein und wandten sich von da auf Batilly. Dort nahm in der Dämmerung das Gefecht einen stehenden Charakter an, und gegen 4¼ Uhr griffen auch noch die 1., 3. reitende Batterie von nordöstlich Arconville aus ein. Alle drei Batterien hatten — von der großen Straße aus südlich von Barville nach Westen auf das wellige, größtentheils mit Reben bepflanzte Gelände abbiegend — in flottem Trabe das aufgeweichte Erdreich passiren können; das muß fest= gestellt werden. Besondere Hindernisse bereiteten die Weinberge weder Reitern noch Geschützen, weil die französische Infanterie die Stöcke der Reben aus der Erde gerissen hatte; dies war auf dem ganzen hier besonders in Frage kommenden Theile zu beiden Seiten der Römer= Straße geschehen. Von der Brigade Boisson wurde zwar, soweit es sich feststellen läßt, hier nur ein Bataillon direkt berührt, allein die Einwirkung pflanzte sich schon etwa um 3¼ Uhr so weit nach Osten fort, daß der Uebergang zur Vertheidigung auf französischer Seite in der Gegend von La Pierre percée zweifellos wesentlich diesem Umstande mit zugeschrieben werden muß.

Zurückeroberung des Geschützes der Batterie Knauer.

Hauptmann Soest hatte inzwischen mit seinen fünf Zügen, von Osten von 3./57. unter Lieutenant Kropp unterstützt, das ganze Wäldchen von Romainville unter blutigem Ringen, wie aus den späteren Verlust= angaben erhellt, zurückerobert. Als er an seine Südwestspitze kam, bemerkte er kurz vor sich ein Geschütz. Er wußte nicht, daß dies das um Mittag stehengebliebene Geschütz der Batterie Knauer sei, sondern er hielt es für ein französisches und rief seiner Mannschaft zu: „Auf das Geschütz, Hurrah!" Der schneidige Offizier war selbst der Erste an dem Geschütz, erkannte aber zu seiner großen Enttäuschung darin ein preußisches. Rings um dasselbe lagen einige deutsche und viele französischen Leichen; das Geschütz war im Uebrigen unversehrt, nur der Verschluß fehlte. Unter diesen Umständen glaubte Hauptmann Soest am besten seine Offensive wieder fortsetzen zu sollen. Er ertheilte daher Befehl zum Wiederantreten. Inzwischen war die 10. Infanterie= Brigade, Regiment Nr. 52 im ersten Treffen, Nr. 12 im zweiten, etwa um 3¼ Uhr, mit 3./57. im Wäldchen von Romainville zusammen= getroffen, während Major v. Schoeler mit 1., 4./57. folgte. Von diesen Truppentheilen gelangte als erste 2./52., ebenfalls an die Süd=

weftſpitze des Wäldchens von Romainville. Ohne zu wiſſen, daß
Hauptmann Soeſt das genannte Geſchütz bereits genommen hatte und
darüber hinaus war, warfen ſich Mannſchaften unter Lieutenant Paech
von 2./52. auf daſſelbe, und in dem Irrthum, ſie wären die Erſten geweſen, ſchrieben die 52er mit Kreide auf eine Laffetenwand: „2. Kompagnie Regiments Nr. 52."*)

Major v. Schoeler ſammelte nun auf Befehl des Generals v. Woyna   General v. Woyna
ſeine drei Kompagnien am weſtlichen Straßenkreuz nördlich des Städtchens;   läßt I./57.
2./57. ſtieß erſt ſpät abends — gegen 8 Uhr — zu ihm. Inzwiſchen   ſammeln.
ſetzte Hauptmann Soeſt mit ſeinen fünf Zügen 57ern den 52ern links
voraus, die nunmehr die Richtung gegen Südweſten nahmen, die
Offenſive fort, nachdem die 52er ſeine Mannſchaften mit Patronen
verſehen hatten.

Das Gefecht hatte um dieſe Stunde noch einen ernſten Charakter.
Die Artillerie des 10. Armeekorps befand ſich noch öſtlich der Straße
nach Egry, als von dort einige Infanterie-Munitionswagen heranrollten,
die Lieutenant v. Bernuth II. nach Beaune ſchaffen wollte; doch ein
eigenthümliches Verhängniß ſollte dieſe Munitionswagen nochmals treffen.
Um nach Beaune zu kommen, hätte Lieutenant v. Bernuth II. die Front
der Artillerie unter Oberſtlieutenant Schaumann paſſiren, dieſer mithin
das Feuer auf kurze Zeit einſtellen müſſen. Obwohl Major v. Scherff
ſich in dieſem Sinne für den Lieutenant v. Bernuth II. bei Oberſtlieutenant
Schaumann verwendete, lehnte dieſer das Anſuchen mit den Worten ab,
er dürfe in dieſem Zeitpunkt das Feuer keine Minute unterbrechen,
und ſomit war die Hoffnung vereitelt, noch mit den Munitionswagen
an die Südweſtfront von Beaune zu kommen.

Während das Eingreifen der 52er im Wäldchen von Romainville   Gemeinſamer
fühlbar wurde, war beim General v. Alvensleben das Erſuchen des   Artillerielampf
Generals v. Voigts-Rhetz eingetroffen, dem 10. Armeekorps bei Beaune   des 3. und
die Hand zu reichen. Dieſer hatte inzwiſchen die Wirkung der erſten   10. Armeekorps.
Artillerieaufſtellung bemerkt und ließ nun die Batterien 2./3., 1./3.,
1. r./1. und 1./3. in eine zweite Feuerſtellung, 1500 m weiter nach
Süden, weſtlich der Straße nach Barville, bei La Bretonnière vorgehen.
Etwa gleichzeitig hatte Major Körber die 1. reitende Batterie (Nr. 10)

---

*) Dies iſt der wahre Hergang, und die dem entgegenſtehenden Angaben in
den Geſchichten der 52er und 57er ſind unrichtig.

bis an die Straße nach Barville vorgesandt, Oberstlieutenant Schaumann bald darauf die 1. leichte und 1. schwere Batterie ebendahin.
Alle drei Batterien feuerten in die in regellosen Haufen abziehende
Infanterie, wobei die 1. leichte Batterie vorübergehend wieder in empfind=
liches Infanteriefeuer gerieth. Zu diesen drei Batterien stießen bald
vier weitere vom 10. Armeekorps, welche das Generalkommando von
Long Cour abgeschickt hatte.*) Diese sieben Batterien vom 10. Armeekorps
und die vier vom 3. sowie die reitende der 1. Kavallerie=Division, welch
letztere fünf inzwischen nördlich der Römer-Straße, Front nach Süden,
aufgefahren waren, fegten durch Kreuzfeuer das Vorgelände rein. Gegen
4½ Uhr schwenkten die Batterien des 10. Armeekorps auf die Höhen
westlich vom Kirchhofe nach Süden ein; etwas später setzten sich die
Batterien des 3. Armeekorps von der Römer=Straße auf ihren rechten
Flügel, mit Ausnahme der 1. reitenden Batterie der 1. Kavallerie=
Division, so daß nun 11 Batterien das Gelände von Galveau über
Orme bis Jarrisoy beschossen.

Hauptmann Knauer hatte bei diesem Vorgehen keine Zeit gehabt,
Nachforschungen nach seinem um Mittag verlorenen Geschütz anzustellen,
das inzwischen Hauptmann Stoephasius der 1. leichten Batterie/Nr. 3
an sich genommen hatte. Als am späten Abend die 1. leichte und
1. schwere Batterie/Nr. 10 in Gondreville Quartier genommen hatten,
meldete sich Vizefeldwebel Aly dortselbst beim Batteriechef und bat ihn
um Pferde und Mannschaften, um das fehlende Geschütz zu holen; seine
Wunde schmerze ja nicht, bemerkte er. Hauptmann Knauer gab dem
Wunsche nach, und Aly verschwand mit 1 Unteroffizier und 6 Pferden
in der Finsterniß. Er fand sogleich die Stelle, wo das Geschütz am
Mittage stehen gelassen war, auf dem Schlachtfelde wieder. Rings um den
Punkt, wo das Geschütz gestanden hatte, lagen mehrere Todte, Deutsche
und Franzosen; das Geschütz jedoch hatte Hauptmann Stoephasius vorher
in Sicherheit gebracht, der es Aly übergab. Dieser eilte nun mit dem
Geschütz nach Gondreville zurück, wo er mit freudigem Hurrah begrüßt
wurde. Am 29. wurde der Vorrathsverschluß in das Geschütz ein=
gesetzt, am 30. trat es wieder in Thätigkeit.**)

---

*) Infolge der Meldung des Majors v. Scherff, S. 181. — **) Aly ist
Hauptmann im 18. Feldartillerie=Regiment. Geschichte des 10. Feldartillerie=
Regiments S. 161.

i. Rückzug der Division Polignac.

General v. Alvensleben hatte den Erfolg seiner Artillerie deutlich erkannt und war dann, von dem ortskundigen Oberstlieutenant Grafen Walderfee gewissermaßen geführt, in der Richtung auf Beaune über La Bretonnière weitergeritten. Er sah sich nach dem Verbleib der 1. Kavallerie-Division um, bemerkte sie jedoch in der Richtung, aus der er sie erwartete, nicht, während er seine sonstigen Maßnahmen überall mit großem Erfolge durchgeführt sah.

Für das Vorgehen der 5. Division waren, wie dargestellt wurde, zwei Hauptgesichtspunkte bestimmend gewesen: es sollte direkte Anlehnung bei Beaune selbst gesucht werden und möglichst frühzeitig auf die feindliche linke Flanke gewirkt werden. Je entschiedener in letzterer Beziehung gehandelt wurde, um so größer mußte der Erfolg werden; denn die feindliche Division Polignac wurde von hier aus sofort im Rücken bedroht, sobald ihre Flanke gegen Butte de l'Ormeteau sich nicht mehr halten konnte. War aber die Flanke der Division eingedrückt, so bot sich der zahlreichen deutschen Kavallerie ein großes Feld für ihre Thätigkeit.

Der Fall, daß ein Heerführer, der im Begriffe zu sein meint, die Siegespalme zu pflücken, selbst in diesem Augenblick umfaßt wird, ist nicht selten in der Kriegsgeschichte, und wenn der Gegner die Lage auszunutzen wußte, so war der Erfolg jedesmal groß, sogar vernichtend. (Es sei nur an Waterloo und Königgrätz erinnert.) Es dürfte aber kaum ein Beispiel in der Kriegsgeschichte vorhanden sein, daß dieser Erfolg in dem Grade wie hier ausgeblieben wäre, unter taktischen und strategischen Verhältnissen, wie sie ungünstiger für die Franzosen nicht wohl liegen konnten. Diese Erscheinung muß untersucht werden, die Kriegsgeschichte erheischt es gebieterisch, denn Niemand versteht sie. Allein um bis auf die Urquelle zu kommen, muß weiter zurückgegriffen werden.

Die II. Armee befand sich bis zum 28. November ausgesprochenermaßen in einer Kordonstellung. Warum, wurde bereits untersucht, und daß eine solche Stellung in der Regel zu verwerfen ist, darüber besteht wohl keinerseits ein Zweifel. Allein man hatte nun einmal das Mittel ergriffen, und man kann das bis zu einer gewissen Grenze in diesem Falle wegen der Qualität des Gegners vertheidigen. Sind reichliche Parallelwege mit Transversalverbindungen vorhanden; stehen die Schlachteinheiten im Kordonsystem sich so nahe, daß sie sich an demselben Tage gegenseitig unterstützen können; vermag der Angreifer den Kordon an einem Punkte oder mehreren nicht zu überwältigen, was bei der heutigen Bewaffnung noch eher eintreten kann als früher: so kann er in eine sehr üble Lage gerathen. Der Kordon muß dann bei geschickter Ausnutzung zu einer Schlinge werden, worin der Gegner sich verwirrt, verwickelt und in der er schließlich umkommt. So hätte es hier sein sollen. Warum kam es anders?

Der Prinz-Feldmarschall hatte vom 27. an Befehle erlassen, aus denen sich das Vorstehende bei Beaune ergeben konnte und vielleicht sollte. Hier kommt nun aber das eigenthümliche Verhältniß zur Sprache, das zwischen der II. Armee und dem 3. Armeekorps bestand. Beider Befehlshaber befanden sich in Pithiviers, und obgleich sie von hoher gegenseitiger Achtung erfüllt waren, so brachte der Umstand, daß der Prinz-Feldmarschall lange Jahre kommandirender General des 3. Armee-korps gewesen war, es bei dem treuen Charakter des Prinzen mit sich, daß dieses Korps ihm besonders ans Herz gewachsen war, so sehr, daß General v. Alvensleben unter dem Armeebefehlshaber, falls Beide an einem Orte waren, nicht den Grad von Freiheit im Handeln fand, den er wohl gewünscht hätte. Bei der Neigung zur Initiative würde General v. Alvensleben gewiß früher in Richtung auf Beaune la Rolande abmarschirt sein, während er sich jetzt erst beim Prinz-Feldmarschall das Verfügungsrecht über die 5. Division erwirken mußte, worüber längere Zeit verstrich. Dazu kam dann noch, daß der Befehl von 10 Uhr 15 Minuten bedeutend verspätet bei der 5. Division ein-lief. Auch wird man es nicht für unmöglich halten, daß zwei Führer auf Grund derselben Meldungen und Nachrichten zu verschiedenen Auffassungen und Maßnahmen gelangen können.

Inzwischen hatte Oberstlieutenant Graf Waldersee, nachdem er als Artillerist thätig gewesen war, sich vom General v. Alvensleben entfernt, weil er meinte, den Feind in Unordnung zurückweichen zu sehen, und sich in die Schützenlinie der 52er begeben. Auf der Höhe südwestlich von La Bretonnière angekommen, sah er genau, wie sich 700 m südlich auf der Römer-Straße (etwa 3¾ Uhr) die Division Polignac in bunten

Massen, um diese Straße zusammengedrängt, gegen Westen zurückwälzte; alle Waffen waren untereinander gemischt.

Graf Walderfee bemerkte zu dem in der Nähe haltenden Major Kretschman vom Generalstabe 3. Armeekorps: „Jetzt müßte Kavallerie attaciren." Infolge deffen begab sich der Letztere nach Nordwesten, wo die 1. Kavallerie-Division stehen mußte; er ritt den ganzen Weg Galopp, wobei freilich die umgelegten Reben sich hinderlich machten, und fand den General v. Hartmann an der Spitze seiner Regimenter westlich von La Bretonnière. Nach Lage der Dinge glaubte Major Kretschman ihm Folgendes fagen zu müffen: „Euer Excellenz können den Tag entscheiden, wenn Sie nur 1000 Schritt geradeaus reiten; der Feind flieht in hellen Haufen, und was er an Fahnen, Geschützen, Gewehren hat, wird er im Stiche laffen."

General v. Hartmann maß den Major von oben bis unten und antwortete mit Achselzucken: „Junger Mann!" Major Kretschman galoppirte nun zum General v. Alvensleben zurück und meldete diesem daffelbe, was er dem General v. Hartmann vorgestellt hatte. Sogleich begab sich General v. Alvensleben mit dem Major zum General v. Hartmann zurück und machte ihn auf die überaus günstige Gelegenheit aufmerksam; er bediente sich fast derselben Ausdrücke wie Major Kretschman. „Nun, Excellenz", erwiderte General v. Hartmann, „dann werde ich reiten, aber nur im Schritt!" Und so unterblieb die Sache; man ließ die Franzosen unbeläftigt ihres Weges ziehen und aus einer verlorenen Lage entkommen!

Dies ist die Erklärung der Lage, welche fonst unverständlich wäre. Zugegeben, daß eine Attacke in Regimentern nicht ausführbar war, so konnten einzelne Schwadronen und Züge sich in dem welligen Gelände ohne jede Schwierigkeit in jeder Gangart und Formation bewegen und sogar gedeckt, bei geschickter Führung, auf nächste Entfernung heran= kommen. Brachen drei bis vier Schwadronen in Zügen, in Schwadronen, geschloffen oder als Schwärme in frontaler Richtung um 4 Uhr gegen die Römer=Straße vor, so würde wahrscheinlich kein Mann der Division Polignac entkommen fein, und die Maffe der Kavallerie hätte nur nöthig gehabt, im „Schritt zu folgen".

General v. Hartmann soll um Mittag mit dem 2. und 3. Küraffier= Regiment den „Versuch" gemacht haben, die linke Flanke der Brigade

Boisson zu attackiren. Ernst kann der „Versuch" nicht gewesen sein, denn die Brigade Boisson gelangte bekanntlich, trotz der 14 Schwadronen und einer reitenden Batterie in ihrer linken Flanke, bis nach Romainville. Seitdem war General v. Hartmann überzeugt, Kavallerie könne wegen des aufgeweichten Erdreichs überhaupt nicht attackiren, und wich von dieser Ansicht nicht ab. Es ist aber darauf hingewiesen worden, daß die feindliche Kavallerie zweimal attackirte, daß Adjutanten und Generalstabsoffiziere kreuz und quer lange Strecken im Galopp zurücklegten, daß die reitenden Batterien 10. Armeekorps im Galopp das aufgeweichte Erdreich passirten und die des 3. Korps im scharfen Trabe. Wenn dem Leser die Betonung, welche auf dieses Verhalten der Artillerie an verschiedenen Stellen gelegt wurde, aufgefallen sein sollte, so wird er nunmehr die Ursache erkennen, weshalb diese Nebensachen dauernd im Auge behalten wurden.

Oberstlieutenant Graf Walderfee begiebt sich zum Prinz-Feldmarschall.

Als der Prinz-Feldmarschall von der Höhe von Chalmont aus das glückliche Fortschreiten der Schlacht bei der 5. Division, das sich an dem wiederholten Stellungswechsel der Artillerie deutlich erkennen ließ, bemerkte, ritt er bis zur Höhe südlich von Barville, von wo nun das Schlachtfeld deutlicher an den Feuersäulen von Beaune, Ormetrou, L'Orminette und Orme zu übersehen war. Dort verblieb er, bis die Nacht dem Kampfe ein Ende machte, und kehrte dann nach Pithiviers zurück. Meldungen, woraus der Prinz wünschenswerthe Einzelheiten ersehen hätte, waren indessen nicht eingelaufen; während der Prinz hin und her überlegte und im Stabe Todtenstille herrschte, sprengte aus dem Süden ein von ein paar Reitern begleiteter Offizier heran. Es war Oberstlieutenant Graf Walderfee. Dieser hatte seinen Unwillen über das Verhalten des Generals v. Hartmann kaum bemeistern können und sich in der Hoffnung zum Prinzen begeben, der nach eingezogenen Erkundigungen sich bei Boynes befinden sollte, daß sich doch noch etwas Großes durch eine kräftige Verfolgung erzielen lassen würde. Unerwartet bemerkte Oberstlieutenant Graf Walderfee nun den Prinz-Feldmarschall bereits südlich Barville; er durfte daher um so mehr hoffen, daß eine Verfolgung noch rechtzeitig vom Oberkommando aus angeordnet werden könnte. Oberstlieutenant Graf Walderfee erstattete dem Prinz-Feldmarschall, der abgesessen war, zunächst kurz Bericht über den Verlauf der Schlacht und schloß mit den Worten: „Es ist ein vollständiger Sieg erfochten, derselbe wird zu einem Roßbach für die Franzosen, wenn unverzüglich verfolgt wird." Der Prinz bemerkte, ob denn „die 1. Kavallerie=Division nicht eingegriffen hätte". Oberstlieutenant Graf Walderſee hielt es nicht für angemeſſen, ausführlich darüber zu berichten, ſondern beſchränkte ſich auf die Bemerkung, „ſie ſei nicht recht vorwärts zu bringen". Der Prinz unterdrückte augenſcheinlich die Vorgänge in ſeiner Seele, erwiderte darauf nichts, reichte Oberstlieutenant Graf Walderſee die Hand und dankte ihm für dieſe „erſte und hinreichende Aufklärung über die Er= gebniſſe des Tages". Während er den Oberstlieutenant Grafen Walderſee erſuchte, bei ihm zu bleiben, wandte er ſich an den Chef des Stabes, General v. Stiehle, etwa mit folgenden Worten: „Das 10. Armee= korps kann nach der Meldung des Grafen Walderſee zu einer Verfolgung nicht verwendet werden. Eine ſeiner Brigaden muß noch heute an den Loing abrücken. Ein energiſches Nachſtoßen auf verſchiedenen Wegen von Seiten der 5. Diviſion und 1. Kavallerie=Diviſion läßt aber noch größeren Erfolg erwarten. Wollen Sie dieſen meinen Wunſch den Generalen v. Alvensleben und v. Voigts=Rhetz zur Kenntniß bringen." Der General v. Stiehle ritt darauf ſogleich zum General v. Alvensleben und kehrte nach Ausführung ſeines Auftrages nach Barville zurück. Als General v. Alvensleben dieſen Befehl erhielt, hatten an der Südweſtecke von Beaune die Ereigniſſe eine unerwartete Wendung genommen.

Die feindliche Diviſion Polignac war in einem großen Bogen auf das Bois de la Leu, Batilly, Queſcherelle vollſtändig zerſprengt und führungslos zurückgefluthet, noch vor Mitternacht hatten ſich Trümmer davon in Boiscommun und noch weiter rückwärts eingefunden, einzelne Trupps ſich auch nach Orme herangezogen. Die Diviſion war ſo gut wie vernichtet, obwohl einzelne Abtheilungen ſich in Batilly am 28. noch zu behaupten wußten. Von den Vorgängen beim 18. Armeekorps ſowie an der Südoſtfront von Beaune hatte General Crouzat indeſſen bis dahin wohl ebenſo wenig hinreichende Kenntniß wie von der Nieder= lage der Diviſion Polignac. Unter dieſen Umſtänden entſchloß ſich der General zu einem neuen Angriff auf den Ausgang nach Orme und glaubte, daß ihn hierbei die Dunkelheit um ſo mehr begünſtigen werde, als die Sturmkolonnen bei $\text{M}^{\text{in.}}$ de la Fontaine geordnet werden konnten. Der General traf denn auch in der fünften Nachmittagsſtunde die entſprechenden Anordnungen. Während nun die 5. Diviſion ſich Beaune näherte und ein paar Kompagnien in das Städtchen rückten, zog General Crouzat drei frische Kompagnien (nach eigener Angabe, nach anderen zwei) der östlichen Pyrenäen von St. Loup nach Mᵐᵉ de la Fontaine heran und ließ aus allen Truppentheilen der 2. Division (3. Zuaven, 68er, 34er, Mobilgarden von Savoyen) Sturmkolonnen bilden, um sich des Städtchens zu bemächtigen.

k. Schlußkämpfe an der Südwestseite der Stadt.

Das 3. Armeeeorps hatte schon bei La Bretonnière eingegriffen, ohne daß eine Wirkung davon bei Beaune verspürt worden war, als sich der skizzirte vierte Sturm auf die West- und Südwestseite des Städtchens abspielte. Es wurde bereits mitgetheilt, daß der fünfte Sturm gegen die Westseite des Kirchhofes nicht mehr zu Stande kam, weil die Artillerie des 3. Armeeeorps die Vorbereitungen dazu von La Bretonnière aus im Keime erstickte. Es war inzwischen 4¾ Uhr geworden, als die genannte deutsche Artillerie sich in Stellung westlich des Kirchhofes befand.

Wiedereinnahme des Bois de la Leu. General v. Woyna hatte I./57. bei Romainville gesammelt; alle anderen Theile der 38. Infanterie-Brigade standen noch in den während des ganzen Tages behaupteten Stellungen, als er die Abtheilung des Hauptmanns Soest, die westlich über die Straße nach Barville hinaus gelangt war, einen Augenblick anhielt und von dem General v. Schwerin gleichfalls die Einstellung der Bewegung des F./52. erwirkte, damit dieses Bataillon das Wäldchen von Romainville besetzte. Die Maßnahmen entsprachen der Lage, F./52. übernahm damit gewissermaßen die Rolle von I./57. an dem wichtigen Straßenkreuz. Oberst v. Wulffen (52er) hatte indessen dem Befehle, die sechs Kompagnien von I., II./52. an jenem Straßenkreuz ebenfalls zu sammeln, nicht Folge geben können, weil er sich in Richtung des Bois de la Leu in ein lebhaftes Feuergefecht verwickelt sah. Allmählich zogen sich alle sechs Kompagnien der 52er hierhin, warfen die feindliche Infanterie aus dem Bois de la Leu (85er) und behielten es als rechter Flügel der Brigade Schwerin bis zum völligen Erlöschen der Schlacht besetzt. Da um diese Zeit die 3. Jäger sich bei Batilly festgesetzt hatten, so standen auf dem Raume von hier bis zum Straßenkreuz 3½ frische Bataillone zu beiden Seiten der Cäsar-Straße, eine jede Gruppe ein Bataillon stark, die mittlere sechs Compagnien.

Während sich diese Bewegungen bei den 52ern vollzogen, hatte General v. Schwerin die 10 Kompagnien 12er zu beiden Seiten der Straße Barville—Beaune vorrücken lassen, weil der Kampf um Beaune selbst noch wenig nachzulassen schien; 5., 8./12. waren angewiesen, auf jener Straße direkt nach Beaune hineinzugehen, um den bedrängten Vertheidigern im Innern Hülfe und Patronen zu bringen; I./12., gefolgt vom F./12., hatten westlich der Straße Batilly—Beaune die Richtung auf den Kirchhof zu nehmen, um die äußere Vertheidigung zu unterstützen, Darüber war es 4³/₄ Uhr geworden.

Nachdem der Major v. Scherff wieder beim General v. Wowna eingetroffen und die Artillerie des 10. Armeekorps westlich des Kirchhofes von Beaune in eine neue Stellung gegangen war, begab sich der Führer der 19. Division mit seinem Stabe in das Städtchen Beaune. Ein mächtiger Feuerschein aus der brennenden Stadt leuchtete den Offizieren entgegen. Dachziegel und Steine stürzten auf die Straßen hernieder, so daß die Offiziere abstiegen und ihre Pferde zurücksandten. Das heftige Artilleriefeuer von St. Loup aus schien auf die Deckung des Rückzuges schließen zu lassen, und die Offiziere setzten daher ruhig ihren Weg fort, ohne Kenntniß, daß genau in diesem Augenblick sich an der Barrikade nach Orme ein spannendes Ereigniß abspielte. Bevor der Marktplatz erreicht war, vernahm der Major v. Scherff von Westen den Marsch einer Kolonne. In der Befürchtung, dies könnte die am Ende jetzt noch ins Weichen gekommene Kirchhofsbesatzung sein, lief er ihr entgegen, um sie zutreffendenfalls wieder auf den Kirchhof zurückzuführen. Auf seinen Anruf: „Werda?" antwortete ein Offizier:*) „Es ist das 3. Korps, das dem 10. die Revanche für Mars la Tour bringt." Es waren 6., 7./12., die vom Kirchhofe kamen. Sie marschirten nun nach dem Marktplatz und setzten dort die Gewehre zusammen; alsdann trugen die Mannschaften Patronen zu den Vertheidigern am Saume der Stadt. Hierauf begab sich General v. Wowna nach dem Ostausgang von Beaune, um dort die so lange entbehrte „innere Reserve" zu bilden, und Major v. Scherff an den Ausgang nach Orme. Kaum hatten die beiden Offiziere

---

*) Der Name bleibt weg, weil er mir nicht verbürgt ist und weil möglicherweise in der Dunkelheit auch mehrere Offiziere geantwortet haben.

sich getrennt, als dem Major v. Scherff einzelne 16er entgegenkamen, die er festhielt. Auf seine Frage, wohin sie wollten, erklärten sie, die Barrikade sei eben von den Franzosen genommen, sie hätten nicht eine Patrone mehr. Während Major v. Scherff bei dem flackernden Feuerschein noch mit diesen Leuten verhandelte, folgte ihnen ein starker Trupp 16er unter dem Hauptmann v. Below, der die Aussage jener Leute bestätigte. Major v. Scherff hielt auch diesen Trupp an, ordnete ihn und redete die Mannschaft etwa wie folgt an: „Die Angaben müssen auf einem Irrthume beruhen, denn das 3. Korps ist ja da; sind sie aber richtig, so müssen wir die Barrikade mit dem Bajonett wiedernehmen." Darauf befahl er: „Vauschritt!" und führte die Abtheilung wieder an die Barrikade auf der Straße nach Orme. Es war stockfinster, Alles vor der Front stille, und die Barrikade war zwar geräumt, aber nicht von Franzosen besetzt. Dies ist die Wahrheit von einer Episode, aus der die Legende keinen Anstand genommen hat, ein packendes Heldenstück zu machen!

Vor der Barrikade lag, wie ausgeführt, auf der nordwestlichen Seite der Straße nach Orme eine große Scheune, welche zuerst nur von einem Zuge 1./16. besetzt gewesen war. Im Verlaufe der verschiedenen Stürme war inzwischen Hauptmann Ohly mit 12./16. in sie gekommen. Ohne Kenntniß davon zu haben, begab sich Major v. Scherff dorthin, nachdem er dem Hauptmann v. Below befohlen hatte, unter allen Umständen an der Barrikade nach Orme zu bleiben. In diesem Augenblick trat Hauptmann Ohly aus der Scheune heraus. „Was ist hier denn vorgefallen?" redete v. Scherff den Hauptmann Ohly an, „war die Barrikade verloren?" — „Nein, Herr Major", antwortete der tapfere Offizier, „dagewesen sind sie ja, ich habe sie noch mit meinen letzten Patronen glücklich abgewiesen; sehen Sie selbst!" Da wurde denn allerdings festgestellt, daß die Franzosen, während General v. Wonna ahnungslos auf dem Wege in die Stadt war, einen neuen Sturm unternommen hatten, der aber glücklich abgeschlagen worden war. Dies erklärt das heftige Artilleriefeuer. Welche Kräfte daran betheiligt waren, liegt vollständig im Dunkeln; der Kampf muß aber sehr hartnäckig gewesen sein, denn innerhalb der Scheune zeigte Hauptmann Ohly dem Major v. Scherff einen niedergestoßenen Franzosen, und am anderen Tage lagen viele Leichen rings um die Scheune, darunter mehrere ohne

Schußwunden. Aber auch dieser Angriff sollte nicht der letzte von jener Seite bleiben.

Mittlerweile hatten die 16er und 57er vom 3. Armeekorps ihre Munition ergänzt, und in der Befürchtung, die durch stundenlangen Kampf abgespannten Leute würden beim ersten verdächtigen Zeichen ins Blaue hinein auf Abtheilungen des nun vor der Front der Vertheidiger vermutheten 3. Armeekorps feuern, unternahmen Major v. Scherff, Hauptmann Ohly, von einem Unteroffizier und einem Mann begleitet, eine Patrouille nach Orme. Sie waren einige Hundert Schritte gegangen, als ihnen dunkle Massen entgegenkamen. Die Offiziere blieben einen Augenblick zweifelnd stehen, als von drüben eine Stimme erscholl: „Les voilà, en avant, en avant!" Nunmehr war die Situation klar. Sie eilten zur genannten Scheune zurück und hatten kaum ihre nach der Straße von Orme führende Thür geschlossen, als das Feuer von der Barrikade her zu rollen begann. Was war nun vorgefallen?

Wir wissen, daß General Crouzat sich noch nach dem Dunkelwerden des Städtchens Beaune bemächtigen wollte. Es ruht jedoch über dem eben skizzirten Angriff und dem nun zu schildernden ein Schleier, der erst gelüftet werden muß, um die Wahrheit zu erkennen, die von deutscher Seite ja nicht festgestellt werden kann, weil es dunkel war, von französischer Seite aber vollends verdunkelt wird, oder vielleicht aus demselben Grunde nicht mehr genau zu geben ist. Es ist nun unsicher, ob Crouzat den eben skizzirten Angriff oder den folgenden geführt hat — und ob das folgende Zusammentreffen ein beabsichtigter Angriff war oder ob die nun eingreifenden Truppen sich in dem Glauben befanden, Beaune sei durch den skizzirten Angriff genommen und sie hätten nur noch die Aufgabe, nachzurücken und die Stadt zu besetzen. Wenn Crouzat ein befähigter General war, so hätte er in dem letzteren Sinne verfügen müssen; denn nach einem unter solchen Verhältnissen gelungenen Angriff ist zur Behauptung des eroberten Objekts stets das baldige Nachführen von Reserven nöthig. Es scheint, als ob die Dunkelheit und die Verwirrung nach dem Scheitern des skizzirten Sturmes die Ursache gewesen wären, daß der zweite Theil der Anordnungen nicht mehr rückgängig gemacht werden konnte und dadurch das furchtbare Gemetzel entstand, daß den Tag beschloß. Nach Berücksichtigung aller Umstände und Thatsachen kann ich zu keinem anderen Urtheile kommen, als daß es sich beim letzten Akt nicht um einen Angriff gehandelt hat, dieser vielmehr erst entstand, als die Franzosen ihre irrthümliche Auffassung einsahen und nun allerdings nicht mehr anders konnten, als um jeden Preis durchzustoßen; denn für jeden anderen Entschluß waren sie zu nahe an die Barrikade herangekommen.

Unterdessen hatte Oberstlieutenant v. Kalinowsky I., F./12. für einen möglichen neuen Angriff auf dem Raume vom Kirchhof bis zum Städtchen zusammengezogen, während er die 57er und 16er auf und am Kirchhofe mit Munition versehen ließ. Vorgesandte Patrouillen bemerkten nichts Auffälliges aus dieser Richtung beim Gegner; allerdings hatte das Blasen auf feindlicher Seite von nah und fern eigentlich niemals ganz aufgehört, so daß es nicht mehr sonderlich beachtet wurde. Der Zeitpunkt dieses Sturmes (es war der sechste) ist von v. Scherff auf 5½ Uhr verlegt, was etwas zu spät erscheint. Verschiedene andere Zeitangaben können ebenfalls nicht richtig sein; General Crouzat macht darüber keine Mittheilung.*) Nun ertheilte aber Crouzat dem General Billot Befehl, von einer Erneuerung des Angriffs auf die Höhen von Les Roches abzustehen, nachdem der dortige fünfte Sturm gescheitert war (gegen 5 Uhr). Hätte General Crouzat, nachdem er diesen Befehl an Billot erlassen hatte, selbst allein die Südwestfront nochmals angegriffen, so würde das taktisch schwer begreiflich sein, denn von einem Vorgehen beider Korps ließ sich eher ein Erfolg erwarten als von einem; außerdem beabsichtigte Crouzat nach seinen eigenen Worten wegen der Dunkelheit von dem Angriff überhaupt abzustehen. Nun liegt von 4½ Uhr vom Major v. Scherff eine zwar verstümmelte Meldung an das 10. Armeekorps vor, die aber wegen der Zeitangabe in diesem Punkte entscheidend ist und darum angeführt werden muß. Sie lautet:

Auf dem rechten Flügel Gefecht so gut als vollendet. In Verbindung mit Brigade Schwerin (3 Batterien, 4 Bataillone). Von Kavallerie wird die alte Hauptstellung, vorläufig Beaune—Batilly, wieder eingenommen. Auf dem linken Flügel ist aber immer noch eine feindliche Abtheilung auf der Straße Juranville.**)

v. Scherff.

---

*) In der Geschichte der 3. Zuaven ist die Zeit sogar (S. 180) auf 7 Uhr abends angegeben! — **) Kr. A. S, III, 1, VI.

Dies war die 3. Division des 18. Armeekorps. Etwa gleichzeitig
meldete, beiläufig angeführt, Major Wins, F./78., an das 10. Armeekorps: „Auf Befehl des Generals v. Webell ist zur Verhinderung der
Umfassung von Beaune F./78. rechts von Marcilly vorgegangen.
Marcilly ist durch eine Kompagnie besetzt." (Eingegangen 4 Uhr
50 Minuten.)*)

Kehren wir jetzt zu dem Ausgang nach Orme zurück.

Das Feuer war inzwischen langsam erloschen, nur hier und da Letzter Sturm auf die Barrikade an der Straße nach Orme.
fiel noch ein Schuß, wie das nach heftigen Kämpfen die Regel bildet,
ohne daß man der Erscheinung Aufmerksamkeit zu schenken pflegt; denn
der Soldat hat erfahrungsgemäß in solchen Zeiten auf beiden Seiten
das Gefühl, der Kampf sei beendet. Allein wie die Schlacht von
Beaune merkwürdig durch die Abweichungen von der Regel ist und wie
ihr Verlauf aller Theorien spottet, so sollte sich nochmals etwas Unerwartetes ereignen. Nach dem trüben Novembertage war die Nacht frühzeitig eingefallen: ein dichter, feuchter Nebel hatte sich langsam hernieder-
gesenkt; Mann und Roß waren von den Anstrengungen des Tages erschöpft und durchnäßt, es stellte sich bei ihnen das Bedürfniß ein, den
Hunger und Durst zu stillen und die erstarrten Körper zu erwärmen.
Adjutanten überbrachten auf ihren übermüdeten, keuchenden Rossen die
Befehle zur Wiederherstellung der taktischen Ordnung der Verbände und
zum Aufsuchen der Lagerplätze für die Nacht. Die Stille wurde tiefer
und tiefer, die Flammen der brennenden Trümmer der Häuserreihe vom
Kirchhof, im Städtchen und vor allen Dingen von Ormetrou, Orme
und l'Orminette kämpften sichtlich mit der feuchten dichten Nebelschicht;
hier und da vernahm man ein Geräusch, das darauf deutete, daß ein
Haus zusammenstürzte, und Millionen Funken sprühten wie ein Feuer-
werk aus der tiefschwarzen, von Nebel und Qualm durchmischten Nacht
zum Himmel empor. Allein die Flammen führten einen aussichtslosen
Kampf, knisternd und kohlend erstarben sie; immer erstickender hatte sich
der Brandgeruch über die blutige Walstatt verbreitet und erschwerte
Mann und Roß das Athmen. Die Augenblicke, in denen der Feuerschein
Licht gab, glichen dem schwachen Blitzen eines vorübergegangenen nächtlichen
Gewitters, und wie alsdann die Dunkelheit um so tiefer zu sein scheint,

---

*) Kr. A. S. III, 1, VI.

so war es auch hier. Augenblicksweise erkannte man von der Hochfläche von Beaune dunkele Massen von Truppen, die in solchen Momenten sich schweigend wie Schatten zu bewegen pflegen, und den Soldaten erfüllten jene Gefühle, die nur derjenige kennt, der solche Zeiten erlebt hat, die aber nicht nachempfindbar dargestellt werden können. Die menschliche Seele ist alsdann von den mächtigen Eindrücken der Ereignisse überladen, das Ruhebedürfniß stellt sich ein, und die Gedanken bei Hoch und Niedrig wenden sich ihm zu. Von solchen Empfindungen bewegt, glaubte man allgemein, nun Ruhe zu haben. Im Vorfelde wurde nichts Verdächtiges bemerkt: alle Laute und Geräusche waren durch das aufgeweichte Erdreich und die feuchte schwere Luft gedämpft. Patrouillenmeldungen über den Feind gingen nicht ein. Man war bereits am Saum des so hartnäckig vertheidigten Städtchens damit beschäftigt, die Truppentheile zu sammeln und zurückzuziehen, als plötzlich aus nächster Nähe verdächtige Laute, begleitet von jenem eigenthümlichen huschenden Geräusch sich bewegender Massen, an der Barrikade nach Orme vernommen wurde. Sofort flogen Befehle hin und her, man hörte schon deutlich die feindlichen Kommandos und Tritte, und wie der Blitz war die Mannschaft wieder schußbereit an den so lange vertheidigten Punkten.

Noch war von beiden Seiten kein Schuß gefallen, als aus nächster Nähe französische Laute bei der Barrikade an der Straße nach Orme vernommen wurden. 12./16., in dem Glauben, die Schlacht gehe zu Ende, fand Hauptmann Ohly bei seiner Rückkehr im Sammeln, als Lieutenant Haak von 1./16. und der an der Barrikade am Ausgange nach Orme aufgestellte Posten die obigen Rufe vernahmen. Ihnen folgte die Aufforderung französischer Offiziere, sich zu ergeben. Lieutenant Haak beantwortete sie mit dem Rufe: „A bas les armes"; doch ein infernales „En avant, en avant" schallte zurück, und gleichzeitig stürzten die Angreifer auf die Barrikade los. Da prasselte aus nächster Nähe das Schnellfeuer der Vertheidiger in die dunkelen Massen, von einem furchtbaren Aufschrei, Stöhnen und Wimmern jenseits begleitet. Hauptmann Ohly griff sofort mit Schnellfeuer ein, und wenn man durch das von beiden Seiten leuchtende Feuer zwar nur Momentbilder sah, so ließ sich doch die verheerende Wirkung erkennen. Der ganze Vorgang vollzog sich in wenigen Minuten. General v. Woyna hatte auf dem Marktplatze die Nachricht erhalten, der Feind sei am Ausgange nach

Orme in die Stadt eingebrochen. 6./12. nahm daher dort sofort die Gewehre zur Hand und eilte im Laufschritt an die Barrikade, wo sich jedoch die Nachricht als unrichtig herausstellte. Ein Einbruch war nicht erfolgt, und der Feind befand sich bereits auf dem Rückzuge, als 6./12. eintraf. Sobald die 16er an der Barrikade das Feuer eröffnet hatten, griffen die 57er und 16er an der Südseite des Kirchhofes nach dem Feuerschein flankirend ein, ebenso die dort stehende 1. reitende Batterie Nr. 10.

Die 16er haben hier der Mannszucht ein unsterbliches Denkmal gesetzt. Während des ganzen Tages waren an die Mannschaft ganz hervorragende Anforderungen gestellt worden. Vor dem letzten Sturm hatte man geglaubt, das 3. Armeekorps hätte den Feind umfassend zurückgetrieben und befände sich vor der Front. Aus diesem Grunde waren die Mannschaften von den Offizieren ermahnt worden, auf Ge= räusche hin nicht in die Dunkelheit zu feuern, sondern unter allen Umständen den Befehl dazu abzuwarten. Als dann aber Signale und hin und her gewechselte Rufe unverkennbar bewiesen, daß feind= liche Massen nahe vor den Gewehrmündungen standen, da harrte noch jeder Mann mit größter Kaltblütigkeit des Befehls, und erst auf das Kommando: „Los!" entlud sich das Feuer der 16er. Am anderen Morgen lag ein Dutzend Leichen so unmittelbar an der Barrikade, daß man zweifelhaft sein konnte, ob der Feind bis auf die Barrikade oder bis kurz an ihren Fuß gelangt war. Unter den Leichen befanden sich drei mit ihren Pferden erschossene Mobilgarden=Offiziere; sie hatten den Säbel noch in der Hand. Alle drei waren Stabs= offiziere, schöne typische Gestalten, wie sie im französischen Heere vorkommen. Unmittelbar vom Fuße der Barrikade an nahmen die Leichen auf Orme zu erst nach 150 Schritten merklich ab. Bis dahin war es nicht möglich, auf der Straße zu gehen; so gedrängt waren die Todten kreuz und quer durcheinander gestürzt. Die 16er hatten die denkbar furchtbarste Gefechtskrisis überdauert, und nur weil die Mannschaft ihre Kaltblütigkeit und ihr Vertrauen auf die Offiziere bewahrte, konnte das Feuer in der Dunkelheit eine so vernichtende Wirkung haben.

Aus dem Umstande, daß verschiedene Leichen unmittelbar am Fuße der Barrikade lagen, ist wahrscheinlich die einstimmige Angabe fran=

zöfischerseits entstanden, daß die Franzosen in Beaune selbst eingedrungen
seien. Crouzat selbst behauptet dies freilich nicht bei diesem letzten
Sturme, wohl aber sagt er, die Franzosen hätten sich um 2 Uhr einzelner Häuser bemächtigt, jedoch sei es nicht möglich gewesen, sie zu
behaupten. In Wirklichkeit ist der Hergang der, daß die 3. Zuaven
das Haus, das nordöstlich von M^{in.} de la Fontaine lag, einnahmen
und bis zum Abend besetzt hielten und daß beim fünften Sturme die
Franzosen bis in die genannte Scheune gelangten. Aber weder um
2 Uhr noch zu einer anderen Tageszeit ist ein Franzose in Beaune
selbst gewesen. Daß aber, weil die Leichen so dicht an der Barrikade
lagen, der Beschauer zu der Vermuthung kommen konnte, die Franzosen
seien in Beaune eingedrungen, lehrt der erste Bericht des Grafen
Waldersee an den König, im Kriegsarchiv des Großen Generalstabes,
in dem Graf Waldersee es ausspricht. Im zweiten Bericht hat Graf
Waldersee die Angabe aber ausdrücklich berichtigt.

Ein zweiter Irrthum findet sich in fast allen französischen Werken,*)
nämlich daß General Crouzat davon Abstand genommen habe, Beaune
la Rolande mit Artillerie zu beschießen, weil die eigene Stadt nicht
der Zerstörung preisgegeben werden sollte. Hiermit stehen die Thatsachen in offenbarem Widerspruch, außerdem widerlegt Crouzat diese
Legende selbst; nur während des letzten Sturmes hatte die französische
Artillerie das Städtchen selbst nicht beschossen.

Bei der taktischen Bedeutung des letzten Sturmes auf den Ausgang
nach Orme erscheint es wichtig, Crouzats Schrift La Guerre de la
Défense Nationale zu citiren. Crouzat sagt dort: „General Crouzat setzte
seine Hoffnung auf einen letzten Sturm, er nimmt drei Kompagnien Mobil-
garden der östlichen Pyrenäen und ,einige' Zuaven, setzt sich zu Pferde mit
seinem Stabe an ihre Spitze, läßt zum Angriff schlagen und stürzt gegen
Beaune vor. Wir gelangen bis zu den ersten Häusern, wo wir aus nächster
Nähe von dem wirksamsten Feuer empfangen werden. Die Pferde scheuten
vor dem Aufblitzen des Gewehrfeuers — die Revolver prasselten —
Alles war unnütz — die Straße zeigte sich durch eine feuersprühende
Barrikade verschlossen, und es folgten dem General nur noch einige
Offiziere. Man mußte dahin umkehren, woher man gekommen war.

—

*) F. Canonge II, S. 296.

was auch im Schritt geschah. Der Weg blieb bedeckt mit todten und verwundeten Zuaven und Mobilgarden. Die Nacht war völlig hereingebrochen."

Diese Stelle führen wir hauptsächlich deshalb an, um die Stärke der Franzosen beim letzten Sturme festzustellen. Der Schlachtbericht des Generals Crouzat kann auf Vollständigkeit keinen Anspruch machen, er ist sehr euphemistisch gehalten und bedarf bedeutender Ergänzungen. Solche sind denn auch inzwischen von französischer Seite erfolgt. Nun sagt die Geschichte der 3. Zuaven, daß an dem letzten Sturme auch drei Bataillone von Deux-Sèvres und zwei Bataillone Haut-Rhin betheiligt gewesen wären. Und bei Greneft heißt es von den 34ern: „Après avoir lutté courageusement en tirailleurs toute la journée, le régiment se trouve dans la colonne d'assaut menée contre Beaune par le général Crouzat, vers cinq heures du soir", und an anderer Stelle: „Une colonne d'attaque, composée de tous les débris de la division: Zouaves, Haut-Rhin, Deux-Sèvres et Savoie se rua sur Beaune" (S. 320). Nun erscheint es ausgeschlossen, daß die Brigade Aubé am Sturme betheiligt war, vielmehr wird die Sturmkolonne aus den Resten der Brigade Bivenot und drei Kompagnien östlicher Pyrenäen bestanden haben, denen sich Versprengte und Abgekommene nicht nur der Brigade Aubé, sondern auch der Brigaden Boisson und Brisac angeschlossen haben mögen. Diese Annahme findet darin ihre Bestätigung, daß am anderen Tage auf der Straße von Orme und zwar kurz vor der Barrikade zahlreiche Todte der verschiedensten Regimenter gefunden wurden. Die meisten gehörten zwar den 3. Zuaven und 68ern an, aber man sah auch Uniformen von Truppentheilen, die auf ganz anderen Punkten gefochten hatten.

Jedenfalls griff General Crouzat mit beträchtlichen Kräften an, und dieser energisch durchgeführte Sturm wurde von den 16ern ohne merkliche Unterstützung allein abgewiesen. Die zahlreichen übereinander gestürzten Leichen lehrten, daß die Wirkung des Nahfeuers der 16er bei diesem Sturm größer war als bei jedem anderen. Interessant ist, daß außer den Batterien des 3. Armeekorps und der 1. reitenden Batterie/Nr. 1 nur zehn Kompagnien 52er genügten, den Kreis des Angreifers zu öffnen; denn die 12er traten eigentlich nicht mehr in Gefechtsthätigkeit. Bei anderen — und sagen wir zweckmäßigeren —

Dispositionen des 10. Armeekorps würden mehr als diese zehn Kompagnien und einige Batterien aus den Truppen bei Long Cour aufzubringen gewesen sein; das 10. Armeekorps hätte also bei größerer Versammlung mit Sicherheit allein beide feindlichen Armeekorps abweisen können, besonders wenn die 1. Kavallerie-Division geschickter geführt worden wäre.

Geiseln
in Beaune.

Der Vollständigkeit halber mag angeführt werden, daß vom 24. bis 28. November in Beaune sich eine stattliche Zahl von Geiseln u. s. w. zusammengefunden hatte, die in der Kirche eingeschlossen waren. Als nun der ersehnte Angriff erfolgte, hofften sie von Stunde zu Stunde auf ihre Befreiung, doch die Wache versah ihren Dienst nach wie vor, bis die Gefangenen gegen Abend nach Norden abgeführt wurden. Darunter waren der Pfarrer von Lorcy, der Unterpräfekt von Montargis Charbonnier, ein Mann Namens Laublanc ebendaher, der Maire von Maizières und eine Anzahl anderer Personen aus der Umgegend, welche theils im Gefecht gefangen genommen, theils im Kundschafterdienst ergriffen worden waren. Im Ganzen waren es etwa 40. Die meisten wurden später in Freiheit gesetzt, einige nach einer kurzen Untersuchung in Deutschland internirt.

Die Angriffs-
richtungen.

Es ist nun der Zeitpunkt gekommen, um sowohl die Absichten des Gegners zu beleuchten als auch die Truppenstärken zu berechnen, die er zur Verwirklichung der Absichten einsetzte. Daß die ganze 1. Division (Polignac) gegen die Westseite von Beaune und darüber nach Norden hinausgreifend eingesetzt wurde, lassen die französischen und deutschen Berichte übereinstimmend erkennen; Zweifel entstehen erst darüber, wie weit sich die 1. und 2. Brigade der 1. Division des 20. Armeekorps ausgedehnt haben und welche besonderen Angriffsziele eine jede verfolgen sollte und dann im ganzen Verlaufe der Schlacht verfolgt hat.

Was die Absichten des Gegners angeht, so entstanden diese aus der Aufstellung, die General Cronzat am 24. November bis 27. abends genommen hatte. Der französische General wollte den Deutschen Beaune entreißen und das 10. Armeekorps von der II. Armee abtrennen, in der Hoffnung, daß General des Pallières im Verein mit den 4½ Bataillonen des Obersten Cathelineau das Heranziehen deutscher Verstärkungen von Pithiviers verhindern und seinen linken Flügel decken würde. Hierüber kann eine Ungewißheit nicht bestehen. Der französische General behielt in Uebereinstimmung mit diesem allgemeinen Ziele die Masse seines (20.) Armeekorps auf der West- und Südwestseite von Beaune, nämlich die ganze 1. Division und die Brigade Bivenot der 2., die 3. Division anfangs ganz in Reserve, nördlich von St. Loup, und nur eine Brigade (Aubé) griff Beaune anfangs von der Südostseite an. Ergab sich dies für den französischen General aus der allgemeinen Lage, so hatte er vom 24. bis 27. November vier volle Tage Zeit, um sich über die in Beaune selbst bestehenden Zustände genau zu unterrichten. Von Beaune bis zur Linie Boiscommun—Fréville sind nur 7½ km, die Vorposten standen sich mehrere Tage lang auf Infanterie-Schußweite gegenüber. Der französische General kannte den Schauplatz des Krieges genau, das sehr bedeckte Gelände, die langen Nächte begünstigten den Verkehr mit Beaune außerordentlich. Wie wir gesehen haben, waren zwar etwa 40 Bewohner der Umgegend in Beaune internirt worden, allein der Verkehr bestand nach wie vor weiter. Hier machten sich eben die Vortheile, die der Volkskrieg den Franzosen bot, geltend.

General Crouzat kannte außer der schwachen Besatzung von Beaune auch das Gelände, die Vertheidigungsmittel und vor allen Dingen den wie ein Bastion vorspringenden schwach besetzten Kirchhof genau; und wenn es gelang, sich des Kirchhofes zu bemächtigen, so mußte Beaune von selbst in seine Hände fallen. Der Kirchhof war zudem der nächste von mehreren Seiten zugleich angreifbare Punkt. Vor der Westseite konnten Massen in den beiden etwa 500 m vor der Kirchhofsmauer liegenden Wäldchen bereit gestellt werden, ebenso vor der Südfront auf noch nähere Entfernung von M^in. de la Fontaine aus. War das erzielt, so waren die weiteren Aussichten günstig.

Maßnahmen wie die geschilderten ergeben sich niemals zufällig; sie können nur durch planmäßige Ueberlegung und Vorbereitung entstehen. Es ist nun hierbei außerdem charakteristisch, wie man auf französischer Seite, nachdem das erste planmäßige Verfahren der Ueberraschung, der erste Sturm, gescheitert war, durch starke Artillerieentwickelung zu planmäßiger Vorbereitung des neuen Sturmes schritt, der allerdings, wie wir gesehen haben, ebenfalls scheitern sollte. Die Entwickelung zum ersten Sturme auf den Kirchhof und den Ausgang nach Orme, vor allen Dingen das bis dahin schwache Feuer der französischen Artillerie (und auch der Infanterie) legt nämlich die Gewißheit nahe, daß General

Crouzat sich anfangs des Kirchhofes durch Ueberraschung bemächtigen wollte, und wie wir aus dem Eingreifen des Hauptmanns Feige gesehen haben, wäre die Ueberraschung beinahe an der Westseite geglückt. Da General Crouzat außerdem wußte, daß die Nordwest- und Nordseite von Beaune so gut wie gar nicht besetzt und offen waren, so konnte er hoffen, daß von dort aus mit leichter Mühe Truppen in das Städtchen gelangen würden.

So viel über den Angriffsplan.

Es handelt sich nun darum, die Kräfte, welche an die Ausführung gesetzt wurden, genau festzustellen.

Stärke
der Angreifer.

Die erste Brigade (Boisson) entwickelte sich von Batilly aus zu beiden Seiten der Cäsar-Straße und blieb im Allgemeinen bei den folgenden Kämpfen in dieser Richtung. An diese schlossen sich links später Abtheilungen des Obersten Cathelineau von Arconville aus, doch wurde nicht einmal eine Besetzung des wichtigen La Bretonnière erzielt. Die Fosse des Prés konnte deshalb anstandslos daselbst vom Lieutenant v. Pobbielski und von dem vom General v. Stülpnagel vorausgesandten Hauptmann Wodtke passirt werden. Die Hauptursache davon war, daß Major v. Schoeler die ganze Brigade Boisson, anfangs mit vier, später nur mit drei Kompagnien, zu denen allerdings Hauptmann Soest trat, vollauf beschäftigte. Daß I./57., welches die Franzosen übereinstimmend auf 6 bis 7 Bataillone schätzte, gegen die ganze Brigade Boisson focht, geht nicht allein aus allen amtlichen und privaten Berichten der Theilnehmer hervor, es konnte auch durch die Gefangenen festgestellt werden, die man in der Gegend des westlichen Straßenkreuzes nördlich von Beaune, von Romainville bis La Pierre percée, gemacht hatte. Auf dem äußersten linken französischen Flügel machte Hauptmann Soest, ausweislich seines amtlichen Berichtes, Rothhosen zu Gefangenen (85er); um das vorübergehend verlorene Geschütz der Batterie Knauer lagen mehrere todte Mobilgarden der Brigade Boisson. Die Gefechtszone dieser Brigade ist dadurch genau umgrenzt.

Die Angabe der Franzosen, Theile dieser und die Brigade Brisac hätten an der Fosse des Prés und beim Bois de la Leu gefochten, kann sich bei Boisson nur auf die Einleitungs- und Schlußkämpfe beziehen, bei Brisac nur auf den Rückzug. Hätten sich nämlich

solche Infanteriemassen an der Fosse des Prés befunden, so würde die
angreifende 5. Division nicht ohne hartnäckige Infanteriekämpfe über
das Defilee von La Bretonnière gekommen sein. Thatsächlich waren
dort an der Fosse des Prés hauptsächlich Abgekommene der Brigade
Boisson und auf ihrem nördlichen Ufer Abtheilungen des Obersten
Cathelineau, während von der Brigade Brisac höchstens einige Versprengte
an den südlichen Lauf der Fosse des Prés gelangt sein könnten.

Die ganze Brigade Brisac entwickelte sich zu beiden Seiten von
Galveau und marschirte in östlicher Richtung, 2./57. vor sich hertreibend,
auf den Kirchhof zu. Unterwegs auseinandergekommen, sammelte sie
sich in den beiden westlich des Kirchhofes gelegenen Wäldchen und
unternahm von diesen aus ihren ersten Angriff sowie alle folgenden
gegen die Westseite des Kirchhofes. Die Stärke der Angreifer wird in
allen Berichten auf fünf bis sieben Bataillone angegeben, die, besonders
beim ersten Sturm, deutlich an den großen Bienenschwärmen gleichenden
Kolonnen erkennbar waren. Bei den späteren Angriffen gelangte etwa
ein schwaches Bataillon, Augenzeugen sagen drei Kompagnien, gegen die
Nordseite des Kirchhofes, aber die Masse der Brigade Brisac kämpfte
bis zum Ende der Schlacht nur um die West- und Nordseite des Kirchhofes. Darin stimmen alle Berichte und brieflichen Mittheilungen des
Majors v. Wehren, des Oberstlieutenants Feige und des Majors
v. Platen überein. Freilich die gewissermaßen reglementarische Entwickelung bestand nur beim ersten und zweiten Sturm, bei den späteren
waren die Kolonnen begreiflicherweise schwächer und weniger zahlreich;
aber immer erschien das Vorfeld über 1000 m in der Breite mit feindlicher Infanterie ausgefüllt, die dem Kirchhof zustrebte. Vorgreifend
bemerke ich, daß Major v. Wehren am 29. November vormittags allein
vor der Westfront 243 Todte zählte, und als er später II./57. zusammen-
nahm, äußerte er in seiner Ansprache: „Na, Ihr habt ja schön ge-
wüthet, ich habe 243 Todte vor der Westfront gezählt." Auch dies
dürfte ziemlich richtige Rückschlüsse auf die Stärke des Angreifers auf
dieser Seite gestatten.

Von der Häusergruppe M^{in.} de la Fontaine bis zum Ausgange
nach Orme ist genau so weit wie von derselben bis zum Kirchhofe,
nämlich 400 m. Wie die Franzosen aber bei der einmal bestehenden
Besetzung der Südwestfront des Städtchens und des Kirchhofes ihre

Die flankirende
Wirkung des
Kirchhofs auf
den Angreifer.

Angriffe anlegen mochten, sie wurden hier immer flankirt. Denn richteten sie sich gegen den Ausgang nach Orme, so lag der Kirchhof in ihrer linken Flanke, wandten sie sich gegen den Kirchhof, so wurden sie vom Ausgange nach Orme aus flankirt, und zwar in beiden Fällen auf Höchstentfernungen von 400 m und Mindestentfernungen von 200 m. Sie waren daher, nachdem die Ueberraschung mißlungen war, zu gleich= zeitigen Angriffen auf die Südfront des Kirchhofes und den Ausgang nach Orme gezwungen! Wie es scheint und auch durch den Eindruck der Augenzeugen bestätigt ist, hielten die Franzosen anfangs den Kirch= hof nur für schwach, den Ausgang nach Orme für stark besetzt, wenigstens machte der erste Angriff auf die Westfront des Kirchhofes durchaus den Eindruck der Absicht, zu überraschen; es hatte z. B. bis dahin noch keine Artillerie gegen den Kirchhof vorgearbeitet. Nachdem der Anlauf der Brigade Brisac gegen die Westfront des Kirchhofes blutig abgewiesen worden war und der erste Angriff der Brigade Pivenot gegen den Ausgang nach Orme und die Südfront des Kirchhofes gescheitert war, erkannten die Franzosen, daß der Ausgang nach Orme nicht genommen werden könnte, solange sich der Kirchhof in deutschen Händen befand, solange von dort aus jeder Vorstoß auf und neben der großen Straße nach Orme flankirt wurde. Hatten schon wegen des Flanken= feuers von dort beim ersten Angriff die beiden linken Flügel=Bataillone der 3. Zuaven sich gezwungen gesehen, die Front gegen die Südfront des Kirchhofes zu nehmen, so wurden jetzt die schlimmen hierbei ge= machten Erfahrungen die Ursache, daß die Brigade Brisac vor der Westfront des Kirchhofes sich festbiß und die Brigade Pivenot vor seiner Südfront und dem Ausgange nach Orme — daß mithin eine ganze Division vor der Südwestfront von Beaune und dem Kirchhofe sich festgehalten sah. Dies durchkreuzte die französische Angriffsidee in hohem Grade; beide Brigaden fanden jedoch in der Häusergruppe von Min= te la Fontaine und den beiden westlich vom Kirchhofe gelegenen Wäldchen Gelegenheit zu guter Deckung, so daß für einen einheitlichen Gesammt= angriff von Süden und Westen gegen den Kirchhof günstige Vor= bedingungen bestanden.

General Crouzat, der durch den Mißerfolg des ersten Angriffs wohl erst die Zähigkeit der Vertheidiger kennen gelernt hatte, ergriff nunmehr Anordnungen für einen zweiten Angriff und begann mit der

Entwickelung der Masse seiner Artillerie gegen den Kirchhof und nicht gegen den Ausgang nach Orme. Alle weiteren Angriffe, mit Ausnahme der letzten beiden, die ausschließlich gegen den Ausgang nach Orme gerichtet waren und durch die die Franzosen die dortige Barrikade auch nur erreichten, weil sie von der Dunkelheit begünstigt und nicht von der Flanke (dem Kirchhofe) aus beschossen wurden, wurden von den Brigaden Brisac und Bivenot gemeinsam gegen die West- und Südfront des Kirchhofes ausgeführt. Dabei nahm der rechte Flügel natürlich zum Schutze des Stoßes von M^in. de la Fontaine aus gegen die Südfront des Kirchhofes und die von dort nach Osten liegenden Häuser die Front auf den Ausgang nach Orme. Daß aber alle Angriffe der Brigade Bivenot vom zweiten an bis ausschließlich der letzten beiden vorwiegend gegen die Südfront des Kirchhofes und die zwischen ihm und Beaune befindlichen Häuser angesetzt waren, zeigten die Leichen der 3. Zuaven. Vor der Südfront des Kirchhofes lagen z. B. alle gefallenen Offiziere der 3. Zuaven. Auch die dicht bis an die Barrikade gekommenen gefallenen drei französischen Stabsoffiziere gehörten nicht den 3. Zuaven, sondern den Mobilgarden an.

Die französischen Gefechtsberichte, wenn man die spärlichen Angaben, die bisher bekannt geworden sind, so nennen darf, sind sehr lückenhaft und unbestimmt, und man kann nur zu einem einigermaßen richtigen Urtheil gelangen, wenn die deutschen Berichte dagegen gehalten werden. Hätte es sich nur um einen einmaligen Angriff gehandelt, so könnten große Irrthümer deutscherseits über die feindlichen Streitkräfte obwalten, denn in einer kurzen aufgeregten Zeitspanne wird man sich in den meisten Fällen über die Zahl des Gegners irren. Allein davon kann hier keine Rede sein; die Offiziere auf dem Kirchhofe hatten von 11 bis 3½ Uhr nachmittags 4½ Stunden Muße, die Vorbereitungen auf die verschiedenen Angriffe zu beobachten. Sie konnten die aus M^in. de la Fontaine und aus den beiden westlich des Kirchhofes gelegenen Wäldchen herausgetretenen Kolonnen genau und jedesmal verhältnißmäßig lange beobachten und ihre Stärke erkennen, und die Angaben der Offiziere lauten übereinstimmend dahin, daß sich von den beiden Wäldchen aus fünf bis sieben Bataillone gegen die Westfront des Kirchhofes wandten und dort verblieben. Hiermit soll nicht bestritten werden, daß einzelne Theile der sechs Bataillone der Brigade Brisac nach und nach in eine mehr nördliche Richtung geriethen, um, wie sich das dem Angreifer von selbst aufdrängte, den Vertheidiger von Norden aus zu umfassen und von da aus in das Städtchen einzubringen (wurde schließlich doch der Kirchhof auch von der Nordseite angegriffen); allein die Masse der Brigade Brisac blieb im Kampfe gegen die Westfront des Kirchhofes und die Masse der Brigade Vivenot gegen seine Südfront und den Ausgang nach Orme. Beim letzten, nur gegen den Ausgang nach Orme gerichteten, von General Crouzat selbst geführten Angriff sollen zufolge der Angaben Crouzats noch drei Kompagnien der Mobilgarden der östlichen Pyrenäen mitgewirkt haben. Wäre dies richtig, so ginge daraus hervor, daß gegen die West- und Südwestfront mehr als eine Division eingesetzt wurde; aber die französischen Quellen sagen deutlich, daß hier außerdem Bestandtheile aller Regimenter der 2. Division gefochten haben.

Mithin verbluteten an der Südwestfront und dem Kirchhofe nach und nach mehr als 1½ Divisionen; im Uebrigen bildet hier Alles eine Handlung, und eine Scheidung nach Kampfgebieten ist nicht möglich. Die Franzosen rechnen z. B. die Häuser von M$^{in.}$ de la Fontaine offenbar zu Beaune, ebenso den Kirchhof und das Haus südöstlich des Kirchhofes, auf halbem Wege zwischen dem Rolande-Bach und der Straße von Batilly nach Beaune (Westausgang des Städtchens). Wenn man das zugesteht, so hätten die Franzosen mit der Behauptung Recht, daß sie vorübergehend in Beaune eingedrungen wären, denn die 3. Zuaven kamen thatsächlich in den Besitz des letzteren Hauses. Wir unterscheiden zwischen dem eigentlichen Städtchen, dessen Weichbild die Ueberreste der Stadtmauer begrenzten, und den vorgelagerten Häusern, und wir halten das für genau. Begreiflich erscheint es jedoch bei den abweichenden Auffassungen der beiden Gegner, wenn die Franzosen behaupten, in den ersten Häusern von Beaune vorübergehend Fuß gefaßt zu haben.

Gegen die Südfront des Städtchens ist ein eigentlicher Angriff überhaupt nicht zu Stande gekommen, hier schossen sich vielmehr nur Abgekommene der Brigaden Aubé und Vivenot mit den Vertheidigern herum.

Die Denkmäler auf dem Schlachtfelde.

Auf dem Schlachtfelde befinden sich drei Denkmäler. Das Hauptdenkmal, von der Stadt Beaune errichtet, steht am Treffpunkt der Straßen von Boiscommun und Quescevelle, ein zweites östlich der Straße nach Ladon am Ausgange von Beaune. Das letztere hat der

Hauptmann Tournemine auf seine Kosten setzen lassen. Das dritte Denkmal bei M^in. de la Fontaine, ein Mausoleum, hat der Deputirte M. Bazille für seinen hier gefallenen Sohn, der als Kriegsfreiwilliger ins 3. Zuaven-Regiment trat und als Sergeant fiel, errichtet.

Die republikanische Armee hat vielleicht niemals so tapfer gefochten wie bei Beaune. Die Marquise de Bois Thierry in Château Renault gab einem deutschen Offizier darüber eine Erklärung, die ich der Mittheilung für werth halte. Sie sagte: „Toute la jeune noblesse de la Touraine est enterrée devant Beaune." Und in der That fochten dort die Feudalherren mit ihren Bauern glänzender als irgendwo in dem blutigen Kriege.

1. **Bemerkungen über die Feuertaktik auf der Südwest- und Südostfront.**

Die schlichte Erzählung der Thatsachen macht eingehende Bemerkungen über die Feuertaktik der beiden Gegner nicht mehr nöthig, und da über die französische Feuertaktik das Erforderliche an den betreffenden Stellen gesagt werden mußte, wenn die Dinge verständlich werden sollten, so bleibt sie hier ganz außer Betracht. Auf das Verhalten der Vertheidiger müssen wir indessen noch kurz eingehen.

Da fällt zunächst auf, daß weder auf dem Kirchhofe noch an der Südwestfront Salvenfeuer abgegeben wurde. Betrachtet man die Dinge in der Gesammtheit und im Einzelnen, so lagen für Salvenfeuer überall nach damaligen und auch noch nach heutigen Begriffen keine ungünstigen Verhältnisse vor. Der Gegner ging in Massen vor, die sich, je näher sie kamen, um so enger zusammenschlossen; die Entfernungen waren günstig, die Schußfelder nicht immer frei, besonders auf der Südwestfront; dort befanden sich zudem die Züge und Kompagnien unvermischt in der Hand ihrer Befehlshaber. Dies sind Umstände, die in der Regel für das Salvenfeuer angeführt werden. Trotzdem wurde es nirgends abgegeben während des ganzen Tages, auch nicht, als Mangel an Patronen eintrat. Hat man nun keine im Schießen und Fechten vollständig durchgebildete Truppe, auf deren Selbstthätigkeit man unbedingt zählen kann, so würde man unter Verhältnissen wie hier, wo besonders wegen der vielen Deckungen im Feuerbereiche hauptsächlich nur „Momentfeuer" eintreten konnte, den Salven unbedingt den Vorzug geben müffen. Hat man aber eine intelligente, gut ausgebildete und selbstthätige Truppe, so läßt man unter ähnlichen Verhältnissen dem Schützenfeuer auch künftighin in der Vertheidigung den Vorzug. Der Mann soll eben keine Schießmaschine sein.

Auf der ganzen Vertheidigungsfront theilten die Führer nur die Entfernungen mit und gaben das Zeichen zum Schießen. Es kam kein Fall des Vorschießens vor; das Feuer wurde auf dem Kirchhofe drei= mal auf Befehl und sofortiges Eingreifen der Zugführer und Unter= offiziere schnell und vollständig gestopft; einmal sogar, um die Wirkung der erften Lage überfehen zu können, zweimal stopfte das Feuer auf dem Kirchhof ab, ohne daß dazu Befehl ertheilt worden wäre. An den Stellen, wo die Feuerdisziplin diese höchften erreichbaren Triumphe feierte, waren nun nicht nur die Kompagnien, sondern sogar die Mann= schaften beider Regimenter gemischt, es hatten aus Zeitmangel keine Besprechungen der Führer stattfinden können, sondern dies Alles geschah gewissermaßen „improvisirt". Derartige „Improvisationen" sind aber nur mit vortrefflich geschulten Führern und Mannschaften durchzuführen, unter allen anderen Verhältnissen werden sie scheitern. Lagen wegen der Vermischung der Mannschaften die Verhältnisse für die Feuer= leitung auf dem Kirchhofe zweifellos am ungünstigsten, so trat dafür dort der günftige Umftand ein, daß der verantwortliche Führer die ganze Feuerposition überfehen konnte; und dieser Führer (Hauptmann Feige) war wegen seiner Ruhe und Kaltblütigkeit bekannt. Daß das Schicksal gerade einen Führer mit diesen Eigenschaften auf diesen brennendften Punkt verschlug, war ein Glück; die Persönlichkeit ift in solchen Verhältnissen die Hauptsache, und die Kugel scheint die Tapfer= keit in gewissen Fällen zu achten. Für die Feuerleitung in allen Phasen und mit allen Anforderungen erwies sich die Vertheilung der Zugführer, die zwar ebenfalls die Noth geboren hatte, außerordentlich zweckmäßig, und an diesen Führern, die ihre Aufgabe sofort in ihrem Kerne er= faßten, sieht man, welche wichtige Rolle dem jüngeren Offizier in solchen Fällen zufallen kann.

In Häusern ist der Mann in der Regel auf sich selbft gestellt; in= sofern halte man an dem hier befolgten Verfahren fest, daß erst auf Befehl oder Pfiff das Feuer eröffnet werden darf; das Stopfen wird freilich in solchen Fällen der Mannschaft selbst überlassen bleiben müssen, und die Erfahrung lehrt, daß man es ihr ohne Gefahr überlassen darf. Da, wo die Vertheidiger auf „Momentfeuer" angewiesen waren, an der Süd-westfront, wurde das Feuer nicht zu gleicher Zeit eröffnet, jeder Zug-führer wählte den Moment selbst, und auch das ließ sich während aller Stürme durchführen.

Gegen die Südwestfront des Städtchens konnte der Angreifer das Infanteriefeuer zum Theil während der Stürme unterhalten, gegen die Westfront des Kirchhofes geschah es nicht. Gestalteten sich dadurch zwar die Verhältnisse dort günstiger, so mußte das Rücken- und Flankenfeuer durch die feindliche Artillerie die Mannschaften wieder auf eine harte Probe stellen, die sie indessen vollständig bestanden.

Wohl niemals ist in diesem Kriege ein an Zahl schwacher und exponirter Vertheidiger in einer so übelen Lage gewesen wie hier auf dem Kirch-hofe. Im Kreise mit Artillerie und Infanterie umschlossen und voll-ständig eingeschnürt, überdauerten die Vertheidiger auf dem Kirchhofe ein vierstündiges gegen sie versammeltes Artilleriefeuer von 30 Geschützen, während einer Stunde sogar von 36 Geschützen. Die feindliche Artillerie verfehlte fast nie das Ziel; Alles war in einen Trümmerhaufen ver-wandelt, und es gab bald nicht nur keine Deckung mehr, sondern die ursprünglichen Deckungen wurden eine Gefahr für die Vertheidiger. Trotzdem wurden der dem Erdboden gleich gemachte Kirchhof und die beiden Häuser nicht verlassen; dies geschah selbst dann nicht, als jeder Mann den Eindruck erlangt hatte, daß Massen feindlicher Infanterie im Rücken standen. Derartige Leistungen sind nur durch den moralischen Werth der Truppe zu erklären, die fest entschlossen war, nicht zu weichen. Wenn aber der Vertheidiger ein vierstündiges versammeltes Artillerie-feuer überdauert, dazu noch auf einem so kleinen Raum wie hier, dann ist das wieder ein Beweis, wie gering die taktische Wirkung der Artillerie sein kann, selbst wenn gewissermaßen jeder Schuß trifft.

So mannigfaltig die Verhältnisse für die einzelnen Abtheilungen sich gestalteten, so zeigte sich doch bis zum Erlöschen der Schlacht die Feuerleitung systematisch durchgeführt. Daß also eine solche unter den schwierigsten Verhältnissen durchführbar, ist hier glänzend erwiesen, und daran muß in Zukunft bei der Vertheidigung unter allen Umständen festgehalten werden. Wenn man sich nun den Angreifer mit den heutigen Waffen denkt, so würde der Vertheidiger wahrscheinlich in keine merklich ungünstigere Lage gekommen sein. Denn gegen „Kopfscheiben" ist die Wirkung der heutigen Gewehre außerordentlich gering. Dagegen würde der schwächere Rauch z. B. das Stopfen des Feuers beim Angriff gegen die Westfront nicht nöthig gemacht haben. Man hätte eben immer sehen und zielen können, und da die Treffergebnisse gegen stehende und vorgehende Schützen dreiundvierzigmal größer sind als gegen „Kopfscheiben", so würde unter heutigen Verhältnissen der Angreifer weit größere Verluste erleiden und nicht zur vier- bis fünfmaligen Wiederholung der Stürme gelangen. Es giebt dann kein anderes Mittel als „Herankriechen", so lächerlich es klingen mag, und kurze Sprünge von höchstens 25 m Entfernung. Ob aber eine Infanterie acht bis zehn derartige Sprünge machen kann, muß erst die Kriegspraxis lehren! Die menschliche Natur möchte stark dagegen sprechen. Die größeren Schußleistungen von heute würden dem Angreifer keine größeren Vortheile bieten, denn der Angreifer setzte jeden Sturm unter dem Nahfeuer an.

Sehr zweckmäßig und den vorliegenden Verhältnissen angepaßt war die Feuerleitung des Hauptmanns Feige in Bezug auf die Zeit der Feuereröffnung. Von Angriff zu Angriff ging er von hundert zu hundert Schritt zurück, bis das erlösende Kommando erfolgte. Dies geschah, wie ausgeführt, zur Ersparung der Munition und Erzielung größerer Wirkung. Zuletzt war er entschlossen, den Gegner bis auf hundert Schritt herankommen zu lassen, und es darf wohl als ausgemacht gelten, daß dies geschehen wäre.

Ueber den Munitionsersatz wird sogleich das Nothwendige gesagt werden, es bleibt noch ein Wort über den Hauptmann Feige übrig. Selten wird ein Offizier dieses Grades in eine so verantwortungsvolle Lage gerathen. Geschieht es aber, so kann für die Wahl seiner Entschlüsse lediglich sein eigenes taktisches Urtheil bestimmend sein. Dies muß er vorher haben, er kann es in der Situation nicht erst sich erwerben wollen. Hat er es, so wird er Kopf und Ehre entschlossen einsetzen und nach eigenem Ermessen handeln; hat er es nicht, so wird er sich an den Wortlaut des Befehls halten, besonders falls dieser wiederholt wird. Wir müssen also im Frieden denkende Offiziere erziehen, Taktiker und Charaktere heranbilden, und dafür bietet die analysirte Kriegsgeschichte eine vorzügliche Methode. Jeder Offizier

muß daher studiren und hierbei selbst analysiren, um seine Urtheilskraft
zu entwickeln. Er braucht keine ganze Bibliothek durchzulesen, er lasse
sich typische Vorgänge, die naturgetreu dargestellt sind, geben und ver-
senke sich in einen Gefechtsakt, diesen aber ergründe er in allen seinen
Erscheinungen. Das nutzt! Der Kirchhof bildete den Schlüssel der
Schlacht. Ging er in feindliche Hände über, so war sie unbedingt verloren, denn nördlich der Straße von Batilly konnte der Feind sich von
Haus zu Haus gedeckt heranarbeiten, und dann stand er an dem un-
besetzten Stadttheile der Westfront. Gelangte die Brigade Brisac dahin,
so war das Schicksal des Städtchens besiegelt. Indem Hauptmann
Feige dies erkannte, betrachtete er es als seine Pflicht, gegen den wiederholten Befehl zu handeln. Dadurch hauptsächlich wurde die Schlacht
gewonnen, denn daß der Kirchhof ohne die Kompagnien unter Feige
nicht gehalten worden wäre, dürfte wohl von keiner Seite bestritten
werden können.*)

In gewissem Sinne kann man sagen, Beaune la Rolande wurde
durch die äußeren Reserven gehalten, nicht durch die Vertheidiger im
Städtchen selbst. Denn die ganze Südfront ist überhaupt nicht ernstlich angegriffen worden; es bewahrheitet sich also hier wieder der
alte Grundsatz, daß die Entscheidung bei den äußeren Reserven liegt.
Denn was hier in Bezug auf Hauptmann Feige angeführt ist, gilt
genau so für die später erfolgenden Angriffe gegen die Südostfront
und hat auch seine Berechtigung für die Offensive unter General v. Woyna
gegen 2 Uhr in Richtung Romainville—Beaune. Der Beweis für
diese Behauptungen liegt, vorgreifend bemerkt, in den Verlusten des
Gegners. Rings um den Kirchhof wurden die Leichen auf etwa 700 geschätzt, natürlich mit Einschluß derjenigen vor dem Ausgange nach Orme.
Vor der ganzen Südfront zählte man kaum 25; von der Straße
nach M^{ins.} de la Montagne bis zu derjenigen nach Ormetrou wieder
etwa 400. Nach der Angabe des Ortsgeistlichen, der die Beerdigung
leitete, sollen sogar 1800 Franzosen begraben worden sein.**) Diese
Ziffern würden daher dem vorstehenden Satz noch größere Beweiskraft
verleihen. Hervorgehoben muß noch werden, daß Entfernungen rings
um den Kirchhof nicht vorher kenntlich gemacht worden waren, daß

---

*) Näheres: Zur Geschichte der Vertheidigung des Kirchhofs von Beaune
la Rolande, S. 22.
**) Bericht des Oberstlieutenants Sannow, Kr. A. 8, II, 2.

also die Truppen gewissermaßen in fremde Verhältnisse eintraten. Um so bemerkenswerther sind ihre Feuerergebnisse.

Im Wesentlichen traten auf der Südostfront und auf den Höhen von Les Roches die gleichen Erscheinungen in der Feuertaktik hervor. Wie die französischen Angriffe auf die Südseite des Kirchhofes von Osten flankirt wurden, so konnten die ersten vier gegen Les Roches von Westen flankirt werden, und in beiden Fällen war der Erfolg vollständig. Dies sind insofern beachtenswerthe Lehren, weil sie zeigen, daß eine geschickte Taktik im Bereiche der niederen Truppenführung Raum und Gelegenheit zu wirksamen Flankirungen findet, wodurch die Vortheile der allgemeinen Umfassung im Bereiche der hohen Truppenführung wesentlich paralysirt werden können, und das sind Dinge, die der Lieutenant wissen und bethätigen muß. Es müssen also in allen Graden Taktiker sein, die derartig unerwartet an sie herantretende Lagen auszunutzen wissen.

Im Allgemeinen gestaltete sich die Feuerleitung auf der Südostfront und auf den Höhen von Les Roches abschnittsweise, wobei für die Eröffnung nicht die Zeit, sondern lediglich die Entfernung maßgebend war und blieb. Darüber hatte nun zwar vor den Angriffen nichts angeordnet werden können, allein man war stillschweigend einig, es zum Nahkampfe kommen zu lassen. Die Stellung mit der weit vorspringenden Südostspitze einerseits und andererseits die vielen besetzten Häuser boten aber eine dauernde große Gefahr, daß, sobald ein Schuß fiel, das Feuer von anderen Abtheilungen aufgenommen wurde; die Gefahr war um so drohender, als die Zeit drängte. Trat das ein, so war es mit jeder Feuerleitung vorbei, und wer weiß, wie sich dann die Dinge gestaltet hätten. Dies zu verhüten, war Sache der unteren und untersten Führer, die höheren hatten es nicht in ihrer Macht; sie konnten nur das Prinzip angeben, die Zugführer mußten es verwirklichen. Trotz der Improvisation gelang dies während aller sehr verschiedenen Kampfphasen bei beiden Regimentern auch da, wo sie vermischt waren. Hier hat also die Tüchtigkeit der Zugführer sich ganz besondere Verdienste erworben, weil sie die Feuerdisziplin unter allen Verhältnissen aufrecht zu erhalten wußten; aber auch der einzelne Mann verdient Lob, denn besonders in den Häusern war dieser im Zuge so auf sich selbst gestellt wie der Zugführer im Bataillons- oder Regimentsverhältniß.

Major v. Gerhardt entwickelte, für seine Person, an den Kalköfen eine unermüdliche Thätigkeit. Er wiederholte und ließ in jeder Pause an der Linie entlang die Parole wiederholen: „Nur auf Kommando feuern!" Er selbst hatte direkt unter seinen Augen 9./57., 11./57., Pionier-Kompagnie Kleist: auf die anderen Züge und Kompagnien dürfte er seit dem Eintreffen in der Stellung keinerlei Einwirkung geäußert haben. Diese acht Züge hielt er aber mit eiserner Zähigkeit in der Hand, und sämmtliche Zugführer und Offiziere folgten dauernd und verständnißvoll seinen Anordnungen. Das Eröffnen des Feuers dieser acht Züge war das Zeichen zum Einfallen der Abtheilungen rechts und links auf den Höhen von Les Roches, und das Stopfen vollzog sich hier ebenfalls wieder von diesem Mittelpunkte aus nach rechts und links.

Der Bataillonskommandeur brachte also, soweit das überhaupt möglich war, seine Entschlüsse und seinen Einfluß voll zur Geltung; freilich hätte seine optimistische Auffassung vor dem fünften Sturme verhängnißvoll werden können. Es gehört wenig Phantasie dazu, sich den Eindruck der Ereignisse auf den einzelnen Mann zu vergegenwärtigen. Wie war doch gerade dieses eine Bataillon unter den Augen von drei Instanzen — Regiment, Brigade, Division — stundenlang hin und her geschoben worden! Welche Anforderungen wurden hier an die Manns-zucht bei den Befehlen und Gegenbefehlen gestellt, bei diesem stunden-langen „Exerziren im Feuer"! Es giebt dafür keine treffendere und kürzere Bezeichnung, um alle Eindrücke und Folgen vor die Seele des Lesers zu rufen. Von Hunger und Durst in höchstem Grade geplagt, war das Bataillon in Kolonnen über das aufgeweichte Erdreich der deckungslosen Höhenfläche hin und her geworfen worden! Im ganzen Kriege möchte kein zweites Beispiel eines derartigen stundenlangen „Exerzirens im Feuer" wiederzufinden sein, und wenn der Leser Einzel-leistungen taxiren will, so ist es zunächst nöthig, die Verhältnisse klar zu legen, unter denen sie sich vollzogen. Diese Kreuz- und Querzüge des F./57. sind noch für eine lange Zukunft ideale Ziele für die kriegs-tüchtige Ausbildung eines Bataillons. Auch aus diesem Grunde wurde darauf hingewiesen.

Nun hatte der Soldat zwar nach den erfolgreich abgewiesenen ersten vier Stürmen einen hohen Grad von Selbstvertrauen, als er in der Dunkelheit auf eine so unerwartete Probe gestellt wurde. In der Regel ist jede Feuerleitung in der Dunkelheit unmöglich; man hat dann nur das eine Mittel: den Feind nahe heran kommen zu lassen, so daß jeder Schuß trifft, und zur Noth das Bajonett — also späteste Feuereröffnung, wie es hier geschah. Allein der Mann sah in einer Entfernung von 150 bis 200 Schritt ab sich von Massen umgarnt, er hatte den Schuß im Laufe, er lag im Anschlage, und trotzdem die Massen schnell näher kamen, wartete er, bis die Entfernung nur noch 80 Schritt betrug — unter solchen Verhältnissen eine wahre taktische Ewigkeit —, bis er erlöst wurde. Erlöst! In derartigen Krisen ist die Thätigkeit die Erlösung von der schweren Aufgabe, welche die Kriegszucht an die Geduld und Ruhe jedes Mannes hinsichtlich des Abwartens stellt. Man wird solche Leistungen aber nur Truppen zumuthen dürfen, die von Vertrauen auf ihre Offiziere beseelt sind, und diese werden wiederum nur dann erreichen, was sie beabsichtigen, wenn sie die Mannschaft richtig behandeln. Ueberall, wo das nicht zusammentrifft, überdauert eine an Zahl bedeutend unter-legene Truppe eine solche Probe nicht. Der moralische Eindruck der herangekommenen überlegenen Massen ist dann schon die Entscheidung; auch zu jenem Zeitpunkte klopften die Herzen von Mannschaften und Offizieren, allein ein Jeder wußte, daß Alles von seinem Verhalten abhing.

Beaune ist der Triumph des Nahfeuers; die Feuerdisziplin hat hier unter den mannigfachsten Verhältnissen Proben bestanden wie sonst selten; aus dem Verhalten der Deutschen bei Beaune kann man die Grundprinzipien für die reglementarische Ausbildung in der Vertheidigung entnehmen.

Nicht überall wiederholte sich dasselbe, die Truppen auf den Flügeln hatten zweifellos schwierigere Aufgaben zu erfüllen als die hinter Wall und Graben in der Stadt; so besonders I. und F./57. Aber es muß doch darauf hingewiesen werden, daß beim letzten Sturm auf den Ausgang nach Orme das Moment der Ueberraschung in vollständiger Dunkelheit hinzutrat, und zwar aus so großer Nähe, daß beide Parteien sich bereits zum Niederlegen der Waffen aufgefordert hatten. Beim F./57. hatte man die Massen von 150 bis 200 Schritt sich wie Bienenschwärme nähern sehen und sie bis auf 80 Schritt herangelassen, bevor Befehl zum Feuern ertheilt wurde. Hier wurden daher andere Anforderungen an die moralischen Kräfte gestellt als beim letzten Angriff gegen den

Ausgang nach Orme; man sah die Entwickelung, man konnte sich auf sich selbst besinnen. Beim letzten Sturm gegen den Ausgang von Orme lag das anders, es gab gewissermaßen keine Zeit mehr, etwas Anderes zu thun, als zu feuern, man war eben überrascht. Um aber feuern zu können, mußten die Vertheidiger vor allen Dingen größte Kaltblütigkeit bewahren. Unter solchen Umständen machen sich die Eigenthümlichkeiten der Volksstämme scharf geltend. Der schwerfällige, aber kaltblütige Westfale war für diese Aufgabe wie eigens auserlesen, und daß er hier etwas Großes geleistet hat, lehren die genau abgeschrittenen Entfernungen der Todten bis unmittelbar an den Rand der Barrikade, so daß wahrscheinlich die Angreifer im letzten Stadium des Feuers auf der einen Seite der Barrikade, die Vertheidiger auf der anderen gestanden haben. Wäre die Barrikade nicht vorhanden gewesen, so würde es hier zweifellos zum Handgemenge gekommen sein. Man sieht daraus, daß selbst primitive Sperren unter solchen Umständen Bedeutung erlangen, lediglich als Hinderniß. Immerhin mag zugegeben werden, daß dieser letzte Sturm geglückt wäre, wenn besonders Hauptmann Ohly (12./16.) nicht so energisch flankirend eingegriffen hätte. Auch dieses nachdrückliche Eingreifen der Flankirung verdient Anerkennung und beweist, daß selbst in pechschwarzer Nacht bis zu einem gewissen Grade eine Feuerleitung von verschiedenen Punkten auf ein und dasselbe Ziel möglich und erfolgreich ist, falls Führer und Truppen taktisch geschult und zur Selbstthätigkeit erzogen worden sind. Auf diesem weiten Gebiete liegen denn auch die taktischen Lehren dieser Vertheidigung, und sie werden unter solchen Umständen ihre Gültigkeit bewahren.

Die 38. Infanterie-Brigade hat am 28. November ihre gesammte Taschen- und Tornistermunition verbraucht, und alle Kompagnien hätten sich wiederholt gänzlich verschossen gehabt, wenn nicht die Patronenwagen von F./16. und I./57. herbeigeschafft, wenn nicht Patronen von Todten und Verwundeten entnommen worden wären, wenn nicht die weniger engagirten Truppen dauernd Patronen an die mehr engagirten abgegeben, wenn die 52er und 12er nicht einen Theil ihrer Patronen vertheilt hätten. Trotzdem hatten die Kompagnien der 38. Infanterie-Brigade am Schlusse der Schlacht pro Mann durchschnittlich nur noch drei bis fünf Patronen. Die Patronenwagen von F./16. und I./57. waren gänzlich geleert. Derartige Fälle gehören in der Kriegsgeschichte

Munitions-ergänzung.

zwar zu den Seltenheiten; trotzdem dürfte, wenigstens für die Ver=
theidigung, das Gesetz möglichster Sparsamkeit mit der Munition Gül=
tigkeit behalten, und zwar in künftigen Kriegen mehr denn je. Die
Munitionsversorgung vollzog sich improvisirt ohne jede Vorbereitung.
Mit besserem Erfolge als hier dürfte sie aber auch in Zukunft nicht zu
bewerkstelligen sein. Was hier in dieser Hinsicht geschah, ist ausführbar;
was darüber hinausgehen soll, ist illusorisch.

Nachdem der zweite Sturm abgeschlagen worden war, hatte auf
dem Kirchhofe jeder Mann durchschnittlich nur noch 10 Patronen. Dies
war unter allen Umständen zu wenig, und daß die Gefechtslage den
Gegner zu weiteren Stürmen auf den Kirchhof zwingen werde, erschien
den Führern über jeden Zweifel erhaben. Mußte der Kirchhof aber
aufgegeben werden, so war der Tag überhaupt für die Deutschen ver=
loren. Das feindliche Artilleriefeuer schwoll sogleich wieder zu höchster
Heftigkeit an. Die Batterie auf M^{ins}· de la Montagne wurde den
Vertheidigern geradezu verderblich. Bis dahin hatten die Häuser am
Kirchhofe und bis zum Städtchen nur gekohlt, von 2 Uhr an stieg aber
eine Feuersäule in die dunkele Atmosphäre empor, die sich bis in den
Bereich des F./16. fortsetzte. Die Hitze wurde unerträglich, eine Brand=
granate nach der anderen kam von M^{ins}· de la Montagne herüber; an
Löschen des Feuers war nicht zu denken; die Straße vom Kirchhofe
zum Städtchen war unbenutzbar geworden. Ob F./16. davon Kenntniß
erhalten hatte, ist unsicher, die Einen behaupten es, die Anderen bestreiten
es. Wie dem sei, jene Batterie mußte verscheucht werden. Zwar wurde
sie später von Les Roches durch die deutsche Artillerie beschossen, allein
diese hatte sich bereits damals nicht nur der Batterien bei Bergonville,
sondern auch des feindlichen Infanteriefeuers zu erwehren. M^{ins}· de
la Montagne überragten die Stadtmauer; die Entfernung betrug von
den nächsten hohen Häusern stark 350 m, zu diesen gehörte die im Be=
reiche von 10./16. gelegene Schule. Von hier aus wurde nun aus dem
obersten Stockwerk jene Batterie unter Schützenfeuer genommen und —
vertrieben. Freilich erfolgte das erst, nachdem die Hauptgefahr auf dem
Kirchhofe überstanden war; aber immerhin verdient das geschickte Ver=
halten lobende Erwähnung, zudem kann man die Folgen, ohne die Ursache
aufzudecken, nicht verstehen.

Hauptmann v. Natzmer hatte sich inzwischen wieder beritten gemacht, der Ruf „Munition!, Munition!" pflanzte sich vom Kirchhof an die ganze Linie entlang bis auf den äußersten linken Flügel zu 8./16. fort. Auch Oberstlieutenant Sannow erhielt davon Kunde. Allein guter Rath war theuer. Die 16er im Städtchen, wenigstens F./16., besaßen noch verhältnißmäßig viel Patronen. Am Ausgange nach Batilly stand ½ Zug 2./16. nebst wieder gesammelten Versprengten unter Lieutenant Graßhoff, die andere Hälfte des Zuges stand auf dem Marktplatz bei den Fahnen. Beide mußten die gesammte Munition bis auf fünf Patronen abgeben, die Hauptmann v. Natzmer mit mehreren Leuten unaufhörlich nach dem Kirchhof ablieferte. v. Natzmer war ohne Kopf=bedeckung zu Pferde, in dem Helm trug er die Patronen. Auf diese Weise machte er mehrfach in schneller Gangart den von allen Seiten unter Feuer genommenen Weg hin und zurück. Und man tadele diese Thätigkeit eines Bataillonskommandeurs nicht, sie war unter jenen Umständen schlechthin die wichtigste. Eine ganze Anzahl Freiwilliger beider Regimenter betheiligte sich, nach eigener Angabe Natzmers, an dem schwierigen Werke, und die Mannschaft, besonders einige Einjährig=Freiwillige, zeigte dabei große Erfindungsgabe. Auch bei 12./16. ergänzte man die Munition; die meisten Patronen entnahm man aber den Todten und Verwundeten. Somit mögen die Mannschaften auf dem Kirchhofe und an der Südwestfront des Städtchens wieder durchschnittlich etwa 20 Patronen besessen haben, als der dritte Sturm auf den Kirchhof begann. Der Ruf „Munition!" war inzwischen auch bei F./57. ver=nommen worden, das um jene Zeit gerade im Begriff stand, die Südost= und Ostfront des Städtchens und die Höhen von Les Roches wieder zu besetzen. Der auf dem äußersten rechten Flügel befindliche Premier=lieutenant v. d. Heyden (10./57.) sammelte hier infolge dessen seinen Helm voll Patronen und jagte mit denselben durch das Städtchen in die Stellung von 1./16., wo er sie an die Mannschaft vertheilte; er traf dort gerade ein, während der dritte Sturm auf den Kirchhof unternommen wurde. Angesichts der Massen, die sich damals im Süd=osten des Städtchens zeigten, hatte man beim F./16. Bedenken, ob die vorhandenen Patronen ausreichen würden. Verschiedene Offiziere wurden daher bei Oberstlieutenant Sannow vorstellig, und man beschloß, die Patronenwagen heranzuziehen. Allein da diese bei Egry standen, so erschien die Ausführbarkeit des Planes fraglich. Lieutenant Mohs, Adjutant vom F./16., erbot sich, es zu versuchen. Als Lieutenant Mohs die Straße nach Egry hinunterjagte, war kurz vorher Romainville wieder genommen worden; allein der Gegner hielt La Pierre percée und die in der Nähe befindlichen Büsche, die von der Straße damals 600 m entfernt waren, noch stark mit Infanterie besetzt. Lieutenant Mohs fand den Patronenwagen des F./16. bei Egry, bespannte ihn mit acht Pferden und setzte sich in Trab. Als er in die Höhe des genannten Dorfes gekommen war, wurde das feindliche Schützenfeuer äußerst heftig, zwei Pferde stürzten darunter zusammen; es schien fraglich, ob das Werk gelingen werde. Lieutenant Mohs bog daher von der Straße nach Osten ab, gerieth aber in neue Schwierigkeiten, weil der schwere Wagen in dem aufgeweichten Erdreich, dazu noch durch Gärten und Weinberge behindert, nur langsam vorwärts zu bringen war. Gegen 3¼ Uhr langte Lieutenant Mohs mit ihm glücklich hinter II./16. bei den Kalköfen an, von wo nun die Patronenversorgung durch Weiter-geben nach rechts ihren Anfang nahm. Die Munition wurde kastenweise von je zwei Leuten an verschiedene Punkte nach Westen getragen. Dorthin strömten dann Führer und Mannschaften zusammen, die sich mit so vielen Patronen versahen, als sie tragen konnten. Dann erst erfolgte das Weitergeben von Hand zu Hand, so daß auf diese Weise Munition sogar bis auf den Kirchhof gelangte, wenn auch erst spät. Den größten Vortheil hatten davon die zunächst stehenden Kompagnien, die inzwischen gleichfalls angegriffen worden waren.

Für die beiden anderen Bataillone 16er hatte Lieutenant v. Bernuth II. es übernommen, die Patronenwagen heranzuschaffen; um nach Westbeaune zu kommen, hätte er jedoch die damals unter Oberstlieutenant Schaumann stehende Artillerielinie passiren müssen. Von der Heftigkeit des Kampfes kann der Umstand eine Vorstellung geben, daß Oberstlieutenant Schaumann es ablehnte, so lange das Feuer seiner Batterien einzustellen, bis die Patronenwagen vorbei wären, weil er dafür die Verantwortung nicht übernehmen könnte. Daher mußten diese Patronenwagen zurückbleiben.

Für F./57. sollte Lieutenant de Rège den Patronenwagen heran-schaffen, doch in dem Augenblick, da der Offizier abreiten wollte, erhielt sein Pferd einen Schuß durch die Nüstern. Das erregte Thier war seitdem nicht mehr zu gebrauchen, und die Sache unterblieb daher.

Es wurde unter solchen Umständen neben so vielen anderen Schwierigkeiten geradezu verhängnißvoll, daß die Patronenwagen bis nach Egry zurückgefahren waren, und auch dieses Beispiel mag lehren, wie wichtig es ist, sie so nahe wie möglich zu haben.

Außer dem Munitionsmangel stellte sich ein anderer Uebelstand ein, indem bei einer beträchtlichen Anzahl von Gewehren der Schloß- mechanismus versagte, und zwar entstand das durch Hemmungen der Zündnadel im Nadelrohr. In vielen Fällen vermochten die Mannschaften das Uebel nicht zu heben, sie schafften daher Ersatz von den Gewehren der außer Gefecht gesetzten Mannschaften, so auf dem Kirchhofe. Da, wo man mehr Zeit hatte, wurde durch Offiziere und Unteroffiziere Abhülfe geschafft. Trotz alledem gelang es nicht, die Truppen auf dem Kirchhofe und an der Südwestfront ausreichend mit Patronen zu versehen. Die Führer mußten daher zu einem anderen Mittel greifen, nämlich zu einer späteren Feueraufnahme, um Patronen zu sparen. Aus den Berichten der 16er ist dies zwar nicht nachweisbar, Hauptmann Feige spricht sich indessen darüber in seinem Berichte sehr genau aus, so daß er mit voller Ueberlegung gehandelt haben muß. Es läßt sich aber annehmen, daß die 16er ähnlich verfuhren, wenigstens ist thatsächlich an der Südwest- front von Sturm zu Sturm ebenfalls auf immer kürzere Entfernung gefeuert worden.

m. **Rückzugsbefehle Crouzats und die Wiederbesetzung der deutschen Vorpostenstellung.**

Nachdem der von General Crouzat geführte Angriff gescheitert war, erschien bei ihm südlich von Beaune General Billot. Dieser suchte General Crouzat zu einem neuen Angriff zu veranlassen; doch Crouzat hegte keine Hoffnung auf Gelingen, sondern ertheilte dem General Billot Befehl, sein Armeekorps nach Maizières zurückzuziehen, während das 20. in die Stellungen zurückkehren sollte, die es am Morgen verlassen hatte. Dies kam aber, wie sich gleich zeigt, nicht zur Ausführung, vielmehr vermochten die einzelnen Divisionen erst am Vormittag des 29. nothdürftig die Ordnung wiederherzustellen und sich bei Bellegarde, St. Loup und Boiscommun aufzustellen. Der größte Theil der 2. Division hatte sein Gepäck eingebüßt, das Korps war etwa auf zwei Drittel zu- sammengeschmolzen und für die nächste Zeit nicht mehr gefechtsfähig.

In etwas besserer Verfassung war das 18. Armeekorps. General Billot räumte auch nicht die am 28. genommenen vorgeschobenen Stellungen der Deutschen; die Brigade Goury verharrte während der Nacht südöstlich von Beaune, um die „Verwundeten wegzuschaffen", und zog sich am 29. früh nach Maizières zurück; die Brigade Bonnet behielt Lorcy, Juranville und Les Côtelles besetzt, während Benouille in der Nacht geräumt wurde. Die übrigen Theile des 18. Armeekorps zogen sich am Abend nach Ladon und Maizières zurück; die Verbände konnten jedoch erst am 29. wiederhergestellt werden.

Für eine Verfolgung verblieben General v. Alvensleben zu wenig Streitkräfte übrig; abgesehen davon hätte sie auch in pechschwarzer Nacht für den Sieger ernste Bedenken gehabt. Denn die 9. Infanterie-Brigade war vom General v. Voigts-Rhetz nach Marcilly gewünscht worden. dafür kam jedoch die 10.; Regiment 52 und Jäger Nr. 3 standen auf der Linie Batilly bis zur Straße Beaune—Barville; Regiment Nr. 12 befand sich in und bei Beaune la Rolande, von ihm war aber nur F./12. entbehrlich. Unmittelbar nach dem Scheitern des letzten Sturmes auf den Ausgang nach Orme folgte dem Feinde F./12. in Richtung Orme nach, wobei ihm über 300 Gefangene der 1., 2. und 3. Division 20. Armee-korps in die Hände fielen. Allein nördlich Orme machte auch F./12. Halt. Etwa gleichzeitig mit diesem Bataillon war Hauptmann Soest mit 6./57., nachdem diese am Straßenkreuz gesammelt worden war und sich mit neuer Munition versehen hatte, in Richtung des Kirchhofes wieder vorgegangen. Dort langte sie gerade an, als der letzte Sturm auf den Ausgang nach Orme abgeschlagen war. Hauptmann Soest wandte sich nun vom Kirch-hofe aus auf das brennende L'Orminette, wobei er mehrere Hundert Ge-fangene machte, die er nach Norden zurückschickte. Von L'Orminette drang Hauptmann Soest, die feindliche Infanterie unter Hurrah vor sich her-treibend, mit schlagenden Tambours gegen 7½ Uhr in Jarrisoy ein, wo er am Morgen seinen schwerverwundeten Feldwebel Laesch hatte zurücklassen müssen. Sein erster Gedanke richtete sich auf die 300 Thaler Kompagnie-gelder desselben, die zu seiner großen Freude nicht verloren gegangen waren. Hauptmann Soest machte nun in Jarrisoy ebenfalls Halt, sicherte sich gegen St. Loup les Bignes durch Feldwachen und sandte um 7 Uhr 50 Minuten folgende Meldung ab: „St. Loup ist stark vom Feinde besetzt. Vorposten ungefähr 600 Schritt vor. Auch der Windmühlenberg, auf dem gestern

die rechte Flügelfeldwache von F./57. stand, ist durch schwache Vorposten besetzt. Ich stehe in der Linie Ormette—Jarrison, habe 100 Gefangene zurückgeschickt."*) Es war dies die einzige Kompagnie von der
38. Infanterie-Brigade, die ihre am Morgen innegehabten Vorposten am
Abend wieder bezog; alle gegentheiligen Angaben beruhen auf Irrthum.
Freilich hatten 7. und 10./57. gegen 8 Uhr, nachdem das Regiment
sich zwischen 6½ und 7 Uhr nordwestlich von Beaune gesammelt hatte,
Weisung erhalten, Orme und Foucerive wieder zu besetzen. Allein Hauptmann Feige gelangte am Abend des 28. nicht mehr nach Orme, sondern
stellte seine Kompagnie auf der Straße nordöstlich davon auf. Erst in
der Frühe des 29. besetzte er Orme, wo er um 2 Uhr nachmittags
vom 3. Korps abgelöst wurde. Eine Verfolgung über 7./57. hinaus
nach Montbarrois hat nicht stattgefunden.**) 10./57. trat um die angegebene Stunde den Marsch auf der Straße nach Foucerive ebenfalls
an. In unbestimmten Umrissen, zeitweise durch das brennende Beaune,
Ormetrou und L'Orminette erleuchtet, lagen rechts vorwärts M^ins·
de la Montagne. Man hatte einige Schützen vorgeschickt, das Vorgehen
gestaltete sich zu einem langsamen Tasten und Fühlen, weil man von M^ins·
de la Montagne nicht nur fortwährend französische Laute hörte, sondern
auch Gestalten in steter Bewegung sah. Man mußte unter diesen Umständen annehmen, daß M^ins· de la Montagne noch besetzt seien. Infolge
dessen ließ Premierlieutenant v. d. Heyden fast in Höhe von M^ins· de la
Montagne seine Kompagnie halten, die er durch drei Doppelposten sicherte.
Die Mannschaft fiel, nachdem die Gewehre zusammengesetzt, sogleich in
einen todähnlichen Schlaf, Premierlieutenant v. d. Heyden meldete seine
Maßregeln und den Befund vor seiner Front. Jedes Sprechen und
Rauchen wurde verboten. Plötzlich fiel bei dem Doppelposten auf
der Straße ein Schuß, und wie der Blitz erhob sich die Mannschaft,
ergriff ohne Kommando die Gewehre und wartete ab, was die Dunkelheit bringen werde. Um die Ursache des Schusses festzustellen, begaben
sich Premierlieutenant v. d. Heyden und Lieutenant v. Scheffer nach
vorn; nach einigen Schritten kam ihnen ein Füsilier entgegen, der ein

---

*) Kr. A. S, III, 1, VI. — **) Infolge der Behauptung des Majors
v. Alvensleben im Mil. W. Bl. Nr. 12/1894, die Brandenburger hätten in der
pechschwarzen Nacht verfolgt, wandte ich mich nochmals an Hauptmann Soest.
Sein ausführlicher Bericht bestreitet dies in jedem Punkt.

Pferd führte und meldete, er hätte von Foucerive Pferdegetrappel gehört; da der Ruf: „Halt! Wer da!" unbeantwortet geblieben sei, hätte er aufs Gerathewohl einen Schuß abgegeben, worauf ihm das reiterlose Pferd zugelaufen wäre. Der Füsilier hatte einen jungen französischen Offizier niedergeschossen. Er hatte in der rechten Hand zwei Befehle, die nach der Durchsicht weiter befördert wurden. Da alle Patrouillen über-einstimmend meldeten, M^{ns.} de la Montagne seien noch besetzt, so gab Premierlieutenant v. d. Heyden die Meldungen in der Nacht weiter, worauf er Weisung erhielt, in der Frühe M^{ns.} de la Montagne zu nehmen. Dem Befehle gemäß setzte sich 10./57. gegen 7 Uhr in Be-wegung, fand aber die Höhen verlassen, nur Verwundete und „Drücke-berger" waren in beträchtlicher Zahl zurückgeblieben.

Die Rückzugsbefehle Crouzats erreichten zum Theil die Truppen erst spät abends. Die Brigade Boisson sollte sich bei Batilly sammeln und mit der Brigade Brisac nach Boiscommun zurückgehen, wo sie in der Frühe des 29. anlangte. Die Brigade Vivenot war im Abend-dunkel des 28. in Boiscommun eingetroffen; die Brigade Aubé, welche keine Rückzugsbefehle erhalten hatte, weil der Ueberbringer erschossen worden war (siehe vor), verblieb bis 11 Uhr nordöstlich von L'Orminette*) und zog sich während der Nacht nach St. Loup les Vignes zurück; die 3. Division marschirte mit General Crouzat in der Nacht bis Bellegarde.

Das 20. Armeekorps war nun über 12 km in drei Gruppen aus-einandergezogen und befand sich, ganz abgesehen von seiner moralischen Verfassung, am 29. früh in einer höchst ungünstigen Lage, aus der es am 29. eigentlich nicht ohne Katastrophe hätte entkommen dürfen.

General Billot begab sich am Abend nach Maizières, am 29. vor-mittags traf er in Ladon auf Befehl des Generals Crouzat ein.

Die Truppen unter Oberst Cathelineau hatten sich in der Dunkel-heit des 28. wieder nach ihrem Ausgangspunkt an der Nordostspitze des Waldes von Orléans zurückgezogen, wo sie um 9 Uhr angelangt sein sollen (?). Im Ganzen dehnten sich also das 20. und 18. Armeekorps am 29. früh über einen Raum von 20 km aus!

Die Deutschen nach der Schlacht.   Nach der Beendigung der Schlacht lagerte das 10. Armeekorps in der Art, wie seine Verbände gefochten, bei Beaune la Rolande und Long

---

*) Vergl. Meldung des Hauptmanns Soest S. 264/265.

Cour, die 5. Division bei La Pierre percée mit der 9., bei Marcilly mit der 10. Infanterie-Brigade, die 6. Division und die 1. Kavallerie-Division standen in und um Boynes.

Die Vorpostenlinie dehnte sich nach Westen über Batilly, Arconville bis Mousseaux aus, am Renarde-Bach schlossen sich an sie die des 9. Armee-korps nach Westen. Im Uebrigen haben wir gesehen, daß die Wechsel der Vorposten, welche vom Oberkommando angeordnet worden waren, am 28. nicht ganz zur Ausführung gelangten. Erst am Vormittag des 29. trat das ein. Auf etwa 11 km Frontlinie waren mithin das 3. und 10. Armeekorps am Abend des 28. versammelt, d. h. auf der Hälfte des Raumes, den der Gegner einnahm. Da das Durcheinanderschieben des 10. und 3. Armeekorps bereits am Abend des 28. zu Schwierigkeiten hinsichtlich der Unterkunft führte, so beantragte das 10. Korps bei der II. Armee eine Trennung beider Korps nach Rayons; infolge dessen wurde am 29. früh der Raum östlich der Straße Beaune—Egry, die dem 3. Armeekorps verblieb, dem 10. Armeekorps angewiesen, der Raum westlich der Straße dem 3. Armeekorps.

Bei Beaune selbst lagerte während der Nacht Regiment Nr. 57, die Entsendungen ausgenommen 6., 7., 10./57, am Nordwesteingang des Städtchens im Biwak. Die Nacht wurde kalt, das Thermometer sank gegen Mitternacht auf den Gefrierpunkt. Regiment Nr. 16. wurde in Beaune untergebracht. Regiment Nr. 12 versah rings um die Stadt den Vorpostendienst, so gut es in der Dunkelheit möglich war. Die reitende Abtheilung Nr. 10 biwakirte an der Straße von Beaune nach dem Bahnhofe, die 1. leichte und 1. schwere Batterie bezogen in Gondre-ville Quartiere, die übrige Artillerie des 10. und 3. Armeekorps biwakirte westlich und nördlich vom Städtchen und in Beaune selbst. Als Oberst-lieutenant Schaumann daselbst sein altes Quartier aufsuchte, fand er es in hellen Flammen stehen, ähnlich ging es Anderen.

VI.

Der Dienstverkehr bei den Deutschen
vom Nachmittag bis zum Abend des 28. November.

Der Prinz-
Feldmarschall
begiebt sich nach
Pithiviers zurück. Der Prinz-Feldmarschall verließ gegen 5½ Uhr, als das Feuergefecht auf der ganzen Linie erloschen war, seinen Standpunkt südlich
von Barville und begab sich nach Pithiviers zurück, bevor sein Chef des
Stabes, den er zum General v. Alvensleben entsandt hatte, zurückgekehrt
war. Als Letzterer sich vom Prinzen entfernte, konnte dieser, wie man
heute die Begebenheiten kennt, nur einen unvollständigen Eindruck von
der Bedeutung und Größe des Kampfes haben; daß der Kampf aber
über die Bedeutung einer „Maske" zur Verdeckung der Operation
loingabwärts — in welchem Sinne sich bekanntlich noch um Mittag
General v. Voigts-Rhetz geäußert hatte*) — weit hinausging, konnte
Oberstlieutenant Graf Walderfee aus voller Ueberzeugung bekräftigen,
obwohl ihm diese Meldung des 10. Armeekorps nicht bekannt war.
Allein so sehr Oberstlieutenant Graf Walderfee sich bemühte, seiner
Meinung Geltung zu verschaffen, daß er die Streitkräfte des Feindes,
welche am Kampfe theilgenommen hatten, auf zwei Armeekorps schätzte
und daß er wegen des Schlachtausganges nicht mehr an die Absicht
einer feindlichen Operation loingabwärts zu glauben vermöchte, so
hielt doch der Prinz die Schätzung der Stärke des Feindes für übertrieben. Indem er das Wirksamste erwog, was ein tüchtiger Feind
unternehmen konnte und mußte, um auf Paris vorzubringen, war er
überzeugt, daß der Kampf am 28. nur die Einleitung einer kräftigen
Offensive gewesen sei, daß der Feind seine Angriffe wiederholen würde,
und hielt es für geboten, das Loing-Thal stärker zu besetzen, als es bis

---

*) S. 171.

dahin geschehen war. In diesem Sinne hatte der Prinz-Feldmarschall seinen Stabschef ermächtigt, den General v. Voigts-Rhetz mit Anweisung zu versehen. General v. Stiehle fand in der Dunkelheit den General v. Voigts-Rhetz nicht, der sich damals (5½ Uhr) noch beim Bahnhof Beaune befand, und sandte ihm daher von Beaune um 5½ Uhr Befehl, „noch in der Nacht die für heute befohlene Detachirung ins Loing-Thal mit der intaktesten Brigade auszuführen. Am 29. früh würde die 5. Division bei Beaune, die 6. Division und eine Brigade vom 9. Armeekorps bei Boynes bereitstehen". Der Ueberbringer sollte außerdem Bericht und nähere Auskunft über das „Gefecht" von diesem Tage erhalten.*)

Da inzwischen auch General v. Voigts-Rhetz das Schlachtfeld verlassen und sich nach Egry begeben hatte, so mußte der Befehl dorthin weitergehen und wurde dort kurz vor 7 Uhr abgegeben. Etwa um dieselbe Zeit war der Prinz-Feldmarschall wieder in Pithiviers. Kaum hatte der Prinz, an dessen Seite sich Oberstlieutenant Graf Waldersee befand, Barville durchritten, als unerwartet eine verirrte feindliche Granate unmittelbar über dem Haupte des Prinzen platzte. Man war von dem Geschehniß allgemein überrascht, und der Prinz bemerkte, das Pferd anhaltend: „Wir sind noch im feindlichen Feuer!" Als er darauf einige Augenblicke gelauscht hatte und weitere Schüsse nicht mehr vernommen wurden, setzte der Prinz das Pferd wieder in Trab. In Boynes wurde einen Augenblick Halt gemacht, um das Telegramm des Prinzen von 6 Uhr 5 Minuten an den König aufzusetzen und zu befördern, und dann der Ritt fortgesetzt. Das Telegramm hat folgenden Wortlaut:

Königs Majestät.

Versailles.

Das 10. Armeekorps wurde von 9 Uhr ab von seinen Vorpostenaufstellungen verdrängt, es hat sich bei Beaune la Rolande siegreich behauptet und wurde nachmittags in meinem Beisein unterstützt durch die 5. Infanterie- und 1. Kavallerie-Division. Der Kampf war zum Theil sehr ernst. Feind 30 000 Mann stark. Unser Verlust etwa 1000 Mann, viele Hundert Gefangene. Kampf Ende nach 5 Uhr.

gez. Friedrich Karl, Prinz von Preußen.**)

_____

*) v. d. Golz, S. 140. — **) Kr. K. A, III, 7, II.

In wie hohem Grade man um diese Zeit im Stabe des Oberkommandos die Kämpfe des 28. am Abend unterschätzte, geht allein aus
der Bezeichnung „Gefecht" in dem Befehle des Generals v.
Stiehle von
5½ Uhr hervor, und das Oberkommando würde gewiß eine mehr
zutreffende Auffassung gewonnen haben, wenn es frühzeitiger auf dem
Schlachtfelde eingetroffen wäre und sich aus eigener Anschauung und
durch mündliche Rücksprache mit den thätigen kommandirenden Generalen
ein Urtheil gebildet hätte! Da nun Beides nicht geschehen war, so
mußten außerdem wieder durch eine weitläufige Befehlsgabe die noth-
wendigen Maßnahmen getroffen werden. Hatte das Oberkommando
aber am 28., als es das Schlachtfeld verließ, die Bedeutung des
Kampfes sehr unterschätzt und glaubte es an eine Wiederholung der
feindlichen Angriffe, so hätte der Prinz-Feldmarschall am 29. früh sich um
so zeitiger nach Beaune begeben müssen, um durch eigenen Augenschein
die Eindrücke des 28. zu ergänzen. Bevor hierauf näher eingegangen
wird, müssen die weiteren Geschehnisse auf dem linken Flügel nachgetragen werden. Da ist zunächst festzustellen, daß General v. Voigts-
Rhetz das Schlachtfeld erst verließ, als er überzeugt war, daß der Feind
zu einem etwaigen nächtlichen Angriff nicht schreiten könnte.

Oberst
v. Valentini
an das
10. Armeekorps.

Während General v. Voigts-Rhetz sich noch beim Bahnhof Beaune
befand, lief dort folgende Meldung von der 39. Infanterie-Brigade von
4 Uhr nachmittags ein:

Seit einer halben Stunde Feuer erloschen. Feind aus Les Côtelles
bis jetzt nicht gefolgt. Vier Bataillone der Brigade stehen bei Long Cour
westlich gesammelt. Aus Corbeilles keine Meldung.*)

gez. v. Valentini.

In Egry angekommen, beantwortete der General v. Voigts-Rhetz
um 7 Uhr schriftlich den Befehl des Generals v. Stiehle von 5½ Uhr,
wie folgt:

General
v. Voigts-Rhetz
an die II. Armee.

„Das 10. Korps hat, nachdem seine Vorposten auf der ganzen
Linie hatten zurückgenommen werden müssen, die Stellung Beaune—
Long Cour behauptet. In und bei Beaune steht heute Abend die
Brigade Wedell mit zwei Fuß- und zwei reitenden Batterien.**) Die

---

*) Kr. A. S, III, 1, VI. — **) Dies war nicht ganz genau, General
v. Voigts-Rhetz hatte jedoch noch keine näheren Meldungen erhalten.

Brigaden Lehmann und Valentini haben den Höhenrücken zwischen Long Cour und Benouille, von der Fußabtheilung der Korpsartillerie unterstützt, behauptet, die Angriffe des Feindes auf die Stellung Beaune—Long Cour zurückgeschlagen.

Die Verluste des Korps kann ich noch nicht übersehen, zwei Geschütze, die sich bei der Avantgarde befanden und deren Pferde und Leute sämmtlich getödtet waren, sollen in die Hände des Feindes gefallen sein.*) Ich schätze den Feind, der dem Korps gegenübergestanden hat, auf 30000 Mann. 500 Gefangene habe ich in den Händen. Die Posten in Lorcy und Corbeilles, auf denen das Jäger-Bataillon, unterstützt von einigen Kompagnien, sich glänzend gegen eine feindliche Brigade geschlagen hat, mußte ich aufgeben, weil ich des letzten Mannes in der Stellung selbst bedurfte. Aus Château Landon habe ich den Tag über keine Meldung bekommen. Ein aus Nemours kommender Offizier sagt aus, daß das Detachement in Nemours mit dem in Château Landon in Verbindung gestanden hat. Eine Dragoner-Schwadron, die in meiner linken Flanke patrouillirte, hat nichts vom Feinde gesehen. Der Feind ist nicht über Corbeilles hinaus nach Norden vorgegangen. Rittmeister v. Alvensleben**) vom Generalkommando ist heute Nacht mit zwei Zügen von Château Landon aufgebrochen, um General Kraatz in Joigny zu erreichen."***)

Ein zweites Blatt enthielt folgende Meldung:

Die Detachirung einer Brigade noch in dieser Nacht nach Château Landon ist unausführbar. Alle drei Brigaden haben heute geschlagen, alle drei haben Vorposten ausgesetzt. Bei allen dreien ist Munitionsmangel, und keine hat heute abgekocht. Sobald es morgen früh möglich sein wird, werde ich eine Brigade „auf" Château Landon in Marsch setzen, bemerke aber, daß eine Brigade allein nicht im Stande ist, die Stellung bei Long Cour zu behaupten, und daß, wenn ich eine Brigade von dort wegnehmen muß, das nur unter der Voraussetzung geschehen kann, daß inzwischen eine Brigade des 3. Korps dort eingetroffen ist.

gez. v. Voigts-Rhetz.†)

---

*) In Wirklichkeit ging nur ein Geschütz verloren, das zweite war inzwischen zurückerobert worden. — **) I, S. 412/414. — ***) C, III, 9, IV, h. Fast vollständig mitgetheilt bei v. d. Golz, S. 141/142. Mußte aber der Klarheit wegen angeführt werden. — †) Ebenda.

Das Oberkommando, das beide Meldungen um 9 Uhr abends in Pithiviers erhielt, hätte darin eine volle Bestätigung des vom Oberst= lieutenant Grafen Walderfee mündlich ertheilten Berichts erkennen, dann aber auch zu einer wesentlich anderen Auffassung als der bis dahin bestandenen gelangen müssen. Eine um 9 Uhr 30 Minuten in Pithiviers telegraphisch einlaufende weitere Meldung des Generals v. Voigts-Rhetz hätte es darin bestärken müssen, die zwei Stunden später als erstere, also um 9 Uhr, von Egry abgegangen war und lautete: „Um 9 Uhr abends erhalte ich aus Château Landon die Meldung, daß Feind Ferrières und Fontenay im Laufe des Tages geräumt hat. Zwischen Château Landon und Corbeilles ist den Tag über kein Feind gewesen. Eisenbahnzerstörung sollte um 5 Uhr nachmittags ausgeführt sein."*)

Was lag dieser Meldung zu Grunde?

Der General v. Voigts-Rhetz war, wie wir wissen, von dem Ge= danken beseelt, ein Vordringen des Feindes längs des Loing nach Kräften zu verhindern, und hatte infolge dessen vor Eingang des Befehls des Oberkommandos von 9½ Uhr vormittags Anordnungen zur Zerstörung der Eisenbahn Montargis—Fontainebleau getroffen, im Uebrigen jedoch von der ihm übertragenen Entsendung einer Brigade über Château Landon Abstand nehmen müssen. Da jedoch die Bahnzerstörung von Château Landon schneller als von Beaune la Rolande aus bewirkt werden konnte, so war das dort befindliche Detachement v. Boltenstern angewiesen worden, in der Frühe des 28. die Zerstörung zu versuchen; allein um sicher zu gehen, daß dieselbe unter allen Umständen erfolgte, hatte der General v. Voigts-Rhetz außerdem in der Frühe eine Pionier= abtheilung, begleitet von einigen Kavalleristen, unter dem Hauptmann Neumeister vom Generalkommando zu demselben Zweck nach Château Landon abrücken lassen.

Ueber beide Maßnahmen liefen nun beim General v. Voigts-Rhetz im Laufe des 28. folgende Meldungen ein, und zwar zwischen 7 und 9 Uhr abends:

1. Von 9¾ Uhr vormittags vom Detachement Boltenstern aus Château Landon: „Fontenay und Ferrières wurden am 27., 4 Uhr nach= mittags, vom Feinde besetzt gefunden. Heute früh 7½ Uhr eine starke

---

*) v. d. Goltz, S. 142.

Patrouille auf Straße nach Sens bis nach Creville (?) und Courtenay abgesandt, kann noch nicht zurück sein. Soeben geht Meldung ein, daß Nargis, Fontenay und Ferrières wieder geräumt sind. Hauptmann Herzbruch ist heute 6 Uhr früh mit zwei Kompagnien über Nerouville an die Eisenbahn geschickt, um zwischen dort und Ferrières die Eisenbahn zu zerstören. Da bis jetzt nicht zurück, wird angenommen, daß er die Zerstörung ausführt."*)

2. Ebendaher um 3 Uhr nachmittags: Ich bin mit dem Pionier= kommando unter Hauptmann Lindow nach sehr anstrengendem Marsch über Sceaux um 2 Uhr eingetroffen, vom Feinde nichts gesehen. Hessische Reiter melden die Besetzung von Corbeilles durch die Franzosen. Daher werden wir über Beaumont zurückkehren, welchen Weg auch diese Meldung nimmt. Wir sprengen bei Le Pt. sous les Vignes den Durchlaß über den Rez=Bach und hoffen heute Abend 5 Uhr zu enden. Kehre erst morgen zurück. In Nemours kein Feind, Fontenay und Ferrières sind geräumt. Feind auf Montargis zurückgegangen.*)

gez. Neumeister.

Um 7 Uhr abends meldete dann noch die 39. Infanterie=Brigade:

Es ist wiederholt gemeldet, daß durch Benouille fortwährend Kolonnen marschiren, dicht an den Vorposten bei Benouille vorbei nach Les Côtelles.**) Die Vorposten sind bis jetzt noch nicht zurückgedrängt. Ferner wird gemeldet, daß diesseitige Patrouillen bei Marcilly auch auf feindliche Abtheilungen gestoßen sind, Kavallerie in der Stärke von einigen 20 Pferden, die anscheinend nach Beaune sich begeben. Die beifolgenden Gefangenen sind bei Benouille gemacht.*)

gez. v. Valentini.

Gegen 10 Uhr abends am 28. hätte man hieraus den Eindruck ge= winnen müssen, daß, falls der Feind eine Operation loingabwärts be= absichtigt haben sollte, diese Absicht nun aufgegeben worden sei, denn zwischen Corbeilles und Château Landon war nichts vom Feinde bemerkt worden, und die Räumung von Ferrières und Fontenay war von zwei verschiedenen Seiten gemeldet worden. Wären aber Streitkräfte östlich des Loing gewesen, so hätte man in Pithiviers darüber von General

---

*) Kr. A. S, III, 1, VI. — **) Es war die 3. Division 18. Armeekorps, die nach Malzières zurückging.

v. Kraatz telegraphisch über Sens gewiß Nachricht erwarten können. Das widerspricht aber nicht der Möglichkeit einer Erneuerung des Angriffes, wenn der Feind Paris erreichen wollte; mithin mußte mit diesem Falle weiter gerechnet werden.

Die Berichte der anderen Armeetheile. Sehen wir jetzt, welche Berichte und Meldungen von anderen Armeetheilen vorlagen.

Der kommandirende General des 3. Armeekorps hatte sich am Abend des 28. nach Boynes zurückbegeben, Geschehnisse von Bedeutung waren von dieser Seite am Abend nicht mehr gemeldet worden.

Dagegen hatte das Oberkommando schon um 4 Uhr nachmittags eine um 2 Uhr 50 Minuten von Bonneval über Chartres abgegangene Meldung folgenden Inhalts von der Armee-Abtheilung erhalten: „Nach Meldung der 6. Kavallerie-Division hat sich der Feind am Loir-Bach in Richtung auf Beaugency abgezogen."*) Ebenfalls über Chartres lief in Pithiviers um 6¼ Uhr abends die nachstehende telegraphische Meldung ein: „Hauptquartier am 29. zwischen Orléans und Janville in St. Cloud, 4. Kavallerie-Division Orgères, 22. Division Bazoches en Dunois, 1. bayerisches Armeekorps Villeamblain, 17. Division Thiville, 6. Kavallerie-Division Moisy." (Abgang?) Bald darauf folgte eine weitere um 3 Uhr 30 Minuten abgegangene telegraphische Meldung direkt von Bonneval des Inhalts: „Die Armee-Abtheilung marschirt am 29. 5 Meilen, die 4. Kavallerie-Division nach Toury, 22. Division nach Allaines, 17. Division nach Germignonville, 1. bayerisches Armeekorps nach Orgères, 6. Kavallerie-Division nach Villeamblain, Hauptquartier Viabon." Dieses Telegramm enthielt die Antwort auf den Befehl des Oberkommandos von 10½ Uhr vormittags. Da dieser jedoch wegen Störung der Telegraphenleitung verspätet eingegangen war, so sah sich die Armee-Abtheilung außer Lage, noch am 28. einen kleinen Marsch zu machen, und wollte den Ausfall am 29. durch einen Marsch von fünf Meilen wieder einbringen. (Dieselbe Meldung erstattete die Armee-Abtheilung übrigens um 4 Uhr 32 Minuten telegraphisch nach Versailles, jedenfalls um dort rechtzeitig die veränderte und von den dortigen Anschauungen, wie General v. Stosch wußte, abweichende Marschrichtung zur Kenntniß zu bringen.)

---

*) v. d. Goltz, S. 148.

Um 4 Uhr 2 Minuten meldete die Armee=Abtheilung dann noch telegraphisch: „Feind mit ungefähr 14000 Mann vom Loir auf Beaugency abgezogen." (Eingang der Meldung 6 Uhr 30 Minuten.)

Endlich lief noch um 6 Uhr in Pithiviers die um 5 Uhr 25 Minuten abends von der 2. Kavallerie=Division aus Toury abgesandte telegraphische Meldung ein: „Baigneux, Lumeau, Goury Château von Patrouillen unbesetzt gefunden, feindliche Truppen sollen vor drei Tagen nach Westen abgezogen sein." *)

Bei der Rückkehr nach Pithiviers war der Prinz=Feldmarschall somit vom rechten Flügel mit Meldungen versehen, aus denen er entnahm, daß der Armee=Abtheilung am 29. voraussichtlich kein Feind entgegentreten und daß sie an diesem Tage mit starker Spitze die Straße Orléans—Etampes erreichen würde. Welchen Eindruck die Meldung der 2. Kavallerie= Division in Pithiviers machte, ist nicht zu erkennen. Die Meldung war in ihrem ersten Theile richtig, in ihrem zweiten unrichtig. Mochte man nun eigenthümlicherweise den Meldungen dieser Kavallerie=Division in Pithiviers großen Werth nicht beilegen, so konnte man doch nicht wissen, ob der Gegner von Orléans eine Bewegung nach Westen gemacht hätte. Allein man hielt es nicht für wahrscheinlich.

Bevor nun die wichtigen Berichte und Meldungen vom 10. Armee= korps in Pithiviers eingelaufen waren, hatte man von dort das folgende Schreiben an den General v. Manstein abgesandt, und zwar um 8³⁄₄ Uhr: Befehl an das 9. Armeekorps.

Das 10. Korps hat heute bei Beaune la Rolande ein achtstündiges Gefecht gegen drei feindliche Divisionen bestanden und den Feind überall siegreich zurückgeschlagen. Am Nachmittage griff noch die 5. Division in das Gefecht ein.

Der Feind hat erhebliche Verluste gehabt, auch mehrere Hundert Gefangene verloren. Es ist wahrscheinlich, daß seitens des Feindes morgen die Offensive erneuert wird, sei es direkt gegen die Aufstellung des 10. Korps, sei es auf dem rechten Ufer des Loing.

Ich bestimme daher, daß vom 9. Korps die um Bazoches les Gallerandes dislozirte Infanterie=Brigade mit der ihr beigegebenen Artillerie morgen in aller Frühe nach Boynes abrückt, um westlich dieses

---

*) Kr. A. C, III, 9, IV, b.

Ortes bereit zu stehen, und gleichzeitig eine andere Infanterie-Brigade mit Artillerie nach Bazoches les Gallerandes dirigirt wird.

Das weitere Linksschieben des 9. Armeekorps nach Pithiviers hat nach Maßgabe des Eintreffens der das 9. Armeekorps in der Aufstellung Toury—Bazoches les Gallerandes ablösenden Armee-Abtheilung des Großherzogs von Mecklenburg, Königliche Hoheit, stattzufinden. Das 3. Armeekorps nimmt morgen bei Boynes und Beaumont Stellung.*)

gez. Friedrich Karl.

Ergebnisse der Anordnungen für den 29. vormittags.

Am 28. abends konnte sich mithin das Oberkommando, trotzdem es an die Fortsetzung der Offensive des Feindes am Loing glaubte, noch nicht dazu entschließen, das ganze 9. Armeekorps am 29. nach Osten heranzuziehen, obwohl ihm bekannt war, daß die Armee-Abtheilung am 29. „fünf Meilen" zurücklegen würde, um mit ihren Spitzen die Straße Orléans—Etampes zu erreichen. Es hielt also noch an der mechanischen Auffassung fest, daß jene Straße nur dann gedeckt sei, wenn eine starke Truppenmacht auf ihr stände! Glaubte aber die II. Armee am 29. an die Fortsetzung der feindlichen Offensive — noch gar am Loing —, dann erscheint der vorstehende Befehl wieder nicht zweckmäßig. Zwar mußten danach am 29. früh drei Brigaden vom 10., das ganze 3. Armeekorps und eine Brigade vom 9. auf dem Raume von Boynes bis Long Cour bereit sein — also auf 12 km Front —, so daß ihre Versammlung in der Schlachtlinie des 28. November bis zum Mittag vollständig bewirkt sein konnte; allein wenn einer feindlichen Operation längs des Loing Einhalt geboten werden sollte, so durfte an der Kordonaufstellung nicht festgehalten werden. Uebrigens stand das Oberkommando infolge des Berichtes des 10. Armeekorps von 7 Uhr abends von der Entsendung einer Brigade von Beaune aus ins Loing-Thal ab.

Bericht des Oberstlieutenants Grafen Waldersee.

Noch um 11 Uhr abends berichtete Oberstlieutenant Graf Waldersee über die Schlacht an den König. Der Bericht geht nicht über das Mitgetheilte hinaus, enthält aber folgenden Passus: „Etwa um 2 Uhr gewann der Feind bei Beaune Terrain und nahm sogar einen Theil dieses Dorfes in Besitz." Die Angabe wurde vom Grafen Waldersee zwar am 29. berichtigt; ein eigenthümliches Zusammentreffen ist es immerhin, daß der General Crouzat angiebt, genau um dieselbe

---

*) Kr. A. C, III, 9, IV, b

Stunde seien einige Häuser des Städtchens von den Franzosen besetzt
worden.

Tragen wir nun die Geschehnisse bei der Armee=Abtheilung nach,   *Ereigniffe*
die bekanntlich am 28. November ruhte.   *bei der Armee-*
    Abtheilung.

Die 4. Kavallerie=Division meldete am 28. November 3 Uhr nach=
mittags aus Pré St. Evroult: „Patrouillen bis südlich Conie und
Rottonville vorgedrungen, wo sich zwei bis drei feindliche Eskadrons
zeigten, dahinter Infanterie auf Wagen." Sie besetzte La Brosse Château
und Billiers St. Orient.

Das 1. bayerische Armeekorps meldete aus Châteaudun: „Laut un=
verbürgter Nachrichten der Einwohner sollen 40000 Mann mit Kavallerie
und 40 Kanonen in der Gegend gewesen sein und sich gegen Orléans
zurückgezogen haben. Die letzten Abtheilungen sind in der Nacht vom
26. zum 27. per Bahn nach Süden und einzelne Abtheilungen zu Fuß
nach Orléans marschirt."

Die 6. Kavallerie=Division meldete: „Patrouille auf Orléans hat
bei Menainville, links der Straße Châteaudun—Orléans, eine feindliche
Fouragirung getroffen, wobei sich ein Gefecht entspann, weil jenseits
vier Eskadrons eingriffen und diesseits bayerische Infanterie. Zwei
Gefangene gehörten dem 3. und 48. Linien=Regiment an.*) Jenseits
Menainville alle Dörfer vom Feinde besetzt.

Eine andere Patrouille über Cloyes auf Beaugency ritt unbehelligt
bis in die Gegend von Binas. Auf Straße Châteaudun—Binas und
dem Parallelwege über Semerville wurden große Wagenkolonnen von
über hundert Wagen beobachtet unter Bedeckung von Mobilgarden=
Kompagnien. Bis Binas wurden viele einzeln marschirende Mobil=
garden gefunden. Vor Binas Vorposten (Infanterie und Kavallerie)
gesehen, sowie ein größeres Lager."

Die letztere Meldung giebt die wirklichen Ereignisse richtig wieder,
die einzelnen Mannschaften, die man gesehen hatte, waren Versprengte
des 17. Armeekorps, die damals in der ganzen Gegend umherirrten, und
die 6. Kavallerie=Division würde am 28. hier voraussichtlich eine reiche
Ernte erzielt haben, falls die Armee=Abtheilung an diesem Tage marschirt

---

*) Das 48. Marsch=Regiment war vom 17. Armeekorps, hinsichtlich der
anderen Regimentsnummer scheint ein Irrthum vorzuliegen.

wäre und diese Kavallerie-Division ihre ursprüngliche Richtung weiter verfolgt hätte.

Am 28. beantragte die Armee-Abtheilung außerdem beim großen Hauptquartier aus Bonneval die Heranziehung des Detachements v. Rauch.

Der Antrag wurde unter dem 2. Dezember genehmigt und die Aufgabe des Detachements der III. Armee übertragen; das Detachement v. Rauch sollte sich über Cloyes und Châteaubun an die Armee-Abtheilung heranziehen.

VII.

Die beiderseitigen Streitkräfte und Verluste.

Stärke der beiden Gegner.

Die Schlacht von Beaune wurde im Grunde genommen vom 10. Armeekorps geschlagen, und von diesem wieder von 6 Bataillonen der 38. Infanterie-Brigade, 5½ der 39. (eingeschlossen Jäger Nr. 10, abgesetzt 6 Kompagnien in Château Landon) sowie 3½ Bataillonen der 37. und 9 Batterien; vom Nachmittage an trat die 5. Division hinzu. Auf feindlicher Seite waren betheiligt das 20. Armeekorps fast ganz (ausgenommen 1 Bataillon der östlichen Pyrenäen, 2 Bataillone Mobilgarden Nr. 58 und 1 Bataillon Mobilgarden der Meurthe) und das 18. bis auf die Brigade Perrin, die Montargis besetzt hielt; das Uebrige ergiebt die Ordre de Bataille der Anlagen. Außerdem nahmen 4½ Bataillone unter Oberst Cathelineau am Kampfe theil.

Ueber die Stärken der an der Schlacht betheiligten Truppentheile des 10. Armeekorps findet sich folgender Ausweis in den Akten des Generalkommandos:

	Offiziere	Mannschaften	Pferde	Geschütze
Infanterie-Regiment Nr. 78	42	1482	45	—
„ „ „ 91	40	1843	44	—
„ „ „ 16	37	1530	48*)	—
„ „ „ 57	46	1728	42	—
„ „ „ 56	49	1934**)	44	—
„ „ „ 79	33	921***)	19	—
Jäger Nr. 10	15	559	?	—

*) 7. Kompagnie beim Troß, 1 Zug der 12. bei der Artillerie. — **) 1 Bataillon irrthümlich zu viel angesetzt. — ***) 4 Kompagnien irrthümlich zu wenig angesetzt.

	Offiziere	Mannschaften	Pferde	Geschütze
Dragoner Nr. 9	19	432	464 *)	—
„ „ 16	11	189	189 **)	—
1. Pionier-Kompagnie	5	165	—	—
3. „ „	3	115 ***)	—	—
1. Fuß-Abtheilung	12	471	500	24
2. „	6	224	224	10 †)
Korpsartillerie {	15	445	477	24
	5	247	393	12

Hiernach verfügte das 10. Armeekorps nicht ganz über 9000 Gewehre und 70 Geschütze (General Crouzat hatte es auf 10000 Mann und 40 Geschütze geschätzt); es kamen nicht zur Verwendung: I./91., F./78., II./78., 7./16. und drei Batterien, so daß etwa 7500 Gewehre und 52 Geschütze die Schlacht durchfochten. Das französische 20. Armeekorps, das fast ganz zur Thätigkeit gelangte, kann auf 30000 Mann veranschlagt werden. Beaune wurde gegen dasselbe mit rund 3000 Gewehren und vom Mittag ab von 4 Batterien unterstützt vertheidigt, die Uebermacht auf feindlicher Seite war mithin hier zehnfach. Das deutsche Häuflein war gegen 2 Uhr nachmittags auf einen Kreis von 1400 m Durchmesser zusammengedrängt, die gegnerische Kreislinie maß etwa 4½ km.

Lange nicht so ungünstig war das Zahlenverhältniß bei Juranville und Long Cour für die Deutschen. Die Deutschen hatten dort ein entschiedenes Uebergewicht an Zahl und Tüchtigkeit der Artillerie, und mit der dortigen Infanterie (10½ Bataillonen) konnte schon eine an Zahl bedeutend überlegene feindliche Infanterie zurückgeschlagen werden; diese kann etwa auf rund 15000 Gewehre gegen 5000 deutsche veranschlagt werden. Immerhin waren somit die Franzosen auch bei Juranville und Long Cour an Zahl sehr überlegen. Im Ganzen werden das 20. und 18. Armeekorps, eingeschlossen Oberst Cathelineau, auf 50000 Mann veranschlagt werden können. Seit dem Eingreifen der 5. Division besserte sich zwar das Stärkeverhältniß zu Gunsten der Deutschen, allein

---

*) 1. Zug 4. Eskadron bei Rittmeister v. Alvensleben. — **) 2 Eskadrons bei General v. Kraatz und vor Langres. — ***) 2 Offiziere, 24 Mann nach Château Landon. — †) 2 Batterien bei General v. Kraatz, 2 Geschütze in Château Landon. Hierzu treten dann noch 6 Eskadrons hessischer Reiter, wovon 2 in Château Landon.

die Franzosen waren dann immer noch mindestens den Deutschen dreifach an Zahl überlegen.

Die Berluste der Deutschen betrugen beim 3. Armeekorps: 2 Offiziere, 116 Mann, 12 Pferde.*)

Beim 10. Armeekorps:

	Offiziere	Mann	Pferde
Regiment Nr. 78	—	1	—
= » 91	2	55	—
» » 16	7	78	3
» » 57	5	107	2
» » 56	11	203	4
» » 79	6	160**)	—
Jäger Nr. 10	—	17	—
Dragoner Nr. 9	—	1	2
1. Fuß-Abtheilung	1	17	31
2. »	—	19	26
6. leichte Batterie	—	1	—
1. und 8. reitende Batterie	1	20	75
1. Feldpionier-Kompagnie	—	4	—
	33	633	143

Bei der 1. Kavallerie-Division: 3 Offiziere, 15 Mann, 34 Pferde. Bei den hessischen Reitern: 3 Mann, 10 Pferde.

Im Ganzen: 38 Offiziere, 817 Mann, 199 Pferde.

Am schwersten betroffen waren hiervon die 56er bei Juranville und die 57er bei Beaune; bei Letzteren wieder die Theile, welche im freien Felde gefochten hatten; so z. B. verlor 2./57. 19 Mann, 6./57. 23 Mann. Verhältnißmäßig unbedeutend waren die Berluste der Truppentheile, die in Beaune selbst und auf dem Kirchhofe standen; genau lassen sie sich zwar nicht feststellen, 5. und 7./57. büßten im Ganzen nur 14 Mann ein; ziemlich ähnlich war das Verhältniß bei den 16ern. Außerdem hatten die Deutschen ein Geschütz stehen lassen müssen, das einzige während des Krieges, das in französischem Besitz blieb.

Von der deutschen Artillerie litten die Batterien, die sich im Bereiche der 57er befanden, am meisten, jedoch fast ausnahmslos durch feindliches Infanteriefeuer. So z. B. büßte die 1. leichte Batterie 7 Mann und

---

*) Darunter die 24er (gegen Courcelles) mit 1 Offizier, 60 Mann und die 52er (gegen Beaune) nur mit 1 Offizier, 24 Mann. — **) In dieser Ziffer liegen: 2 Offiziere und 77 Mann gefangen.

15 Pferde, die 1. schwere Batterie 10 Mann, 10 Pferde, die 3. reitende
Batterie 18 Mann und 48 Pferde ein, während der Verlust der 1. reitenden
Batterie geringer war.

Die Berlufte der Franzofen Ueber den Einbußen der Franzofen in der Schlacht ruht ein Schleier,
der vielleicht niemals gänzlich gelüftet werden wird, und die bisherigen
Angaben sind so unvollständig und widersprechend, daß ihnen nur
ein sehr geringer Werth beigelegt werden darf. Trotzdem soll versucht
werden, der Wirklichkeit nahe zu kommen. A. le Faure berechnet (II, S. 188)
für das 18. Armeekorps 1500 Mann „hors de combat“, für das
20. Armeekorps 1200 bis 1300 Mann. Dies wären im Ganzen
2800 Mann. P. Lehautcourt giebt neuerdings im Spectateur militaire (vom 1. Juni 1892, S. 370) folgende Ziffern: 1200 Mann todt
und verwundet für jedes Armeekorps, 1800 unverwundete Gefangene,
im Ganzen 4200 Mann. Alle diese Schätzungen sind viel zu niedrig,
was schon die folgenden Angaben aus französischen Regimentsgeschichten
beweisen dürften. Das 44. Marsch-Regiment giebt*) folgende Zahlen:
2 Offiziere, 70 Mann todt, 18 Offiziere, 346 Mann verwundet,
612 „disparus“; im Ganzen 20 Offiziere 1028 Mann.**) Angehörige
dieses Regiments wurden zwar gefangen genommen, allein mindestens
zwei Drittel der disparus müssen todt und verwundet gewesen sein, wie
denn unter den „disparus“ überhaupt meistentheils Todte zu verstehen
sein dürften, nicht etwa Gefangene. In „Nos Zouaves“ (1888) werden
(S. 212/213) die Verlufte der 3. Zuaven „cruelles“ genannt, und
S. 215 heißt es: „Les zouaves se retrouvent diminués de moitié“
am Ende der Schlacht. Das wäre ein Abgang von stark 1500 Mann, denn
Dumas führt das Regiment unter dem 16. November mit 58 Offizieren
und 3423 Mann auf. In der Historique du 3ᵉ régiment de Zouaves
(1887) finden sich folgende Ziffern: 6 Offiziere, 43 Zuaven todt, 264 Mann
verwundet (S. 180). Gefangene werden nicht angegeben, obgleich thatsächlich deren gemacht wurden. General Crouzat spricht von siebzehn
todten und verwundeten Offizieren. Greneft giebt (S. 420) folgende
Ziffern: 4 Offiziere todt, 12 verwundet, 43 Mannschaften todt, 264 verwundet, 487 „disparus“. Von den Letzteren dürfte über die Hälfte den
Todten zugezählt werden müssen. Mehrere Augenzeugen veranschlagen

---

*) Historique du 44ᵉ régiment d'infanterie 1892, S. 94. — **) Nach
Greneft S. 346 nur 15 Offiziere.

die Zahl der Todten dieses Regiments auf etwa 400, der Verwundeten auf etwa 500 bis 600; Gefangene dieses Regiments konnte es nach dem Verlaufe der Schlacht nur wenige geben. In der „Historique du 53⁰ régiment d'infanterie" (1892) werden bei den beiden im Kampfe gewesenen Bataillonen 7 Offiziere todt, 3 verwundet aufgeführt und 143 Mann todt, verwundet und „disparus" (S. 84). Greneſt führt an: 3 Offiziere verwundet, 7 Mann todt, 93 verwundet, 50 „disparus". In der „Historique du 42⁰ régiment d'infanterie" wird der Verluſt beziffert auf todt: 1 Offizier, 68 Mann, verwundet: 4 Offiziere, 118 Mann;*) dagegen ſagt dieſelbe Quelle, daß der in Les Côtelles gefangene deutſche Arzt allein in Lorcy, wo nur zwei Bataillone 42er gefochten hatten, gegen 200 Verwundete verbunden hätte (S. 436). Greneſt beziffert die Verluſte der Mobilgarden Nr. 19 auf: 3 Offiziere todt, 11 verwundet; 81 (31) Mannſchaften todt; 252 verwundet; 35 „disparus" (die 1. und 2. Kompagnie 2. Bataillons hatten allein 85 „außer Geſecht geſetzte" Mannſchaften); der 9. Jäger auf: 2 Offiziere verwundet, 7 Mann todt, 62 verwundet (S. 344); der 85er (S. 314) auf: 8 Offiziere, 330 Mann todt, verwundet und gefangen. Da er aber hierbei wiederholt von „sanglante journée" und von „les pertes les plus sérieuses" ſpricht, ſo müßte entweder die Ausdrucksweiſe übertrieben oder die Ziffer zu niedrig angegeben ſein. Bei den 11. Mobilgarden giebt Greneſt für die 5. und 6. Kompagnie 2. Bataillons allein einen Geſammtverluſt von 200 Mann, den ſie in einem kleinen Wäldchen**) erlitten hatten; beim 1. Bataillon betrug der Verluſt nach ihm 60 Mann, obgleich er die Einbuße des Letzteren „sensibles" nennt. Für die 24er ſind bei Greneſt im Ganzen 2 Offiziere, 12 Mann angeſetzt, während der Regimentskommandeur in ſeinem Bericht ſagt: „Nous avons perdu beaucoup de monde dans cette affaire"; für die 67er ſind 100 Mann todt und verwundet und einige Gefangene angegeben, trotzdem gebraucht Greneſt den Ausdruck décimé par la mitraille! Nach Greneſt ſollen ferner die 34er Mobilgarden 8 Offiziere, 500 Mann und das Bataillon Savoie 1 Offizier, 200 Mann eingebüßt haben; die Mobilgarden Nr. 68 300 Mann, die 1. und 2. Kompagnie des 1. Bataillons Zephyrs allein 138 Mann bei einer Stärke von 480 Mann.

---

*) Dieſelben Ziffern bringt Greneſt. — **) Es iſt das Wäldchen von Romainville gemeint.

(Dieses Bataillon wäre daher am 28. November mindestens 1000 Mann stark gewesen.) Hiervon wären entfallen auf die 1. Kompagnie 2 Offiziere, 93 Mann, auf die 2. 1 Offizier, 42 Mann (S. 325). Den Gefechts= abgang der Legion der Bretagne (in Courcelles) beziffert Grenest auf 1 Offizier todt, 3 verwundet, 8 Mann todt, 8 verwundet und der 3. Lanciers (Wegnahme des Geschützes) auf 7 Mann und 15 Pferde; über die sonstige Infanterie, Kavallerie und die ganze Artillerie fehlen Angaben. Von Letzteren abgesehen, sind schon diese Angaben so un= vollständig, dürftig und offenbar wenig der Wahrheit gemäß, daß keine Ziffer unbeanstandet für richtig genommen werden kann. Es mag allein an die auffallende Thatsache erinnert werden, daß nach Grenest für die Brigade Brisac ein Gesammtverlust von 2 Offizieren und 112 Mann herauskäme, während der Major v. Wehren auf dem Gefechtsfelde dieser Brigade am 29. vormittags 243 Todte gezählt hat.

Sind sonach die französischen Angaben in hohem Grade unzureichend, so wissen wir, daß Graf Waldersee die Todten auf 1000 schätzte, daß der Ortsgeistliche von Beaune ihre Zahl auf 1800 angegeben hat. Nach Mittheilungen verschiedener Augenzeugen mögen rings um den Kirchhof und auf der Südwestfront, die Straße nach Orme eingeschlossen, etwa 700 Leichen gelegen haben, etwa 25 auf der langen Südfront des Städtchens bis zu dem Wege von Mme· de la Montagne nach Beaune, etwa 400 vor den Höhen von Les Roches und der Südostfront bis an den vorher genannten Weg. In der Geschichte des 10. Feldartillerie-Regiments wird die Zahl der Todten in der Gegend von La Pierre percée (S. 159) auf 300 angegeben. Oberst Knauer schätzt die todten Franzosen in dieser Gegend sogar auf 400 Mann. (Schriftliche Angabe.) Nicht unerheblich waren ferner die Verluste in den Kämpfen bei Jurauville, sie blieben jedoch gegen diejenigen auf dem linken Flügel weit zurück. Immerhin verdienen die Ziffern der 44er und 19er Beachtung. Im Ganzen lehrt das Beispiel somit wieder, daß die Verluste des Angreifers diejenigen des Vertheidigers bedeutend zu übertragen pflegen. v. d. Goltz schätzt die französischen Verluste auf 6000 bis 8000 Mann; nach v. Scherff (11. Beiheft zum Militär-Wochenblatt, 1872, S. 461) wurden im Laufe des 29. November nach oberflächlicher Zählung 1200 bis 1500 Leichen begraben, nach v. d. Goltz 1000, in den ersten Dezembertagen lagen nach beiden Quellen die Dörfer rings umher voll verwundeter Franzosen

(nach v. d. Goltz 2000). Ein Ausweis der 1. Division des 18. Armeekorps, der am 9. Dezember vom 3. Armeekorps in Gien gefunden wurde,
beziffert den Verlust auf 39 Offiziere, 1646 Mann; in Corbeilles wurden
am 29. vom Stabsarzt des 10. Jäger-Bataillons allein 150 Verwundete
verbunden.*)

Man kann daher den Gesammtverlust des 20. und 18. Armeekorps
an Todten, Verwundeten und Gefangenen auf rund 10 000 Mann veranschlagen; v. Scherff schätzt ihn auf 8000 bis 10 000 Mann. Die
Zahl der unverwundeten Gefangenen betrug am Mittag des 29. November 1850 Mann, die hauptsächlich der 1. Division des 20. Armeekorps angehörten. Die nächst hohe Ziffer stellte die 2. Division dieses
Armeekorps, dann folgte die 1. Division des 18. Armeekorps, nur wenige
waren von anderen Verbänden. Allein auch aus den französischen
Angaben, so unvollständig und unzuverlässig sie sind, erkennt man die
Stellen, wo der Kampf am heißesten war. Danach kämen für den
Kirchhof und den Ausgang nach Orme immerhin 1215 Köpfe in Ansatz,
für die Höhen von Les Roches und den Südostausgang des Städtchens
800 Köpfe. Zuverlässige Aufklärungen von französischer Seite sind
übrigens kaum bald zu erwarten.**)

Legt man nun die vorgenannten französischen Ziffern einer
Berechnung zu Grunde, so kämen schon 81 Offiziere, 4435 Mann und
15 Pferde heraus gegen die bisherige höchste französische Angabe von
4200 Köpfen, die Lehautcourt macht. Hierbei ist jedoch weiter in
Ansatz zu bringen der Verlust der ganzen Artillerie beider Armeekorps.
Ferner fehlen vom 20. Armeekorps die Verluste der ganzen Brigade
Durochat (47. Marsch-Regiment und Mobilgarden de la Corse), also
der Brigade, welche die Hauptlast des Kampfes seit 2 Uhr auf der
östlichen Seite von Beaune trug, endlich der 78er, der 55er und der

*) v. Scherff, S. 436.
**) Unter dem 6. Dezember 1870 schreibt der General der Kavallerie v. Hart-
mann in den bereits erwähnten Briefen aus Beaune la Rolande: „Die kleine
Stadt, an sich schon ohne große Hülfsmittel, trägt alle Zeichen der Verwüstung,
Merkmale des blutigen Kampfes am 28. v. Mts. Selbst die Schlachtfelder des
August zeigten nicht eine solche Anhäufung von Todten und Verwundeten, Waffen
und Ausrüstungsstücken als die einer kleinen Front der Stadt, gegen welche die
Franzosen ihre Hauptstürme gerichtet hatten" (S. 102). Der General v. Hartmann
ist ein klassischer Zeuge, denn er hat die Schlachtfelder des August genau gesehen.

Mobilgarden der östlichen Pyrenäen, die alle drei bedeutend gelitten haben müssen. Beim 18. Armeekorps sind die Verluste der 73er Mobil-garden (Kämpfe bei Juranville) nicht aufgeführt, ebenso der leichten afrikanischen Infanterie und der vier Bataillone des Obersten Gourv. Es fehlen also die Angaben über 10 Bataillone vom 20. und über 9 vom 18. Armeekorps, im Ganzen über 19 Bataillone, die hervorragend an der Schlacht betheiligt waren. Berücksichtigt man die vorstehenden französischen Verhältnißzahlen, so steigt der Gesammtverlust auf weit über 6000 Mann, der aber hinter der Wirklichkeit immer noch bedeutend zurückbleiben dürfte. Aber auch der amtliche Bericht über die Verluste der 1. Division des 18. Armeekorps, der 39 Offiziere, 1646 Mann angiebt, kann nicht richtig sein. Denn nach den vorstehenden französischen Angaben kämen schon 41 Offiziere, 1651 Mann heraus, ohne die drei Bataillone 73er.

VIII.

Der 29. November

Am 28. abends hatte man in Pithiviers an die Wiederholung des Generalstabs-offiziere werden nach Beaune entsandt. feindlichen Angriffs am 29. und an die Möglichkeit einer Operation loingabwärts geglaubt und demgemäß die mitgetheilten Befehle an die einzelnen Armeetheile erlassen. Die Nacht vom 28. zum 29. November war jedoch ruhig verlaufen und bis zum Morgen waren keinerlei Meldungen eingegangen, woraus auf die Wiederholung des feindlichen Angriffs geschlossen werden konnte.

Der Prinz-Feldmarschall beschloß, für seine Person in Pithiviers zu bleiben und dort die Ausführung der erlassenen Anordnungen ab= zuwarten. Um sich aber auch möglichst viele und zuverlässige Meldungen zu sichern, entsandte er in der Frühe mehrere Generalstabsoffiziere nach Beaune, die sich auf dem Schlachtfelde umsehen, den Feind beobachten und darüber berichten sollten. Diese Offiziere sowohl als auch die Vorposten bei Beaune und Juranville gewannen vor 10 Uhr, trotzdem ein nebliger Tag die Fernsicht behinderte, die Ueberzeugung, daß die Franzosen im Rückzuge begriffen seien, wenigstens in der Linie Bois= commun—St. Loup, also gegenüber von Beaune, und gegen 11 Uhr vormittags war der Prinz = Feldmarschall von diesem Ergebniß in Kenntniß gesetzt. Nur bei Juranville ließen sich die Verhältnisse nicht so klar übersehen. Verschiedene Meldungen von dort deuteten sogar auf eine Ansammlung in der dortigen Gegend; allein so viel schien auch hier gewiß, daß der Feind nicht an einen neuen Angriff dachte. Die entsandten Offiziere des Oberkommandos gewannen aber auch aus dem Leichenfelde die Auffassung, daß die Niederlage des Gegners viel größer sei, als es bis dahin beim Oberkommando angenommen worden war, und daß mehr als ein Armeekorps gefochten haben müßte. Die Leichen betrugen nach der niedrigsten Schätzung etwa 1000, nach der höchsten etwa 1600. Rechnete man auf einen Todten vier Verwundete, so gelangte man, ohne die Gefangenen in Ansatz zu bringen, auf eine Einbuße von etwa 7000 Mann.

So richtig nun die Entsendung dieser Generalstabsoffiziere erscheint, so dürfte es doch besser gewesen sein, wenn der Prinz-Feldmarschall sich selbst zu früher Stunde in die Gegend von Beaune begeben hätte. Alle selbst gewonnenen Eindrücke wirken unmittelbarer als die besten Meldungen von Zwischenpersonen. Wenn aber der Prinz-Feldmarschall am 29. an die Wiederholung des Angriffs oder gar an eine Operation loingabwärts glaubte, dann war seine frühzeitige Anwesenheit bei Beaune geradezu nothwendig, und die Erfahrungen, welche man aus den Vorgängen des 28. gewonnen hatte, hätten das Oberkommando erst recht davon überzeugen müssen, wie mißlich es werden konnte, wenn die Leitung einen Tagemarsch von der Handlung entfernt war.

Oberstlieutenant Graf Waldersee begab sich denn auch am 29. in der Frühe wieder nach Beaune, um an demselben Tage über die gewonnenen Eindrücke an den König zu berichten.

Ankunft der Gefangenen in Boynes. In der Frühe des 29. November waren die Gefangenen vom 28. in Boynes angekommen. Major v. Schmidt berichtete darüber um 5 Uhr 58 Minuten früh an die II. Armee nach Pithiviers (Eingang 8 Uhr): „Die in Boynes eben eintreffenden Gefangenen gehören der 1. und 2. Division des 20. Armeekorps an. Die 5. Division steht in und um Beaune, die 6. in und bei Boynes, Kavallerie-Division Hartmann bei Barville."*) Hiernach scheint die beträchtliche Zahl von Gefangenen des feindlichen 18. Armeekorps damals noch nicht in Boynes eingetroffen gewesen zu sein, so daß das Oberkommando vorläufig nicht erfahren konnte, ob außer dem 20. noch ein anderes Armeekorps am 28. im Kampfe gewesen war.

Erwägungen des Oberkommandos. Bis zur Mittagstunde gewann das Oberkommando aus den bis dahin eingelaufenen Meldungen die Ansicht, daß außer dem 20. Armeekorps andere beträchtliche feindliche Truppen — und zwar nahm man an Theile des 18., 15. und 16. Armeekorps — am 28. gefochten

---

*) Kr. A. A, III, 7, II.

hätten. Daraus schloß es, daß der größte Theil der Loire-Armee sich vor dem linken Flügel der II. Armee befände, und unter dieser Voraus=setzung glaubte man nun erst recht an eine Wiederholung des feindlichen Angriffs, den man in der Defensive erwarten wollte, um dann selbst die Offensive zu ergreifen. Die II. Armee ging allerdings hierbei, wie wir heute wissen, von einer unzutreffenden Voraussetzung aus, allein es würde unzulässig sein, ihre Maßnahmen nach dem jetzigen Stande der Forschung zu beurtheilen. Aus diesem Irrthum entstand freilich der Nachtheil, daß die II. Armee gerade zu dem Zeitpunkte eine abwartende Haltung annahm (29. und 30. November), wo sie unverzüglich die Offensive ergriffen hätte, falls sie die wirklichen Vorgänge beim Gegner zu kennen in der Lage gewesen wäre, und dann über diesen Zeitpunkt hinaus (1. und 2. Dezember) noch in der Defensive dem französischen rechten Flügel gegenüber verharrte, der sich nach inzwischen eingelaufenen Meldungen verstärkt haben sollte. So verhängnißvoll der Irrthum für den ganzen späteren Kriegsverlauf werden sollte, so hatte es doch etwas Eigenthümliches, daß der Gegner, trotzdem die Deutschen inzwischen seine Niederlage vom 28. besser erkannt hatten, am 29. (und 30.) im All=gemeinen in den Stellungen blieb, die er seit dem 24. November ein=genommen hatte.

Auf deutscher Seite konnte man sich sagen: Die französische Armee hat am 28. November eine Niederlage erlitten, aber sie war an jenem Tage den Deutschen um das Fünffache an Zahl überlegen. Wenn sie trotzdem vor der Front des 10. Armeekorps verblieben ist, so kann das nur damit begründet werden, daß sie Verstärkungen erwartete, um den Angriff zu erneuern und in der entscheidenden Richtung auf Fontainebleau die Operationen wieder aufzunehmen. Man konnte aber auch zu der Ansicht gelangen, daß die französische Armee jeden Gedanken an beide Möglichkeiten aufgegeben hätte. Jede dieser Ansichten hatte am 29. um Mittag ihre Vertreter beim 10. Armeekorps sowohl als beim Ober=kommando der II. Armee; einer der energischsten Vertreter der letzteren war z. B. Oberstlieutenant Graf Waldersee. Die erstere Ansicht führte zu der Erwägung, ob es rathsam sei, die feindlichen Absichten durch die Defensive oder Offensive zu zerstören.

Für die Offensive sprach der Umstand, daß man auf dem linken Flügel am schnellsten Klarheit geschaffen hätte, um sich dann auf den

französischen rechten Flügel zu werfen; allein bei der zweifellos bestehenden und erkannten großen Ueberlegenheit an Zahl — aber unbekannt
mit der vollen Tragweite der Niederlage vom 28. — gab das Oberkommando der Defensive den Vorzug, um so mehr, als man am 29.
nur in der Lage gewesen wäre, mit acht Brigaden anzugreifen, von
denen drei zunächst der Ruhe, der Ordnung und der Munition bedurften.
Diejenigen, welche der Meinung waren, der Feind sei infolge der
Niederlage vom 28. in hohem Grade erschüttert, wie der Oberstlieutenant
Graf Walderfee, konnten zu keinem anderen Schluß als der rücksichts-
losen Offensive — und zwar in der Richtung auf Boiscommun —
gelangen, und hierfür hielten sie um Mittag, nachdem das 10. Armeekorps seine Munition ergänzt hatte, die auf dem linken Flügel befindlichen Streitkräfte für vollständig ausreichend. Allein die Vertreter der
Defensive, zu denen vor allen Dingen der Prinz-Feldmarschall gehörte,
gaben den Ausschlag.

Jn Wirklichkeit hatten aber die Anhänger der Offensive am 29.,
die dem Feinde die Kraft zu einem erneuten Angriff nicht mehr zutrauten,
unbedingt Recht. Sie sagten sich: Will der Feind nochmals angreifen,
so kann dies nicht geschehen, ohne daß er recht erhebliche Verstärkungen
herangezogen hat. Ob das schon am 29. möglich sein konnte, war
mindestens zweifelhaft; daher hätte sich, je früher um so besser, eine
energische deutsche Offensive empfohlen. Da der Feind aber nichts unternahm, so glaubten die Vertreter der Offensive darin den Beweis zu
haben, daß er am 29. nicht mehr anzugreifen wagte. Dies ist in der
Regel ein Zeichen der Schwäche und Kampfesmüdigkeit. Zögerte man
am 29. mit der Offensive und verblieb der Gegner dann noch in seinen
Stellungen, so konnten am 30. allerdings beträchtliche Verstärkungen
beim Feinde eingetroffen sein, und es wurde dann fraglich, ob die
Offensive noch empfehlenswerth sei.

Das Oberkommando faßte am 29. vormittags den Entschluß, in
der Defensive zu verharren, die Versammlung der II. Armee zum linken
Flügel weiter durchzuführen und die Armee-Abtheilung in den Raum
Orgères bis Bazoches les Gallerandes heranzuziehen, um die Straßen
Orléans—Etampes und Orléans—Bazoches les Gallerandes zu decken
und etwaigen offensiven Unternehmungen von Orléans aus zu begegnen.
Zu diesem Entschluß war man hauptsächlich deshalb bestimmt worden.

weil man dem Gegner das Wirksamste zutraute, was er unternehmen konnte, nämlich die Fortführung der thatsächlich begonnenen Offensive auf Fontainebleau. Trotzdem nun das Oberkommando meinte, den größten Theil der Loire-Armee vor dem linken Flügel der II. Armee zu haben, so folgte doch daraus nicht, daß bei Orléans unbeträchtliche Theile zurückgeblieben wären, denn die Mindeststärke der Loire-Armee wurde damals auf 200 000 Mann angegeben. Mochte auch diese Ziffer noch übertrieben sein — was nicht der Fall war —, so konnten z. B. 100 000 Mann recht wohl vor dem linken Flügel angenommen werden (thatsächlich traf die Ziffer ungefähr zu, denn die 1. Division des 15. Armeekorps hatte die Stärke eines Armeekorps) und immer noch 60 000 bis 80 000 Mann bei Orléans stehen, die ebenfalls zur Offensive stark genug gewesen wären. Rein ziffermäßig und vom Standpunkte der großen Operationen aus betrachtet, darf man daher den Entschluß, in der Defensive zu verharren, nicht tadeln, nur hätte es sich dann empfohlen, die ganze II. Armee am 29. abends eng zu versammeln. Die Ursachen für die sogleich aufzuführenden Anordnungen der II. Armee beruhten also auf folgenden Erwägungen: 1. Man glaubte den größten Theil der Loire-Armee vor dem linken Flügel zu haben; 2. man glaubte an eine Erneuerung des Angriffs mit diesem größten Theile und an die Fortsetzung der Operationen auf Fontainebleau; 3. man hielt die Möglichkeit weiterer Verstärkungen nicht für ausgeschlossen und 4. die Loire-Armee für stark genug, auch noch auf der Straße Orléans—Etampes zum Angriff überzugehen. Die Lage des Oberkommandos war also keineswegs einfach, und wenn man nicht ungerecht werden will, so muß man die Entschlüsse unter den Voraussetzungen beurtheilen, die zur Zeit ihrer Fassung bestanden und sich aus vielen sachlichen Erwägungen ergeben hatten.

In der That überschätzte man die materielle Kraft und die Operationsfähigkeit des Gegners bedeutend und unterschätzte ihnen gegenüber die Imponderabilien auf deutscher Seite. Denn all die Vermuthungen des Oberkommandos trafen am 29. weder in Tours noch in Orléans noch bei General Cronzat zu, sondern das eigenthümliche Verhalten des Generals Cronzat beruhte in der entgleisten Befehlsführung bei den Franzosen, in dem Mangel an Befehlen, in dem Mangel an Einheit der Befehle, kurz in jener großen Rathlosigkeit, die unter solchen Um-

ſtänden einzutreten pflegt. Der General Crouzat hatte den Oberbefehl nur
für die Schlacht und dann nur bis zum (erhofften) Eintreffen des älteren
Generals des Pallières erhalten; nun traf dieſer General aber nicht
ein, und das 18. Armeekorps wurde direkt von Tours (vom Kriegs=
miniſterium) aus geleitet. Wenn die Leitung aber ſo weit vom Platze der
Handlung und die Befehlsführung ſo mangelhaft geregelt iſt, ſo wird
in den meiſten Fällen die Folge ſein, daß die Generale am Feinde
weniger nach eigenem Befunde handeln, ſondern auf Befehle warten.
Dies war hier eingetreten: das 18. und 20. Armeekorps tappten am
29. hin und her und waren von keinem anderen Gefühle beſeelt als
der Beſorgniß vor einem deutſchen Angriff, beſonders bei Boiscommun
beim 20. Armeekorps, das zu jedem ernſteren Widerſtande unfähig
geweſen wäre. Allein ſolche Erkenntniß giebt in der Regel erſt die
Geſchichte, iſt im Augenblick der Handlung in den ſeltenſten Fällen vor=
handen, hier fehlte ſie uns Deutſchen gänzlich.

General v. Stiehle
und
General v. Stoſch.
General v. Stiehle fühlte das Bedürfniß einer möglichſt baldigen
perſönlichen Begegnung mit dem aus Verſailles bei der Armee=Abtheilung
eingetroffenen General v. Stoſch. Inwieweit er ſich hierbei davon
beſtimmen ließ, durch eine mündliche Erörterung Uebereinſtimmung in
die allgemeinen Ziele der II. Armee und der Armee=Abtheilung zu
bringen, was ja immer der kürzeſte und empfehlenswertheſte Weg iſt,
und davon, durch den General v. Stoſch auch näher über die Stimmung
und Auffaſſung im großen Hauptquartier unterrichtet zu werden, als
dies bis dahin möglich geweſen war, mag unerörtert bleiben. Jeden=
falls war der zweite Geſichtspunkt hierbei mitbeſtimmend. Wenn man
aber im Oberkommando an die Erneuerung des Angriffs und an die
Fortſetzung der Operationen ſoingabwärts glaubte, dann will es ſcheinen,
als ob der Generalſtabschef beim Oberkommando verbleiben mußte und
ſich nicht zur Armee=Abtheilung begeben durfte, ſolange an dieſer Auf=
faſſung feſtgehalten wurde. Als das nachfolgende Telegramm abging,
ließ ſich zwar überſehen, daß der 29. ruhig verlaufen würde, allein
was am 30. nothwendig werden konnte, war nicht im voraus zu
beurtheilen. Um 11½ Uhr vormittags telegraphirte nämlich General
v. Stiehle an General v. Stoſch: „Armee=Abtheilung muß am 30. auf
Linie Orgères bis Bazoches les Gallerandes ſtehen bleiben. Schlage
vor, um 10 Uhr früh uns in letzterem Ort zu treffen."*)

*) Kr. A. C, III, 9, IV, b.

Nachdem dies Telegramm befördert war, ergingen um 12 Uhr an die Armeetheile die nachfolgenden Befehle. An den General v. Voigts-Rhetz in Egry:.

Euer Excellenz wollen den Generalmajor v. Kraatz anweisen, die Sicherung der längs des Voing führenden Straße zu übernehmen. Dem Generalmajor v. Kraatz fällt somit die Aufgabe zu, für welche gemäß meines Befehles von gestern eine gemischte Brigade nach Château Landon detachirt werden sollte.

Die Anordnungen zur Aufrechterhaltung der Verbindungen mit dem General v. Kraatz bleiben Euer Excellenz überlassen. Das 10. Korps ist im Uebrigen so in enge Kantonnements zu legen, daß die Orte Beaune la Rolande und Egry die westliche Grenze bilden, beide Orte dem 3. Korps gehörig. Wo Euer Excellenz das Hauptquartier hinlegen, ist telegraphisch zu melden.

Das 3. Armeekorps hat Anweisung, sich heute um Boynes (Hauptquartier) zu bisloziren und Beaumont e. G. mit nicht fechtenden Theilen des Korps zu besetzen, das 9. Korps belegt Pithiviers und Gegend.

Bezüglich Anschlusses der Vorposten des 10. Armeekorps an diejenigen des 3. bleiben Euer Excellenz die Vereinbarungen mit letzterem überlassen.*)

gez. Friedrich Karl.

Das 9. Armeekorps wurde um 12 Uhr angewiesen, nach Maßgabe des Eintreffens der Armee-Abtheilung in der Aufstellung Bazoches les Galerandes enge Kantonnements in und um Pithiviers (Hauptquartier) zu beziehen. Courcelles werde der rechte Flügelpunkt der Vorposten des 3. Armeekorps sein, die jedoch Fühlung am Feinde behalten. Die Vorposten der 2. Kavallerie-Division behielten bis auf weiteren Befehl den jetzigen Rayon, aber auch Fühlung am Feinde.

Das 3. Armeekorps hätte enge Quartiere um Boynes zu beziehen, östliche Grenze Egry—Beaune (eingeschlossen), westlicher Abschnitt der Rimarde-Bach. Hauptquartier Boynes. Die 1. Kavallerie-Division sei innerhalb des Rayons des 3. Armeekorps unterzubringen.

---

*) Dieser Befehl, obgleich bei v. d. Golz bereits S. 155,156 mitgetheilt, mußte wörtlich wiederholt werden, die übrigen erfahren nur sinngemäße Wiedergabe.

Um 12¼ Uhr erfolgte an die Armee-Abtheilung nach Biabon nähere Mittheilung über die Beaune-Schlacht etwa folgenden Inhalts: „Heute (29.) scheint sich der Feind über St. Loup und Boiscommun zurückzuziehen und rechts des Loing nicht weiter nach Norden zu marschiren. Die II. Armee bleibt deshalb heute auf der Linie Pithiviers-Beaune in Bereitschaft, die Armee-Abtheilung ist auf Linie Orgères — Janville — Toury — Bazoches les Gallerandes zu disloziren, das zu wählende Hauptquartier telegraphisch mit Toury verbinden zu lassen. Die 2. Kavallerie-Division behält die jetzigen Vorposten."

Das Oberkommando rechnete hiernach am 29. um Mittag nicht mehr mit einer feindlichen Operation loingabwärts an diesem Tage, dagegen erschien ihm eine solche später nicht ausgeschlossen zu sein. General v. Kraatz, der am 29. nach Chéroy mit 4 Bataillonen, 1 Batterie, 1 Eskadron und einer Abtheilung Ersatzmannschaften für das 10. Armeekorps gelangte, sollte nun die Aufgabe übernehmen, die am 28. wiederholt dem General v. Voigts-Rhetz übertragen worden, deren Ausführung jedoch wegen der Schlacht unterblieben war. Diese Abtheilung bildete außerdem die einzige Verstärkung, auf die das Oberkommando rechnen durfte; sie konnte aber erst am 30. den Loing überschreiten und am 1. Dezember zum 10. Armeekorps stoßen. General v. Kraatz fand nun am 29. und 30. November keine Spuren einer feindlichen Operation loingabwärts.

Vom 9. Armeekorps war bekanntlich, infolge Befehls vom 28. November 8¾ Uhr abends, eine Brigade von Bazoches les Gallerandes nach Boynes unterwegs. Als diese Brigade bis in die Nähe von Pithiviers gelangt war und sich inzwischen übersehen ließ, daß der Feind am 29. nicht mehr angreife, wurde sie festgehalten und südöstlich von Pithiviers untergebracht. General v. Manstein erhielt in dem Befehle von 12 Uhr Mittheilung davon. Liegen zwingende Gründe für Gegenbefehle nicht vor, so unterbleiben sie am besten; da man aber an eine spätere Erneuerung des feindlichen Angriffs glaubte, so wäre diese Brigade besser nicht angehalten worden.

Die Armee-Abtheilung wurde in dem Befehle von 12 Uhr auf den Austausch der 6. gegen die 2. Kavallerie-Division vorbereitet, ein Gedanke, der bekanntlich den Prinz-Feldmarschall dauernd beschäftigt hatte. Mochte derselbe früher der Begründung nicht entbehren, so lag doch, seitdem die Armee-Abtheilung der II. Armee unterstellt war, eigentlich kein stichhaltiger Grund mehr für eine solche zeitraubende Maßnahme vor. Da nun aber die 6. Kavallerie-Division am 29. abends auf dem rechten Flügel der Armee-Abtheilung stand (bei Billeamblain), den Feind vor sich, und da die gespannte Lage an eine nahe Waffenentscheidung denken ließ, so mußte diese Andeutung späterer Absichten die Armee-Abtheilung in Verlegenheit setzen. Diese Stelle in dem Befehle von 12¼ Uhr wäre daher besser weggeblieben. Ganz abgesehen davon, daß die Armee-Abtheilung nun darauf vorbereitet sein mußte, wenn der Austausch gefordert wurde, dem Ansuchen sogleich Folge zu leisten, konnte der Austausch, wie die Dinge lagen, nur hinter der Armee her erfolgen, und dann stand zu befürchten, daß die 6. und 2. Kavallerie-Division vielleicht bei der Waffenentscheidung fehlen würden. Leider sollte sich der Wechsel nun gerade im Zeitpunkte der Krisis der Armee-Abtheilung vollziehen; wäre das nicht eingetreten, so würde Loigny vielleicht ein zweites Roßbach geworden sein. Das Beispiel mag lehren, daß nur das befohlen werden soll, was nothwendig ist. Ein Austausch von taktischen Verbänden sollte aber überhaupt nur angeordnet werden, wenn die operativen Bedingungen ihn erleichtern, und nach erfolgter Waffenentscheidung. Wenn nun die II. Armee am 29. November um 12¼ Uhr mittags die Armee-Abtheilung auf den Austausch vorbereiten ließ, so kann sie kaum an ernste feindliche Unternehmungen gegen die Armee-Abtheilung gedacht haben, was denn auch durch den Lauf der Begebenheiten vollständig bestätigt wird. Die Verlegenheit der Armee-Abtheilung in Viabon mußte nun aber um so größer werden, als in dem Befehle von 12¼ Uhr gesagt war, daß die 4. Kavallerie-Division die Richtung gegen Westen zu nehmen, sowie die Verbindung mit dem gegen Le Mans zurückgelassenen Detachement zu versehen hätte. Da nämlich die 4. Kavallerie-Division am Abend des 29. Tourv erreichte, so mußte sie wieder nach Westen gesandt werden. Daß auch dadurch Friktionen eintreten mußten, war wohl vorauszusehen. Es empfiehlt sich aber überhaupt nicht, daß das Oberkommando dieser Art in die Verwendung taktischer Einheiten eingreift; die Ereignisse der kommenden Tage sollten dies beweisen.

Nachdem diese Befehle erlassen waren, meldete um 12 Uhr 45 Minuten die II. Armee an General Graf Moltke telegraphisch nach

II. Armee an
General
Graf Moltke.

Versailles: „Feind durch unseren gestrigen Sieg bei Beaune erschüttert, scheint sich heute über Boiscommun abzuziehen. Rechts des Loing geht der Feind bis jetzt nicht vor. General Kraatz heute Chéroy, Groß=herzog Toury."*)

Meldungen
der Armeetheile
vom Nachmittag. Seit Mittag stellten die Vortruppen des 3. und 10. Armeekorps den Rückzug des Feindes auf der ganzen Front fest; um 1 Uhr waren Batilly, St. Michel, Nancray, St. Loup, Juranville und Corbeilles geräumt. Nach Aussagen von Gefangenen sollte der Rückzug auf Bois=commun und Bellegarde erfolgen. Die Stellung bei Boiscommun wurde jedoch stark verschanzt gefunden. Meldungen hierüber liefen von ver=schiedenen Seiten in Pithiviers ein, so daß nun über den Rückzug kein Zweifel mehr sein konnte. Um 4 Uhr meldete außerdem General v. Voigts=Rhetz, daß er im Begriff stehe, dem Feinde über Juranville und Corbeilles zu folgen, am 30. werde er sein Hauptquartier nach Bordeaux legen (es ging jedoch nach Gondreville).

Um 6 Uhr berichtete die Armee=Abtheilung aus Biabon telegraphisch: „Gefangene vom 3. und 48. Linien=Regiment bei Moirreville (am 28.), heute (29.) Zusammenstoß bei Ciory und Barize (soll dem 16. Korps angehören), Austausch der 6. Kavallerie=Division angeordnet, erwarte als Ersatz 2. Kavallerie-Division. Armee=Abtheilung erreicht heute (29.) 6. Kavallerie=Division Billeamblain, Bayern Orgéres, 17. Division Germignonville, 22. Division Imonville, 4. Kavallerie=Division Allaines, Hauptquartier Biabon."*)

Diese Meldung konnte das Oberkommando der II. Armee in der An=nahme bestärken, daß in der That der größte Theil der Loire=Armee ihrem linken Flügel gegenüberstehe. Zwar wurde das 16. Armeekorps bei Ciory und Barize gemeldet, allein auf der anderen Seite waren Gefangene weder vom 15. noch vom 16. Armeekorps gemacht worden. Das 48. Marsch=Regiment gehörte dem 17. Armeekorps an; in Bezug auf das 3. Linien=Regiment mußte wohl ein Irrthum vorliegen.

Der Prinz-
Feldmarschall
an den König. Nach Empfang aller dieser Meldungen schätzte der Prinz=Feld=marschall die Stärke des am 28. aufgetretenen Feindes auf 70 000 Mann, was allerdings zu hoch war, und telegraphirte um 7 Uhr 29 Minuten an den König:

---

*) Kr. A. C, III, 9, IV, b.

„Nach französischen Angaben war Feind gestern 70 000 Mann vom
20., 18., 15. und 16. Armeekorps*) stark, von denen das 20. ganz
focht ... Noch in der Nacht ließ ich einige Bataillone 3. Armeekorps
verfolgen. Heute konnte dafür wenig geschehen, weil Verhältnisse am
Loing noch nicht aufgeklärt waren und weil obige Resultate erst im
Laufe des heutigen Tages erkannt wurden. Morgen folgen Avantgarden
nach Montargis und Bellegarde.“

Oberstlieutenant Graf Waldersee berichtete am 29. an den König: Oberstlieutenant
Graf Waldersee
an den König.
„Ich habe das ganze Gefechtsfeld beritten und glaube nicht zu hoch zu
greifen, wenn ich sage, daß 1000 französische Leichen dasselbe bedecken ..
Das Städtchen Beaune wurde mit großer Bravour durch sechs Stunden
angegriffen und vom Infanterie=Regiment Nr. 16, unterstützt durch das
Infanterie=Regiment Nr. 57 sowie 4 Fuß= und 2 reitende Batterien,
auf das Heldenmüthigste vertheidigt. . . .“**)

Wir wissen, daß und weshalb der General v. Voigts=Rhetz die Verhalten des
Generals
v. Voigts-Rhetz
hinsichtlich der
Entsendung in
das Loing-Thal
wiederholten Befehle des Oberkommandos hinsichtlich der Entsendung
ins Loing=Thal nicht ausgeführt hatte. Um aber nach Kräften den Absichten des Oberkommandos nachzukommen, erließ er am 29. November
früh 5 Uhr folgenden Befehl an das Detachement v. Boltenstern nach
Château Landon:

Das Korps hat heute (gestern B.) den Feind auf der ganzen Linie
siegreich zurückgeschlagen, hat aber Corbeilles und Lorcy aufgegeben.
Das 3. Korps hat gegen Abend eingegriffen. Sie wollen mit Ihrem
Detachement in Château Landon stehen bleiben und sich vergewissern,
ob der Feind auf linkem oder rechtem Loing=Ufer gegen Norden vorgeht.
Sie wollen ferner die Verbindung mit General Kraatz suchen und im
Nothfall — wenn Sie nicht mehr auf Beaumont zurück können — auf
Nemours zurückgehen. Meldungen von Ihnen werden so häufig als
möglich gewünscht.***)

gez. v. Caprivi.

Hiermit war mithin bereits dem Befehle der II. Armee vom 29.
12 Uhr mittags in glücklicher Weise vorgewirkt.

---

*) Vom 16. Armeekorps haben bei Beaune keine Theile gefochten, vom 15.
nur zwei Batterien der 1. Division, vom 18. fehlte die Brigade Perrin. —
**) Bis Mittag waren es nur 2 Batterien, von da an 4 und erst vom Nach-
mittage an 6 und mehr. — ***) Kr. A. S, III, 1, VI.

Um 1 Uhr (?) mittags wurde aus Château Landon gemeldet: „Seceaux nicht vom Feinde besetzt, ebenso Préfontaine frei, erst bei der Eisenbahn Feuer erhalten. Offiziere über Chérou an General v. Kraatz abgeschickt. Ferrières nicht besetzt, Corbeilles, Lorcy 12½ Uhr geräumt, um 2¼ Uhr von 10. Jägern wieder besetzt."*)

Auflassung der II. Armee am 29 abends. Der Feind hatte bereits am 28. abends mit den Haupttheilen des 20. und 18. Armeekorps den Rückzug nach Boiscommun bezw. Ladon, (Bellegarde) angetreten; die eingetretene Dunkelheit verhinderte jedoch die Deutschen, dies zu erkennen. Seit der Frühe des 29. waren nach und nach die bis dahin mit der Deckung des Rückzuges betrauten Abtheilungen zurückgegangen, so daß am Abend des 29. die Deutschen bei Beaune wieder im vollen Besitz der Vorpostenlinie waren, die das 10. Armee- korps vor der Schlacht innegehabt hatte. Der Rückzug des Gegners vollzog sich augenscheinlich exzentrisch, d. h. mit einem Theile nach Bois- commun, mit dem anderen nach Ladon (Bellegarde); der Feind ging mithin nach einer Niederlage auch noch in eine Trennung über — gewiß ein verhängnißvoller Schritt, dessen mögliche Folgen dem Oberkommando nicht entgangen sein können. Wenn es jedoch glaubte, trotzdem es selbst ausgesprochen hatte, daß am Loing die feindliche Operation ins Stocken gerathen war, unter weiterer Versammlung zum linken Flügel hin in der Defensive verharren zu müssen, so beruhte das auf der Annahme, der Feind werde nochmals angreifen. Man wollte das abwarten, und erst nachdem der Gegner eine zweite Niederlage erlitten haben werde, zum Angriff übergehen. Bei der numerischen Schwäche der II. Armee war die Ueberlegung nicht ganz unbegründet, und da der Feind am 29. abends sich nicht weiter als Boiscommun—Ladon zurückgezogen hatte, so hätte er später seinen Angriff aus denselben Stellungen erneuern können, die er am 27. abends innehatte. Das Oberkommando wußte auch, daß Bois- commun stark befestigt worden war, ob auch noch andere Punkte, blieb zweifelhaft, war aber möglich. Der Feind konnte daher die Absicht haben, die II. Armee zum Angriff ihrer befestigten Stellungen zu ver- locken. Auch dies bestimmte das Oberkommando, defensiv zu bleiben. Hierzu trat, daß Paris ohne Offensive nicht befreit, durch eine Defensive aber wohl gedeckt werden konnte. Alle diese Erwägungen veranlaßten

---

*) Kr. A. S, III, 1, VI.

das Oberkommando, auch fernerhin in der Defensive zu verbleiben. So
sehr man diese Absicht vertheidigen kann, so beruhte sie doch auf einem zwar
begreiflichen, aber verhängnißvollen Irrthum; die offensive Operation
der Loire=Armee gegen Fontainebleau war am 28. abends unter schweren
Verlusten endgültig gescheitert, den Grad der dem Feinde bereits zugefügten
Niederlage erkannte man jedoch bei der 11. Armee nicht. Der Feind hatte
thatsächlich seine Kraft erschöpft, und wahrscheinlich würde am 29. durch
das energische Vorgehen nur einer Division auf Boiscommun das schon
aufgelöste 20. Armeekorps vollständig vernichtet worden sein. Daß die
Deutschen trotz Beaune die feindliche Kraft so sehr überschätzten, ist die
Quelle sehr vieler Irrthümer mit schwerwiegenden Folgen, die uns später
beschäftigen werden.

Zwar trafen am 29. mittags vom 15. Armeekorps gegen 10000 Mann,
wie wir später sehen werden, in Chambon ein; allein diese Unterstützung
hätte sich an jenem Tage bei Boiscommun nicht fühlbar gemacht, und
außerdem hatte General Billot Befehl an die Brigade Perrin in Mont=
argis erlassen, wonach sie am 30. bei Bellegarde sein sollte. Der 29.
wäre daher der Zeitpunkt für eine energische Offensive in Richtung
Boiscommun gewesen.

IX.

Ergebnisse der Doppelschlacht, beiderseitige Stellungen
am 29. November abends.

Die französischen Generale, welche am 28. bei Beaune geschlagen worden waren, hatten bis zur Schlacht keinerlei Hinweise oder auch nur Andeutungen in Bezug auf einen Plan erhalten, der ein weiteres Ziel ins Auge faßte. Sie sollten die genannten Dörfer nehmen und „weitere Befehle abwarten". Diese Weisungen steckten ihnen einestheils bestimmte untergeordnete Ziele, anderentheils unterbanden sie aber auch jede Selbständigkeit, und zwar trotzdem die französischen Generale vier Tage am Feinde standen.

Wie wir gesehen haben, war endlich die Versammlung des 20. und 18. Armeekorps am 27. November gelungen und am 28. die dargestellte Schlacht geschlagen worden, deren Anlage, Leitung und Ausgang im Allgemeinen eher eine Kritik vertragen können als manche andere französische Schlacht dieses Krieges. Nachdem die Schlacht verloren war, mußten sogleich wieder neue Friktionen entstehen, denn General Crouzat hatte nur für den Kampf den Befehl über beide Armeekorps; außerdem wußte nun keines von beiden, was geschehen sollte.

In ähnlicher Ungewißheit hatte sich General M. des Pallières befunden, über dessen Thätigkeit hier zunächst Folgendes nachgetragen werden muß. Am 28. früh fragte des Pallières telegraphisch bei General Crouzat aus Loury an: „Welches Ergebniß hatte Ihr gestriger Marsch? Sind Sie angegriffen worden, gedenken Sie heute zu schlagen?" Um 7 Uhr 10 Minuten früh antwortete General Crouzat: „Der Marsch auf Beaune konnte wegen Marschstörungen (am 27. vormittags) beim

General M. des Pallières am 28. November.

18. Armeekorps nicht stattfinden, ich greife heute Beaune an, das von 10000 Mann und 40 Geschützen vertheidigt wird."*)

General M. des Pallières glaubte, daß General Crouzat mit seinen 60 000 Mann stark genug wäre, diesen Gegner abzuthun, und sah seine Hauptaufgabe darin, die vier Defileen des Waldes von Orléans zu sichern; allein er stellte außerdem diejenigen Truppen zu einer Unter= stützung des Generals Crouzat bereit, die er meinte entbehren zu können. Da die 1. Division des 15. Armeekorps sich aber am 28., bei Eingang obigen Telegramms des Generals Crouzat, über einen Raum von etwa 30 km ausdehnte, und General des Pallières keine ausreichende Reserve ausgeschieden hatte, die er hätte abschicken können, so mußten zunächst mit großem Zeitverlust die Truppen an den Defileen abgelöst werden, bevor die Unterstützung zum General Crouzat abrücken konnte. Hierzu bestimmte des Pallières 3 Bataillone aus Chilleurs, 1 Bataillon aus Courcy und 2 Bataillone Marineinfanterie, sowie 2 Bataillone vom 12. Mobilgarden=Regiment, also im Ganzen 8 Bataillone; diese sollten in der Nacht vom 28. zum 29. in Chambon sein. An Stelle dieser Truppen traten das 38. Linien=Regiment, 1 Bataillon Zuaven und 1 Bataillon vom 12. Mobilgarden=Regiment. Der General entnahm mithin die Unterstützung von seinem rechten Flügel, um Chambon, kaum einen halben Tagemarsch von Chilleurs, möglichst frühzeitig zu erreichen; allein Ablösung und Marsch verzögerten sich derart, daß die Entsendung in dieser Nacht nur Courcy erreichte, und mit Ausnahme der genannten zwei Batterien nahmen daher keine Truppen des 15. Armeekorps an der Schlacht theil.

Ueber diese Anordnungen erstattete General des Pallières an General d'Aurelle Meldung, dieser antwortete um 10 Uhr vormittags am 28., daß „General des Pallières, sobald er beim 18. und 20. Armeekorps eintreffe, den Befehl über alle diese Streitkräfte zu führen hätte. Im Uebrigen sollte Pallières, nachdem die Straßen des Waldes gesichert seien, dem General Crouzat seine Aufmerksamkeit zuwenden". Von Chilleurs gegen Pithiviers und nach Nancray entsandte General Pallières am 28. je einen Generalstabsoffizier, um die Vorgänge von Pithiviers bis Beaune zu beobachten. Ersterer meldete um 1 Uhr 10 Minuten

---

*) M. des Pallières, S. 143/144.

nachmittags, daß „das Artilleriefeuer nach Norden fortschreite, der Feind jedoch nichts gegen Chilleurs, Courcy und Neuville unternehme". Der Inhalt dieser Meldung ging um 2 Uhr 50 Minuten nachmittags an General d'Aurelle weiter, der um 3 Uhr 52 Minuten zurückfragte, „weshalb der General nicht zur Unterstützung Crouzats abmarschirt sei". General des Pallières antwortete, „General Crouzat hätte 60000 Mann und 138 Geschütze, der Gegner 10000 Mann und 40 Geschütze. Crouzat könne telegraphisch mit ihm verkehren. Das Geschützfeuer scheine gegen Norden fortzuschreiten, und er schließe daraus, daß Crouzat Vortheile gewinne; im Uebrigen glaubte er, die Straßen nach Orléans nicht entblößen zu dürfen". Zugleich fragte General des Pallières bei General Crouzat an: „Wie weit sind Sie gelangt, und was werden Sie morgen thun?" Um 4 Uhr 30 Minuten antwortete General Crouzat: „Ich kämpfe um Beaune seit diesem Morgen. Ich erwarte das 18. Armeekorps, das unseren rechten Flügel bildet, um den Angriff mit aller Kraft zu erneuern. Cathelineau theilt mit, daß eine sehr starke Kolonne von Pithiviers auf Beaune marschire. Unterstützen Sie mich morgen, wenn Sie es können." General des Pallières theilte darauf mit, daß er „mit 11000 Gewehren, 3 Regimentern Kavallerie und 30 Geschützen diesen Abend auf Chambon abrücke". Um 9 Uhr 40 Minuten erging hierauf Antwort von General Crouzat, „General des Pallières möge seine Bewegung beeilen, weil er fürchte, morgen früh angegriffen zu werden". Die Unterstützung des Generals des Pallières gelangte bekanntlich in der Nacht vom 28. zum 29. nur bis Courcy, und da inzwischen von Tours bei des Pallières Mittheilung einlief, wonach das 20. Armeekorps sich in die Stellung Boiscommun—Bellegarde, das 18. nach Ladon begeben sollte, so beschränkte General des Pallières seine Unterstützung auf 7000 Mann Infanterie, 2 Regimenter Kavallerie und 22 Geschütze, die am Morgen des 29. von Courcy auf Chambon abrückten; dort trafen sie um Mittag ein. Hiervon wurde sowohl General Crouzat wie General d'Aurelle benachrichtigt.

Berichte Crouzats über die Schlacht. Unterdessen hatte nämlich General Crouzat um 11 Uhr 55 Minuten abends nach Tours und an die Generale d'Aurelle und des Pallières Telegramme gesandt. „Er hätte dem Befehle gemäß die ihm bezeichneten Punkte angegriffen, jedoch Beaune nicht nehmen können. Einige seiner

Mannſchaften ſeien in das Städtchen eingedrungen, das er heftig mit Artilleriefeuer beſchoſſen hätte. Durch eine ſtarke von Pithiviers kommende preußiſche Kolonne ſei er zum Rückzuge gezwungen, aber nicht verfolgt worden, ſo daß er in ziemlicher Ordnung hätte zurück- geben können. Die Diviſionen kehrten in ihre alten Poſitionen zurück. Das 18. Armeekorps ſei in Juranville und Maizières gelaſſen, er halte es für zweckmäßig, es bei Ladon zu verſammeln. Seine Stellung bei Bellegarde ſei nicht ſehr ſtark, der Feind ſei ſehr zahlreich."

.   General d'Aurelle gab den Inhalt dieſes Telegramms nach Tours weiter, und erſt am 29. mittags 1 Uhr 30 Minuten ſchrieb er dem General Crouzat vor, „ſich in ſeinen Stellungen zu behaupten, empfahl ihm jedoch zu erwägen, ob das 18. Armeekorps nicht beſſer von Juran- ville und Maizières nach Ladon zurückgenommen werde". Thatſächlich lagerte dann das 20. Armeekorps am Spätabend des 29. November bei Boiscommun und in Montliard, das 18. bei Maizières und zurück bis Ladon.

Die erſte Nachricht, welche über die Schlacht von Beaune in Tours Freudige Stimmung in Tours eingelaufen war, hatte dort keineswegs die Ueberzeugung erweckt, daß die Offenſive geſcheitert ſei. War es auch nicht gelungen, Beaune zu nehmen, ſo betrachtete man das Geſammtergebniß doch mindeſtens als einen halben Sieg; daß die franzöſiſchen Generale in Wirklichkeit eine ſchwere Nieder= lage erlitten hatten, das wurde den Machthabern in Tours erſt ſpäter klar.

Von Tours aus wurden daher die Generale Crouzat und Billot zunächſt mit Schmeicheleien überhäuft, ein Dekret ſagte, daß das 18. Armeekorps ſich um das Vaterland verdient gemacht hätte, General Billot wurde definitiv zum Brigadegeneral ernannt, General Feillet Pilatrie zum Diviſionsgeneral. Am 29. erging ferner ein Cirkular an die Civil= und Militärbehörden, wonach die Deutſchen mit großen Ver= luſten zurückgeworfen worden ſeien.

Um Mitternacht des 29. erging von Tours an die Generale Die Stimmung ſchlägt um. Crouzat, Billot, d'Aurelle und des Pallières Weiſung, wonach das 20. Armeekorps, links an das 15. gelehnt, ſich bei Boiscommun be- haupten möge, das 18. bei Ladon. Allein bald ſollte die Stimmung in Tours umſchlagen. General des Pallières beſuchte am 1. Dezember das 20. Armeekorps und fand es „in einem beklagenswerthen Zuſtande".

Die darüber um 5 Uhr abends an General d'Aurelle gerichtete Depeſche wurde von dieſem nach Tours weiter gegeben. Aber ſchon vorher hatten recht ungünſtige Nachrichten den Weg nach Tours gefunden, und am 1. Dezember war außerdem von General Crouzat ſelbſt ein Telegramm nach Tours abgeſandt, worin der General über die Verfaſſung ſeiner Truppen ſagte: „Infolge der Kämpfe der letzten ſechs Tage ſind meine Diviſionen ſehr an Mannſchaften geſchwächt und beſonders an Offizieren. Das 3. Marſch=Zuaven=Regiment hat 17 Offiziere allein bei Beaune verloren. Ich bedarf der Verſtärkung." Des Weiteren verlangte der General Bekleidungsſtücke u. ſ. w. ſowie einige Tage Ruhe, damit ſein Armeekorps ſich erholen könnte. Hierauf antwortete de Freycinet an demſelben Tage: „Es ſcheint mir, als ob Sie ſehr ſchnell den Muth verlören, und Sie zeigen nicht diejenige Feſtigkeit, ohne die ein Erfolg unmöglich iſt. Sie ſprechen heute von einigen Tagen Ruhe; wie können Sie Ruhe verlangen, während General Ducrot nicht davor zurückſchreckt, ſich durch ein Meer von Feinden den Weg zu uns zu bahnen! Wir müſſen marſchiren und ſchnell marſchiren . . . Ich werde Sie und Ihr Korps unter die ſtrategiſche Leitung des 18. ſtellen, und alsbann, von der Sorge um Kombinationen befreit, erwarte ich von Ihnen, daß Sie Ihre volle Thätigkeit und Ihre Energie einſetzen, um die Moral Ihrer Truppen zu heben. Wenn Ihr Korps wieder zu Klagen Ver= anlaſſung giebt, ſo mache ich Sie dafür perſönlich verantwortlich, und Sie würden ſich der Regierung darüber zu verantworten haben." Das Schreiben ſollte dem General Crouzat durch General d'Aurelle zu= geſtellt werden. Der Letztere, welcher inzwiſchen erfahren hatte, daß der General Crouzat und ſein Armeekorps eher eine öffentliche Anerkennung als Tadel verdienten, nahm zuerſt Anſtand, dem Folge zu geben, ſah ſich jedoch dazu gezwungen, weil das Schreiben an General Crouzat adreſſirt war und nach Kenntnißnahme durch General d'Aurelle weiter befördert werden mußte. So lohnte de Freycinet die Vorſtellungen eines ·braven Generals, deren Unterlaſſung eine grobe Pflichtverſäumniß geweſen wäre.

Dieſe die Ereigniſſe etwas überholende Skizze erſchien nothwendig, um einerſeits manches Bemerkenswerthe über die Schlacht von Beaune nachzutragen, andererſeits das Motiv für den Umſchlag der Stimmung in Tours aufzudecken. Das, was General Crouzat bei Beaune gethan

hatte, war die Ausführung der Anordnungen der Machthaber in Tours
mit geflissentlicher Umgehung des Generals d'Aurelle. Die verwendeten
Armeekorps waren nicht vollständig organisirt, die Truppen auf einen
Winterfeldzug nicht eingerichtet, den Armeekorps fehlte außerdem der
Troß, so daß sie nicht als operationsbereit gelten konnten. Allein die
jungen Truppen waren von Begeisterung erfüllt. Nachdem aber die
Offensive gescheitert war, fiel auch den Machthabern in Tours die Verantwortung für diese „Operation" zu; indessen um sich dagegen zu
verwahren, mußte für Beaune ebenso ein Sündenbock gefunden werden
wie für die Niederlagen der Kaiserlichen Armee, und dies war hier
General Crouzat, trotzdem gerade die Anlage und Leitung der Schlacht
von Beaune sich vor allen anderen der Republik auszuzeichnen.

Wir haben gesehen, daß die materiellen Verluste der Schlacht sehr **Politische Folgen**
bedeutend waren, und müssen nun die politischen und strategischen Folgen **der Schlacht**
untersuchen. Seit Coulmiers bot die Offensive, welche zur Schlacht von Beaune **la Rolande.**
führte, die erste Gelegenheit zu einer großen Waffenthat der Republik
in den Provinzen, und die Entscheidung war unglücklich für die Franzosen
ausgefallen; die Hoffnungen und Anstrengungen der Republik gingen
damit zum großen Theil zu Grabe, und wie einst Wörth dem Kaiser-
reich, genau so hatte die Niederlage bei Beaune der Republik den ersten
politischen und militärischen Stoß versetzt. Die Erkenntniß dieser Tragweite steigerte die Verstimmung der Machthaber von Tours bis zum
Zorn, und der Ausdruck desselben war das angeführte Schreiben
de Freycinets vom 1. Dezember an General Crouzat.

Allerdings ist die Zeit noch nicht gekommen, um auch die Folgen
der Schlacht für die äußere Politik nachweisen zu können. Aber es
unterliegt keinem Zweifel, daß der Sieg von Coulmiers und die Energie,
womit Gambetta die Erhebung Frankreichs zu leiten und zu organisiren gewußt hatte, die am Kriege nicht betheiligten Mächte mit
erwartungsvoller Spannung erfüllt hatten. Vor allen Dingen hatte
die Regierung in den Provinzen durch Coulmiers ihren finanziellen,
moralischen und politischen Kredit dem Auslande gegenüber bedeutend
gestärkt, und so wenig sympathisch Gambetta den Kabinetten sein mochte
und unter diesen weder bei Italien noch bei Oesterreich Neigung bestand, auf die Abmachungen zurückzugreifen, die zwischen ihnen und
der Kaiserlichen Regierung vor dem Kriege gepflogen worden waren, so

verfolgten doch alle Regierungen aufmerksam die Entwickelung der Dinge
im Felde; ein Theil derselben ließ es bald sogar an Sympathiebezeugungen
für das sich energisch erhebende Frankreich nicht fehlen. Freilich entbehrte
die Doppelregierung in den Provinzen und in der Hauptstadt einer gesetz=
mäßigen Basis, so daß schon aus diesem Grunde keine Macht aus der
politischen Zurückhaltung hervortreten konnte. Aber dies würde sich ge=
ändert haben, wenn die Offensive am 28. November durch einen ent=
scheidenden Sieg gekrönt worden wäre, vielleicht würde dann die eine
oder andere europäische Großmacht sogar ihre Abneigung gegen die
Republik und ihre ungesetzmäßige Doppelregierung überwunden und sich
zu einer Intervention bereit gefunden haben. Und weshalb hätten die
auswärtigen Mächte nicht denken können, daß das sich ermannende Frank=
reich, welches bereits bei Coulmiers Erfolg gehabt hatte, Ende November
weit eher in der Lage wäre, einen größeren Sieg als den vom 9. No=
vember zu erfechten? Auf diesen zweiten Waffenschlag an der Loire
hatte man an gewissen Stellen gewartet, um davon das weitere Ver=
halten abhängig zu machen; denn daß hier die Entscheidung liege, war
wohl allen Mächten bekannt. Siegten aber die Franzosen bei Beaune,
so sank die Gesetzlichkeit der Regierung auf eine bloße Formalität herab,
das ganze französische Volk würde seinem Erretter zugejubelt haben, und
der Besieger der Deutschen hätte in dieser Volksleidenschaft dann von
selbst den Boden der Gesetzmäßigkeit im Innern und den auswärtigen
Mächten gegenüber gehabt. Die große Stille, die seit dem 9. No=
vember über den beiderseitigen militärischen Operationen geruht hatte,
hatte naturgemäß in Frankreich und außerhalb desselben die Spannung
auf die nächste Waffenentscheidung gesteigert, und wenn die Regierung
der Republik die Offensive Ende November suchte, so sprachen dabei
ebenso gewichtige politische als militärische Gesichtspunkte mit, nur mußte
sie siegen. Darauf kam im Innern Frankreichs und in Bezug auf seine
Stellung zu den Mächten Alles an.

Es läßt sich nicht hinreichend erkennen, ob und inwieweit die
deutsche Diplomatie seit dem 9. November mit der Sympathie für
Frankreich im Auslande zu rechnen hatte, die während des ganzen
Krieges wohl mehr für Frankreich als für Deutschland bestand und seit
Coulmiers überall erstarkt war. Doch ist gewiß, daß damals dem
Grafen Bismarck die Zeit recht lang wurde, daß wie die französische

Regierung so auch er eines Sieges bedurfte. Eigenthümlicherweise verschwand nun die große politische Wirkung, die Beaune — als erster Zusammenstoß mit der Loire-Armee — hätte äußern müssen, für beide Parteien unter sehr verschiedenen militärischen Erscheinungen, um dann in den Ergebnissen von Orléans vollständig unterzugehen. Deutscherseits gelangte die Armeeleitung viel zu spät zur Erkenntniß der militärischen und politischen Tragweite der feindlichen Niederlage, und französischerseits rechnete man mehrere Tage sogar mit einem halben Siege! Als dann bei beiden Parteien die Begebenheiten näher erkannt wurden, fesselten neue Erscheinungen die allgemeine Aufmerksamkeit. Jedenfalls konnte Graf Bismarck die Ergebnisse der Schlacht bei Beaune nicht ausnutzen. Erst die Einnahme von Orléans bot der deutschen Diplomatie ein Feld, auf dem sie sich fest und entschlossen behaupten und ihre Ziele weiter verfolgen konnte. Andererseits trat die Ernüchterung in Frankreich erst nach dem Verlust von Orléans ein, bei einer deutschen Verfolgung würde das Alles anders gekommen sein, politisch und militärisch, und deshalb mag nun untersucht werden, welche Uebelstände für die Deutschen, welche Vortheile für die Franzosen daraus entstanden, daß die Verfolgung unterblieben war.

Es wurde gesagt, daß mit der Schlacht von Beaune la Rolande die erste kräftige Offensive der Republik gescheitert war, und es muß nun entwickelt werden, weshalb die Deutschen aus diesem Ereigniß nicht alle erreichbaren Vortheile zogen. In allen solchen Fällen hat eine Armeeführung ihre Aufgabe nur halb gethan, und es bleibt nun übrig, die Tragweite der unterlassenen Gegenoffensive am 29. (und 30. November, sowie am 1. Dezember) zu untersuchen. Denn die Schlacht von Beaune la Rolande ist weniger bemerkenswerth wegen ihres taktischen Ergebnisses auf beiden Seiten als wegen der auf beiden Seiten erfolgten Unterlassungen in operativer Beziehung nach der Schlacht.

Daß auf deutscher und gegnerischer Seite am 29. November und den beiden folgenden Tagen nichts Ganzes unternommen wurde, findet seine Erklärung in dem Fortbestehen der bei den Parteien seit dem 24. November vorhandenen Auffassungen. Die Franzosen fürchteten am 29. (und 30.) November eine deutsche Offensive, thaten aber nichts rechtzeitig, um einer solchen zu begegnen, und verharrten mithin noch zwei volle Tage in einer sehr übelen Lage. Zwar trafen am 29. mittags

10000 Mann vom 15. Armeekorps bei Chambon und 7000 vom 18.
am 30. bei Bellegarde ein, immerhin eine beträchtliche Verstärkung;
allein der Kern der Armee war gebrochen und der moralische
Kraftverlust vom 28. dadurch nicht ersetzt. Die Deutschen glaubten
am 29. (und 30.) November, daß der Feind sich verstärke, um von
Neuem anzugreifen, und verblieben daher ihrerseits ebenfalls zwei
Tage (und noch länger) in der Defensive unmittelbar vor der Front
eines geschlagenen Gegners. Die Franzosen, im Bewußtsein ihrer
erlittenen Niederlage, begingen damit ein großes Wagniß, die Deutschen
kamen aus Unkenntniß der Größe der feindlichen Niederlage zu einem
unrichtigen Entschluß; sie warteten noch auf die Niederlage des Gegners,
die thatsächlich schon da war. Beide Parteien verdienen Tadel, jedoch
muß man den Franzosen in der Armeeführung überhaupt beruhende,
mildernde Umstände zuerkennen, den Deutschen, weil sie die Tragweite
des Sieges nicht erkannten. Es soll ohne Weiteres zugegeben werden,
daß das Gelände einen hinreichenden Ueberblick überall im höchsten
Grade erschwerte; allein die Deutschen hatten das ganze Schlachtfeld
des 28. inne, und sie hätten in der Frühe des 29. wohl aus der großen
Menge der Leichen zu einer zutreffenden Beurtheilung der Verfassung,
in der sich der Gegner befand, gelangen müssen.

Aus diesen beiderseitigen Auffassungen entstand für beide Parteien
eine neue Periode der Defensive oder der — Unthätigkeit. Wahrscheinlich
hätte am 29. vormittags das einfache entschlossene Vorgehen der
5. Division in Richtung auf Boiscommun bereits zu einem großen
Ergebniß geführt; dies zu behaupten, gestattet wenigstens die Verfassung
des 20. Armeekorps, wie wir sie heute kennen. Operativ betrachtet,
gestaltete sich nun aber das Gesammtergebniß so, daß die Franzosen aus
der zweitägigen Defensive große Vortheile erzielten, die Deutschen in eben
dem Grade Nachtheile in den Kauf nahmen; denn trotz alledem, was sie
strategisch und politisch errungen hatten, war ihnen nur ein taktischer
Erfolg geblieben! Die französische Offensive war gescheitert, im Uebrigen
aber behielten die Franzosen freie Hand, und in Zukunft sollte es den
Deutschen nicht mehr gelingen, den hier am 29. November und in den
folgenden Tagen begangenen Fehler wieder gut zu machen.

Der Geschichtschreiber hat die Kritik nach den Leistungen zu
bemessen, die von jeder Partei erwartet werden durften. Von der

deutschen Führung konnte Großes verlangt werden, an die französische Führung durfte man einen großen Maßstab überhaupt nicht legen.

Für die Deutschen handelte es sich nicht um einen Sieg, nicht um die Wiedereinnahme von Orléans, sondern um die Entscheidung in einem neuen Kriege. Wir werden denn auch sehen, daß sie schließlich dazu gelangten, die gesammten Streitkräfte einzusetzen, aber auch dann erzielten sie noch keinen Vernichtungsschlag. Die französischen Machthaber vermochten die Loire-Armee dagegen nicht einheitlich zu leiten, und statt sie zur Entscheidung zusammenzubringen, ließen sie mehr als die Hälfte ihren Händen entgleiten, als die Früchte aller Anstrengungen geerntet werden sollten. Die trüben Erfahrungen dieser Zeit trugen zwar Früchte, indessen waren, wie später dargestellt werden wird, die besten neuen Armeekorps bereits zu tief erschüttert, als daß auf eine Wendung des Kriegsglückes noch gerechnet werden durfte.

Die eigentliche Volkserhebung hatte um das Ende des November ihren Höhepunkt erreicht; Land und Volk machten einen düsteren Eindruck; keine Patrouille konnte reiten, ohne beschossen zu werden. Die Beauce ist für den Guerrillakrieg wie eigens geschaffen, das leichtwellige Land mit seinen unzähligen Gehöften, Dörfern und Ortschaften, auf einer Seite begrenzt durch den Wald von Orléans, war ein rechtes großes Versteck für Bewegungen aller Art im Großen und Kleinen, und das Versiegen zuverlässiger Meldungen und Nachrichten trug sein Uebriges dazu bei, daß der Volkskrieg selbst auf die Entwürfe und Operationen der Deutschen seine Schatten warf. Allein wenn man auch dies Alles in Anrechnung stellte, mußten doch die Deutschen ihren Gegnern am 29. November oder an den folgenden Tagen einen Vernichtungsschlag beibringen, denn in diesem Zeitpunkt standen sich die Armeen so nahe, daß sie es nur mit sich zu thun hatten. Man hatte nach großen Anstrengungen, vielen Opfern und großer Geduld endlich das Weiße im Auge des Gegners gesehen, man hatte sich taktisch eine der schönsten Situationen erkämpft — die Früchte waren den Deutschen sicher, sofern sie sich nur entschlossen, kühn danach die Hand auszustrecken.

Es giebt in der Kriegsgeschichte wenige Situationen, die so ergreifend die Folgen der unterlassenen Verfolgung veranschaulichen wie diejenige nach der Schlacht von Beaune. Ziehen wir die Offensive Manteuffels gegen die Armee Bourbakis zum Vergleich heran, sie

erzielte die Vernichtung.   Für die II. Armee lagen zu ähnlichem Handeln
noch am 1. Dezember die Umſtände günſtiger als für Manteuffel.   Wenn
auch die Zerrüttung des geſchlagenen Gegners in beiden Fällen gleich
war, ſo konnte doch Manteuffel nur eine Brigade gegen Dijon ſtehen
laſſen und durfte auf Werder zunächſt nicht mehr zählen, während ſich
die II. Armee in den nächſten Tagen nach Beaune — da die Situation
beim Gegner am 29. und 30. November ſowie am 1. Dezember im
Ganzen unverändert blieb — durch die Armee-Abtheilung viel mehr
gedeckt betrachten konnte.   Manteuffels Entſchluß iſt der Entſchluß eines
Feldherrn.   Iſt aber eine Verfolgung im rechten Augenblick unterblieben,
ſo gilt es größere Anſtrengungen und größere Opfer zu bringen, und
ſelbſt dieſe werden dann kaum noch durch einen entſprechenden Erfolg
gekrönt.

Mochte man nun am Abend des 28. November beim Oberkommando der II. Armee, weil es zu weit zurückgeblieben war, die
Tragweite des Sieges nicht ganz überſehen, ſo mußte es doch aus dem
mündlichen Bericht des Grafen Walderſee und dem ſchriftlichen des
Generals v. Voigts-Rhetz, ſowie dem perſönlichen Eindruck des Stabschefs, Generals v. Stiehle, daß ein unbedingter Sieg erfochten worden
war!   Der Prinz-Feldmarſchall ſpricht das ja auch in ſeinem Telegramm
an den König aus.   Die Bedeutung eines Sieges erkennt man nun
aber in den meiſten Fällen erſt durch die Verfolgung.   Konnte eine
ſolche unter den obwaltenden Umſtänden am 28. nicht mehr in wirk-
ſamer Weiſe eintreten, ſo waren die Dinge doch inſoweit geklärt, daß
für den 29. alle dahin zielenden Maßnahmen erlaſſen werden mußten;
und wenn man am 29. November nicht zu der erforderlichen Verſamm-
lung gelangte und aus nicht unberechtigten Bedenken defenſiv blieb, ſo
hätten die völlige Unthätigkeit des Gegners und die Dauer der Situation
die II. Armee zu einer energiſchen Offenſive am 30. veranlaſſen müſſen.
Dies iſt bedauerlicherweiſe unterblieben.   Wir wiſſen, daß der Prinz-
Feldmarſchall noch trotz des erfochtenen Sieges an eine feindliche
Operation loingabwärts dachte.   Dem hätte es aber entſprochen, wenn
am 29. November die II. Armee in Richtung Boiscommun—St. Loup
energiſch vorgeſtoßen hätte.   Hierzu konnte um 9 Uhr vormittags das
ganze 3. Armeekorps bereitſtehen.   Ließ man eine Brigade mit ſtarker
Kavallerie vom 10. Armeekorps Juranville gegenüber, das am 29. früh

noch vom 18. Armeekorps besetzt war, so konnte eine ganze Division des 10. Armeekorps um Mittag hinter der Mitte des 3. Armeekorps folgen, denn bis dahin mußte die Munition ersetzt sein, wie es ja auch thatsächlich war. In der Frühe hatte das 10. Armeekorps allerdings nur erst zehn Patronen auf den Mann. Um 10 Uhr war indessen die Munition ergänzt, und daß das Korps seitdem in der Lage gewesen wäre, dem 3. Armeekorps zu folgen, beweist die Thatsache, daß General v. Voigts-Rhetz bald nach 10 Uhr die drei Brigaden bei Bahnhof Beaune versammelte und das 16. Regiment, in der Annahme, daß es besondere Anerkennung verdiene, vor den übrigen Truppen mit entfalteten Fahnen vorbeimarschiren ließ. Dieser Vorfall hatte für die Harmonie der Truppen die allerübelsten Folgen, denn wenn eine solche Ehre überhaupt für angemessen erachtet wurde, so hätte sie der ganzen 38. Infanterie-Brigade zu Theil werden müssen. Jedenfalls ruhte die Last des Kampfes ebenso auf dem 57. Regiment als auf dem 16.

Hinter dem rechten Flügel des 3. Armeekorps konnte um Mittag eine Brigade des 9. Armeekorps mit der 1. Kavallerie-Division bereit stehen. Dies würden die nächsten operativen Ziele gewesen sein, welche die II. Armee am Abend des 28. ins Auge fassen mußte. Bei der taktischen Ausführung wäre es nun darauf angekommen, den Druck des Angriffes auf den rechten Flügel zu legen, um dem Feinde das Entrinnen in den Wald von Orléans und nach Orléans selbst unmöglich zu machen. Bei solchen Zielen und Maßnahmen hätte man nicht nur am 29. den Sieg vom 28. voll ausgebeutet, sondern man hätte auch die Operation des Feindes loingabwärts, an die das Oberkommando glaubte, unausführbar gemacht, und General Crouzat wäre dann schwerlich einer Katastrophe entgangen. Allein das Oberkommando konnte sich nicht entschließen, einen Befehl zur Verfolgung zu erlassen; es beging so denselben Fehler am 29. und erst recht am 30., den General v. Hartmann sich im Kleinen am 28. nachmittags hatte zu Schulden kommen lassen. Ja es wurde nicht einmal ein ernster Versuch aufzuklären gemacht. Der erschütterte Feind konnte daher vier Tage lang unbehelligt vor der Front der II. Armee verbleiben und sich während dieser Zeit (am 30.) sogar dicht an der Front der II. Armee entlang nach dem linken Flügel zusammenziehen, ein Manöver, das bei klarem und entschiedenem Handeln der Deutschen wieder zu einer Katastrophe führen mußte.

Und welche Tragweite hatte es, daß man sich in den Tagen vom 29. November bis zum 1. Dezember nicht zur Verfolgung oder zur Offensive entschließen konnte! Um uns darüber klar zu werden, müssen wir den Ereignissen (Loigny—Poupry, Orléans, Cravant und Vendôme) etwas vorgreifen. Die II. Armee versammelte sich schließlich nach dem linken Flügel. Während sie dort stand, griff der Feind die Armee= Abtheilung am 1. Dezember an, und am 2. Dezember ging die Armee= Abtheilung selbst zum Angriff über.

Der Feind hatte somit zum zweiten Male die Initiative an sich gerissen, und zum zweiten Male standen die Deutschen vor der Gefahr, von bedeutender Uebermacht geschlagen zu werden; denn nunmehr war die II. Armee nicht in der Lage, die Armee=Abtheilung rechtzeitig zu unterstützen. Da das Oberkommando am 2. Dezember aber nicht mehr über den Ernst der Lage der Armee=Abtheilung im Zweifel sein konnte, mußte es nun, indem es nur eine Brigade und eine Kavallerie=Division gegen das 18. und 20. Armeekorps stehen ließ, nach Westen an die Straße nach Orléans operiren. Die II. Armee beging nun, durch die Noth gezwungen, geradezu ein Wagniß. Denn das 18. und 20. Armee= korps — ersteres durch die inzwischen herangezogene Brigade Perrin verstärkt — verblieben in der Richtung, welche die II. Armee für die gefährlichste hielt, während sie fast mit allen Kräften gegen einen anderen Feind schlagen mußte. Jetzt hätten jene feindlichen Armeekorps entweder auf Paris operiren oder, indem sie sich dem Rechtsabmarsch der II. Armee anhingen, das Eingreifen bei Orléans verhindern, mindestens stark erschweren oder endlich sich dem linken Flügel der II. Armee vorlegen können. Der Prinz=Feldmarschall war denn auch während der zwei= tägigen Kämpfe um Orléans dauernd um seinen linken Flügel und das Loing=Thal besorgt, und er rechnete sogar mit dem Gedanken, nach dem Falle von Orléans umzukehren, um sich dann gegen denselben Feind zu wenden, der am 29. und 30. November sowie am 1. Dezember hätte vernichtet werden sollen. In wie hohem Grade nun das 20. und 18. Armeekorps durch die Schlacht von Beaune erschüttert gewesen sein müssen, dürfte allein aus dem Umstande erhellen, daß sie während dieser Krisis nichts von Bedeutung gegen die II. Armee zu unternehmen wagten, trotzdem sie mehrere Tage Zeit gehabt hatten, sich zu erholen. Als dann Orléans genommen war, mußte das 3. Armeekorps nach Osten

(Gien) abmarschiren, um das nachzuholen, was in den Tagen vom
28. November bis 1. Dezember dort verabsäumt worden war. Die
Ereignisse von Cravant machten aber wieder die Abberufung des 3. (und
des 10.) Armeekorps aus den Richtungen nach Osten und Süden nothwendig, um die Armee=Abtheilung zu unterstützen. Das 18. und
20. Armeekorps erhielten mithin wieder völlig freie Hand. Nachdem
alsdann das feindliche 16., 17. und 21. Armeekorps von Cravant bis
Vendôme der Auflösung nahe gebracht waren, da war es wieder die
Rücksicht auf das 18. und 20. Armeekorps, welche man unterlassen hatte
nach Beaune zu vernichten, die das Oberkommando bestimmte, in dem
Augenblick vom Feinde abzulassen (16. Dezember) und sich wieder nach
Osten zu wenden, in dem es durch einfaches Marschiren den sicheren
Untergang der Armee des Generals Chanzy herbeiführen konnte.
Darüber kann heute wohl kein Zweifel mehr obwalten. Die II. Armee
fand jetzt im Osten keinen Feind, und während General Chanzy nun
entkam und seine aufgelöste Armee reorganisirte, wurden das 18., 20.
(und 15.) Armeekorps nach Südosten befördert, wo sie den Kern der
Armee Bourbakis bildeten. Man kann daher zu folgendem Schluß
kommen: Die Folgen der unterlassenen Ausbeutung der Schlacht von
Beaune la Rolande waren der operativ unzulängliche Erfolg von
Orléans, das fächerartige Auseinandergehen der II. Armee nach der
Schlacht von Orléans, das Entkommen Chanzys am Loir und die
Entstehung der Ost=Armee unter Bourbaki. Hätte dagegen die II. Armee
nach dem 28. November entschlossen die Offensive gegen das 18. und
20. Armeekorps ergriffen, so würde der Krieg an der Loire höchst
wahrscheinlich um die Mitte des Dezember beendet gewesen und niemals
die Ost=Armee entstanden sein. Und wenn man anführt, daß die
II. Armee wegen der eigenen Schwäche an Zahl nach der Schlacht vom
28. November die Offensive nicht ergreifen durfte, so muß darauf
hingewiesen werden, daß, vom 28. November ab bis einschließlich der
Schlachten von Le Mans und an der Lisaine, mit Strömen von Blut
das erkauft werden mußte, was sich bei kräftiger Offensive, zuerst gegen
das 18. und 20. Armeekorps und dann gegen Orléans u. s. w., mit
verhältnißmäßig geringen Opfern und einer Zeitersparniß von sechs Wochen
sicher hätte erzielen lassen. Es dürfte wohl wenige Beispiele in der
Kriegsgeschichte geben, daß sich das Unterlassen einer Verfolgung so

ſchwer beſtraft hätte wie nach der Schlacht von Beaune la Rolande,
und aus dieſem Grunde war es wohl der Mühe werth, daß dieſes für
die Republik unerwartet günſtig verlaufene Waffenunglück mit ſeiner langen
Kette von übelen Folgen für die deutſche Kriegführung einer Unter-
ſuchung von einem höheren Standpunkt aus unterzogen wurde.

Nach wie vor blieb daher die II. Armee um ihren linken Flügel
und eine neue Offenſive von Gien—Briare loingabwärts beſorgt, und
trotz einer Reihe von bedeutenden Siegen verlegte ſie ihren Schwerpunkt
faſt wieder auf dieſelbe Stelle, wo er ſich vor dieſen Schlachten befunden
hatte, nach der Gegend von Orléans. Alle taktiſchen Siege waren
mithin ohne ein durchſchlagendes ſtrategiſches Ergebniß geblieben, die
ſchon lange drohende Gefahr verſchwand nicht, und eigentlich befand
man ſich operativ trotz aller Schlachten um die Mitte Dezember wieder
in einer ähnlichen Lage wie vor Ende November. Wir werden ſehen,
daß damals (Mitte Dezember) die Franzoſen thatſächlich keine Offenſive
in der geſchilderten Richtung planten, allein immerhin ſtand die
II. Armee nun wiederum unter dem Eindruck und ſah ſich von Neuem
zur ſtrategiſchen Offenſive gedrängt. Einen vollgültigeren Beweis für
das operative Mißlingen der ganzen Kette ihrer Maßnahmen kann man
nicht erbringen. Die Deutſchen ſiegten taktiſch überall; allein wir dürfen
uns doch der Erkenntniß nicht verſchließen, daß der Feldzug an der Loire
Ende November operativ mißglückt war und daß hierin die Grund-
urſache des hartnäckigen Widerſtandes der Republik liegt. Hätte man
dagegen bis zum 30. abends das 20. und 18. franzöſiſche Armeekorps
vernichtet, ſo konnte die II. Armee leichter Hand ſich nach rechts verſammeln und zu derſelben Zeit den anderen franzöſiſchen Flügel erdrücken,
zu der Orléans thatſächlich fiel. Und welchen Gefahren hatte der
franzöſiſche rechte Flügel ſich den Deutſchen gegenüber wirklich ausgeſetzt?
Wenn man heute dieſe Dinge überblickt, dann könnte man meinen, die
Franzoſen hätten verſuchen wollen, wie weit ſie mit Unüberlegtheiten
und Wagniſſen gehen dürfen. Vier Tage lang ſteht ein loſe zuſammen-
geſetztes Armeekorps (das 20.) auf Gefechtsſchußweite am Feinde. Die
Deutſchen gelangten in dieſer langen Zeit zu keinem großen Entſchluß.
Bis zum 27. abends tritt das 18. Armeekorps — unfertig — hinzu,
man erfährt es im letzten Augenblick. Die Franzoſen greifen endlich
am 28. November an und verbluten am 10. Armeekorps. So erfolg-

verheißend die Gelegenheit für die Deutschen ist, sie kommen wiederum zu keinem großen Entschluß. Die Franzosen verharren am 29. im Allgemeinen in der alten Aufstellung und führen am 30. auf Kanonen= schußweite eine Zusammenziehung nach der linken Flanke aus. Die Gelegenheit entgeht den Deutschen wiederum, und schließlich entkommen das 20. und 18. Armeekorps, während die II. Armee sich gegen Orléans wendet. Wir haben also hier die Erscheinung, daß die Strategie die taktischen Erfolge nicht auszunutzen wußte, daß der innere Faden zwischen beiden verloren ging und verloren blieb.

Das 20. Armeekorps befand sich bei Boiscommun, das 18. bei Die Truppen= stellungen am 29. November mittags. Ladon und Maizières; vom 15. Armeekorps standen 7000 Gewehre, 2 Regimenter Kavallerie und 22 Geschütze bei Chambon, zwischen Chambon und Boiscommun befand sich Oberst Cathelineau. Von Chilleurs bis St. Lyé dehnte sich der übrige Theil der 1. Division des 15. Armeekorps aus, die 2. und 3. Division desselben, sowie das 16. Armeekorps waren in dem Raume von Artenay bis Coulmiers, das 17. stand bei Croman, das 21. in Le Mans.

Montargis war am 29. wahrscheinlich noch von der Brigade Perrin besetzt.

Deutscherseits war das 10. Armeekorps bei Beaune versammelt, das Detachement Boltenstern in Château Landon, General v. Kraatz in Chéroy, das 3. bei Beaune und Boynes, die 1. Kavallerie=Division bei Barville, eine Infanterie=Brigade des 9. Armeekorps und eine Kavallerie= Brigade der 2. Kavallerie=Division dehnten sich vom Nimarde=Bach bis Bazoches les Gallerandes aus, eine Brigade stand südöstlich von Pithiviers, der übrige Theil des 9. Armeekorps bei Toury, ebenso der Rest der 2. Kavallerie=Division.

Die Armee=Abtheilung war um 3 Uhr nachmittags in den Raum Villeamblain, Orgères, Germignonville, Jmonville, Allaines ·eingerückt.

X.

Die taktischen Maßnahmen auf beiden Seiten.

Auf deutscher Seite.

Das 10. Armeekorps war für die Lösung der ihm übertragenen vielseitigen Aufgaben außerordentlich schwach. Am 28. November befanden sich vier Bataillone der 40. Infanterie-Brigade bei Joigny, mit ihnen 1 Batterie und 1 Eskadron; 2 Bataillone, 1 Batterie, 1 Eskadron waren noch weiter zurück, auf ihr Eintreffen konnte also am 27. abends für die nächsten Tage nicht gerechnet werden. Seit dem 26. November hatte sich das Armeekorps durch die nicht unbeträchtliche Entsendung des Detachements v. Boltenstern (1½ Bataillone, 2 Eskadrons, ⅓ Batterie) nach Château Landon eine weitere sehr unliebsame Verminderung seiner Streitkräfte auferlegen müssen, weil dasselbe einen Tagemarsch entfernt war und daher nicht rechtzeitig herangezogen werden konnte, wenn bei Beaune ein Angriff erfolgte. Es verblieben dem 10. Armeekorps daher am 28. November 17½ Bataillone, 10 Eskadrons und 11⅔ Batterien. Von diesen waren 6 Bataillone und 1 Kompagnie auf Vorposten; hinter dem rechten Flügel (dem strategischen) verblieben 3 Bataillone, (wovon 7./16. sich beim Troß des Armeekorps befand) und 1 Pionier-Kompagnie, 2 Batterien und 2 Eskadrons verfügbar, von dem Augenblick an, da die 37. Infanterie-Brigade und die Korpsartillerie zuerst hinter die Mitte (Marcilly) und dann hinter den linken Flügel (Long Cour) genommen wurden, früh und vormittags am 28. November; hinter dem linken Flügel befanden sich 7 Kompagnien, 10 Geschütze, 2 Eskadrons und 1 Pionier-Kompagnie; als Korpsreserve 6 Bataillone der 37. Infanterie-Brigade und 2 Batterien, dann die Korpsartillerie und 6 Eskadrons.

Das Generalkommando hatte sich zur Vertheidigung des Raumes Beaune—Long Cour entschlossen. Die Stellung war für die zur Verfügung stehenden Streitkräfte um mehr als das Doppelte zu ausgedehnt; bei Long Cour hatte man den Rolande-Bach im Rücken, die Rückzugs= linie, die unter allen Umständen nach Barville führte, lag hinter dem rechten Flügel, und dieser Flügel wurde durch die Truppenvertheilung der schwächste von beiden. Abgesehen von der zu großen Ausdehnung war die Stellung also auch nicht ganz zweckmäßig basirt.

Der kommandirende General scheint, wie die Darlegung unter „Krisis" lehrt, mit der Wahl und Ausdehnung der Stellung nicht ganz einverstanden gewesen zu sein. Er hat sich aber wahrscheinlich durch zwei Umstände bestimmen lassen, sich in ihr zu schlagen, und zwar wegen der nach seiner Ansicht starken rechten Flügelanlehnung in Beaune (in Wirklichkeit war indeß keine Flügelanlehnung vorhanden) und dann, weil er auf das frühzeitige Eintreffen der 5. Division von Dabonville hoffte. Allein auf die Letztere konnte er, da sie einen kleinen Tagemarsch entfernt war, vor der ersten Nachmittagstunde nicht rechnen. Es will daher scheinen, daß, als sich das Gefecht bei Beaune und Juranville entspann, die im Marsche auf Marcilly befindliche „Korpsreserve" zu früh nach Bahnhof Beaune (und Theile nach Juranville) gesandt wurde. Von Juranville her konnte dem 10. Armeekorps überhaupt nur die geringere Gefahr drohen, denn im ungünstigsten Falle würden die dortigen Streitkräfte auf Beaune zurückgedrängt worden sein. Wirkliche Gefahr konnte von Boiscommun—Batilly her entstehen, denn hier wurde direkt die rückwärtige Verbindung des Armeekorps bedroht. Die dritte Gefahr, die durch einen Durchbruch der Stellung Beaune—Long Cour hätte eintreten können, beruhte in der zu großen Ausdehnung.

War der kommandirende General im voraus entschlossen, sich bei Beaune—Long Cour zu schlagen, so hätte er, sobald er die Entwickelung des Feindes in beiden Richtungen erkannte, statt sogleich den Schwer= punkt auf den linken Flügel zu verlegen, sich besser nach dem rechten zusammenziehen sollen. Wurde nämlich dieser Flügel geschlagen, so ver= fehlte das 10. Armeekorps damit alle seine Aufgaben; wäre dagegen der linke Flügel überwältigt worden, so hätte das unter diesen Um= ständen nur einen örtlich taktischen (vorübergehenden) Verlust bedeutet.

Die Aufrechthaltung der Verbindung mit der II. Armee überragte an Wichtigkeit jedenfalls alle anderen Aufgaben, und in diesem Sinne war die Gesammtaufgabe des 10. Armeekorps eine ausgesprochen strategische. Man wußte seit dem 24. den Feind in Boiscommun, er bedrohte von dort aus auf dem kürzesten Wege die Verbindung des 10. Armeekorps über Batilly auf Barville und Boynes. Das konnte ernste Gefahr bringen, wenn der Feind überlegen war. Die Stärke der feindlichen Streitkräfte kannte General v. Voigts-Rhetz nicht, er schätzte sie dem 10. Korps immerhin dreifach überlegen (auf 30000 Mann); in Wirklichkeit betrug die Uebermacht der Franzosen das Fünffache. Von diesem Gesichtspunkte aus wäre es daher nöthig gewesen, die Straßenenge von La Bretonnière rechtzeitig, mindestens mit 1 Bataillon, 1 Batterie und 1 Eskadron, in der Frühe des 28. November zu besetzen und die Hauptkräfte der Korpsreserve bei Marcilly wenigstens bis zu dem Augenblick, da der General v. Voigts-Rhetz den Zeitpunkt des Eingreifens der 5. Division übersehen konnte, zurückzuhalten. Allein diese wichtigen Maßnahmen wurden nicht getroffen, das Defilee blieb unbesetzt, und daraus hätte ein weiterer Uebelstand entstehen können, insofern das 3. Armeekorps in die Lage kommen konnte, sich erst dieses Defilee öffnen zu müssen, was freilich wegen der feindlichen Maßnahmen wenig Mühe gekostet hätte. Es hätte aber auch erst nach größeren Anstrengungen gelingen können, und dann würde das Zusammenwirken beider Armeekorps bedeutend verzögert worden sein. Statt dessen erfolgte im Laufe des 28. die Entsendung von 1 Bataillon, 1 Batterie und 1 Eskadron nach Bordeaux, die dort zunächst unthätig blieben und dann infolge des Hin- und Rückmarsches (wenigstens von F./78.) die Zeit durch Marschiren verloren, jedoch zu keinem rechtzeitigen und wirksamen taktischen Eingreifen gelangten. Welche Gesichtspunkte zu dieser Maßregel führten, ist schwer zu sagen: für die Aufrechthaltung der Verbindung nach Château Landon war die Entsendung nicht weit genug, als Rückhalt für Lorcy—Corbeilles war sie mindestens um die Hälfte zu weit, für eine Verwendung in der Mitte oder auf einem anderen Punkte erst recht (was ja auch der Marsch von F./78. bewiesen hat) und für den Rückzug auf Beaumont, der zwischen 1 und 2 Uhr erwogen wurde, zu weit nach Osten.

Die Aufstellung der Korpsreserve und des Generalkommandos bei Bahnhof Beaune lassen aber mit Sicherheit darauf schließen, daß man im Falle eines Unglücks auf Beaumont zurückgehen wollte, und darin liegt wieder ein Zeichen, daß die Hauptaufgabe des 10. Armeelorps nicht mit voller Schärfe erkannt worden war. Auch diese beiden Maßnahmen müssen daher nicht als ganz zweckmäßig bezeichnet werden.

Die große Ausdehnung der Stellung brachte es mit sich, daß Infanterieverstärkungen nicht rechtzeitig von einem Flügel bis zum anderen eingriffen; zudem gestalteten sich die Verhältnisse derart, daß das 10. Armeelorps mehr als zwei Drittel seiner gesammten Streit= kräfte gegen den feindlichen schwachen Flügel bei Long Cour anhäufte und sich mit weniger als einem Drittel gegen die feindliche Hauptmacht zu schlagen in die Lage kam. Auf dem rechten Flügel befehligten der Divisionsführer und der Brigadekommandeur dieselbe Einheit, auf dem linken fochten zwei Brigaden verschiedener Divisionen ohne einen Divisions= kommandeur unter zwei koordinirten Obersten, und die ganze Schlacht= reserve, die noch für besondere Aufgaben frei blieb, bestand schließlich aus 2 Batterien, 3., 4./78. und 1 Pionier-Kompagnie bei Bahnhof Beaune. Nun ist es besonders bei der Vertheidigung ein richtiges Gesetz, die Reserven einzusetzen, wenn man auf Unterstützung zählen kann. Das Letztere war der Fall, allein die Reserven wurden zu früh und dann noch in der weniger bedrohten Richtung (Long Cour) verwendet oder in Bereitschaft gehalten. Unrichtig war es, irgend eine Batterie nicht einzusetzen, zumal weil man so schwach an Infanterie war. Jedenfalls würde es leicht möglich gewesen sein, lange vor 12 Uhr auf dem rechten Flügel, auf der Höhenfläche von Beaune, vier Batterien in Thätigkeit treten zu lassen, um die Höhenfläche gewissermaßen abzusperren, eine Aufgabe, die unter solchen Umständen nur die Artillerie lösen kann. Der Hauptfehler des 10. Armeelorps lag darin, daß die Stellung zu ausgedehnt war, woraus dann zwei unter sich taktisch voll= ständig getrennte Schlachtflügel entstanden, zwischen denen der Feind ohne sonderliche Anstrengungen bei zweckmäßigen Maßnahmen einfach hätte durchmarschiren können, ohne durchstoßen zu müssen.

Betrachtet man nun den Verlauf der Schlacht, so darf man heute wohl sagen, daß, wenn La Bretonnière rechtzeitig vom 10. Armeelorps besetzt und die Korpsreserve mehr nach Westen als nach Osten heran= gehalten worden wäre, das 10. Armeelorps sich allein mit Sicherheit des Feindes vollständig erwehrt hätte, auch wenn die 5. Division nicht eingetroffen wäre. Im Grunde genommen bedurfte es nur weniger

Kompagnien dieser Division, um die Division Polignac zu zertrümmern — dazu noch mit äußerst geringen Verlusten —, und man darf daher wohl behaupten, daß, falls die nach Bordeaux entsandten Truppen bei La Bretonnière gestanden hätten, alsdann der äußerste rechte Flügel (I./57. und 2 Batterien) sich am Straßenkreuz nach Barville behauptet hätte. Daß aber bei der Entsendung von noch einem Bataillon vom Bahnhof Beaune (damals) der rechte Flügel genügende Offensivkraft gehabt hätte, um hier die Schlacht vollständig zu halten, dürfte der Leser, der jetzt die Dinge genauer kennen gelernt hat, wohl nicht bestreiten.

Die Artillerie trat bei Long Cour in Masse auf und erzielte eine entscheidende Wirkung; da, wo sie bei Les Côtelles und in den verschiedenen Gefechtsstadien auf dem rechten Flügel batterieweise zur Verwendung gelangte, hatte sie einen schweren Stand, so wirksam ihr Auftreten sonst gewesen sein mag. Bei so ausgedehnten Stellungen, wie hier, bietet die einheitliche Verwendung dieser Waffe große Schwierigkeiten; man muß sie zerreißen und kann dahin gelangen, die Waffe da einzusetzen, wo es am wenigsten nothwendig ist. Hat man dann aber in Napoleonischem Sinne erst „angetastet", so ist es in der Regel für abändernde Maßnahmen zu spät. Dies Alles traf hier zu.

Die Kavallerie hielt mit 4 Eskadrons auf dem rechten, mit 5 auf dem linken Flügel, mit 1 Eskadron bei Bordeaux. 4 Eskadrons hätten in der Stellung genügt, 6 würden am besten mit einer Batterie um Corbeilles herum ihr Verwendungsfeld gefunden haben. Bedauerlicherweise fiel die taktische Thätigkeit dieser Waffe vollständig aus; für leichte Kavallerie wäre indessen bei eskadronsweiser Verwendung, besonders auf dem rechten Flügel, ein Erfolg gegen die taktisch zum Theil geringwerthigen feindlichen Schützen möglich gewesen. Im Uebrigen durfte das 10. Armeekorps nach und nach die ganze Korpsreserve verausgaben, denn die eigentliche Reserve beruhte in der ankommenden 5. Division; nur mußte es in der entscheidenden Richtung geschehen! Mit Rücksicht auf die Anmarschrichtung dieser Division hätte der kommandirende General aber auch in die Gegend von Beaune gehört, um sich persönlich mit dem kommandirenden General des 3. Armeekorps rechtzeitig verständigen zu können. Allein unter dem Druck der Verhältnisse entschied General v. Voigts-Rhetz sich zu frühzeitig für seinen Aufstellungspunkt.

Für die Gesammtheit der Maßnahmen gereichten zwei Entschlüsse geradezu zur Rettung, nämlich die Offensive bei Jnranville und der Entschluß des Hauptmanns Feige, auf dem Kirchhofe zu verbleiben. Ohne letzteren Entschluß — der entgegen wiederholten Befehlen gefaßt worden war — wäre der Kirchhof um 12 Uhr sicher verloren gewesen, damit Beaune und damit die ganze Schlacht. Ohne die Offensive bei Jurauville hätte das 18. Armeekorps um Mittag an der Ostseite von Beaune eintreffen können. Welche taktische Bedeutung ein richtiger Entschluß in den unteren Graden haben kann, lehren diese Beispiele schlagend. Ging nämlich der Kirchhof verloren, so konnte eine ganze feindliche Brigade ohne Widerstand von Norden in das völlig offene und dort unbesetzte Städtchen eindringen, und in solchen Fällen erliegt der Schwächere immer der Uebermacht. Von 12 bis 3 Uhr würde dann das 10. Armeekorps in eine exzentrische Richtung gerathen sein, nämlich nach Beaumont.

Im Uebrigen erheischt eine gerechte Kritik vollständige Vergegenwärtigung aller Ereignisse. Es wurde gesagt, daß und wie die Stellung von Beaune künstlich hätte verstärkt werden müssen. Das 10. Armeekorps hatte aber so vielseitige Aufgaben zu lösen, wie es selten der Fall sein wird. Durch die Bahnsprengungen südlich von Corbeilles und südlich von Château Landon wurden seine Pioniere stark in Anspruch genommen, und von den Truppen allein konnte man damals eine systematische Geländeeinrichtung nicht fordern. Außerdem hatte das 10. Armeekorps an General v. Kraatz und das Detachement von Château Landon zu denken, sowie dauernd den Verkehr mit der II. Armee, dem 3. Armeekorps, der 5. Division und 1. Kavallerie-Division aufrecht zu halten, und die Kritik muß ihm das Zeugniß ausstellen, daß es nichts vergaß, nichts übersah und für die verschiedenen Theile zweckmäßige Befehle erließ, die unter wahrlich außergewöhnlich schwierigen Verhältnissen alle ihr Ziel erreichten. Ueber die taktischen Maßnahmen kann man ja viel sagen, immerhin erfüllte das 10. Armeekorps seine Aufgaben vollständig, und der kommandirende General hat das Verdienst dafür niemals beansprucht, sondern es vor Abgesandten aller Regimenter am 28. November 1872 ausdrücklich der unteren Führung zuerkannt. Er nannte Beaune die „Soldatenschlacht".

Nothwendig scheint es aber auch, sich in die Stellung des damaligen Generalstabschefs hineinzudenken. Es ist heute allgemein bekannt, daß

General v. Voigts-Rhetz im November 1870 nicht mehr der kühne und weitblickende General der früheren Jahre war. Alter und eine schleichende Gehirnkrankheit machten sich im Felde bereits fühlbar. Die Organe des Generalkommandos wurden durch die verschiedenartigen Aufgaben vollständig beansprucht; infolge dessen lastete die gesammte Verantwortung und Arbeit eigentlich nur auf dem Generalstabschef; die Alten bieten dafür nach allen Richtungen einen vollgültigen Beweis. Im Stabe waren zwar vier Offiziere von hervorragender Begabung, nämlich Hauptmann Seebeck, Premierlieutenant v. Pobbielski vom Generalstabe, Hauptmann Neumeister von den Ingenieuren und Rittmeister v. Alvensleben von der Adjutantur. Von diesen war der Letztere am 28. zum General v. Kraatz unterwegs, der Hauptmann Seebeck bildete gewissermaßen das sehende Auge für den linken Flügel. Premierlieutenant v. Pobbielski mußte schließlich ebenfalls entsandt werden, Hauptmann Neumeister befaßte sich mit der Bahnsprengung südlich von Château Landon. Es ist nun wohl nicht übertrieben, wenn die Zahl der Meldungen, Befehle und Nachrichten, die an das Generalkommando am 28. ergingen, auf etwa 100 geschätzt werden, die alle ihre Beantwortung allein durch den Generalstabschef fanden, sei es mündlich, telegraphisch oder schriftlich; dies Alles zusammen ist eine außergewöhnliche Arbeitsleistung. Wenn nun hier und da, unter dem heutigen Gesichtspunkte, ein Fehlgriff geschah, so kann man gewiß sehr viel zur Entschuldigung beibringen. Allerdings würde sich dieser ganze Geschäftsgang wesentlich vereinfacht und schneller vollzogen haben, wenn der kommandirende General in der Wahl seines Standortes glücklicher gewesen wäre. Man ersieht aus diesem Beispiele wieder, von wie fundamentaler Bedeutung diese Frage ist, ja in vielen Fällen wird man aus dieser Wahl allein schon ungefähr beurtheilen können, ob ein Befehlshaber die Lage richtig erfaßt hat oder nicht.

Sehr zweckmäßig war die Zutheilung je eines Generalstabsoffiziers zum rechten und linken Flügel.

Eine andere Frage muß hierbei berührt werden, nämlich ob die Stäbe der Generalkommandos ausreichend mit Organen versehen sind. Für gewöhnliche Aufgaben sind sie es; treten aber Anforderungen wie hier an sie heran, dann dürften noch ein geschulter Generalstabsoffizier und ein Adjutant nöthig sein! Man kann nicht verlangen, daß sich diese sogleich aus der Truppe finden lassen, die Friedensorganisation sollte daher in dieser Richtung vervollständigt werden.

Die Schlacht hätte wesentlich anders verlaufen und zur Ver= nichtung des 20. Armeekorps führen können, wenn die 5. Division nebst Korpsartillerie zu derselben Zeit von Dabonville abmarschirt wäre, als Graf Walderjee sie dort passirte. Um 10 Uhr konnte in Pithiviers kein Zweifel mehr bestehen, daß das 10. Armeekorps angegriffen war, denn seit 9 Uhr schallte der Kanonendonner stetig zunehmend herüber. Allein wir haben gesehen, daß der Generalstabschef den ganzen Vor= mittag über alle Maßen durch Schreibereien beansprucht war und daß der Prinz=Feldmarschall zum Schlachtfelde zu spät aufbrach. So kam es denn, daß das Eingreifen der 5. Division sich etwa um zwei Stunden verzögerte.

Wenn der Feldmarschall Moltke sagt,*) daß „der französische An= griff in zwei getrennte Handlungen zerfallen sei, die sich gegenseitig wenig beeinflußten", so widersprechen dem schon die mitgetheilten Schlachtdispositionen der Generale Crouzat und Billot; aber der Irrthum ist auch historisch nachgewiesen, denn beide Armeekorps des Feindes griffen gleichzeitig und unter Verbindung miteinander an. Daß kein ernster Versuch gemacht wurde, zwischen Beaune und Juranville durchzustoßen, beruhte auf dem nicht erwarteten zähen Widerstande bei Juranville und der heldenmüthigen Vertheidigung des Städtchens, an dem sich beide Armeekorps schließlich „festbissen".

Im Laufe der Darstellung wurde die große Ausdehnung des 10. Armeekorps mehrfach erörtert; dies geschah indessen nicht, um sie ohne Weiteres zu tadeln, sondern zur kritischen Belehrung für zukünftige Fälle. Allein die Kriegführung und auch die Taktik dürfen sich niemals starr und mechanisch an sogenannte Grundsätze binden. Der Führer muß vielmehr wissen, wann es erlaubt ist, von Grundsätzen abzuweichen; dann erst wird die Taktik zu einer Kunst. In diesem Falle hat der Befehlshaber des 10. Armeekorps zunächst den Erfolg für sich; aber außerdem darf die Ausdehnung wachsen, wenn der Gegner an Tüchtig= keit gegen den Vertheidiger zurücksteht, und daß dies hier zutraf, wußte man. Die Erscheinung zu großer Ausdehnung der Front lehrt übrigens

*) Gesammelte Schriften III, 191.

21*

auf deutscher Seite im ganzen Kriege gegen die Republik in Angriff
und Vertheidigung wieder, ein Beweis, daß man mit Vorbedacht immer
und überall zu demselben Mittel griff, das auch niemals versagt hat.
Das mag starren Vertheidigern der sogenannten Grundsätze nicht zu-
sagen, ist aber, was man immer dagegen anführen möge, die lebendige
Kunst, die für jeden Fall die passende Form zu finden weiß.

Auf französischer Seite.

Der französische Angriffsplan bestand darin, das 10. Armeekorps
mit Uebermacht auf beiden Flügeln zu umfassen und es in der Front
nur zu beschäftigen. Die Generale Crouzat und Billot hatten sich am
27. abends über die Einzelheiten der Ausführung genau besprochen.
Die Ausführungsmaßregeln fußten aber darauf, was Beide bis zum
27. November abends über die Vertheilung der deutschen Streitkräfte
in Erfahrung gebracht hatten. Veränderte sich diese Vertheilung seitdem,
so gingen die Verabredungen von Voraussetzungen aus, die nicht mehr
zutrafen, und das Gelingen des Angriffs beider Armeekorps konnte in
Frage gestellt werden. So kam es denn auch.

Die feindlichen Generale wußten genau, daß General v. Voigts-
Rhetz nur über 10000 Mann verfügte. Da nun diese 10000 Mann
auf dem Raum von Batilly über Jarrisoy, Juranville bis nach Cer-
beilles vertheilt waren, außerdem die Stärke der Vertheidiger von
Beaune genau bekannt war, und ferner die Aufstellung der Schlachtreserve (bis zum 27. abends bekanntlich hinter der 38. Infanterie-
Brigade bis Egry zurückreichend), so konnten Beide hoffen, auf den
Straßen von Batilly, Boiscommun und Juranville nur schwachem
Widerstand zu begegnen, das 10. Armeekorps auf Beaune zusammen-
zutreiben, um es dort zu erdrücken. Unter dieser Voraussetzung sollten
um Mittag das 18. und 20. Armeekorps sich bei Beaune die Hand
reichen.

Dem General Crouzat war es auch bekannt, daß bei Pithiviers
erhebliche deutsche Streitkräfte standen, daß dies die Rückzugs- oder die
Unterstützungsrichtung des 10. Armeekorps sein würde. Ob er über
die Vorgänge östlich des Loing hinreichend unterrichtet war, erscheint

zweifelhaft; nach den Maßnahmen des Generals Billot zu schließen, war es wohl nicht der Fall.

Von General des Pallières, dessen Aufstellungspunkt dem General Crouzat am 27. abends bekannt war, konnte Crouzat am 28. unmöglich auf eine direkte Unterstützung in der Richtung Batilly—Beaune rechnen. Dagegen bildeten die 4½ Bataillone des Obersten Cathelineau von Nancray aus in der Richtung auf Barville für General Crouzat eine wirksame Sicherung des linken Flügels, und ein Vorgehen des Generals des Pallières mit einem Theile seiner Streitkräfte auf Pithiviers hätte wohl in den allgemeinen Angriffsplan gepaßt. General Crouzat wußte mithin seinen linken Flügel durch etwa 34000 Mann unter des Pallières und Cathelineau und seinen rechten Flügel durch etwa 7000 Mann in Montargis gesichert, so daß er rund 48000 Mann zum Angriff auf Beaune in der Hand behielt.

Nun trafen die Deutschen am 27. November abends Maßnahmen, die dem französischen General nicht mehr bekannt wurden, so daß, als am 28. November das 18. und 20. Armeekorps den Verabredungen vom 27. gemäß aufbrachen, die Verhältnisse bei den Deutschen sich bedeutend geändert hatten. Vom 10. Armeekorps marschirte in der Frühe die Schlachtreserve vom rechten zum linken Flügel, so daß General Billot, statt eine Brigade zu finden, auf die Masse des 10. Armeekorps bei Jurauville stieß, durch die er unmittelbar in seiner rechten Flanke bedroht wurde, und er konnte nun seinen Marsch auf Beaune so lange nicht ungestört fortsetzen, bis diese deutschen Kräfte aus dem Wege geräumt waren. Obgleich nun die sieben Bataillone in Montargis mit keinem Feinde in Berührung traten und somit wohl zum 18. Armeekorps hätten herangezogen werden können, so geschah nichts von dem, was man von deutscher Seite aus beobachten konnte. Allerdings würden diese sieben Bataillone am 28. zu spät gekommen sein. Die von den Deutschen hinsichtlich der 6. und 5. Division, sowie der 1. Kavallerie-Division getroffenen Maßnahmen konnten von General des Pallières nicht verhindert werden. Stieß er am 28. auf Pithiviers vor, so würde er der 6. Division begegnet sein, während die 5. nicht von ihrem Marsche nach Beaune abgehalten worden wäre. Außerdem hatte General Crouzat mit der 1. Kavallerie-Division zu rechnen. Dies Alles vorauszusehen vermochte der französische General nun freilich nicht, allein er konnte doch die Lage ziemlich genau beurtheilen, und daß die Maßnahmen der Deutschen vom 27. November abends General Crouzat nicht mehr rechtzeitig bekannt geworden sind, ist ein Beispiel dafür, daß selbst bei einem Volkskriege das Nachrichtenwesen nicht mehr gleichen Schritt mit den feindlichen Anordnungen zu halten vermag.

Die besonderen Anordnungen, die beim 18. und 20. Armeekorps für den gemeinsamen Angriff auf Beaune getroffen wurden, lassen deutlich erkennen, daß General Billot die Deutschen bei Juranville unter dem Schutze der Dämmerung überrumpeln, und General Crouzat von Boiscommun aus sich durch Ueberraschung des Kirchhofes und der Westfront von Beaune bemächtigen wollte. Wären beide Absichten gelungen, so konnten die Deutschen in eine mißliche Lage gerathen. Nun glückte zwar die Ueberrumpelung der Vorposten der 39. Infanterie-Brigade bis zu einem hohen Grade, allein alsbald griffen dort Streitkräfte der Deutschen ein, welche die weiteren Absichten des Generals Billot zunächst gänzlich verhinderten und später ihre Ausführung wesentlich verzögerten, während die Ueberraschung der Deutschen auf der Westfront von Beaune von vornherein mißlang und dort ein lange andauernder erbitterter Kampf entstand, in den die Hauptkräfte des 20. Armeekorps verwickelt wurden, ohne ihr Ziel zu erreichen und sich des Städtchens Beaune bemächtigen zu können. Die erste Folge der unerwarteten Ereignisse bei Juranville (Corbeilles) und Beaune war, daß beide Armeekorps unter sich getrennt blieben und ein jedes vollauf in Anspruch genommen wurde. Nun hielt General Crouzat, trotzdem sich die Verhältnisse wesentlich anders gestaltet hatten, als es erwartet war, an seiner ursprünglichen Angriffsidee bis zum Abend fest, und damit beginnt die Reihe seiner Fehler. Hierbei fällt zunächst auf, daß die Generale Billot und Crouzat sich nicht hinreichend und rechtzeitig verständigten, daß General Billot nicht wußte, wie es beim 20. Armeekorps stand, und General Crouzat nicht, wie die Dinge beim 18. Armeekorps lagen. Wirft man einen Blick auf die Rührigkeit der Deutschen, sich unter ungleich schwierigeren Verhältnissen rechtzeitig zu verständigen, so fällt der Vergleich sehr zum Nachtheile der französischen Generale aus. Auffallen muß es außerdem, daß General Crouzat keinerlei Nachricht von Bedeutung darüber erhielt, was von Pithiviers aus von den Deutschen geschah, ein Umstand, der bei der Anlage der Schlacht, besonders von dem Augenblick an entscheidend wurde, da General Crouzat sich von dem Scheitern des ersten Angriffs auf den Kirchhof überzeugt hatte. Für rechtzeitige Nachrichten aus dieser Richtung hätten unter allen Umständen die umfassendsten Vorbereitungen getroffen werden müssen. Davon ist aber nichts zu bemerken.

Als nun General Billot sich bedeutend verspätete, mußte General Crouzat erwägen, ob der Zweck des Tages überhaupt noch erreicht werden könnte. Er kann über das Vorbringen der Brigade Boisson bis nach Romainville schlechterdings nicht im Zweifel gewesen sein; er mußte sich aber auch sagen, daß die Deutschen wahrscheinlich von Pithiviers aus Verstärkungen erhalten würden. Er wußte, daß Oberst Cathelineau von Arconville und Courcelles aus im Gefecht stand, daß von des Palliéres eine direkte Unterstützung nicht zu erwarten war. Alles hing daher davon ab, ob die Erstürmung von Beaune von Westen gelingen würde. Wollte General Crouzat dies erzwingen, dann mußte er rechtzeitig für eine Reserve sorgen, die im Stande war, die bis nach Romainville vorgedrungene Brigade Boisson gegen einen Rückenangriff von Barville aus zu schützen. Hierzu verfügte General Crouzat noch über die ganze 3. Division bei St. Loup. Diese hätte daher von Mittag ab in die Gegend des Bois de la Leu gehört, mindestens mit den Hauptkräften. Da jedoch das 18. Armeekorps noch nach der Mittags- stunde nicht erschien, gab General Crouzat die Masse seiner Reserve nach derjenigen Richtung aus der Hand, die nicht in Frage kommen durfte, nämlich nach Südosten von Beaune, und hatte nun keine ausreichenden Streitkräfte mehr übrig, um irgend etwas gegen Barville unternehmen zu können. Es traf sich günstig für den französischen General, daß sich die 5. Division um volle zwei Stunden verspätete. Wäre das nicht ein- getreten, so würde das 20. Armeekorps am 28. schwerlich einer Ver- nichtung entgangen sein. Man kann sich die Verwendung der Reserve nicht anders erklären, als daß General Crouzat sich um Mittag allein für stark genug hielt, den Deutschen Beaune zu entreißen, so daß nun der umfassende Angriff beider Flügel bei Beaune vom 20. Armeekorps versucht wurde, der verabredetermaßen vom 18. und 20. Armeekorps gemeinsam ausgeführt werden sollte. Die Folge davon war, daß General Crouzat am Ende der Schlacht nicht mehr über eine nennenswerthe Reserve verfügte, und wenngleich ihn die Dunkelheit rettete, so wird dadurch seine Schlachtleitung nicht gerechtfertigt. Allerdings griff General Billot schließlich mit drei Batterien und sechs Bataillonen im Südosten von Beaune in den Kampf ein; aber dies geschah zu einer Zeit, wo bei den Deutschen die 5. Division eingetroffen war und wo sie außerdem Beaune behauptet hatten.

Dies führt wieder zum 18. Armeekorps hinüber. Dort war, trotz der anfänglich geglückten Ueberrumpelung der Deutschen, das 18. Armee= korps in einen blutigen Kampf verwickelt worden. General Billot mußte sich bis nach Corbeilles ausdehnen und gerieth in eine exzentrische Richtung, während die Deutschen sich bei Long Cour versammelten. Er sah vor Mittag ein, daß er nicht nach Beaune marschiren konnte, solange er die Deutschen bei Long Cour nicht geschlagen hatte. Dies gelang dem französischen General nicht, er begnügte sich mit der Behauptung von Juranville—Les Côtelles, nachdem der Angriff auf Long Cour gescheitert war. Zwar räumten die Deutschen auch später Benouille, aber alsdann war die Gefechtskraft des 18. Armeekorps so ziemlich erschöpft, während die Masse des 10. Armeekorps seitdem von Long Cour aus wohl noch einer kräftigen Offensive fähig gewesen wäre.

General Billot muß den Deutschen diese Kraft nicht mehr zugetraut haben, denn er entschloß sich zu einem großen Wagniß: ohne Sieger zu sein, ließ er die erschöpfte 1. Division in den Stellungen um Juran= ville und marschirte mit den Brigaden Goury und Bremens dem 20. Armeekorps zu Hülfe. Fürchtete der General ein solches Wagniß nicht, dann hätte er dasselbe gleichzeitig mit der Entsendung der beiden Kompagnien Zephyrs unternehmen können, jene Brigaden würden dann am Vormittage südöstlich von Beaune eingetroffen sein.

Wie es scheint, entging den Deutschen bei Long Cour der Abmarsch der Brigaden Goury und Bremens nach Beaune; im anderen Falle würde es unerklärlich sein, weshalb sie nicht zu einer energischen Offen= sive von Long Cour aus auf Benouille und weiter westlich schritten, nachdem sie die Mattigkeit des französischen Angriffs auf Long Cour erkannt hatten. Dazu waren sie bei Long Cour ausreichend stark. Nur so konnte das Wagniß des Generals Billot ohne schlimme Folgen für ihn verlaufen; es bleibt aber trotzdem ein Fehler.

Die mangelhafte Verwendung der Kavallerie des 18. Armeekorps wurde bereits berührt; sie hat zwar mehr geleistet als die deutsche, allein

ihr Auftreten entsprach nicht den dem Angriff zu Grunde liegenden
Absichten.

Nach manchen Fährlichkeiten trafen die Generale Billot und Crouzat
„in der Dämmerung" zum zweiten Male zusammen;*) dies muß aber
erheblich später gewesen sein als „in der Dämmerung", nämlich nach
dem Scheitern des vom General Crouzat geführten letzten Angriffes
auf den Ausgang nach Orme. Daß General Crouzat, der nun die
Niederlage des 20. Armeekorps übersah und gewiß nicht den Eindruck
eines Sieges des 18. Armeekorps haben konnte, den Vorschlag Billots,
nochmals anzugreifen, ablehnte, war vollständig richtig.

Ein großes Wagniß war wieder der exzentrische Rückzug beider
Armeekorps, da man doch am anderen Morgen mit stärkeren gegnerischen
Kräften rechnen mußte.

Es ist nun gewiß richtig, von einer Angriffsidee abzuweichen, sobald die Voraussetzungen, auf denen sie beruhte, sich als unzutreffend
erweisen oder sonstige Geschehnisse die Ausführung verhindern; nur
müssen die abgeänderten Maßnahmen dann zweckmäßig sein und die
Leitenden Alles daran setzen, sich rechtzeitig zu verständigen. Das war
aber hier keineswegs der Fall; beide französischen Generale begingen
große Wagnisse, die zu ihrem Glück unbestraft blieben; beide begingen
von dem Zeitpunkt an, da sich ihren Verabredungen Hemmnisse entgegen-
stellten, bedenkliche Fehler, die allerdings damit entschuldigt werden können,
daß beide trotz der Abänderungen der ursprünglichen Anordnungen
dennoch bei Beaune gemeinsam handeln wollten. Aber sie wurden —
geschlagen.

Unter allen Umständen hätte General Crouzat rechtzeitig für eine
ausreichende Besetzung von La Bretonnière sorgen und alle entbehrliche
Kavallerie in die Gegend von Arconville entsenden müssen, um frühzeitig über die dortigen Vorgänge unterrichtet werden zu können.

Auch die Maßnahmen für den Rückzug des 20. Armeekorps waren
nicht zweckmäßig. Boiscommun ergab sich zwar als Rückzugsrichtung
von selbst, allein zur Aufnahme lag die Stellung viel zu weit, und
schwerlich würde sie von den erschöpften Truppen erreicht worden sein,
falls die 5. Division sich nicht um zwei Stunden verspätet hätte.

*) S. 208.

XI.

Operativer Rückblick.

Die Deutschen.

Der 29. November 1870 ist der Tag, an dem nach Ueberwindung mancher Schwierigkeiten die II. Armee und die Armee-Abtheilung im Sinne der von General v. Stiehle am 26. November geäußerten Ansicht „eng vereinigt" waren, um dann mit „Sicherheit geleitet werden zu können". Beide Armeetheile dehnten sich freilich über einen Raum von drei Tagemärschen, nämlich von Villeamblain bis Château Landon aus. Hätte nun eine konzentrische Operation auf Orléans in der Absicht gelegen, wie dies zufolge des Satzes Moltkes vom 27.: „die Armee-Abtheilung stand gestern zweckmäßig auf der Linie Courtalain—Droué", wohl die damalige Anschauung in Versailles gewesen ist, so würden sich die Nachtheile der breiten Front mit jedem Schritt vorwärts vermindert haben und schließlich ganz fortgefallen sein. Die Entwickelung der Dinge beim Feinde hatte nun aber die II. Armee zur strategischen und taktischen Defensive bestimmt und in dem weiteren Stadium zu einer Versammlung nach dem linken Flügel, infolge deren dann die Armee-Abtheilung ebendorthin nachgezogen wurde. Damit tritt der Unterschied, ob Moltke die Kunst, mit getrennten Armeen zu operiren und sie rechtzeitig zu versammeln, selbst ausübt, oder sie von einem Anderen ausüben läßt, schlagend hervor. Nach Moltkes eigenen Worten liegt der Höhepunkt der strategischen Kunst in der rechtzeitigen Ver-einigung getrennter Armeen auf dem Schlachtfelde. Er hielt zu dem Zweck bewußt und absichtlich die Armeen vor der Schlacht getrennt, um sich der einen je nach den inzwischen bekannt gewordenen Um-ständen in der wirksamsten Richtung zu bedienen. Wir beobachten bei

Moltke dieses Prinzip bei den drei großen Schlachten von Königgrätz, Gravelotte und Sedan, die Art jedoch, wie er es in jedem Falle aus- führt, ist eine besondere. Bei Königgrätz wird die II. Armee in Flanke und Rücken des Feindes gelenkt, während die I. mit ihm in der Front kämpft. Bei Gravelotte war die Festung Metz in der Flanke, die breite Mosel vor der Front zu berücksichtigen; beide Armeen waren nach der Ueberschreitung der Mosel zweifellos getrennt; dennoch wurden beide rechtzeitig unter Vertiefung der Front wieder versammelt. Es beruhte jedoch in den eigenartigen Verhältnissen, daß die I. und II. Armee — ausgenommen das 2. Armeecorps — bereits vor der Schlacht des 18. versammelt waren, weil man sich um Mittag des 17. entschloß, diese Schlacht am 18. statt am 17. zu schlagen. Bei Sedan blieben beide Armeen getrennt und schlossen den Kreis erst während der Schlacht. Das Prinzip wird also nicht stets auf dieselbe Weise verwirklicht, der Meister findet vielmehr für jeden Fall andere Wege.

Zweifelloß stand die Anwendung desselben Prinzips vor Moltkes Geist hinsichtlich der Bekämpfung der Loire-Armee; allein in der stra- tegischen und taktischen Defensive ist die rechtzeitige Vereinigung zweier getrennter Armeen auf dem Schlachtfelde, wenn auch nicht unmöglich, so doch dann besonders erschwert, sobald die beiden getrennten Armeen sich in einer Kordonstellung statt in zwei Centralstellungen befinden. Und die II. Armee hatte bewußt die strategische und taktische Defensive ergriffen. Nun mußte man allerdings noch mit der bedeutenden feind- lichen Ueberlegenheit an Zahl rechnen: allein dies wäre erst recht ein Grund gewesen, sich rechtzeitig von der Kordonstellung loszusagen, in die man sich, ohne sich dessen wohl voll bewußt geworden zu sein, durch die Einschließung von Metz hineingewöhnt hatte. In der Moltkeschen Kunst kommt eine strategische und taktische Defensive zweier Armeen überhaupt nicht vor; man steht daher hier vor einem eigenartigen Falle, der insofern nicht befriedigt, als die rechtzeitige Vereinigung der II. Armee nicht einmal glückte, zu schweigen von der rechtzeitigen Ver- einigung der II. Armee und der Armee-Abtheilung. Im Sinne Moltkescher Kunst und zur Lösung von operativen Aufgaben entweder nach dem linken oder dem rechten Flügel dürfen daher die II. Armee und die Armee-Abtheilung trotz der mechanischen „engen Vereinigung" am 29. abends nicht als vereinigt gelten; dies erreichte man erst, als

die 11. Armee infolge der Offensive der Armee = Abtheilung am
2. Dezember selbst die Offensive ergriff. Der Entschluß der Armee-
Abtheilung führte mithin nach einer langen Zeit des Zögerns beide
Armeen wieder in die Bahn Moltke'scher Strategie, zur „Vereinigung
nach vorwärts".

Es erschien mir nützlich, dies anzuführen, weil künftige Kriege
Lagen zeitigen können, in denen die rechtzeitige Vereinigung von getrennten Armeen auch in der Defensive eintreten wird! — — —

Versuchen wir nun die Hauptetappen der Strategie auf beiden
Seiten kurz zusammenzufassen.

Enthebung des Operationsentwurfs. Die hier dargestellte Periode ist eigenthümlich, weil man aus ihr
lernen kann, wie während des Krieges nach und nach aus vorläufig
ganz ungewissen Anfängen ein Operationsplan entsteht und zum allgemeinen strategischen Schlachtentwurf heranreift. Beim Abmarsch der
11. Armee von Metz ließ sich wegen der feindlichen Neubildungen, die
auch zu einem neuen Kriege führten, ohne damals die von Tag zu Tag
sich verstärkenden Streitkräfte und ihre Absichten zu erkennen, noch nicht
genau übersehen, wo ihr späteres Verwendungsfeld liegen würde, und
zu derselben Zeit nicht erwarten, daß Orléans bis zur Herankunft der
ganzen 11. Armee oder starker Theile derselben nicht behauptet werden
würde. Allein daß die weiteren Operationen hauptsächlich „an der
Loire" zum Austrage kommen würden, durfte im großen Hauptquartier mit Sicherheit angenommen werden. Es galt daher zunächst
neue günstige Aufmarschbedingungen zu erlangen.

Während die 11. Armee infolge dessen als vorläufiges Marschziel
die mittlere Loire mit der allgemeinen Richtung über Troyes angewiesen
erhielt und im Marsche dahin begriffen war, ließen die Meldungen
aus Orléans es dem großen Hauptquartier angezeigt erscheinen, noch
vor dem Eintreffen der Spitze der II. Armee an der mittleren Loire
für eine größere Streitmacht zu sorgen, die unter Festhaltung von
Orléans mit einem Theile der Bayern u. s. w. in Richtung auf
Tours—Le Mans operiren sollte, um die feindlichen Neubildungen,
die man damals richtig, allerdings nicht in der wirklichen Stärke, dort
vermuthete, zu zertrümmern und ihre Versammlung zu verhindern.
Die 11. Armee hatte mithin, ohne vorerst ein lebendiges Operationsziel
zu besitzen, zunächst nur eine Marschoperation auszuführen. Allein die

feindlichen Neubildungen waren weiter vorgeschritten, als damals in Versailles vermuthet wurde, und bevor noch die eben genannte neue deutsche Streitmacht in der Gegend von Châteaudun mit der Front nach Westen aufmarschiren und sich operationsbereit versammeln konnte, sah sich General v. d. Tann zur Räumung von Orléans und zum Treffen von Coulmiers veranlaßt. Der ungünstige Ausgang desselben zerstörte zum ersten Mal einen operativen Entwurf der deutschen obersten Heeresleitung: Orléans war aufgegeben worden, die Bayern hatten eine wenn auch nicht empfindliche taktische Schlappe erlitten, der Aufmarsch der Armee-Abtheilung mit der Front nach Westen kam nicht mehr zu Stande — kurz alle offensiven Absichten der deutschen Heeresleitung waren mit einem Schlage zunächst vertagt.

So unerwartet das Ereigniß von Coulmiers kam, so hatte es für die Deutschen insofern eine gute Seite, als erst dadurch die bisher gewonnenen Nachrichten über die feindlichen Streitkräfte eine Korrektur fanden, wie sie auf anderem Wege nicht erzielbar gewesen sein würde; allerdings hätten die Deutschen nicht geschlagen werden und dann vor allen Dingen die Fühlung mit dem Feinde nicht verlieren dürfen. Daß das Letztere eintrat, war nun unter den obwaltenden Umständen schlimmer als der taktische Mißerfolg. Das Treffen von Coulmiers ist merkwürdig, weil es zeigt, wie ein taktischer Erfolg eine in der Ausführung begriffene operativ gut gedachte Absicht zerstören kann, und es darf in seiner Art als Typus dafür gelten, was ein Gegner durch die sogenannte „Störung des feindlichen Aufmarsches" — noch dazu im eigenen Lande — erzielen kann, eine Frage, die seit 1870/71 unablässig für etwaige zukünftige Kriege erörtert worden ist.

In dieser Richtung verdient es denn auch gründlich in allen seinen Folgen sondirt zu werden.

Es geht indessen mit derartigen Dingen wie mit den gewaltsamen Erkundungen, „seligen" Angedenkens. Wenn ein Erfolg während des Aufmarsches nicht sogleich energisch ausgenutzt wird, so schrumpfen die Vortheile hierbei ebenso zusammen wie nach glücklichen gewaltsamen Erkundungen, wenn sie unausgenutzt bleiben. In der Regel wird nun aber ein Gegner im Anfange des Krieges nicht in der Lage sein, einen derartigen Anfangserfolg operativ gründlich auszunutzen, und alsdann kann ihn der taktische Erfolg in eine ungünstige strategische Lage hinein-

Einfluß des Treffens von Coulmiers.

reißen. Dies war hier der Fall. Die französische Regierung glaubte eines Sieges zu bedürfen, die Strategie wurde der Politik untergeordnet, und einmal vorzeitig in eine Richtung getrieben, welche die Politik und nicht eine gesunde Strategie vorgeschrieben hatte, wurde der weitere Verlauf des Feldzuges an der Loire von diesem ersten operativ zweifellos verfehlten Schritt lange Zeit bestimmt und im voraus festgelegt. Denn nun war es neben politischer auch zu materieller und militärischer Ehren= sache geworden, wenn es nicht möglich erschien, den Stoß fortzusetzen, in der Gegend der taktischen Handlung zu verharren.

Damit war der neue Kriegsschauplatz umgrenzt und der Ausgangs= punkt für etwaige Offensivpläne an die Loire bei Orléans nördlich des Stromes verlegt.

Die Deutschen konnten zwar ihre beabsichtigte Versammlung mit der Front nach Westen und in Höhe von Châteaudun nicht mehr aus= führen; allein es gelang ihnen, trotz des taktischen Mißgeschickes, mit großer Geschicklichkeit die Versammlung überhaupt schnell zu bewirken, indem die bis dahin getrennten Armeetheile sich von der Peripherie des Kreises etwa nach seinem Mittelpunkt, von rückwärts nach vorwärts und von vorwärts nach rückwärts, zusammenschlossen, hierbei die Front nach Süden nahmen und als Operationslinie die jetzt am meisten in Frage kommende Straße von Orléans nach Etampes wählten. Obwohl hierbei nicht Alles musterhaft verlief, so sind die Schnelligkeit und Genauigkeit, womit diese Operation ausgeführt wurde, um so bemerkens= werther, als die Armeetheile erst im Begriff waren, sich zu einem Armee= verbande zusammenzuschließen, also erst noch in ihr operatives Gefüge einzutreten hatten.

Auch dies enthält vortreffliche Lehren, die aus naheliegenden Gründen hier nicht weiter ausgeführt werden; ein Blick nach Osten z. B. kann aber zeigen, wie erfolgreich das Studium der Hergänge für die Deutschen sich gestalten müßte.

Immerhin hatten die Franzosen neben dem politischen und taktischen Erfolge keinen geringen strategischen erzielt, indem sie, abgesehen von allem Angeführten, die Deutschen zur Räumung des ganzen Gebietes von südlich Chartres bis nach Toury zwangen.

Deckung der Be-
lagerung der
Hauptstadt durch
die II. Armee.
    Während dieser Vorgänge hatte sich die Spitze der II. Armee der mittleren Seine genähert, und wenn bis dahin geglaubt wurde, daß eines ihrer Korps stark genug sein würde, jeden Widerstand, sei es auf

Orléans, Bourges—Nevers oder Châlon sur Saône zu brechen, so wurde nun die Noth zur Tugend; man wollte zunächst dafür sorgen, die Hauptstadt gegen die Loire durch Heranziehung des Haupttheiles der II. Armee an die von Orléans nach Paris führenden Straßen zu decken, man dachte jedoch vorläufig noch an die Verwendung des linken Flügelcorps der II. Armee auf dem linken Loire-Ufer.

Hiermit war für die Deutschen der Kriegsschauplatz ebenfalls fest-gelegt; der Raum nördlich der Loire mit dem engeren Ziele Orléans wurde das erste und Hauptoperationsobjekt, der Raum südlich des Stromes konnte für Nebenzwecke Werth erhalten, der Operationsentwurf war bereits gleichfalls in großen Zügen umgrenzt.

Hatte man zuerst den Feind unterschätzt, so überschätzte man ihn jetzt, und das große Hauptquartier in Versailles wurde nun politisch ebenso bestimmend für die deutsche Strategie, wie es der Regierungssitz in Tours für die französische geworden war und bleiben sollte.

Wenn es den Franzosen am 9. November mit Aufbietung aller Kräfte gelungen war, einen taktischen Notherfolg gegen ein schwaches deutsches Armeecorps zu erringen, so standen die Deutschen seitdem in der Gegend von Toury—Allaines—Chartres in der Stärke von zwei Armeecorps mit drei Kavallerie-Divisionen, und damit hätte man sich eigentlich als der Lage vollständig gewachsen betrachten müssen. Aller-dings durften diese Streitkräfte sich nicht aus dem Raum: Straße Orléans—Etampes und Straße Châteaudun—Chartres entfernen; wenn das aber geschah, dann durfte die Armee-Abtheilung über Chartres nicht hinausgehen, bevor die Hauptkräfte der II. Armee südlich von Paris aufmarschirt waren, denn nunmehr fiel der Armee-Abtheilung die weitere Aufgabe der Deckung dieses Aufmarsches zu.

Indem die II. Armee angewiesen wurde, mit ihrer Spitze nach Fontainebleau zu marschiren, und während die Armee-Abtheilung in dem angegebenen Raum versammelt stand, entstanden die ersten Umrisse für eine gemeinsame Operation Beider, die nur in einer Offensive bestehen konnte, sobald sie vereinigt oder zur Vereinigung operationsbereit sein würden. Die Idee, auf dem linken Loire-Ufer noch operativ aufzutreten, verschwand von nun ab mehr und mehr und wurde schließlich gänzlich fallen gelassen, sowohl von der II. Armee (von Osten) als von der Armee-Abtheilung (von Westen). Unglücklicherweise war in diesem Falle

Offensive der Armee-Abtheilung und Mißglücken des Aufmarsches der II. Armee.

der Führer der Armee-Abtheilung vor Uebernahme des Befehls in die damals in Versailles herrschende Auffassung eingeweiht worden, wonach ein Angriff aus dem Westen auf Versailles das Unliebsamste sei; und der Führer hielt an dieser Ansicht mit großer Zähigkeit fest. Als nun noch Meldungen über Bewegungen französischer Truppen von Orléans nach Nordwesten einliefen, war er fest von einer französischen Offensive über Dreux überzeugt und riß jetzt auch das große Hauptquartier, das bis dahin noch nicht daran geglaubt hatte, in diesen Irrthum hinein, der dann Anlaß zum Scheitern des Urgedankens des Grafen Moltke wurde, „bis zur Heraukunft der II. Armee bei Chartres defensiv zu bleiben, um nach ihrem Eintreffen mit dieser vereint den Angriff auf die feindliche Armee bei Orléans auszuführen". Dieser Angriff mußte logischerweise operativ umfassend von Norden, Nordwesten und womöglich Westen erfolgen, wenn im Moltkeschen Sinne ein großes Ziel erreicht werden sollte. Da nun um jene Zeit die II. Armee sich erst mit ihrem Spitzenkorps der Straße Orléans—Etampes näherte, so mißlang, was man immer dagegen sagen möge, nun auch der Aufmarsch der II. Armee, indem sie aus einer Hast in die andere gedrängt wurde, um die Hauptstadt gegen Süden nothdürftig decken zu können, welche Aufgabe bis dahin der Armee-Abtheilung zugefallen war. So gelangten die Armee-Abtheilung und die II. Armee zu heterogenen Bestimmungen, statt zu einer Ver-sammlung zu einer Trennung, die eine gegen Westen, die andere gegen Süden, infolge dessen der Angriff auf Orléans vertagt werden mußte. Mit dem Augenblick, wo beide Armeen exzentrisch operirten, mußte indessen nothgedrungen der erste Plan Moltkes, so schnell und stark als möglich Orléans anzugreifen, aufgegeben werden.

Graf Moltke nimmt seinen ersten Plan wieder auf.

Als nun die Armee-Abtheilung von Toury über Chartres, Dreux bis Nogent le Rotrou marschirt war und erhebliche feindliche Kräfte nicht angetroffen hatte, zugleich aber auch von General v. Werder Meldung über die Verschiebung von 40 000 Mann von der Saône nach dem Innern in Versailles (an demselben Tage) einlief, die II. Armee das Anwachsen der feindlichen Streitkräfte und die Anwesenheit der gesammten Loire-Armee bei Orléans festgestellt hatte, kehrte General Graf Moltke sogleich wieder zu seiner ersten Idee, mit beiden Armeen gemeinsam von Norden und Nordwesten Orléans umfassend anzugreifen, zurück. Die Ausführung mußte allerdings um mehrere Tage hinausgeschoben werden, bis beide Armeen zusammenwirken konnten.

Uebergang zur
Defensive.

Bis dahin ging die II. Armee, die erst (am 21. November) über
zwei Armeekorps verfügte, in die Defensive über, und in dieser seitdem
in jene Kordonstellung, aus der sie nicht nur selbst nicht mehr rechtzeitig heraustrat, sondern in die sie auch noch die Armee-Abtheilung
hineinriß. Somit drohten die operativen Ideen Moltkes zu scheitern,
und als der Feind den Wunsch der Deutschen erfüllte und sie am
28. November — nach viertägigem deutlichen Drohen und Avertiren —
angriff, da war die II. Armee nicht versammelt, da ruhte die Armee-
Abtheilung, zwei kleine Tagemärsche vom rechten Flügel der II. Armee
entfernt. Da nun die II. Armee auch noch am 29. zu keiner Versammlung gelangte, sowie in der Hoffnung auf einen neuen Angriff in
der Defensive verharrte, so ließ sie die Gelegenheit unbenutzt vorüber-
gehen, aus der Defensive zur rechten Zeit die Offensive zu ergreifen
(was in diesem Falle taktisch und operativ erfolgen mußte), und sie
erfocht nur einen taktischen Sieg. Im anderen Falle hätten das
20. und 18. Armeekorps, wenn auch nicht mehr am 28., so doch bestimmt in den nächsten Tagen vernichtet werden müssen.

Während die von Moltke beabsichtigte erste Offensive auf Orléans
infolge irrthümlicher Meldungen über den Abmarsch feindlicher Streitkräfte von Orléans nach Nordwesten nicht zur Ausführung kam und
dies die dargestellten Folgen zeitigte, ließ sich die beabsichtigte zweite
Offensive wegen der inzwischen zur Ausführung gelangten feindlichen
Offensive gegen Pithiviers und unter den zu dieser Zeit obwaltenden
operativen Verhältnissen beider Armeen nicht mehr so verwirklichen, wie
es Moltke vorgeschwebt hatte. Das wäre nun kein Unglück gewesen;
denn wo man den Feind schlägt, ist im Grunde genommen bei solcher
Kriegslage von wenig Belang, allein er muß nicht nur geschlagen,
sondern vernichtet werden, dann hat man reine Bahn und geht,
wohin man will. Das wurde aber nicht erzielt.

Es würde ungerechtfertigt sein, wollte man der II. Armee einen
Vorwurf daraus machen, daß sie sich überhaupt zur strategischen
Defensive entschloß. Weil gerade dies jedoch abfällig beurtheilt wird, erscheint es nothwendig, sich kurz den Lauf ihrer wechselnden Auffassungen
und Entschlüsse zu vergegenwärtigen; man wird dann den Entschluß
zur Defensive unter den herrschenden Umständen billigen und nur
die Form, in der sie durchgeführt werden sollte und wurde, tadeln

dürfen. Der Feldherr wird sich bei seinen Entschlüssen zunächst auf die Nachrichten und Meldungen über die Stärke, dann über die Qualität der feindlichen Truppen angewiesen sehen; ferner wird der Eindruck, den er selbst von der Beschaffenheit des Kriegsschauplatzes und der Stimmung der Bevölkerung gewinnt, für seine Entschlüsse mit entscheidend sein und vor Allem die Stärke und Verfassung der eigenen Armee.

Die erste genaue Kunde über die Loire-Armee erhielt der Prinz-Feldmarschall am 3. November aus dem großen Hauptquartier. Danach sollte sie 45 000 Mann stark sein und auf 60 000 Mann gebracht werden. „Sie ist die am besten organisirte Armee; die aus Afrika herübergezogenen Truppen bilden ihren Kern", hieß es in dem Schreiben des Generals Grafen Moltke. Erreichte nun die Loire-Armee die Stärke von 60 000 Mann, so war sie an Zahl der II. Armee gewachsen, und außerdem durfte über ihre Qualität nicht gering gedacht werden. Die II. Armee, welche diese beiden Größen seit dem 3. November in ihre Erwägungen einstellte, wählte die Offensive, und das war durchaus sachgemäß. Der Regierungssitz in Tours wurde ferner für die allgemeine Richtung ihrer Offensive von entscheidender Bedeutung, denn danach durfte angenommen werden, daß die Loire-Armee sich an der mittleren Loire versammelte. In diesen Verhältnissen war also eine ausreichende Unterlage für ihren Operationsentwurf vorhanden.

Am 8. November empfing der Prinz-Feldmarschall ein weiteres Schreiben aus Versailles, das zwar über die Stärke des Gegners an der Loire Neues nicht enthielt, dagegen den Hinweis auf einen in nächster Zeit bevorstehenden ernsthaften Versuch zum Entsatze der Hauptstadt von der Loire aus. Die II. Armee erhielt dadurch schärfere Operationsziele, die Offensive wurde nun erst recht ein Gebot, und die II. Armee sollte zu dem Ende den Marsch beschleunigen. Ferner aber wurde ihr die Richtung mit dem Spitzenkorps auf Fontainebleau ertheilt, nur sollte der linke Flügel zu einer Verwendung nach Umständen frei bleiben (d. h. also auf dem linken Loire-Ufer). Der Prinz-Feldmarschall ersah hieraus, daß er wahrscheinlich mit der Masse der II. Armee in dem Raum zwischen Paris und der mittleren Loire zur Thätigkeit gelangen würde und vielleicht ein Armeekorps auf das linke

Loire-Ufer abgezweigt werden müßte. Eine derartige Theilung der II. Armee entsprach aber nicht den Wünschen des Feldherrn, und er hat sie zu dieser Zeit niemals ernstlich in Erwägung gezogen. Der Prinz überlegte nämlich etwa so: Stand die Loire-Armee nördlich der Loire, um Paris zu entsetzen, so wollte er ihr dort versammelt begegnen; stand sie mit der Masse auf dem nördlichen Ufer und nur mit einem Theile auf dem südlichen, so gedachte er ebenfalls die II. Armee auf dem nördlichen Ufer zusammenzuhalten; war die Loire-Armee dagegen mit der Masse auf dem südlichen Ufer, so beabsichtigte der Prinz damals, dorthin — in südwestlicher Richtung — ebenfalls mit der Masse der II. Armee zu gehen. Diese ganz richtigen operativen Gesichtspunkte sollten bald wesentlich beeinflußt und dadurch der II. Armee die operative Freiheit geraubt werden, die ihr in Versailles anfangs ausdrücklich zugedacht worden war.

Am 10. abends erfuhr der Prinz-Feldmarschall nämlich durch Telegramm, daß starke feindliche Kräfte von der Loire bei Orléans im Vormarsch seien, und am 15. erhielt er das Schreiben Moltkes, worin die Streitkräfte bei Orléans auf 60 000 Mann geschätzt wurden. Ein Deserteur vom 3. Chasseur-Bataillon sagte am 15. der 2. Kavallerie-Division aus, daß 30 000 bis 40 000 Mann südlich Chevilly ständen, die von Gien gekommen seien. Diese lagen mithin nicht in der von Moltke angegebenen Ziffer, man hätte also bei der II. Armee damals die Gesammtzahl auf 90 000 bis 100 000 Mann veranschlagen dürfen. Trotz dieser richtigen, aber damals nicht kontrolirbaren Aussage des Deserteurs blieb die II. Armee bei dem Entschluß der Offensive auf dem nördlichen Loire-Ufer stehen (Schreiben Stiehles an Moltke vom 17. November), ja man hielt sich für eine solche mit dem 9. und 3. Armeekorps allein stark genug und gedachte sie von Angerville, Pithiviers, Montargis aus am 21. zu eröffnen. Man wird diesen Entschluß auch dann kühn nennen dürfen, falls der Prinz-Feldmarschall auf die Unterstützung der Armee-Abtheilung rechnete.

Jetzt änderten sich die Verhältnisse, welche die Grundlage der bisherigen Absichten bildeten, noch bedeutender, indem, zunächst freilich nur durch Nachrichten, die Stärke der Loire-Armee auf 200 000, ja 300 000 Mann angegeben wurde. Während nun bei der II. Armee an ein Anwachsen der feindlichen Streitkräfte, wenn auch nicht in dieser

22*

Höhe, eher geglaubt wurde als in Versailles, war man dort außerdem in Zweifel, ob die ganze Loire-Armee oder nur Theile derselben bei Orléans ständen. Der Prinz-Feldmarschall faßte diesen springenden Punkt in der damaligen Kriegslage mit richtigem Feldherrnblick sofort ins Auge und that seinerseits Alles, die wichtige Frage zu erledigen. Denn befand sich die ganze Loire-Armee bei Orléans, so war das zunächst für die Armee-Abtheilung von hohem Werth, mußte aber auch, da, wie wir gesehen haben, vom südöstlichen Kriegsschauplatz Verstärkungen herangezogen waren, für General v. Werder von großer Bedeutung sein. Fernerhin war der Prinz bemüht, die Stärke der Loire-Armee frühzeitig festzustellen. Da er nun auf Kundschafter-nachrichten nicht rechnen durfte, so mußte dies auf geschickte Weise durch unternehmende Offiziere und wohlüberlegte strategische Kombination geschehen. In diesen Richtungen hat die II. Armee sich großes Verdienst erworben und dem großen Hauptquartier erst genügenden Einblick in die Verhältnisse ermöglicht, so frühzeitig dies von ihrer Seite überhaupt nur bewirkt werden konnte. Hierhin zählen die Entsendung der beiden Generalstabsoffiziere am 19. von Nemours aus zur 2. Kavallerie-Division nach Toury und zur 1. nach Outarville, der Befehl an den General v. Manstein vom 18. zur Feststellung der Flügel der feindlichen Aufstellung und die Feststellung der Ausdehnung der feindlichen Vorpostenlinie durch Armeetheile am 20. November. Aus diesen Maßnahmen zusammen gewann die II. Armee bereits am 20. die Ansicht, daß nichts von der Loire-Armee abmarschirt sei, und meldete dies bekanntlich nach Versailles. Diese Ansicht fand eine Bestätigung von der Armee-Abtheilung, indem die II. Armee unter dem 20. November von ihr Mittheilung erhielt, daß die Armee-Abtheilung Truppen der West-Armee vor sich habe und nicht der Loire-Armee. Wenngleich nun die II. Armee die wirkliche Stärke der Loire-Armee damals unterschätzte, so glaubte sie dieselbe doch auf 100 000 Mann beziffern zu müssen; außerdem wurde damals schon das 18. Armeekorps in den Zeitungen genannt. Sie sah sich immerhin bereits jetzt einer so bedeutenden Ueberzahl gegenüber, daß sie die Absicht vom 17., wonach sie am 21. von Angerville, Pithiviers und Montargis aus die Offensive ergreifen wollte, fallen ließ, um alle ihre Armeekorps zunächst zu versammeln, was ebenfalls durchaus richtig war. Denn unter dem

19. November waren von der 2. Kavallerie-Division zwei Deserteure abgeliefert worden, welche die Stärke der Loire-Armee übereinstimmend auf 150 000 Mann angaben. Aehnlich lauteten die Meldungen aus dem Bereiche des 3. Armeekorps.

Die Ausdehnung der feindlichen Vorposten von Orgères bis Beaune la Rolande, die zahlreichen, auf dieser langen Front liegenden besetzten Ortschaften u. s. w. deuten zweifellos auf eine sehr starke Armee; nur eine solche konnte sich diesen Aufwand erlauben. In Betracht kam hierbei außerdem das auffallend feindselige Verhalten und trotzige Auftreten der Bevölkerung, das sich von Tag zu Tag, seit die Yonne erreicht worden war, steigerte; denn hieraus durfte man schließen, daß die Bevölkerung in ihrem Rücken eine starke Armee wußte. Die Spitzen der Truppen wurden überall mit Feuer empfangen; viele Ortschaften mußten vom Loing an erst vom Feinde gesäubert werden, bevor sie von unseren Truppen belegt werden konnten; die ringsumher entsendeten Patrouillen erhielten aus Häusern, Fermen, Ortschaften und Gebäude-verstecken Feuer; in den Zeitungen wurden das 15., 16., 17. und 18. Armeekorps als zur Loire-Armee gehörig genannt, — es war daher vollständig begründet, wenn die II. Armee am 21. erst die Ankunft des 10. Armeekorps abwarten wollte, die man damals in 3 bis 4 Tagen erwartete.

Am 21. früh erhielt der Prinz-Feldmarschall ein Schreiben aus Versailles, welches deutlich erkennen ließ, daß dort damals noch keine Klarheit über die Stellung der Loire-Armee herrschte. Trotzdem blieb der Prinz der Meinung, daß die Loire-Armee bei Orléans stehe und nichts von ihr abmarschirt sei. Immerhin wurde die Loire-Armee nun in demselben Schreiben aus Versailles auf 80 000 bis 90 000 Mann an Infanterie beziffert; auch die Artillerie sollte vermehrt worden sein. Dies kam also der Auffassung der II. Armee nahe. Der Prinz wurde dadurch in der Ansicht bestärkt, zunächst das 10. Armeekorps heran-kommen zu lassen; im Uebrigen hielt er noch daran fest, die Offensive am 26. zu ergreifen, jedoch nicht mit zwei Armeekorps, sondern mit allen dreien. Auch dieser Gedanke entbehrte nicht der Kühnheit, denn der Prinz hatte bereits von den Befestigungen des Feindes Kenntniß, seine Infanterie bezifferte sich aber nur auf 45 000 Gewehre gegen mindestens (damals angenommen) 100 000 Mann, während der Feind in Wirklichkeit stärker war.

Jetzt trat wieder ein neuer Gesichtspunkt ein: die Loire = Armee befand sich in bedeutender Ueberzahl bei Orléans. Trotz der Ueberzahl war der Prinz noch zur Offensive entschlossen. Diese Offensive konnte wesentlich erleichtert werden, wenn es gelang, erhebliche Theile der Loire=Armee zur Deckung von Tours zu bewegen. In diesem Sinne veranlaßte bekanntlich der Prinz=Feldmarschall unter dem 21. November die Armee=Abtheilung zur Fortsetzung ihrer Operationen auf Tours, d. h. der Prinz wollte den Feind jetzt zur Theilung seiner Streitkräfte verleiten. Dieser Plan ist durchweg getadelt worden, es läßt sich aber auch Vieles dafür vorbringen. Allerdings erreichte der Prinz durch diese strategische Demonstration nicht Alles, was er bezweckte; allein immerhin sah der Gegner sich gezwungen, Tours durch das 17. Armee= korps zu decken und das 21. bei Le Mans zu belassen, so daß beide Armeekorps später erst in den Schlachten von Cravant zur Thätigkeit kamen, in den vorhergehenden Schlachten fehlten. Der Erfolg, nament= lich die Zerrüttung, in die das vorwiegend aus Marschtruppen zusammen= gesetzte 17. Armeekorps dadurch gerieth, war nicht gewöhnlich, ganz abgesehen von der Unruhe, die dadurch in der französischen Heeresleitung Platz griff. Und zudem hätte die Armee=Abtheilung immer noch recht= zeitig auf Orléans herankommen können.

Hatte der Prinz=Feldmarschall bis zum 21. nicht an den Abmarsch der Loire=Armee oder von Theilen derselben in nordwestlicher Richtung geglaubt, so liefen jetzt Meldungen von der 2. Kavallerie=Division ein, wonach nun Theile in nordwestlicher Richtung abmarschirt sein sollten. Am 22. erhielt der Prinz Kenntniß von der bekannten Meldung des Generals v. Werder über die Instradirung von 40 000 Mann von der Saône ins Innere Frankreichs. Vorübergehend gerieth der Prinz= Feldmarschall durch jene Meldungen der 2. Kavallerie=Division über den Verbleib des Gegners selbst in Zweifel, und um festzustellen, ob jene Meldungen auf Wahrheit beruhten, ordnete er am 23. die bekannten Erkundungen für den 24. November auf der ganzen Front der II. Armee an. Nachdem dies geschehen war, erhielt er am 23. abends in Pithiviers die dem Großherzog ertheilte Instruktion, woraus der Prinz=Feldmarschall ersah, daß nun auch in Versailles an die Anwesenheit der ganzen Loire= Armee bei Orléans geglaubt wurde.

Die Erkundungen des 24. November lieferten überraschende Er=

gebnisse, denn es stellte sich heraus, daß ein Linksabmarsch beim Feinde nicht erfolgt war, eher durfte man an einen Rechtsabmarsch denken; außerdem war vor der Front des 10. Armeekorps ein neues Armeekorps aufgetaucht. Zählte man dies den bisherigen Streitkräften zu, so mußte die Stärke der Loire-Armee am 24. abends von der II. Armee auf etwa 150000 Mann berechnet werden. Wenn der Prinz in Anbetracht dieser Stärke und der Befestigungen, die man am 24. gesehen hatte, zu dem Entschluß der strategischen Defensive gelangte, so erscheint das um so mehr begründet, als die Loire-Armee durch ihre bloße Anwesenheit an der Loire Paris nicht entsetzen konnte; sie mußte dazu die Offensive suchen. Dafür lagen aber die Aussichten günstiger, solange die II. Armee und Armee-Abtheilung getrennt, als wenn sie versammelt waren. Hieraus durfte wieder auf deutscher Seite auf eine baldige feindliche Offensive geschlossen werden. Mochte nun dies nur eine Annahme und außerdem die etwaige Richtung einer Offensive erst recht ungewiß sein, so bildete das am 24. beobachtete Rechtsziehen des Feindes im Verein mit den neuen vor der Front des 10. Armeekorps aufgetretenen Streitkräften immerhin Anzeichen, daß der Feind einen Schlag gegen den linken Flügel der II. Armee beabsichtigen könnte. Der Prinz-Feldmarschall wollte indessen nur bis zur Ankunft der Armee-Abtheilung in der strategischen Defensive verharren und dann zur Offensive übergehen. Das mußte aber mindestens 4 Tage beanspruchen. Die II. Armee hätte daher Alles aufbieten müssen, in günstige operative Verhältnisse zu gelangen, um rechtzeitig in der Defensive dem Feinde versammelt entgegentreten zu können. Dies geschah nicht. Freilich wirkte hierbei das Neue überraschend: es war noch nicht dagewesen, daß eine ganze Armee freiwillig die Defensive wählte; daß dies den „losen" Truppen der Republik gegenüber geschah, hat erst recht die Kritik herausgefordert.

Wir haben unsere Ansichten darüber entwickelt.

Selten ist eine an Streitkräften schwache Armee in so ungewisse und schwierige Verhältnisse gerathen wie die II. Armee an der Loire, und es heißt dem Prinzen nur ein verdientes Lob spenden, wenn wir sagen, daß er glücklich und gründlich die damals allgemein herrschende Unklarheit beseitigte. Während die Armee selbst noch marschirte — bis zum 24. mittags 12 Uhr 40 Minuten —, stellte der Prinz fest, daß weder

die ganze Loire=Armee noch Theile von ihr nach Westen oder Nordwesten abmarschirt waren; daß die Loire=Armee bei Orléans stand, sich
aber, gestützt auf Befestigungen, von Coulmiers bis zum Loing aus-
behnte; daß sie stärker und in ihrer Organisation vorgeschrittener war,
als es in Versailles angenommen wurde; daß die vom General
v. Werder signalisirten 40000 Mann dem 10. Armeekorps gegenüber
waren. Schneller ist wohl von keinem Feldherrn in einem Volkskriege
und in einem neuen Kriege eine allgemein unsichere Kriegslage geklärt
worden, und dadurch schaffte der Prinz sich selbst nicht nur relativ reine
Verhältnisse, sondern er leistete auch dem großen Hauptquartier einen
werthvollen Dienst, indem nunmehr der Gesammtbefund des Prinzen
für die übrigen Kriegsschauplätze von großer strategischer Bedeutung
wurde und seitdem nirgends mehr ein Zweifel bestehen konnte, daß der
Krieg gegen die Republik an der Loire ausgefochten werden würde.
Den Aufmarsch der neuen Armee festgestellt zu haben, ist also lediglich
das Verdienst des Prinzen Friedrich Karl.

Obwohl nun einerseits die inzwischen festgestellte Stärke der feindlichen Armee, andererseits die Langsamkeit der Marschoperationen der
Armee=Abtheilung das offensive Zusammenwirken beider Armeen erschwerten und verzögerten, so würde der Moltkesche Grundgedanke immer
noch ausführbar gewesen sein, den freilich Moltke selbst später insofern
mobifizirte, als er sich mit der strategisch defensiven Absicht der II. Armee
einverstanden erklärte. Allein daß Moltke sich diese Defensive der
II. Armee anders dachte, als sie durchgeführt wurde, darf als sicher
vorausgesetzt werden. Es kommt hierbei vor allen Dingen die Rolle
der Armee=Abtheilung in Betracht, und es war sehr wohl denkbar, daß
diese während der Defensive der II. Armee eine offensive Aufgabe löste.
Hierfür empfahl es sich, beide Armeen unter günstigen Verhältnissen
getrennt zu halten. Es wird darauf verwiesen, weil das Verfahren in
Zukunft ganz bestimmt an Armeen herantreten wird, welche eine gemeinsame Aufgabe lösen sollen, ganz abgesehen davon, daß sich die Anklänge
eines solchen Gedankens bereits 1866 bei der II. und I. Armee finden.
Strategisch=taktische Defensive einer Armee von 2, vielleicht 3 Tagen,
während eine zweite zur Offensive bestimmt ist, scheint im Geiste der
heutigen Fecht= und Operationskunst zu liegen.

Uebrigens wäre Moltkes Plan auch von Versailles aus leitbar

gewesen, solange es sich nur um gemeinsame Operationen beider
Armeen nach einem Ziele handelte. Wie verfahren werden sollte,
wenn sich das Objekt der Operationen veränderte, d. h. wann die
Operationen zum taktischen Finale auslaufen würden, das konnte Moltke
aus der Ferne nicht vorschreiben, und wahrscheinlich wird es Niemand
können; aus diesem Grunde nahm er successive die dargestellten Eingriffe
in die Thätigkeit der Armee-Abtheilung vor: 1. die Kooperation mit
der II. Armee; 2. ihre Unterstellung unter die II. Armee und 3. den
Wechsel des Stabschefs, um an seine (Moltkes) Stelle gewissermaßen
den Prinz-Feldmarschall als Leiter des Ganzen zu setzen.

Würde man aus den Geschehnissen folgern, daß in Zukunft die
Leitung getrennter Armeen aus der Ferne unmöglich wäre, so wäre das
ein bedauerlicher Schluß; wie man ja leider aus den taktischen Vorgängen von Gravelotte gefolgert hat, Massen, wie die dort verwandten,
seien taktisch nicht mehr von einem Manne leitbar.

Ueber die operativen Anordnungen der II. Armee und der Armee-
Abtheilung seit dem 24. November noch etwas zu sagen, erscheint
überflüssig. Man gewahrt bei beiden neben vielen — selbst technischen —
Fehlern geringerer Bedeutung denselben Hauptfehler, nämlich daß sie sich
keine zweckmäßigen operativen Bedingungen für eine schnelle Versammlung schafften. Die Armee-Abtheilung vermochte dies nicht im Bewegungs-
kriege, die II. Armee nicht im Beobachtungskriege. So hängt in
operativer Hinsicht im Kriege Alles von der Person ab, Zirkel und
Karte und die schönste theoretische Kunst verlieren vor den vielen unerwarteten Verhältnissen, Friktionen persönlicher und technischer Art,
Rücksichten und sonstigen nicht zu berührenden Dingen ihre Bedeutung.
Wollen wir aber aus der Kriegsgeschichte Nutzen ziehen, so darf ihre
Darstellungsweise nicht mehr mechanisch sein, sondern sie muß auf
psychologischer Grundlage beruhen. Man kann dazu der Feldakten nicht
entrathen, allein man hat nicht nur die Pflicht, nicht zu ruhen, bis sie
in wichtigen Punkten ergänzt worden sind, sondern muß auch die Akten
selbst nach den Gesichtspunkten analysiren, die zur Zeit ihrer Abfassung
bestimmend gewesen sind. Ich habe mich bemüht, dies zu thun, hierbei
mir aber enge Grenzen gesteckt. Ich wollte jedem Mißton und jeder
Mißdeutung aus dem Wege gehen; ich konnte dies, soweit ich in meinem
Innersten überzeugt war, daß daraus kein Schaden für die Kriegskunst

und ihre Künstler erwüchse, ich konnte es nicht, wo die Pflicht gegen das Vaterland und die Geschichte mir es zum Gebot machten, die Dinge beim richtigen Namen zu nennen.

Wenn es aber der phänomenalen Kunst eines Moltke nicht gelang, Einheit, Ganzheit und Herzhaftigkeit in die Handlungen der Armee-Abtheilung und der II. Armee zu bringen, dann mögen wir daraus die Lehre ziehen, welcher Werth auf die Besetzung der wichtigsten Stellen hinsichtlich der Personenauswahl gelegt werden muß. Ein Moltke wird so bald nicht wiederkehren; Kriege können aber sehr bald an uns herantreten, in denen unter sich getrennte Armeen von weither durch den Telegraphen im operativen Sinne einheitlich geleitet werden müssen.

Troß der über die Operationen gemachten Bemerkungen möchte ich mich ausdrücklich dagegen verwahren, als ob damit schlechthin Tadel beabsichtigt gewesen wäre. Für diejenigen, welche in die Schwierigkeiten der Kriegskunst eingedrungen sind, bedarf es nicht des Hinweises, daß der Feldherr in noch höherem Grade vorübergehend in die Lage der „Rathlosigkeit" gelangen kann, wie sich das auf jedem anderen Kunstgebiete zeigt. Diese Rathlosigkeit beobachtet man z. B. bei dem Bonaparte von Arcole genau so wie bei dem Napoleon von Leipzig. Sie ist in der Regel die Folge großer Ungewißheit, die es dann zu überdauern und zu klären gilt, nur muß man sich während solchen Zustandes zweckmäßig gegen etwaige Unliebsamkeiten zu schüßen wissen. Das Erwünschteste, was hierbei begegnen kann, ist Gesechtsberührung, weil sich dadurch die Lage am besten klärt. Bei der Beurtheilung der Thätigkeit und Größe eines Feldherrn ist nun entscheidend, welche Lehren er daraus zieht, wie er die alsdann geklärte Lage ausnußt. Die ganze Reihe der Entschlüsse Bonapartes bis nach Arcole sind Beweise seiner „Rathlosigkeit", aber die Entschlüsse seitdem und ihr glänzendes Ergebniß beweisen auch, wie Bonaparte zu lernen verstand. Ueberträgt man dies auf diese Kriegslage, so wird man sehr Vieles zu Gunsten des Verhaltens der Deutschen bis zum 28. November vorbringen können, jedoch sehr Weniges für die Geschehnisse seitdem.

General v. Voigts-Rheß. Im Texte ist wiederholt der drei kommandirenden Generale der II. Armee gedacht worden. Das Vaterland ist ihnen zu besonderem Danke verpflichtet, und daher ist der Geschichte vielleicht mit kurzen Charakteristiken gedient, um so mehr, als dadurch Manches erklärlicher

wird und unter eine schärfere Beleuchtung tritt. Bei den Porträts
sind jedoch alle Angaben über die dienstliche Laufbahn unterblieben, weil
es nur auf Charakterbilder ankam.

Der bedeutendste unter den kommandirenden Generalen der II. Armee
war General v. Voigts-Rhetz. Es ist außerordentlich schwer, die großen
Generale aus der Zeit Kaiser Wilhelms nach ihrem Werthe zu klassifiziren.
Läßt man den König als die Krone dieser Männer aus dem Spiele, so
würde man Moltke — nicht allein den Generalstabschef —, v. Voigts-
Rhetz, v. Goeben, den König von Sachsen, den Prinzen Friedrich Karl,
v. Manteuffel, v. Blumenthal, v. Stosch etwa in die erste Kategorie stellen
müssen. Selbstverständlich war der Eine dem Anderen nicht vollständig
gleich; ein Jeder hatte seine besonderen Vorzüge, und auf dem einen Gebiete
erwies sich dieser, auf dem anderen jener kenntnißreicher und tüchtiger.
Aber Allen sind drei Züge gemeinsam, nämlich Unternehmungslust, bedeutende allgemein- sowie militärwissenschaftliche Kenntnisse, reiche Erfahrungen und das Streben, diese unaufhörlich zu erweitern. Alle waren
oder sind Feldherrnnaturen! Unter diesen Männern hätten sich aber nur
zwei außer Moltke zu Generalstabschefs der Armee geeignet, wenn das
Schicksal diesen Lauf der Dinge gewollt hätte, nämlich General v. Voigts-
Rhetz und General v. Stosch. Es hieße Tropfen ins Meer gießen,
noch etwas über den Generalstabschef v. Moltke zu sagen, und unter
den schwierigen personellen Verhältnissen, unter denen Moltke zu amtiren
hatte, würde wohl Keiner im Stande gewesen sein, seinen Platz ganz
auszufüllen, weil Moltke Alle an Lebensweisheit, Selbstbeherrschung und
der Kunst des Verkehrs überragte. Aber gerade dieser Umstand macht
es zu einer Ehrenpflicht der Geschichtschreibung, mit einigen Worten
des Generals zu gedenken, der Moltke am nächsten gekommen ist, auch
weil dieser Mann in weiteren Kreisen niemals recht gekannt und populär
geworden ist, und seine Verdienste um die Armee leider sogar innerhalb
dieser nicht allgemein durchgedrungen sind.

General v. Voigts-Rhetz war ein Mann von großen Gesichtspunkten, von genialer Auffassung und von eigenen Gedanken. Er war
Infanterist und in den mittleren Graden viel außerhalb der Front
gewesen, im Generalstabe und in besonderen Stellungen verwandt
worden, als er als Generalstabschef des V. Armeekorps die allgemeine
Aufmerksamkeit auf sich lenkte.

In manchen Beziehungen der Gegensatz zum Kriegsminister v. Roon, konnte der freidenkende General den Zwang der damaligen Zeit nur schwer ertragen, und wie man das bei vielen wahren Soldatennaturen beobachten kann, so war der General auch als Mensch eine höchst frei= müthige und sympathische Erscheinung, von edler Denkart, vornehmer Gesinnung und tiefem Gemüthe. Er war ein Verächter alles Kleinen und Kleinlichen und hatte nur Sinn für Großes, und in dieser Be= ziehung waren Goeben und Voigts=Rhetz gewissermaßen gleiche Naturen, die auch menschlich und kollegialisch von Herzen miteinander befreundet blieben. Und wie schön ist es, daß zwei so bedeutende Männer frei von jeder Eifersucht und Neid auf die Verdienste Anderer waren! Diese Erscheinung bei den großen Führern wird stets ein Ruhmesblatt für den Geist der Armee bleiben.

v. Voigts=Rhetz war von stattlicher Figur, sein stark entwickelter Hinterkopf ließ auf hervorragende Energie schließen. Er war für alles Edle und Schöne empfänglich, schätzte Freimuth und männliche Eigen= schaften über Alles, haßte aber alles Gewaltsame und Unfeine; er war von liebenswürdigem Temperament, sehr gutmüthig, ein vortrefflicher Gesell= schafter und Causeur, der gern unter jungen Leuten weilte. Feiner Humor, treffender Witz, Satire und ein Anflug von Sarkasmus, elegante Ausdrucksweise gepaart mit großem Wissen verschafften ihm viele Freunde, aber auch Feinde; jedoch mißbrauchte der geniale Mensch diese Gaben nicht im militärischen Leben. Zwei Gebiete sah der frei= denkende Mensch immer mit keuschem Ernst an: Religion und Nationalität, sie durften daher in seiner Gegenwart nicht bewitzelt werden.

v. Voigts=Rhetz war wie Goeben und Manteuffel von großartiger Gastfreiheit. Er verabscheute nur zwei Menschenarten, nämlich solche mit niedriger Gesinnung und Geldprotzen. Er war eine echte Blücher= Gneisenau Natur, die gern lebte und leben ließ, nahm selbst von einem Lieutenant eine treffende Bemerkung oder einen Witz sehr gut auf, kurzum der große Soldat und vornehme Mensch war dem über= legten Rathe des Niedrigsten zugänglich und hielt den Blick immer auf das Wesen der Dinge und auf die lebendige Wirklichkeit gerichtet. Seine Manöverkritiken gingen stets von großen Gesichtspunkten aus; er sprach ziemlich leise, selbst im Tadel war er liebenswürdig, so daß er die Hörer zu sich emporhob und alle immer in freudiger Stimmung aus=

einandergingen. Häufig zählte seine Kritik nur wenige Sätze, und der
General hat gewiß niemals mehr als 10 Minuten zur vollständigen
Erörterung des Gegenstandes gebraucht. Es gab innerhalb der Armee
Männer von Einfluß, die den feinen Sarkasmus des Generals ordentlich
fürchteten. Andererseits hatte der General in den 50er und 60er Jahren
in Berlin wegen seines freien und ungenirten Wesens ebenfalls Feinde.
Er war aber persönlich über die Misère des Lebens erhaben, er hat nie
Vermögen besessen, er gab Alles fort, wie er es bekam, und half, wo
er es nur thun konnte. War der redlichen und auch zart besaiteten
Natur schon an sich alles Rohe zuwider, so erfüllte den General im Frieden
und besonders im Kriege jeder Griff nach fremdem Gut mit besonderem
Abscheu. Dies war eigentlich das Einzige, was ihn außer Fassung bringen
und ihn in Aufregung versetzen konnte, denn er betrachtete den Rock des
Kriegers wie ein weißes Kleid, das durch den geringsten Fleck seinen
Werth verlöre. Seine strenge Auffassung von der Redlichkeit zieht sich
denn auch durch alle seine Befehle in Feindesland. Ich sehe noch, wie
der General eines Tages in Tours einen mit zwei Schecken bespannten
Wagen, mit dem einige Offiziere in schlankem Trabe in die Stadt ein-
fuhren, ohne Weiteres anhielt, sie auszusteigen nöthigte, ihnen auf der
Straße eine Rüge ertheilte und sie veranlaßte, Wagen und Gespann
sofort an die Mairie abzuliefern. Der Wagen war mit gutem Recht
beigetrieben worden, doch der General war der Meinung, daß während
des Waffenstillstandes kein Gebrauch mehr davon gemacht werden dürfe.

Im Felde war der General ebenso tapfer, ruhig wie schonend
gegen die Bewohner und unter allen Verhältnissen anhänglich an alte
Bekannte. Er war außerordentlich belesen, sprachkundig und in allen
Geschäften des Generalstabes und Kriegsministeriums geschult und sicher.
Obgleich Infanterist, gab der General als Chef des Allgemeinen
Kriegsdepartements in den bewegten Kämpfen um Gußstahl und Bronze
die Entscheidung zu Gunsten der Kruppschen Stahl-Hinterladergeschütze,
eine Entscheidung, durch die der General sich fürs Erste nur noch mehr
Feinde machte, besonders unter den „technischen" Waffen, wie man sie
damals nannte. Doch der geniale Mann wußte auch diese Gegnerschaft
scherzend zu ertragen, und wo sind die fachmännischen Gegner geblieben?

Obwohl General v. Voigts-Rhetz eine gewisse Anwartschaft auf
die Stellung des Generalstabschefs gehabt hätte, so hatte er die Ent-

scheidung zu Gunsten Moltkes mit aufrichtiger Freude hingenommen, in
dem Bewußtsein, daß eine bessere Wahl nicht getroffen werden konnte,
und niemals ist seitdem zwischen beiden Männern nur der leiseste
Mißton bemerkt worden. Allerdings trat General v. Voigts-Rhetz Ende
Mai 1866 gegen die bekannte Moltkesche Feldzugsanlage energisch auf;
allein nachdem der König Moltkes Partei ergriffen und der Feldzug
den glücklichen Verlauf genommen hatte, enthielt der General sich jeder
Kritik. Er war eben weder orthodox noch ehrgeizig, und doch hätte,
wenn irgend Einer, General v. Voigts-Rhetz das Recht der Kritik
gehabt; denn die Erkenntniß, daß die Oesterreicher diesseits der Elbe
sofort angegriffen werden mußten, ist hauptsächlich dem Strategen
Voigts-Rhetz zu verdanken. Es wäre kleinlich, darin eine Beeinträchtigung
des Feldherrnrufes des Prinzen Friedrich Karl zu erblicken. Der Prinz
erkannte sogleich die großen Aussichten, die dieser Plan bot, und über=
nahm dafür, indem er ihm zustimmte, die Verantwortung für den ganzen
Krieg. Die Thätigkeit des damaligen Oberkommandos der I. Armee,
um sowohl das große Hauptquartier wie die II. Armee von der
Richtigkeit des Entschlusses zu überzeugen, ist und bleibt in der Kriegs=
geschichte mustergültig. Der Prinz war groß genug, die Verdienste seines
Generalstabschefs anzuerkennen und hoch zu schätzen. General v. Voigts=
Rhetz war übrigens für den Charakter des Prinzen der geeignetste
Generalstabschef unter Allen, die er hatte.

General v. Voigts-Rhetz hatte nichts von einem Hofmanne wie
der ihn in dieser Hinsicht an Weltklugheit weit überragende Moltke.
Er war auch in den 60er Jahren nicht gern in der Hauptstadt.
Hierzu mag der Umstand beigetragen haben, daß sich der General in
der Konfliktszeit für die zweijährige Dienstzeit geäußert hatte, wodurch
er in einen Meinungsgegensatz zu Bismarck und Moon gerathen war.
Auch dem Könige konnte das nicht angenehm sein; General v. Voigts-Rhetz
wurde — da er gleichzeitig der eigentliche Vertreter in der Artillerie=
frage war — nun als Umstürzler in gewissen Kreisen verschrieen, als
ein Mann, der unter dem Einfluß seiner Frau*) liberalen Ideen huldigte
und von dem Zeitgeist angekränkelt war. In Wirklichkeit hatte der General
sich stets jeder Parteipolitik ferngehalten. Seine Politik bestand darin,

---

*) Frau v. Voigts-Rhetz, eine geborene Luxemburgerin, wurde damals
allgemein die Französin genannt.

seinem Könige nach besten Kräften zu dienen und ihm Männer heran-
zubilden, die freudig den königlichen Dienst thaten. Doch trat gerade hier
wieder die edle Größe König Wilhelms deutlich zu Tage. Der König
schenkte solchen Aeußerungen keinerlei Beachtung, wußte es aber auch einzurichten, daß von diesem Konflikt nichts offenkundig wurde, und bethätigte
also in dieser schweren Zeit wiederum seine glückliche Vermittelungs- und
Beschwichtigungskunst zum Besten des Vaterlandes. Im Gegentheil
ernannte der König den General, dessen Fähigkeiten er wohl zu schätzen
wußte, nach dem Kriege von 1866 zum Generalgouverneur und kommandirenden General des 10. Armeekorps in Hannover. In dieser
schwierigen Stellung bewährte der General sich auch politisch und im
Verwaltungsfache. Ihm ist es hauptsächlich zu verdanken, daß der
Uebergang in preußische Verhältnisse sich ohne Gewaltsamkeiten vollzog.
Er war es, der dem Könige den Antrag unterbreitete, dem ehemaligen
Königreich seine Aemterverfassung zu belassen.

Der geniale General überragte durch seinen staatsmännischen Blick
manchen damaligen Politiker und Verwaltungsbeamten, deren Groll sich
nun ebenfalls gegen ihn wandte, wie vorher in der Artillerie-, Dienst-
zeit- und Uniformfrage, was wohl am wenigsten bekannt sein möchte,
von anderer Seite. Dafür erntete er den Dank seines Königs und die
Sympathien der Hannoveraner. Der General liebte die Arbeit und
war von früh bis spät thätig. Er hatte aber auch Erfahrungen genug
gesammelt, um die Schäden der Büreaukratie zu ermessen, und Arbeit
und Büreaukratie waren in seinen Augen ganz verschiedene Dinge.
Erstere förderte er mit aller Kraft, Letztere bekämpfte er, wo er es für
nützlich hielt. Als man gegen die Verwaltungsvorschläge Hannovers
vorstellig wurde und der General vom Könige zum Bericht aufgefordert
wurde, schrieb er über die von ihm für ein Verwaltungsfach empfohlene
Persönlichkeit: „Er ist noch nicht durch 30jährigen Büreaudienst
demoralisirt." Dies dürfte lehren, wie sehr der General eine büreau-
kratische Regierung verabscheute. Er haßte das politische Schema genau
so wie das militärische und jedes andere.

Neben den bedeutenden politischen und Verwaltungsgeschäften übersah der General nichts auf militärischem Gebiet, und man darf wohl
sagen, daß das 10. Armeekorps beim Kriegsausbruch ein Musterkorps
war, auf dessen kriegstüchtige Ausbildung der General stets bedacht blieb.

Er war seit 1866 von der Unvermeidlichkeit eines Krieges mit Frank=
reich überzeugt, bedauerte aber, daß die Spannung uns keine Zeit zu
einer Neubewaffnung der Infanterie lassen würde. Ich selbst habe
damals die Worte bei einem Vergleichsschießen vernommen: „Wie kann
man da sagen, daß das Chassepot nicht viel besser als die Zündnadel
sei? Es ist dieselbe Geschichte, welche ich früher mit den Leistungen
der glatten Geschütze erlebt habe, nur wird uns der Kampf gegen das
überlegene Gewehr theurer zu stehen kommen als 1866 gegen das über=
legene Geschütz."

Der General förderte stets — besonders in Hannover — das
kühne, unternehmende und ausdauernde Reiten. Unter seiner Pflege
kamen von Hannover aus die neuen Grundsätze mehr und mehr zur
Geltung, und eine ganze Reihe von Reiteroffizieren, die später Namen
von Klang im Kriege und nach ihm erlangten, haben sich seiner be=
sonderen Protektion erfreut. (Ich nenne nur den jetzigen General
v. Rosenberg.) Auch für die strategische Verwendung der Kavallerie im
heutigen Sinne war der General schon damals thätig. Im Jahre 1870
sollte zum ersten Male eine Kavallerie=Division nach heutiger Art üben.
Der Krieg verhinderte das Vorhaben; es verdient aber Beachtung, daß
der General als Führer der Division den Generallieutenant v. Bose,
also einen Infanteristen, zum Entsetzen der Kavalleristen vorschlug!
Nun hatte der General es auch mit den „Männern dieses Faches"
gründlich verdorben. Uebrigens ist ein Anhänger des Prinzips, an die
Spitze von Kavallerie=Divisionen Infanteriegenerale zu stellen, auch
General v. Stosch. Was der General 1870/71 geleistet hat, obwohl
sich seit den erschütternden Augustschlachten vorübergehend die Spuren
seines späteren Gehirnleidens zeigten, braucht nur angedeutet zu werden.
Der Generalstäbler Voigts=Rhetz bewahrte durch seine Maßnahmen vom
15. und 16. August das 3. Armeekorps vor einer schweren Niederlage,
der General überdauerte bei Beaune eine furchtbare Probe, der General
entschied die Schlachten von Cravant und Le Mans.

Der General v. Voigts=Rhetz war als Charakter nicht von der
zähen Festigkeit, die bei Moltke hervortritt. Die wenigen Bemerkungen
dürften aber hinreichen, um die hervorragende Bedeutung dieses Mannes
zu erkennen, dem in der Armee von 1866 und 1870/71 eine der ersten
Stellen gebührt. Und gewiß würde Voigts=Rhetz den Befehl über die

Süd-Armee erhalten haben, wenn damals in Versailles sein Unternehmen vor den Thoren von Tours von gewissen Kreisen, die aber die Schwierigkeiten des Volkskrieges zweifellos unterschätzten, nicht als Schwäche ausgelegt worden wäre.

Der zweitbedeutendste General war Konstantin v. Alvensleben. Er **General v. Alvensleben.** war aus der Garde hervorgegangen, vollständig frei von allen Vorurtheilen, von edler Gesinnung, ein rechter Ritter ohne Furcht und Tadel und schätzte nichts höher als die spezifisch kriegerischen Eigenschaften des Offiziers und Mannes. Er legte weniger Bedeutung auf die technische Seite im Armeewesen als auf den moralischen Werth der Truppe, und nach seiner Meinung gab es keine Lage, aus der ein Führer nicht mit Ehren hervorgehen könnte. Trotzdem dem General alle Huldigungen zuwider waren und er Popularitätshascherei verabscheute, erwarb er sich die Liebe und Hingabe seines Armeekorps, wie sie außer ihm vielleicht nur v. Goeben besessen haben mag, und sein Name ist daher mit dem 3. Armeekorps für immer aufs Innigste verbunden, wie der Goebens mit dem 8. Der General besaß nicht den weiten Blick und die allgemeinen Kenntnisse des Generals v. Voigts-Rhetz, überragte ihn aber durch sein soldatisches Wesen und seine Charakterstärke. Er war für das Feld wie geschaffen und fesselte Jeden, der mit ihm in Berührung kam, durch seine Klarheit und Bestimmtheit. Nichts war dem General so zuwider wie das Requisitionssystem. Konflikte auf diesem Gebiet konnten ihm die Lust am Kriege vollständig rauben. Ich habe zwar nicht die Ehre gehabt, dem General im Kriege persönlich zu begegnen, dagegen denke ich noch mit Freude an eine Reise zurück, die ich mit ihm machte und wobei ich bei ihm einen hohen Grad von Herzenswärme, ja eine gewisse zur Melancholie neigende Schwermuth entdeckte.

Der General hatte eine gute allgemeine Bildung, war in den Generalstabsgeschäften sicher, haßte aber alle unnöthige Schreiberei. Das von jeder Schauspielkunst freie Wesen bezauberte seine Umgebung, und wohl Keiner, außer Goeben, hat 1870/71 auf den Soldaten eine so hinreißende Wirkung ausgeübt wie dieser einfache, schlichte und doch so unerbittlich strenge General. Hatte er einen Entschluß gefaßt, so führte er ihn thatkräftig unter Aufbietung aller Kräfte durch. Er ergriff nie eine Sache ohne den Willen, sie ganz zu thun, aber er erwog lange

und grünblich, bevor er wagte. Daher hat das 3. Armeekorps immer
in Ehren und mit Erfolg gefochten, wenn es nur vom General v. Alvensleben abhing. Furcht vor Vorgesetzten kannte er nicht, er war ein
energischer Vertreter seiner Untergebenen.

Obgleich von heftigem Temperament, wußte er sich sehr gut zu
beherrschen; allein die gerade Soldatennatur hatte es verschmäht, sich
den Grad von Lebensweisheit anzueignen, die in so hohen Stellungen
nur selten entbehrt werden kann. Dafür hatte er sich den Gerechtigkeits-
sinn des Kindes bewahrt, wurde dadurch aber auch ein schwierig zu be-
handelnder Untergebener und schied lieber aus der Armee, als daß er
von dem abgelassen hätte, was er für richtig erkannt hatte.

Scharfer Verstand, Unerschrockenheit, größter Gleichmuth und Besonnenheit im Feuer, stets gleiche Freundlichkeit gegen Alle, die mit
ihm in Berührung kamen, zeichneten ihn aus. Sein Pflichtbewußtsein
war hervorragend, der General hätte sich eher in einer Sänfte auf
das Schlachtfeld tragen lassen, als daß er aus Gesundheitsrücksichten
nur eine Stunde zu spät käme. Und doch wurde General v. Alvensleben
im Kriege vielfach von schweren Migräneanfällen heimgesucht, unter
denen eine weniger energische Natur zusammengebrochen wäre. Besonders in den Tagen von Le Mans verließ ihn das Leiden nicht, aber
trotzdem blieb er liebenswürdig und milde in seiner wahrlich verantwortungsvollen Stellung. Der Soldat besonders liebte den General
aufrichtig, und er hing sehr an seinen Brandenburgern. Als er eines
Tages gefragt wurde, ob er denn keinen Fehler an ihnen entdeckt hätte,
bemerkte er scherzend: „Doch, einen großen Fehler haben sie Alle." Man
war gespannt, was nun kommen würde. Da sagte der General: „Nun,
die kleinen Teufel gehen nie zurück!"

General v. Manstein.
General v. Manstein besaß in hohem Grade das Vertrauen und
die Zuneigung des Prinz-Feldmarschalls. Er war aber weder hervorragend beanlagt noch von tiefer Bildung, dagegen in allen Einzelheiten
des Dienstbereichs groß. Den Infanteriedienst beherrschte er wie kaum
ein Zweiter, lernte aber im Kriege bald den Werth einer gut verwendeten
Artillerie schätzen und schien gegen Ende des Krieges diese Waffe sogar
etwas zu überschätzen. Der General duldete so wenig Widerspruch, wie
er solchen geltend machte. Für ihn gab es nichts als Befehle. Er
appellirte nicht wie Voigts-Rhetz und Alvensleben an den guten Willen,

sondern nur an die Kriegszucht. Er war ein unbeugsamer Charakter, strenge gegen sich wie gegen Andere bis zur Rücksichtslosigkeit. Sein Armeekorps führte unbedingt aus, was ihm aufgetragen wurde, und es hat auf dem Marsche den größten Kriegsruhm von allen deutschen Truppen aufzuweisen. Die Kriegszucht im 9. Armeekorps war vor= züglich, allein sie beruhte hauptsächlich auf der Furcht vor der Strenge des Generals. Er sorgte aber auch väterlich für die Bedürfnisse seines Armeekorps; Unordnungen kamen nie vor, Alles vollzog sich ordnungs= mäßig nach der Vorschrift. Geliebt hat den General wohl Niemand, er verlangte es auch nicht. Ein anderer Führer von dieser Härte und Rücksichtslosigkeit wäre vielleicht gehaßt worden; allein der General v. Manstein besaß doch auch militärische Eigenschaften, die Jeden mit Achtung und Vertrauen erfüllten, nämlich einen wahren Löwenmuth, richtiges taktisches Urtheil und große Gewissenhaftigkeit. Wo es immer sein mochte, der General war der Erste und Letzte auf dem Platze. General v. Voigts=Rhetz war eine ausgesprochene Feldherrnnatur, General v. Alvensleben hätte die Fähigkeit gehabt, auch eine größere Führerrolle als die eines Armeekorps mit Erfolg auszufüllen, General v. Manstein war dagegen nur ein tüchtiger Korpsführer im Rahmen einer Armee. Freilich hatte er einen der begabtesten und tüchtigsten Generalstabschefs der Armee, nämlich den Major v. Bronsart,*) dessen geistiger Ueberlegenheit er sich auch nicht verschloß.

Die Franzosen.

Es war das Unglück der Republik, daß die Strategie von Anfang an im Dienste der Politik stand und sich in der Hoffnung auf Hülfe und Beistand hauptsächlich von Rücksichten auf die Politik bestimmen ließ. Dies ergab sich freilich aus der ganzen Lage der Machthaber in den Provinzen. Sie bedurften, um am Ruder bleiben zu können, des Sieges; das Volk bedurfte, um an die Befreiung des Vaterlandes zu glauben, der Anregung zündender Worte und der Beweise, daß die neue Regierung sich auf gutem Wege befände. Dies war nur durch Erfolge möglich. Man darf annehmen, daß die Machthaber in den Provinzen mit den Grundsätzen der Strategie zu wenig vertraut waren,

---

*) Zuletzt kommandirender General des 10. Armeekorps.

das Temperament der Nation ließ ihnen vielleicht nicht einmal Zeit zu besseren Erwägungen, und das kann bis zu einem gewissen Grade als Entschuldigung dienen. Hat die Kriegführung mit solchen Erscheinungen zu rechnen, so darf sie am wenigsten nur politischen Rücksichten folgen, und es will scheinen, daß die neue Regierung bei besserer Erkenntniß ihrer strategischen Lage Theilerfolge, z. B. gegen die rückwärtigen Verbin= dungen der Deutschen, auch gegen die getrennt marschirenden Armee= korps der II. Armee, hätte erzielen können, die der politischen, nationalen und militärischen Tragweite von Coulmiers und der Wiedereinnahme von Orléans mindestens gleichgekommen und nicht wesentlich später zu erzielen gewesen wären als Coulmiers und Orléans.

Der erste Gesichtspunkt, der für die neue Regierung in Frage kam, war die Wahl ihres Regierungssitzes. Entschied man sich für einen Paris möglichst nahen Punkt, so mußte man ihn auch decken. Geschah das, so waren Berührungen mit dem Feinde unvermeidlich; gerade diese mußte man aber aus vielen Gründen zunächst verhüten: 1. um ungestört rüsten, organisiren und einschulen zu können; 2. um dem Gegner den Stand= punkt und die Pläne der neuen Streitkräfte möglichst lange und gründlich zu verbergen. Es war damit durch die Aufstellung der Ost=Armee unter General Cambriels ein zweckmäßiger Anfang gemacht; allein die neue Re= gierung sollte das Opfer ihres Temperaments werden, Frankreich unerhörte Opfer auferlegen und nichts erzielen als einen ehrenvollen Widerstand. Auf andere mehr nebensächliche Gründe sei nicht einmal hingewiesen. Wählte man dagegen den Regierungssitz von Paris entfernter, so deckte man ihn durch die bloße Entfernung, und diesen Gesichtspunkt hätte ein Stratege niemals außer Acht lassen dürfen, wenn Frankreich einen solchen besessen hätte. Wer mit Frankreich Krieg führt, hat stets mit zwei großen und unter sich vollständig verschiedenen Kriegsschauplätzen zu rechnen. Der eine ist Nordfrankreich mit Paris, der andere Süd= und Mittelfrankreich mit den vielen großen Städten, die sich zum Re= gierungssitz sehr wohl eigneten und eignen.

Es ist schon auf den großen Fehler hingewiesen worden, daß seit Sedan unverhältnißmäßig viele und tüchtige Streitkräfte nach Paris gezogen wurden. Diese mußten in der Provinz verbleiben, Paris sich selbst überlassen werden; denn der Feldzug konnte, wenn überhaupt, nur von den Provinzen aus durch Entsatz der Hauptstadt eine andere

Wendung erhalten. Diese Erkenntniß hat gewiß einsichtigen Köpfen nicht gefehlt; allein es ist in der Regel untrennbar von Regierungs= wechseln und ihren politischen Folgen, daß an die Stelle der ordnungs= mäßigen Thätigkeit zunächst ein Durcheinander tritt, in dem die besseren Meinungen nicht gehört werden und sich nicht rechtzeitig Geltung ver= schaffen können. Am 13. November 1870 erschien jenes merkwürdige Dekret, wodurch die in Deutschland und Belgien internirten französischen Offiziere unter Zusicherung ihrer Stellung und der Ausrüstungskosten (750 Francs) aufgefordert wurden, sich der Gefangenschaft zu entziehen. Das Dekret blieb den Deutschen nicht unbekannt und mußte natürlich seinen Zweck verfehlen; immerhin zog die Nord=Armee daraus manchen Vortheil, aber die eigentliche Hoffnung, auf die es abzielte, Armeeführer zur Flucht aus der Gefangenschaft zu verleiten, blieb ganz unerfüllt. Von dieser Seite beleuchtet, haben die damaligen Machthaber doch wohl ihre unzureichenden Eigenschaften erkannt.

Wer aber den Geist des Dekrets richtig fassen will, muß sich den Entschluß vom 12. November vergegenwärtigen, wonach die Loire=Armee sich bei Orléans verschanzen sollte. Man gedachte also gewissermaßen die Wirkung des Dekrets abzuwarten.

Trotzdem aber diese Fehler begangen waren, hätte Frankreich mehr erreichen können, wenn die aufgeführten Dekrete in Ruhe ausgeführt und die eigentlichen Operationen statt Ende Oktober Ende November eröffnet worden wären. Hierzu wäre allerdings ein anderer Regierungs= sitz und ein anderer Operationsentwurf nothwendig gewesen. Dieser Regierungssitz durfte überall liegen, nur nicht an der mittleren Loire, zur Noth hätte er nach Nantes, besser nach Lyon, am besten nach Poitiers oder Bordeaux verlegt werden müssen. Alsdann konnte die Republik ihre Rüstungen in Ruhe beenden und nach beendeter Organi= sation einen wohlerwogenen Plan für die Instradirung, Versammlung und die Eröffnung der Operationen entwerfen und ausführen. Deckte man Lyon durch eine von Besançon aus operirende Neben=Armee und den Norden durch eine ebensolche von Cambray—Lille aus, so bot das Land am Loing und Yonne in der That viele Vortheile für eine wohlvorbereitete Offensive, um so mehr, als die mittlere Loire mit dem Walde von Orléans, dieser Stadt und dem breiten nach Westen ge= wendeten Lauf für die Deutschen die natürliche Grenze bildeten. Das

Eisenbahnnetz Süd- und Mittelfrankreichs gestattete an der oberen
Loire eine Versammlung; dem Aufmarsch konnte eine Offensive der
Armee Cambriels, die bis zum 9. November durch tüchtige Truppen
um 15000 bis 20000 Mann zu verstärken gewesen wäre, vorausgehen,
wenn ein frühzeitiger Waffenerfolg unbedingt erstritten werden sollte,
und ein Sieg über den General v. Werder würde eine ganz andere
politische und militärische Wirkung gehabt haben als das Treffen von
Coulmiers gegen General v. d. Tann.

Die neue Regierung war indessen weit von einer derartigen me-
thodischen und wohlerwogenen Strategie entfernt, und so sollte Coulmiers,
obwohl seine politische Tragweite nicht unterschätzt werden darf, das
Grab der neuen Regierung und ihrer Armee werden. Die vielen Neben-
fehler der gesammten Operationen, die daraus entsprangen, daß die
Machthaber in Tours weder eine richtige Vorstellung vom militärischen
Geist, noch die einfachsten rein technisch-militärischen Kenntnisse ver-
riethen und gar kein savoir vivre, um mit Armeebefehlshabern
umzugehen, seien nur berührt. Heute kann kein Feldherr mehr
„vom Himmel" fallen, er muß ein hohes Maß von militärisch-technischem
Wissen besitzen oder in allen diesen Richtungen mindestens gut berathen
und wohl bedient sein, sonst operirt sich jede Armee in zwei bis drei
Tagen fest. Allein wenn man den Erfolg im Felde so frühzeitig suchen
zu müssen glaubte, so mußte, falls man taktisch glücklich war, die Offensive unverzüglich fortgesetzt werden. Nur auf diese Weise konnte sie
eine Wirkung auf Paris selbst ausüben. Dazu fühlte man sich indessen
zur Zeit nicht stark genug. Damit hätte man aber vorher rechnen müssen.
Indem die Machthaber in Tours dann die siegreiche Armee bei Orléans
versammelten und verstärkten, die Stadt befestigten u. s. w., ergriffen
sie von selbst die Defensive, was einem Verzicht — mindestens einem
vorläufigen — auf die Befreiung der Hauptstadt gleichkam, und von
da ab war Alles in Frage gestellt; jeder Tag für die Franzosen ein
Verlust, für die Deutschen ein Gewinn. Ja, unter Umständen hätten
die Franzosen durch ein bloßes Manöver zum Aufgeben von Orléans
gezwungen werden können. So waren der französischen Strategie durch
die Politik die Bahnen vorgezeichnet. Nachdem sie aber einmal in die
fehlerhafte operative Richtung getreten war, denn auch der Anmarsch
auf Coulmiers war nach Zeit und Umständen falsch, gerieth die mili-

tärische Leistungsfähigkeit mit dem politischen Wollen in dauernden Widerspruch, und zwischen den Machthabern in Tours und dem Ober= befehlshaber entstanden Meinungsverschiedenheiten, die ein zielbewußtes Handeln erschwerten und schließlich unausführbar machten.

Man hatte sich aus Liebe zu einem Anfangserfolge operativ fest= gelegt; denn nunmehr war es ein Ehrenpunkt, Orléans nur besiegt zu räumen. Die Fülle der in der Zeit vom 9. November begangenen Fehler ist so groß und mannigfaltig, daß sie nicht mehr einzeln auf= gezählt zu werden brauchen, nachdem sie tageweise erörtert worden sind; allein es erscheint nicht überflüssig, darauf hinzuweisen, wie unheilvoll das Temperament werden kann, wenn es nicht von Erkenntniß geleitet wird. Die französischen Maßnahmen scheiterten am Temperament der Machthaber; Organisirung, Instradirung, Operationen wurden förmlich ineinander getrieben, die Generale erhielten Befehle wie ein Lieutenant, der ein Gehöft wegnehmen soll, oder sie wurden wieder über die wich= tigsten Dinge in Unkenntniß gelassen. Wer Krieg führen will, muß sich zunächst auf die Organisation eines Armeestabes gründlich verstehen. Das ist keine Sache, die sich schematisch erledigen läßt. Und doch läßt sich nicht verkennen, daß der Gedanke einer Offensive von Gien aus auf Fontainebleau strategisch richtig war; nur mußte man des Sieges möglichst sicher sein, und dies Eine könnte die Kunst mit den vielen brutalen Verstümmelungen auf französischer Seite versöhnen, wenn hierbei nur nicht die Menschlichkeit so vollständig außer Acht gelassen worden wäre. Von Patriotismus erfüllte Massen, für deren Erhaltung während der Operationen nicht gesorgt war, im Winter in Sommer= ausrüstung ins Feld zu schicken, einer nicht operationsfertigen Armee in dieser Jahreszeit eine große operative Aufgabe stellen, ist eine Leicht= fertigkeit, welche zwar durch die Leidenschaft der Machthaber entschuldigt, von der Kriegskunst niemals gutgeheißen werden darf. Von diesem einen Gedanken abgesehen, darf man die französische Strategie überhaupt nicht kritisiren;*) ihr ganzes Gebilde ist dafür zu niedriger Art, man muß es nur bedauern, daß Hunderttausende patriotischer Männer glaubten, das Schicksal eines Krieges wenden zu können, das ohne aus= wärtige Hülfe nicht mehr zu wenden war. Die Kriegführung inmitten

---

*) Ausdrücklich bemerke ich, daß ich die Organisation nicht unter die Stra= tegie rechne.

Frankreichs hat sich denn auch nie mehr zu einer Kunst erhoben, der Krieg war und blieb dort ein brutales Morden. Kann die Kunst in der Kriegführung aber über all das Elend, das ein Krieg mit sich bringt, wegführen, so stößt die Art, wie die französischen Machthaber den Krieg führten, ab, und indem das Volk am Kampfe der Armee theilnahm, wurde das Land dem Elend ausgesetzt. Daß die Franzosen trotz aller Niederlagen weiterkämpften, war gewiß in hohem Grade patriotisch, weise war es indeß von der Regierung nicht, die Bevölkerung in trügerische Hoffnungen zu wiegen.

Die Lage der Franzosen nach der Schlacht bei Beaune blieb höchst gefährlich, hauptsächlich aus Mangel an einer klaren und sicheren Armeeleitung. In der Leitung lag überhaupt die Ursache der kranken Operationen auf französischer Seite. Der wirkliche Befehlshaber, General d'Aurelle, wurde ganz bei Seite geschoben, und die Machthaber in Tours ergriffen seine Funktionen. Nun wird auch unter anderen Verhältnissen die Centralinstanz in die Armeeführung eingreifen, vielfach ist dies auch auf deutscher Seite vorgekommen; allein es darf nicht auf Kosten der Autorität und der Verantwortung des Armeeleiters und der Einheitlichkeit des Gedankens geschehen. Ohne alle Meinungsverschiedenheiten pflegt keine Operation zu entstehen und zu verlaufen, es muß nur stets rechtzeitig eine Verständigung erzielt werden. Eine solche erfolgte aber auf französischer Seite nicht. Die Machthaber in Tours befanden sich fortwährend mit dem General d'Aurelle in Meinungsund Kompetenzstreitigkeiten, Differenzen zwischen den Generalen d'Aurelle und Chanzy traten hinzu, kurz ein klarer Wille machte sich nicht geltend, trotzdem die Machthaber in Tours die Leitung der Operationen faktisch in die Hand genommen hatten. Zweifellos hätte die Offensive gegen Pithiviers günstiger verlaufen können, wenn man zu operiren, zu leiten und zu befehlen verstanden hätte; allein hierbei zeigt sich der Unterschied zwischen Können und Wollen. Außer den genannten Streitkräften konnten zwei Divisionen des 15. Armeekorps am 28. früh recht wohl zu General Crouzat gestoßen sein, man wäre dann immer noch stark genug geblieben, die Befestigungen von Orléans zu vertheidigen, deren nachhaltigste Sicherung lediglich in einem Siege über die II. Armee lag. Alsdann konnte man weitere Pläne ins Auge fassen. Nun hatte sich aber die Regierung in Tours veranlaßt gesehen, zum Schutze ihres

Sitzes das ganze 17. Armeekorps zu verwenden, und dies war gerade zu dem Zeitpunkt aufgelöst, wo es operativ bei Orléans nöthig geworden wäre. Hier zeigt sich wieder eine üble Folge der fehlerhaften Wahl des Regierungssitzes, denn wenn dieser z. B. in Bordeaux gewesen wäre, so würde das 17. Armeekorps nicht für einen exzentrischen Zweck beansprucht worden sein. Allein die Machthaber in Tours wollten dem Kriegsschauplatze möglichst nahe bleiben; sie erblickten darin einen Vortheil, und für die Belebung des Volksgeistes zur Bewehrung und zum Widerstande mag es auch günstig gewirkt haben. Trat aber der Umstand hinzu, daß die Machthaber selbst sich in Fragen der Armeeführung als Dilettanten erwiesen, so konnten Zwistigkeiten und Verwirrung nicht ausbleiben; das Ende der Dinge war denn, daß man am 28. (und den folgenden Tagen) auf keinem Punkte eine den Sieg verbürgende Ueberlegenheit zu erzielen gewußt hatte; man schlug sich, ohne versammelt gewesen zu sein, man hatte die Loire-Armee auf einen Raum von 5 bis 6 Tagemärschen auseinander gezerrt, und daraus entstanden wieder nicht unbedenkliche Gefahren für den Centralpunkt Orléans.

Trugen die französischen Operationen den Keim des Unterganges bereits in sich, weil die Armee für größere operative Aufgaben nicht fertig war, so wurde schließlich ein an sich guter operativer Gedanke nicht verwirklicht, weil die Machthaber in Tours sich in Streit mit dem wirklichen Oberbefehlshaber befanden und nicht einsahen, daß es wohl möglich ist, einer Armee Direktiven von weither zu ertheilen, aber nicht von weither eine Schlacht zu leiten. Auf etwas Anderes kommen doch die Weisungen aus Tours nicht hinaus. Diese Grenzen ganz verschiedener Thätigkeiten wird ein Dilettant nicht erkennen, er wird in Kleinigkeiten eindringen, sich in diese „verbeißen", die großen Gesichtspunkte aus den Augen verlieren, hin und her tappen und Unsicherheit verbreiten, besonders wenn Armeen und Generale sonst noch Manches zu wünschen übrig lassen.

Armeen führen ist eine Kunst; man kann die Kunst nicht üben, ohne das Instrument in allen seinen Theilen zu kennen und zu beherrschen. Man kann ein großer Organisator sein, den Puls der Volksseele treffen und doch auf operativem Gebiet vollständig versagen. Den Ruhm in ersterer Beziehung wird Niemand Gambetta rauben; die Schuld auf letzterem Gebiet trifft ihn aber ebenfalls.

Die Befestigungen von Orléans waren im Einverständniß mit den
Machthabern in Tours beschlossen worden, aber nicht in der Absicht,
dort zu bleiben. Das ist der springende Punkt. Es ist nur die Frage:
Konnte und durfte man damals annehmen, die Operationen eröffnen zu
können, nachdem man auf französischer Seite von dem Anmarsch der
II. Armee unterrichtet war und bevor diese an der Loire eingetroffen
sein würde? Als man die Befestigung von Orléans und die Versamm-
lung der Armee daselbst (12. November) beschloß, war die Armee-
Abtheilung an der Straße Orléans—Etampes, und die Spitze der
II. Armee näherte sich bereits dieser Straße. Wollte man Orléans
als Offensivbasis benutzen, dann drängten Zeit und Umstände, und der
Schlag mußte vor einer Versammlung der Armee-Abtheilung und der
II. Armee geschehen sein. Durfte man auf einen günstigen Ausfall
desselben nach den Erfahrungen von Coulmiers rechnen? Gewiß nicht.
Allerdings sollten die beiden deutschen Armeen dem Gegner insofern eine
unerwartet günstige Gelegenheit bieten, als sie, anstatt sich zu vereinigen,
nach exzentrischen Richtungen auseinandergeriethen; aber das konnte man
am 12. November nicht auf französischer Seite voraussehen. Man
mußte dort annehmen, die beiden deutschen Armeen würden sich möglichst
frühzeitig vereinigen und dann gemeinsam zur Offensive übergehen, oder
gemeinsam die Franzosen in der Defensive erwarten. Von diesem Gesichtspunkte aus war die Wahl von Orléans als Operationsbasis und
befestigtem Punkt ein schwerer Fehler, der die Franzosen, welche die
Wendung des Krieges suchten, unfrei machte, den Deutschen den Angriff
überließ. Von wesentlicher Bedeutung ist hierbei, daß die Franzosen
die Deutschen um das Dreifache überschätzten. Es war zu berechnen,
daß die II. Armee mit ihren Haupttheilen gegen den 20. November
zwischen Orléans und Paris stehen würde; in acht Tagen durfte man
aber nicht darauf zählen, Orléans „uneinnehmbar" zu machen. Von
solchen Erwägungen ausgehend, hätte man den Schwerpunkt der
Operationen nicht nach Orléans legen dürfen; ein bestimmter Land-
abschnitt an sich hatte keinen Werth, die Entscheidung und Wendung
des Krieges konnte nur durch eine große Feldschlacht — oder mehrere —
erzwungen werden. Allerdings stellten sich, wie soeben gesagt, für die
Franzosen die Verhältnisse später ausnehmend günstig, aber darauf war
am 12. November nicht zu hoffen. Das Treffen von Coulmiers, die

Besetzung von Orléans und seine Befestigung waren Folgen der grund=
falschen Veranlagung des Krieges, diese wieder die Folge der verfehlten
Wahl des Regierungssitzes — und somit kann man mit Recht sagen,
daß in dem letzteren Mißgriff der Keim des Unglücks überhaupt liegt.

Die Machthaber selbst, und das muß man bei der Kritik stets
beachten, waren Fleisch vom Fleische des Volkes. Wir müssen
daher in ihnen auch dieselben Eigenschaften wiederfinden, die das fran=
zösische Volk charakterisiren, und darin kann für manche Maßnahmen
und die geringe Beständigkeit in den Entschlüssen eine Erklärung, sogar
eine Entschuldigung liegen. Taine, der objektivste Beurtheiler seiner
Landsleute, schildert das Volk so: „Uebertriebene Empfindsamkeit, plötz=
lich hereinbrechende Aufregung, anstedende Ausbrüche des Entzüdens,
Ströme unwiderstehlicher Leidenschaft, krankhafte Leichtgläubigkeit und
krankhaftes Mißtrauen, kurz Enthusiasmus und Panik sind in ihm ver=
einigt. Es ist erregbar und mittheilsam, leicht außer Rand und Band,
fremden Eindrücken zugänglich und besitzt in sich selbst nicht das natür=
liche Gegengewicht, das bei unseren germanischen Nachbarn durch die
wenig bewegliche Gemüthsart und durch die Einflüsse der in sich
geschlossenen, einsamen Gedankenarbeit besteht." Wer sich das ver=
gegenwärtigt, wird in der Strategie der Franzosen Zudungen tief
erregter, leidenschaftlicher Männer erbliden. Die Strategie kann aber
dem Fluge eines erregten Gemüths nicht folgen, sie erfordert vor allen
Dingen ruhige Besonnenheit und Urtheil über das Erreichbare. Da
diese Eigenschaften bei den Machthabern nicht vorhanden waren, so
traten in der Strategie um so ausgesprochener die ungeordneten Zudungen
zu Tage, als sich die Strategen von den Einflüssen eines verzweiflungs=
vollen Volkskrieges nicht fern zu halten wußten und sich überall auf
Improvisationen angewiesen sahen; denn so bedeutend die Wehrmacht
stieg, das außerordentliche Talent Gambettas konnte doch nur Im=
provisationen schaffen, weil Organisationen mehr Zeit beanspruchen
und tiefer ins Volksleben zurückreichen müssen, als es hier der Fall
war. In diesem Sinne ist Gambetta gewissermaßen eine dramatische
Figur. Sein ganzes Werk krankte an dem Widerspruch des Willens
und Könnens. Und daß der Volkskrieg so plötzlich den hohen Grad
erreichte, liegt im französischen Volkscharakter, wie ihn Taine schildert.

Gambetta=de Freycinet haben Außerordentliches geleistet: ein Volk,

das in einigen Wochen durch nie dagewesene Niederlagen im Felde von
der höchsten Stufe des bis dahin behaupteten militärischen Ruhmes
bis zur scheinbaren Wehrlosigkeit zusammengebrochen war, wieder auf-
zurichten, es neu zu bewehren und den Krieg gegen eine siegreiche, fest-
gefügte Armee noch viele Monate, wenn auch nicht mit Glück, so doch
mit Ehren fortzusetzen, ihm trotz neuer Niederlagen neues Vertrauen in
neue Männer einzuflößen — das ist und bleibt um so mehr eine der merk-
würdigsten Erscheinungen, als die Franzosen eigentlich nicht durch die
Noth des Krieges, Unterdrückung und Peinigung zu so verzweifeltem
Kampfe gezwungen sein konnten, wie der war, zu dem sich einst das
von fremder Herrschaft zertretene Preußen aufraffte. Eigentlich war
der Kampf der Republik gegen die deutschen Armeen nichts als das
Auflodern des Nationalgefühls eines alten, hochentwickelten Kulturvolkes.
Wenn trotzdem Frankreich bis Ende November so wohl bewehrt dastand,
dann giebt das genug zu denken. Und wenn die Strategie der Machthaber in Tours von den leidenschaftlichen Zuckungen des Volksgeistes
getragen und getrieben war, so waren die Verlegenheiten der Deutschen
infolge dieser Zuckungen auch schon groß genug. Man erinnere sich
bloß der Verlegenheit, die das Demonstriren über Montargis hinaus
erzeugte. In der That beabsichtigten die Franzosen ja mehr als eine
Demonstration, nämlich eine große Offensive in der Richtung auf
Fontainebleau, wo die Loire-Armee sich mit der Armee von Paris vereinigen sollte; allein die große Operation verlief als Demonstration bei
Montargis. Obwohl also diese Letztere nicht beabsichtigt war, so blieben
die Deutschen doch noch bis in die Mitte des Dezember unter dem
Bleigewichte der Wirkung dieser auf Fontainebleau beabsichtigten Operation.

Ist es schon schwer, Einheit in die Operationen zweier unter sich
getrennter Armeen zu bringen, so lag der Hoffnung auf ein rechtzeitiges
Zusammenwirken der eingeschlossenen Armee von Paris und der Armee
der Loire ein Optimismus zu Grunde, der nur durch Unterschätzung
der Widerstandskraft der Deutschen und Unkenntniß von dem, was als
erreichbar gefordert werden darf, entschuldigt werden kann. Allein das
phantastische Naturell der Franzosen ließ sie um so mehr Hoffnung
schöpfen, je blendender die Ideen waren oder vielmehr ihnen erschienen,
ohne daß sie sich um die Ausführung große Sorge machten. Dies kann von
Vortheil sein, es kann aber auch zum Verderben führen, wenn die Vor-

bedingungen für die Ausführung hochfliegender Pläne fehlen. Uebrigens wäre es nicht nöthig gewesen, diese „kombinirte Operation" auszubenten, wenn man Paris befreien wollte. Die dortige Armee würde noch früh= zeitig genug unterrichtet worden sein, wenn die Loire=Armee erst an ihrem Bannkreise angelangt war. Darauf hätten die Machthaber alle Kunst verwenden müssen, und der Gedanke, dies zu erreichen, hätte sie allein leiten sollen. Die wirksamste Richtung dafür hatten sie erkannt; indessen zum Gelingen solcher Operationen gehört mehr als das Er= kennen der verwundbarsten Stelle beim Gegner, man muß sie erreichen und treffen können. Wollte man aber diese eines außerordentlichen Feldherrn würdige Idee ausführen, dann war es ein Fehler, der alle Anstrengungen in Frage stellte, schon am 24. vor dem feindlichen linken Flügel aufzutreten, bis zum 28. mit dem Angriff zu drohen und dann nicht mit allen erreichbaren Streitkräften den Schlag zu thun, von dem man das Heil Frankreichs erhoffte. Die französische Strategie darf niemals besser beurtheilt werden, als sie war: ein großer Entwurf, ge= tragen von den Hoffnungen und Leidenschaften des Volkes, doch viel zu hoch, um ihn mit einer Armee von der Beschaffenheit der Loire=Armee auszuführen, davon zu schweigen, daß der Feldherr fehlte.

Befehle des Generals v. Alvensleben.

H. Q. Pithiviers den 28. 11. 70.
Vormittags 10 Uhr 15 Minuten.

Korpsbefehl.

Die vom 10. Armeekorps eingegangenen Nachrichten berichten nur von einem leichten Vorpostengefecht bei Juranville. Stärkere feindliche Abtheilungen sind nicht beobachtet worden.

Ich bestimme daher:

„daß die 5. Infanterie-Division von Dadonville bis an den Abschnitt Petit Renneville —Mont Barneaune vorrückt und dort abwartet, ob Engagements von größeren Dimensionen sich noch entwickeln.

Die 6. Infanterie-Division und die Korpsartillerie verbleiben bis 11½ Uhr in ihren augenblicklichen Aufstellungen und rücken demnächst, wenn kein ernstes Gefecht sich entwickelt, in die nachfolgenden Kantonnements-Rayons. Die 6. Infanterie-Division kann schon jetzt Pithiviers besetzen und die Kompagnien von der 5. Infanterie-Division derselben nachsenden.

gez.: von Alvensleben.

G. K. 3. A. K.

H. Q. Pithiviers, 28./11. 70.
12 Uhr 40 M. nachmittags.

Die 1. Kavallerie-Division meldet:

„Das Gefecht beim 10. Armeekorps auf dessen linkem Flügel scheint ernst. Halte mich vorläufig bei Boynes gebunden."

„Auf der Straße von Nancray nach Batilly haben die vorgeschobenen Patrouillen zwei Batterien im Marsch beobachtet."

Infolgedessen bestimme ich, daß die 5. Infanterie-Division nach Boynes rückt. Sie hat die Verbindung mit der Kavallerie-Division Hartmann und dem 10. Korps zu erhalten.

Ich werde selbst nach Boynes mich begeben.

A. B.
gez.: v. Voigts-Rhetz.

An
die Kgl. 5. Infanterie-Division.

Namen- und Sachverzeichniß zu Band I und II.

Die römischen Zahlen geben den Band, die arabischen die Seiten an. Ein Stern neben der Seitenzahl weist auf die Anlagen (Band I) hin. f. bezw. ff. bedeutet folgende Seite bezw. Seiten.

A.

Ablis, Stadt nordöstl. Chartres I, 36 (Ueberfall).

v. Albedyll, Oberst I, 335.

Allaines, Ortsch. nordwestl. Artenay, Straßenknotenpunkt I, 358.

v. Alvensleben II., Gen. Lt., komm. Gen. d. 3. Armeekorps I, 80; I, 272; I, 395; II, 63; II, 143; II, 195; II, 213 ff.; II, 219; II, 230 f.; II, 353 (Charakteristik).

v. Alvensleben, Rittm. I, 272; I, 276; I, 278; I, 379; I, 410 ff.; II, 322.

Aly, Bizefeldw. II, 228.

Andrae, Rittm., Ordonnanzoffizier beim 3. Armeekorps I, 77; II, 215; II, 219.

Angerville, Ortsch., Straßenknotenpunkt halbwegs Orléans—Paris I, 56 (Stellung bei A.—Toury).

Arconville, Ortsch. nordwestl. Beaune la Rolande II, 22.

Arbelles, Ortsch. südwestl. Châteauneuf I, 143 (Gefecht).

Armee-Abtheilung I, 47 (Errichtung); I, 28* (Ordre de Bataille); s. auch Friedrich Franz, Großherzog v. Mecklenburg-Schwerin.

Armee, II., s. Friedrich Karl, Prinz v. Preußen.

Armeebefehl I, 82 f. (d. Gen. v. Voigts-Rhetz); I, 217 (d. Prinzen Friedrich Karl an d. Gen. v. Manstein); I, 231 (d. Prinzen Friedrich Karl); I, 241 (d. Prinzen Friedrich Karl an d. Gen.

v. Voigts-Rhetz); I, 297 (desgl.); I, 321 (d. Gen. v. Voigts-Rhetz); I, 349 (d. Großherzogs v. Mecklenburg); I, 356 ff. (d. Prinzen Friedrich Karl an d. Armee-Abtheilg.); I, 360 (desgl.); I, 410 f. (d. Gen. v. Voigts-Rhetz); II, 58 (d. Prinzen Friedrich Karl an das 10. Armeekorps); II, 293 (d. Prinzen Friedrich Karl an die Armeetheile).

Armeekorps, neue, der Republik I, 23; I, 28; I, 29 f. (zwei verschiedene Klassen); I, 96.

Arö s. M., Ortsch. I, 75 (Magazin).

Artenay, Stadt nördl. Orléans I, 36 (Treffen); I, 266.

Aube, frz. Schiffskapitän II, 122; II, 160.

Aurelle de Paladines, frz. Gen. I, 37 (erhält d. 15. Armeekorps); I, 39 (Oberbefehl an d. Loire); I, 71; I, 94 (Befehlshaber d. Loire-Armee); I, 96 (erhält auch das d. Blois u. Mer sich bildende Armeekorps); I, 97; I, 98; I, 268; I, 271; I, 304 f., I, 332; I, 381; I, 417; II, 304.

Auxerre, Stadt a. d. Yonne I, 176; I, 205; I, 209; I, 222.

B.

Bar le Duc, Stadt I, 75 (Magazin).

Barville, Ortsch. nordwestl. Beaune la Rolande, Straßengabelung II, 28; II, 232 (Höhe v. B.).

Gedruckt in der Königlichen Hofbuchdruckerei von C. S. Mittler & Sohn, Berlin SW, Kochstraße 68-71.